中国
基層からのガバナンス

菱田雅晴

編著

目　次

序章　自律化社会のガバナンス　グラスルーツの視点　1

1　成功の背景要因　1

2　中国モデル？　3

3　格差の現実　5

4　国家の役割　5

5　基層＝グラスルーツ中国で何が起きつつあるのか
　　——本書の構成　6

6　コーポラティズムの可能性　7

7　地域社会ガバナンスの苦悩　10

8　国家ガバナンスの模索　13

9　党・国家・社会関係の拮抗　16

第Ⅰ部　コーポラティズムの可能性

第1章　中国におけるコーポラティズムの現在　23

はじめに　23

1　天安門事件と社会コーポラティズム形成の中断　25

2　ポスト天安門事件と国家コーポラティズムへの退行　27

3　非国有制部門におけるコーポラティズムの変化　33

おわりに　36

iii

第2章　中国におけるコーポラティズムの行方
　　　　　中国基層工会主席調査データより　43

はじめに——コーポラティズム論と工会　43

1　工会改革論争の類型——コーポラティズムのあり方をめぐって　46
　　(1)　工会改革をめぐる争点　46
　　(2)　工会改革論の類型——コーポラティズムのあり方をめぐって　49

2　中国基層工会主席調査データの分析　50
　　(1)　調査の概要　50
　　(2)　調査データの分析　51

おわりに　65

第Ⅱ部　地域社会ガバナンスの苦悩

第1章　構造変動期の党政エリートと地域社会
　　　　　四川省SH県におけるアンケート調査から　73

はじめに——問題の所在　73

1　SH県の概況　74
　　(1)　概　況　74
　　(2)　主な産業　76

2　県党政エリートの経歴とネットワーク　77
　　(1)　地縁・血縁関係　77
　　(2)　階　層　78
　　(3)　党政エリート内部のネットワーク　79

3　中間的存在と地域社会　81
　　(1)　中間的存在（人代，政協，郷鎮幹部）のプロフィール　81
　　(2)　県党政エリートと人代・政協指導者，郷鎮幹部　83
　　(3)　人民代表，政協委員の意識と行動　88

(4) 中間的存在としての主要企業の経営者　94

　おわりに　96

第2章　農村社会の凝集力
　　　　　湖北省S県の「公共生活」をめぐる事例研究　99

　はじめに　99

　1　中国社会における「公共生活」　100
　　　(1) 中国社会における「公」の概念　100
　　　(2) 行動の基本単位「家」の変化　102
　　　(3) 低下する農村社会の凝集力　103

　2　公共生活を支える社会資本，地元リーダー　105
　　　(1) 関　係　105
　　　(2) 信用，規範　107
　　　(3) 地元リーダー　107

　3　水利・老人協会の運営に見るS県の公共生活　108
　　　(1) 凝集力が低下する地域　108
　　　(2) 公共財の捉え方――水利　109
　　　(3) 地域の文化活動　114

　おわりに　117

第3章　「権力‐利益構造網」と農民群体性利益の表現ジレンマ
　　　　　ある石材場紛糾事例の分析　123

　はじめに――「権力‐利益構造網」　123

　1　陳情の論理　126
　　　(1) 紛糾の発端　126
　　　(2) 行政の論理　128
　　　(3) 第2ラウンド　131

　2　駆け引き――陳情と陳情阻止　132

  3　選択の背景——官治化　138

  4　「権力‐利益構造網」のジレンマ　141

 おわりに——論点の整理　144

  (1)　日常化の権威　144

  (2)　陳情のポーズ　145

  (3)　「政策による抗争」　146

第Ⅲ部　国家ガバナンスの模索

第1章　公聴会制度から見る政治参加拡大の実態　157

 はじめに　157

 1　公共料金の公聴会制度　158

  (1)　価格公聴会の実験的な導入　159

  (2)　価格公聴会の制度化　162

 2　立法公聴制度の導入　166

  (1)　立法公聴会の実験的な開催　167

  (2)　立法公聴会の制度化　170

 3　意見参加とマス・メディアの役割　172

  (1)　南丹鉱山事故　173

  (2)　「陽光報業事件」　175

  (3)　オピニオン・リーダーの出現　177

 おわりに　180

第2章　インターネット情報と政府の監視・管理

 「政治性」インターネット情報の安全認知　183

 はじめに——中国政治の構造的特徴とインターネット情報の安全　183

 1　中国のインターネット情報の安全に関する認識　185

2 "政治性"を帯びたインターネット情報内容の安全　189

3 インターネット利用者のインターネット情報の安全に対する認識　195

おわりに──インターネット情報の安全と政府の監視・管理　198

付属資料1：中国インターネット利用者調査アンケート　204

付属資料2：中国インターネット企業訪問インタビュー提要　209

第3章　都市部基層政府とNGOの連携
「社区」における出稼ぎ労働者NGO活動調査から　211

はじめに──研究の背景　211

1 問題提起　213

2 研究事例　216

3 国家による都市基層社会の管理　216

4 資源交換に基づく基層政府とNGOの連携　219

5 互恵的な関係と不対等な関係　222

6 協会の運営　225

7 国家権威とNGOの正当性　227

おわりに　228

第Ⅳ部　党・国家・社会関係の拮抗

第1章　社会的「泄憤」事件とガバナンスの苦境　237

1 社会群集性事件の基本類型　237

2 社会「泄憤」事件の基本特性　239

3 社会「泄憤」事件の主な原因　242

  4　ガバナンス困況の脱却対策　246

 おわりに　250

第2章　SARS危機と国家・社会関係の政治力学　255

 はじめに　255

 1　SARSの経緯と国家の対応　256
  (1) SARS危機の発生から終息まで　257
  (2) SARS危機の時系列分類と国家対応の問題点　258

 2　社会問題としてのSARSと政府の役割　261
  (1)　SARSが引き起こした社会現象とその原因　261
  (2) SARS感染者の反応　263

 3　SARSに対する社会の対応と政府との関係　265
  (1) 社会組織の動き　265
  (2) 研究機関・学者の動き　267

 4　考　察　268
  (1) 国家の問題点　268
  (2) 社会側の問題　271
  (3) 社会と国家の関係　272

第3章　執政能力の強化と党内民主　277

 1　民主認識上の若干の誤区　277
  (1) 民主と公民の文化素質の関係　277
  (2) 民主は政策決定の科学化を保障するのか　280
  (3) 多党制は民主が発展した必然的な結果なのか　282
  (4) 民主の発展は西側民主と同じなのか　284

 2　地方・基層の民主の刷新　287
  (1) 執政リスク回避が地方民主刷新の基本的な動因である　287
  (2) 地方・基層の民主刷新は軽々に否定されるべきではない　289

(3) 中央は民主刷新行為の規範化の責任を担うべきである　290
　3 民主方式による権力配置　292
　　　(1) 民主の手段と方法　293
　　　(2) 民主は権力の濫用を防止する最も根本的な方式である　294

終章　忍び寄る危機　党の組織的課題　299

　はじめに　299
　1 組織弛緩——活動の停滞　301
　　　(1) 党組織力　301
　　　(2) 党　費　303
　　　(3)「党員組織生活制度」　304
　　　(4) 党課教育　304
　2 入党動機の変化　308
　　　(1) 党員たることの意味　308
　　　(2) 党員への社会的評価　308
　　　(3) 入党動機——上海　310
　　　(4) 入党動機——学生　311
　　　(5) 入党回避　314
　3 党のモルフォジェネシス——ホメオスタシスを超えて　315

　索　引
　あとがき

序 章

自律化社会のガバナンス
グラスルーツの視点

菱田雅晴

1 成功の背景要因

　贅言を要するまでもなく，改革開放以降の中国の発展は世界が瞠目するところとなっている．中国のGDPは，改革開放スタート段階の1978年の3645億元から2007年には25兆元へと68倍もの増加をみせ，その結果，世界シェアは1.8％から6.0％へと上昇，GDP総額規模では，2008年にドイツを抜き去り，今年にも米に次ぐ世界第2位へと急浮上，この発展プロセスは，世界史的にも希有な事例に属するからである．

　また，この経済発展は国際社会全体に対しても大きな貢献を行なった．世界銀行（World Bank 2008）によれば，世界の貧困人口規模は，1981〜2005年で5億人減少し，とりわけ，発展途上国中の貧困人口比率は52％から26％へと半減したが，そのなかにあって，中国は国内の貧困層規模を8.35億人（81年）から2.07億人（05年）へと低下させた．すなわち，中国は世界全体の"脱貧"規模を上回る6億人ものひとびとに成長の恩恵を与えたこととなり，人類社会に共通するグローバルな課題解決努力に対する中国の大きな貢献といえる．

　擬人化して言えば，"還暦"を迎えた中華人民共和国にとって，今こそ，毛沢東の社会主義時期と改革開放のそれぞれ30年の歩みが相等しい時間距離となり，いわば歴史軸で両者が拮抗する恰好の結節点である．この"踊り場"に立ち，まずは，これまでの登攀路とこれからの道筋を考えてみることとしたい．

　何を措いても，まず問われるべきは，改革開放期中国の高度経済成長そもそもの成功背景であろう．中国の成長持続現象は，一体何に起因するものなのか．驚異にして脅威をも裡に含むこの国の高度成長はいかなる要因に拠るものなのだろうか．かつて「世界の驚異」とも喧伝された戦後日本の高度成長を，年率

1

成長規模ならびに成長時期の持続時間の両面で，中国ケースは凌駕している．

　経済，とりわけ開発論などの立場からは，成長要因分析によりこの問いに接近することが可能である（加藤2009）．樊鋼（樊钢 2008）により，人的資本，物的資本そして生産性向上（総要素生産性，TFP）要因でみれば，図1にみるとおり，改革開放以前に比しての生産性向上が著しく，計画経済期（1953～78年）の0.31から，改革開放期は3～4％へと上昇している．人的資本の投入に牽引された改革当初の1980年代から，物的資本投入へと移行する90年代をも汎通して生産性向上要因が大きく作用していることは，中国の発展には技術進歩なしというクルーグマンの当初の見立てを裏切るものとなっている．

　だが，これらはあくまで結果にすぎず，要素投入をもたらしたもの，生産性向上をもたらしものが明らかにならない限り，必ずしも上記の問いに答えたことにはならない．

　このため，中国の改革開放努力こそが，いわゆる「ワシントン・コンセンサス」に忠実であったがゆえと見る立場が生まれる．「ワシントン・コンセンサス」とは，例えば，姚洋（北京大学）は，中国の成長は「ワシントン・コンセンサス」に従った成功事例に他ならないが，それができたのは政府が，自主性をもち，社会全体の長期的利益をはかる「中性政府」だったからだ，と反論する（姚洋 2008）．

図1　中国の経済成長（要因別）

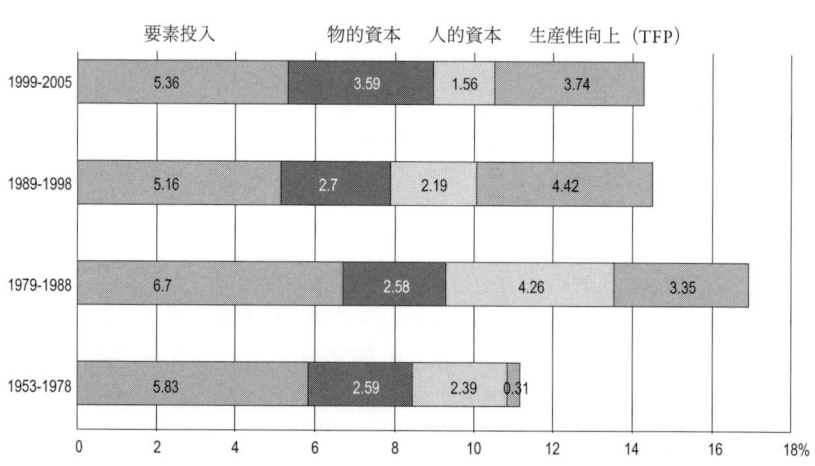

出所：樊钢 2008

2 中国モデル？

　他方，この驚異的な成長とは，中国の民族的高揚感を刺激するもので，当然ながら，このワシントン・コンセンサスに対する北京コンセンサスとして，成功モデルとして「中国模式」を高く掲げる立場も生まれることとなる．秦暉（清華大学）は，「中国の奇跡」の背景は，農村改革が先行したこと，所有権改革に先んじて労働者を削減した（レイオフ），分税制改革などで国家の経済権を強大にした，など改革にともなう制度変更のコストを（鉄腕体制によって）払わずにすんだためだ，という（秦暉 2008）．しかし，同時に秦暉は，「中国モデル」，「北京コンセンサス」と舞い上がるのを斥け，むしろ「低人権・低福利・低賃金」の中国モデルがグローバル化することを懸念する．

　やはり中国の驚異的な成功の原因を，なんらかの「中国モデル」に求めるのは不適切ではあるまいか．何となれば，少なくともそのまま他国に当て嵌めれば自動的に高度成長が得られるという意味合いでの「中国的処方箋」，すなわち"方法"としての「中国モデル」はないからである．さらには，そもそも改革開放の当初から意思決定の中核としての中南海に，はたして「中国モデル」あるいは換言するならば，改革開放の総設計図，完成図面としての目標「中国モデル」があったであろうか？　「改革の総工程師」鄧小平が示したものは，あくまで市場原理の用具的採用という"総方針"のみであり，詳細かつ周到精緻な「モデル」と称すべきレベルのものはなかったものと思われる．その結果，中国の改革開放プログラムと総称される個別具体の政策努力も，すべての試行錯誤にすぎず，改革開放の輝かしい成功とは，極言すれば，試行錯誤の成功例の集大成となる（菱田 2009）．

　したがって，中国の成功因はないと言わざるをえない．すなわち，中国の驚異的・脅威的な成長は，いくつかの好条件が重なった幸運な偶然の産物にとどまる．要因と条件は異なるからである．因果をとり結ぶ要因とその情況をもたらす背景環境とは別の次元に属する．中国ケースにあっては，なかんずく，国際環境および歴史環境の二条件が重要であろう．

　国際環境という文脈では，例えば，現時点から，改革開放のプロトタイプともみなしうる調整期（1960～62年）を回顧してみよう．国民経済を極度の混乱に陥れ，人口ピラミッド構造に畸形をもたらすまでの社会的破壊を尽くすこと

序　章　自律化社会のガバナンス　　**3**

となった大躍進（1958〜60年）の危機打開のため，その後の調整時期にあって，中国が現行「改革開放」プログラムと選ぶところのない同一内容の"新たな"政策に邁進することになったと，仮に想像してみよう．もちろん，この途轍もないインパクトの大政策転換が当時の政治情況のなかでなんらかの形で成功裡に行ないえたとしての仮定ではある．はたして，1960年代初頭にあって，当時の海外の国際資本がこれを好感視し，積極的に中国へ借款を供与し，直接投資を進めるなど，対中ビジネスに邁進することになったであろうか．1980年代初，半歩進めた北朝鮮の開放も国際市況低迷で雲散霧消してしまった事実をも想起するなら，答えはノーとなるべきであろう．

　もちろん，何を措いても，60年代初頭では中国自身がこの「大転換」の決定をなしえなかったであろう．この意味で，歴史環境こそが重要であり，78年がスタートとなった意味は大きい．何となれば，今われわれが注目する30年間の成長時期に先行する30年間の謹慎／禁欲期間の存在こそがこの前提であったからである．建国直後には，散砂のごとき中国にいよいよ統一が図られ，これまで海外列強に蹂躙され，汚辱に満ちた中国の歴史を覆す機会が到来したとの《建国の情熱（foundation zeal）》が中国国内のみならず，海外華人をも含む中華世界を襲ったが，これにも相似た《改革の情熱（reform zeal）》が1970年代末から80年代初頭にかけて中国に存在した．この政策「大転換」に伴う当然ながらの逡巡，不信を超え，鄧小平の「先富論」の呼びかけに応ずる形で全土を覆ったあの沸き立つような《改革の情熱》の発生も，実際のところ，この"助走"期間があったればこそである．「中国夢」を可能としたものは，まさしく，それに先立つ「中国悪夢」の存在であった．

　したがって，この関連で言えば，改革開放プロセスは一様ではありえない．

　区分は，対象毎，領域毎に異なるが，まずは，「改革熱情」「中国夢」の消長プロセスにより画分すべきであろう．"昨日より今日，今日より明日"，"ヤツの成功は自分にも……"，こうした楽観に満ちた受益者的期待感が圧倒的であった段階と改革開放がもたらす実績値がこの期待値を下回る段階ではおのずと情況を異にする．換言するならば，格差（より精確には認知された格差認識）のレベルがこれを決するであろう．その分岐が発生する時期は，おそらく90年代後半であろうか．鄧小平の南巡講話（1992年）による改革のテンポアップを受けて，格差の拡大傾向が歴然化する時期である．

　これを，社会意識の変化として捉え返せば，①「中国夢」が万人の夢として

"希望"が主流であった段階，②認知格差（perceived gap）の拡がりから"不公平感"が主流となる段階とに二分される．格差現実への直視から，もし，これがもはや超え難い格差と映ずれば，この不公平感は"諦念"，"不安"に変わる．果ては，"絶望"に達する時こそが，失うべきものをなんら持たぬ窮乏民衆による「絶望叛乱」であろう．現段階はといえば，「集団不安症」が進行中であるが，まだ，不定形（不安対象の共有，凝集核の不在）の"不安症候群"にとどまっている．

3　格差の現実

では，こうした社会意識，格差の現実をどう把握すべきか．

現今の中国社会学界における最大の論争点はここにある．すなわち，現代中国社会にあって「両極分化（polarized）」された社会がすでに形成されてしまったのか否か，孫立平（北京大学）の説くような《断裂社会》として，もはや相互に超え難い二つのグループに分化し，その隔絶がすでに固定化されつつあるのか否か，これをめぐる判断の相違が，中国社会学者のみならず，政策担当者を含んで大きな分岐を形成している．

同時に，その系として，こうした社会的分化現象への分析概念として用いるべきなのは「階層」概念なのか，あるいは「階級」概念なのか，という分岐も存在している．前者は市場配置の結果として，上記二分化されたグループ間にも依然流動性を見いだすのに対し，後者は政治権力資源の配置による固定化傾向を問題視する立場である．歴史的に言えば，改革開放当初従来の伝統的概念装置としてのマルクス主義的階級観念の"禁錮"を打破し，改革に伴う新たな現実に対する分析用具として階層概念の採用を訴え，今や中国社会学界の主流ともなりつつある米国流の地位達成モデルなど階層分析派に対する階級派のイデオロギー対立とみなされる側面もあり，その結果，改革措置への距離感の相違と見ることも可能である．

4　国家の役割

一方，国家（中央政府）の役割をどう評価すべきか．

「国家・社会関係フレームワーク」から見れば，改革開放の進展から，かつ

て党＝国家体制により全面制圧されてきた"社会"の再浮上，復権が著しいとの印象があるが，これとてあくまで国家の"黙許（silent consent）"下の復権でしかない．当初から一貫して党＝国家の主導によるものといってよい．というのも，制度変革とは，既得権益の配置変更と新生利害の配分プロセスであり，同時に利害配分にはその裏面として，責任コストの配分も一体化されているが，その決定自体は常に国家側の手中にあった．改革初期における典型的な政策措置としての"放権譲利"も，実際のところは改革開放にかかわる実施コストの削減こそが目標とされたにすぎない．いわば責任，コストなどの"麻煩（troublesome）"を地方，企業に譲ったのみではあるまいか．したがって，中国の改革開放の到着点としては，国家は社会の力に依存しつつ，社会はまた国家に依存する"共棲"関係こそが依然基調となっている（菱田・園田 2005）．

ただ，鳥籠あるいは金網の内部にとどまるはずであった「社会」の成長が，"想定外"の事態として，「国家」を驚愕せしめたのが，①天安門事件，②法輪功事件，そして③昨今の集体性突発事件の頻発であろう．実は，《和諧社会》なる"口号（＝かけ声，スローガン）"も，こうした事態に直面しての国家側からの驚愕と躊躇の吐露とも目される．いわば，物理的な暴力装置によるハードな抑圧手段の抑圧コスト（とりわけ国際コスト）の高まり（およびその認識の高まり）から，中国当局自身が説得，誘導あるいは広義"買収"などソフトな手段をも視野に入れた"スマートな政治"に転換しつつあることの証左とも受け止められる．

5 基層＝グラスルーツ中国で何が起きつつあるのか——本書の構成

現代中国が直面するこうしたガバナンス課題への問題意識を背景に，本書は，中国の懊悩とその意味を描き出そうとしている．とりわけ，中国の改革開放という未曾有の実験の成功が，基層政治社会から発芽し，それを党＝国家が政策として培養することで大きく開花した経緯を想起するならば，基層＝グラスルーツ中国で何が起きつつあるのか，はたしてその基層部分での変化はいかなるインパクトを中国というこの巨大システムに与えることになるのか……この視座を本書では関心の核に据えている．

さまざまな問いが設定されよう．マクロの鳥瞰図として，こうした基層＝グラスルーツにおける現実態をどのようにシステム全体の裡に位置づけるべきか．

千差万別にして個別性に富む基層の実態にはいかなるものがあるのか．とりわけ，農村基層政治社会があらゆる中国の変革の"孵化器"であることを憶えば，郷村中国では今何が起きつつあるのか．逆に，これに対して，党＝国家側がいかなる対応を図ろうとしているのか……．われわれは，文部科学省科学研究費，外務省日中研究交流事業などの補助を受け，政治学，社会学をディシプリン背景とする新進気鋭の若手から脂の乗ったシニア層に至るまでの広範な共同研究を進めており，これらのサブテーマへの接近を試みてきた．その研究成果の一部をなす本書が，四部構成となったゆえんは，まさにこうしたサブ問題関心の所在ゆえである．

6 コーポラティズムの可能性

第Ⅰ部「コーポラティズムの可能性」は，自律化の様相を強める"社会"に対して，コーポラティズムという視点から，中国の現実に接近することの可能性を追求したものである．コーポラティズム（corporatism）は，各領域にあってヒエラルキー的に組織された社会集団が政治システムへと組み込まれたガバナンス形態であり，政府による社会団体に対する統制の側面と，政府と各利益集団のパートナーシップに基づく政策の立案，運営および利害調整の側面があるが，ここでは中国の工会（＝労働組合）を事例として検討を行なった．

そもそもコーポラティズムに注目するのはなぜか？　その理由は，「民間の時代」とも称すべき改革期中国における新興組織の勃興である．元来，中国には，1949 年革命以来，社会団体管理の下，社会は国家に呑み込まれ，あらゆる社会組織は国家機構の一部として（ないしはその認可の下で）存続するのみであった．改革開放の市場諸力の採用と競争関係の導入は，計画経済空間の縮小と計画原理の撤退を伴い，国家から相対的に自律した社会的領域を増加させることとなった．その組織的反映が非公有制企業ならびに，NGO／NPO 団体の急伸長とその結果としての存在感の高まりである．

だが，これら社会的諸集団とても，意思決定の機構を自己のうちに含む自立（＝自律）した集団として承認されたわけではけっしてない．あくまで政府権力の一部が地方や民間の諸集団・組織へと緩やかに委譲されているにすぎないようにも見受けられる．はたして，現在のそれが「自律的で国家へ浸透していく型」としての社会コーポラティズム（societal corporatism）なのか，それと

も「依存的で国家に浸透される」協調形態である国家コーポラティズム（state corporatism）なのか，あるいはそのいずれでもなく，これら両者の間のどこかにある中間的なものなのか．

　また，なぜ工会に注目すべきなのか．工会とは，「大衆組織」としての中華全国総工会内部に組み込まれた政治協商体制の一部であり，中国社会主義体制下における国家・企業・労働者という三者の利害関係を調整する場である．だが，イデオロギーの終焉，労働者内部の利益の多元化などから，従来労働者の利益代表とされてきた工会は，現在その役割を果たしているのであろうか．鄧小平が天安門事件直後，『連帯』，すなわちポーランド型自主労組の結成こそ中国にとっての悪夢だと語ったというし，江沢民も，2000年2月の幹部会議席上，前年発生した法輪功問題を社会の不安定要因として指摘する際に『連帯』に例えて危機感を表明したとも伝えられる．もし，現在の工会が労働者の利益代表としての本来のチャンネル機能を果たしていないのであれば，労働者はみずからの利益表出のための新しいチャンネル，手段を必要としているのではあるまいか．にもかかわらず，現実の工会幹部が党＝国家体制のエリートとして組み込まれているのであれば，工会の行動は国家コーポラティズム体制内の一機構として縛られていることになる．一方，近年頻発する労働争議および「突発的事件」（＝暴力的な直接行動）を所与とすれば，この回避のための方途は，現在の国家コーポラティズムを政府組織・半官半民組織・自発的諸集団の並存を前提とする一種の社会コーポラティズム（ネオ・コーポラティズム）へと移行させる政治的決断が求められている．

　こうした工会をめぐる問題関心からは，われわれは，中国工運学院（現中国労働関係学院（China Institute of Industrial Relations：CIIR），2003年に改称）をカウンターパートとして，共同研究を行なった．「工運学院」という旧称に典型的に示唆されているように，中国労働関係学院は，中華全国総工会所属の工会幹部養成機関である．2003年5月の教育部の批准を経て，高等職業教育，成人高等教育へとウィングを拡げてはいるが，ちょうど中央党校（Central Party School）が党エリートの養成と再訓練を行なっているのと同様，CIIRは，工会エリートの養成，再研修が主目的とされている（http://www.ciir.edu.cn/）．CIIRには全国の基層工会から選抜された主席，副主席クラスが集まっている．

　われわれは，文部科学省科学研究費プロジェクト「現代中国における社会の自律性に関する学術調査」の一環として，李徳斉（Li Dezhai）CIIR院長および

喬健（Qiao Jian）CIIR 研究員との間で双方の問題関心を討議し，基層工会主席らを対象とするアンケート調査を実施することで最終合意し，協議書を締結の上，作業を開始した．2003 年北京の暑い日，滴り落ちる汗を拭いながら，アンケート票項目の記載の可否をめぐって日中双方が熱い討論を繰り返したのがつい昨日のようにも思える．結局のところ，現在，工会がどこまで労働者による自発的選択として組織され，労働者による下からの権益をどこまで擁護し，拡大しようとしているのか，これらを核にしたアンケート調査を行なうことで，日中双方が合意，傅麟（Fu Lin），游正林（You Zhenglin）CIIR 研究員らの協力も得て，2004 年 3 月より 2006 年 6 月にかけ，中国各都市で基層工会主席に対するアンケート調査を行なった．

では，コーポラティズムをめぐる現代中国の動きそのものはいかなるものであるのか，これを仔細に分析したのが，第 1 章「中国におけるコーポラティズムの現在」（石井知章）である．本章は，改革開放期中国にあって，国家・社会関係の媒介項としての中華全国総工会（All China Federation of Trade Unions : ACFTU）がどのような役割を果たそうとしているのか，目標として設定された工会改革路線の意義と限界を探っている．同章では，趙紫陽の第 13 回党大会（1987 年 10 月）の政治報告中の「党政分離」論に，党＝国家からは相対的に自由な，制度的多元主義（institutional pluralism）の可能性を見いだした後，この社会コーポラティズムが（第二次）天安門事件を経て，挫折し，国家コーポラティズムへと退行してゆく過程を工会法，労働法の制定を軸に描き出している．石井は，ACFTU をも裡に含む中国の治協商体制の「暫定的」安定性を示唆しているが，「労働の自主権」の拡大いかんによっては，当の政治協商体制および ACFTU のありようも大きく流動化する可能性があるとも結論づけている．

これに続く第 2 章「中国におけるコーポラティズムの行方——中国基層工会主席調査データより」（小嶋華津子）では，まず，第二次天安門事件により棚上げを余儀なくされていた工会改革論議に焦点を合わせ，めざすコーポラティズムのありかたを類型化している．具体的には，工会の利益集団化という観点から工会の①入会資格，②幹部人事，③財務を検討した上で，今回のアンケート調査の分析を試みた．そこでは，第一に，工会のありようや工会主席の改革志向には，所属企業の所有形態による差異が歴然と存在すること，第二に，工会のあり方をめぐっても，沿海省と内陸省の間に格差が生じつつあることが指摘されている．これらから，小嶋は，工会の現実に対し，現場の労働者は厳しい

目を向けており，また，労働問題の国際化もまた，現状の変更を促す圧力を形成しつつあると分析，われわれの調査により明らかとなった基層工会および工会主席の現状は，より迅速かつ抜本的な改革を迫っていると提起している．

7 地域社会ガバナンスの苦悩

　工会を"覗き窓"とし，コーポラティズムを"レンズ"とした場合には，さらなるガバナンスの変革が求められている情況が浮かび上がってくるが，では，地域としての基層政治社会の現場にあってはいかなる事態が現出しつつあるのであろうか．この検討作業結果を第Ⅱ部「地域社会ガバナンスの苦悩」として掲げる．

　われわれは，県レベルを一つの地域社会と把捉した上で，県党政エリートと地域内の諸主体との関係の現状と今後を探るべく，四川省を調査対象地として選定，アンケート調査とその後の現地ヒアリング調査を実施した．というのも，県級「党政エリート」（局長級以上の党政幹部）とは，市場経済化の進展に伴い，階層分化，利益主体の多様化という構造変動に見舞われる地域内のさまざまな利害関係の調整を行ない，各利益主体の均衡点を見いだすことで，地域の安定と発展を図ろうとするガバナンスの主体と措定できるからである．党政エリートは，地域住民の間にコミュニケーション・チャンネルを開拓，確立し，地域内の多様な利害状況を把握することから，それを地域社会の計画，政策に組み込むことが求められている．第1章「構造変動期の党政エリートと地域社会——四川省SH県におけるアンケート調査から」（南裕子・中岡まり）は，この調査結果に基づき，四川省SH県というミクロのグラスルーツ世界を虫瞰図として描き出している．まず，党政エリートと地域社会の関係構築の背景として，財政，農業，農民工などの概況および県の財政基盤を支え，党政エリートと地域社会の関係に大きく影響している主要産業を紹介した上で，地域住民のさまざまな利害状況に対する党政エリートの理解，住民とのコミュニケーション・チャネルのあり方を解明している．党政エリート個人の生活史的背景，日常の職務の遂行における民衆との関わりとして，地縁・血縁関係，階層関係，そして党政エリート内部のネットワークを検討し，党校が職場を異にする幹部同士の横のつながりを強化する役割を果たしていること，県党政幹部たちが出身校や配偶者や住居を通じて個人的にも親しい関係にあること，また，新たなネッ

トワークの構築に際しては，宴席での交流が重要な役割を果たしていることを指摘している．南・中岡は，さらに，人民代表，政協委員，郷鎮幹部を，県党政エリートと民衆を媒介する中間的存在として措定し，質問表調査とヒアリング調査からこれを検討し，県党政エリートの意識と行動は，その出自がもたらす県城の「街」の生活世界，そして「官界」の人脈や価値観に根ざした部分と，SH県の地域の構造的特徴から形成されているものと結論づけている．県内有力企業家と県の党政機関の密接な関係から，SH県ケースとは政治参加の不在が不問に付されている事例ではないかとの興味深い指摘もなされているが，今後の県社会の統合，安定にとって，ビジネスルート以外のさまざまな民衆の利害表出のチャネルとなる可能性として，人代・政協領導，郷鎮幹部の意識と行動に注目を寄せる．人代・政協の一般メンバーの利害表出活動の活発化および民衆の利害代言人としての役割遂行を求める組織外部からの要請の高まりといった内外からの圧力を今後の注目要因として指摘している．

　さらに，地域社会としての凝集力低下から不安定化の側面が顕在化しつつある農村地域における「公共生活」に焦点を当て，問題発生の根底にある要因を探ろうとしたのが，第2章「農村社会の凝集力――湖北省S県の「公共生活」をめぐる事例研究」（阿古智子）である．本章は，稲作を中心とする中堅農村，湖北省S県を事例として取り上げているが，同地域は，若年層の多くが都市に出稼ぎに出る一方，郷鎮・村幹部ら地元有力者が地域発展に尽力するという気風にも欠け，むしろ郷鎮・村幹部は面倒な問題に巻き込まれることを厭い，かえって地域社会への関与を減らそうとする傾向すらあるという．他方では，疎遠な人間関係から，コミュニティー内の結束が困難となっており，伝統的な風習，文化の維持にも消極的な相互扶助に欠ける地域である．この湖北省S県での「生活」の一端を，換言するならば，ひとびとのそれぞれの私生活ではなく，「地域の中で目標や利害関係を共有しながら，さまざまな人間が相互に関わり合いながら営む」公共生活の変化が農村社会の諸問題にどのように関わっているのかを，一般民衆の視点から問題を浮き彫りにしようとした論攷でもある．阿古は，予備作業として，伝統中国の「公」が「私」の集合体であったことから，「私」の結びつきのなかで生まれた共同性を「公」概念と捉えた上で，湖北省S県における公共生活の衰退，社会秩序の悪化，コミュニティーの崩壊そしてその延長としての「治理（ガバナンス）」の悪化を丹念に描き出している．「関係」，「信用」，「規範」を構成要素とする社会資本および地元有力者のリー

ダーシップや調整能力が検討され，水利事業や老人協会の運営を事例として，公権力や地域社会が個人の権利を不当に侵害しないよう，できる限り，自己の合法的権利を守ろうとするS県のひとびとを素描した．結論として，阿古は，制度的機能（行政，市場ルール）と非制度的機能（伝統的ネットワーク，慣習経済）から中国農村の地域社会の特徴を捉え返し，伝統的な家族文化と共通目標に向けた民間組織活動の発展を通じ，地域社会の秩序形成や文化の醸成を図り，非制度的機能を高めつつ，徐々に制度的機能の向上をめざすべきであろうと提言している．家族と同レベルの強さの地域アイデンティティこそが求められており，いかにして，この安定した帰属感を形成するか，これを通じて従来の伝統的な「公」概念とは異なる新たなものを創出するか，それこそが中国郷村社会の課題として浮上してくる．

一方，第3章「「権力－利益構造網」と農民群体利益の表現ジレンマ――ある石材場紛糾事例の分析」（呉毅）は，農民の上訪（＝陳情）事件を題材に取り上げ，現代中国の農村社会の権力構造を剔抉しようとする意欲的な論文である．ある石材場の紛糾事件の分析であるが，呉毅の出発点となる基本認識は，改革開放が従来の権力による経済，社会の統治に風穴を開けつつあるとの一般的な理解を超え，むしろ，逆にさまざまな改革が市場，法律の力を通じ，権力の動員能力を強化しているとの点にある．ことに，県，郷の農村基層社会においては，人の流動と階層分化が都市社会などより低レベルにとどまるところから，地域社会の経済，利益，人脈の相互作用の構造網が編み上げられている現状に眼を向け，呉は，これを「権力－利益構造網」と呼ぶ．郷村の地方経済活動はこうした官権力を中心とした社会資源配置と縦横に連なる関係網を囲んで展開されているとされる．したがって，農民のいかなる利益表現行為も単純な利害損得と権利意識による対応と見るべきではなく，逃れ難い「権力－利益構造網」を濾過した結果であるとして，呉毅は，某市郊外のA鎮の採石場の紛糾をめぐるさまざまなエピソードを詳述することを通じ，権利保護を行なう農民が遭遇した「利益表現のジレンマ」を描き出している．

呉は，農民らが司法裁判を通じた法律解決ではなく，陳情といういわば"官治"に訴えるルートで紛糾解決を図ったこと，ならびに陳情を行なおうとする採石場主らと陳情阻止に動く区・鎮政府関係者との"駆け引き"のなかにも，「権力－利益構造網」を見いだしている．そこから，呉は，結論として，于建嶸らが指摘するような「上訪」の政治性を否定し，各種の「民による官の訴え」

の行為の特色をただたんに「対抗」とする一面的理解を斥けている．陳情などの農民による利害表出行為も直接的には農村の現実生活における「権力－利益構造網」によって阻害されているところから，農民の政治性の健全な成長は困難ではあるまいかとも示唆している．

8 国家ガバナンスの模索

これらミクロのスケッチから浮かび上がる基層政治社会のガバナンスの揺らぎに対して，はたして，党＝国家サイドはいかなる対応を図ろうとしているのか，視座を国家側においた検討作業を行なうのが第Ⅲ部「国家ガバナンスの模索」である．

第1章「公聴会制度から見る政治参加拡大の実態」（唐亮）は，政策決定過程に対する国民の意見参加が拡大傾向に入り，参加の意識と能力が向上し，意見参加のチャンネルと手段が増え，制度化が進んでいるとの認識から，公共料金の決定過程と立法過程における公聴会制度の運営実態およびマス・メディアの世論形成に焦点をあてている．国民，特に専門家とマス・メディアはどのように政策過程に参加し，いかなる役割を果たしているのか，意見参加の制度化はどこまで進んでいるかを分析し，政治参加の現状を手際よくとりまとめている．豊富なデータに基づき，唐亮は，権力側が従来以上にオピニオン・リーダーの発言に注目し，彼らをブレーンとして活用していることを描き出し，政策過程の透明度の向上，政策の論点整理および国民的な議論の展開から，多様な意見を政策決定に反映させるところにその意義を見いだしている．同章では，政策的な議論，利益の主張および政策的な提言は言論の自由の拡大，マス・メディアの活性化および政治寛容度の向上を前提としているという意味で，意見参加の拡大は政治改革，民主化への緩やかな前進とも捉えうると評価しているが，現段階における国民の意見参加における問題と課題の指摘も忘れず，政策過程に対する意見参加が依然初歩的な段階にとどまると過大評価を戒めている．唐亮は，当局が公聴会を恣意的に開催しない場合もあれば，公聴委員の不透明な選出から公聴会を権力意思の隠れ蓑にするケースもあるとして，公聴会制度そのものの制度的不備などを指摘する．「言論の自由」，「報道の自由」も従来に比して格段に拡大されたものの，限界は依然として大きく，公聴会制度，メディアを含む意見参加促進をめぐるいっそうの制度改革が求められるゆえんで

ある．

　一方，ひとびとの意見表明，利益表出チャンネルという文脈では，改革期中国におけるインターネットの浸透とNGO／NPO民間組織の創出は特筆すべき新たな事態といえよう．現代世界は，インターネットによって連結されたグローバル社会といってよい．"網民"，すなわちインターネットの利用者それぞれが，情報の獲得と共にみずから発信主体や情報源となりうるため，これまで存在しえなかった新たな《公共空間》がネット上で形成されることとなった．このネット社会の到来という今日的現象が，改革開放時期と重なるところから，現代中国のガバナンスは，文字どおり未曾有の，これまで経験したこともない情報の爆発的増大と瞬間的伝播という新たな挑戦に曝されている．

　こうした背景から，ネット情報の内容およびそのインパクトと中国政治ガバナンスとの相関関係を分析したのが，第2章「インターネット情報と政府の監視・管理──「政治性」インターネット情報の安全認知」（白智立）である．著者が実施した北京大学公共政策研究所《インターネット情報の安全と政府の監視・管理研究》プロジェクトに依拠して，インターネット情報の安全性，とりわけ，中国政治の構造的特徴ともいうべきいわゆる"敏感"な"政治性"を帯びた（politically sensitive）ウェブ情報に関する認知と規定を分析し，中国当局が実施しているインターネット情報の監視・管理とひとびとのインターネット情報の「安全」に対する認識の間の関係を検討している．北京大学公共政策研究所による網民調査は，北京，武漢，鄭州および西安の4都市においてアンケート票を実施（有効回答3774部を回収），このほかネット情報分野の専門家，政府の監視・管理部門関係者，インターネット業協会構成メンバー，インターネット企業関係者への訪問，インタビューを行なった．ネット情報の「安全性」という概念はたんなるIT技術面のセキュリティのみならず，中国においては，第1類（イデオロギー，国内外の"敏感な"政治問題に関連する政治的安定ならびに政治性を帯びたインターネット情報），第2類（迷惑メール，猥褻，暴力，詐欺など「健全性」に関わるもの），第3類（プライバシーに関わるもの），第4類（国家機密，商業的秘密など，秘密性に関連するもの），第5類（知的財産権侵害に関わるもの）と5分類されているが，国家情報セキュリティがその核心的内容となっている．この点から，白論文は，「インターネット情報の安全」こそ，"絶対性"，"超然性"という中国の政治構造の特徴と中国がこの特徴を保持するために用いる伝統的な政治管理手段（世論・情報の監視・管理）の両者を連結するキーワードだ

と把捉している．その上で，インターネット情報の安全は，グローバルなインターネット・ガバナンスの主要な課題であり，国家安全，商業の安全，社会の発展，個人の権利および電子政府の構築など重層的な側面を有していると同時に，"政府が提供する最重要の公共サービス"として，政府の公共サービス・システムの中に組み入れられるなかで，有効な管理が実行されるべきだとの立場を掲げる．ただ，ネット情報内容の安全に関する認識あるいは安全管理の必要性に関して，政府サイドとネット利用者の間には，大きな"非対称性"が存在していることを指摘し，依然として「原則があるのみで，各種情報の認定基準を欠いている」管理の現状から，いっそう"汎政治化"することを危惧している．こうした検討を経て，白智立は，慎重な表現ながらも，ネット情報内容の安全基準の設定および監視・管理に関して，政府は，情報安全本来の"安全性"に向けた「純化」と「回帰」が必要となろうと結んでいる．

一方，1980年代以降，中国は「社団発展の黄金時代」を迎えているが，近年では，NGOが基層国家部門と連携し，公共サービスを提供する事例も現われている．出稼ぎ労働者が集中居住する社区では，NGOと基層政府が新たな制度的取り決め（institutional arrangement）をとり結び，出稼ぎ労働者に対するサービス提供を行なっている．第3章「都市部基層政府とNGOの連携──「社区」における出稼ぎ労働者NGO活動調査から」（趙秀梅）は，国家と社会の相互作用における「二つの異なるロジックと方向」が反映されているものとしてNGO活動に注目を寄せ，北京市北西部の都市部と農村部が接する社区DHにあるNGOのスタッフ，社区居委会職員およびとその他政府部門幹部への集中インタビューに基づいた実証的な研究である．すなわち，「二つの異なるロジックと方向」とは，NGOは国家から分離してきた社会の産物にして独立自主の社会領域の構成要素でもあり，同時に，NGOの生存と発展のための制度環境自身が積極的に国家権威と結合するよう運命づけられているとして，中国のNGOは国家と社会の境界を明確に分離すると同時に，国家の権威との結合によりその境界を曖昧にしていると論断する．こうした判断の下，趙秀梅は，都市部門における社区公共事業領域における基層国家（政府）と社会との結合過程およびその特徴を明らかにしようとして，NGOがみずからサービスを提供できるにもかかわらず，なぜわざわざ基層政府と連携した第三の組織を作るのか，基層政府とNGOの結合はどの程度のものなのか，はたして両者の権力構造は変化したのか，NGOと基層国家のこのような相互作用は地方の政治過程

にある程度の変化をもたらしたのか……などの問いを掲げる．これらの問いに対し，趙秀梅は，政府権威こそがNGOにとって最も重要な正当性の淵源だからだと結論づけている．すなわち，政府の行政的な権威と一つの紐で結ばれ，基層政府部門から同所轄行政領域で活動する権利を授与されることは，まさに国家の行政権威がNGOの正当性の基盤になるのである．しかし，他方で，この結果として，国家の基層組織能力（Infrastructural Power）こそ強化されたものの，専制的な独裁能力（Despotic Power）はけっして弱まってはいない．この状況下，NGOが演じているのは政府が希望する役柄にすぎないとして，趙秀梅は，NGOと政府との連携活動において，発生した事態とは，たんなる政府の行政機能のシフトにすぎず，権力のシフトではけっしてないとも喝破している．

9 党・国家・社会関係の拮抗

そうであるならば，権力内部のガバナンス能力が次の課題となる．はたして，党＝国家体制の内部ではいかなる事態が進行しているのであろうか．こうした観点からまとめられたのが，第IV部「党・国家・社会関係の拮抗」であり，まず，第1章「社会的「泄憤」事件とガバナンスの苦境」（于建嶸）は，近年国家ガバナンスへの大きな脅威とされている群集性"突発"事件（＝集団争議）を取り上げ，これを「維権抗争」，「社会的紛糾」，「組織犯罪」および「社会的な泄憤事件」（"泄憤"とは，情動発散，怒りをぶちまけるの意）の四者に分類し，「泄憤事件」を詳細に分析することから「ガバナンスの困境」を剔抉している．「泄憤事件」の特徴として，于建嶸は，①主として偶発事件を契機として起きており，突発性がきわめて高いこと，②これらには，明確な組織主体がなく，引き金となった最初の事件とその後膨れ上がった大多数の参加者とは直接の利害関係はないこと，③事件発生の過程において，情報伝達面で新たな特徴があり，特に，携帯電話のショート・メッセージやインターネットが事件発生とその後の展開にともに重要な役割を果たしていること，そして，④殴る・叩く・略奪する・燃やすなどの違法行為から，国家，集団，個人の財産などの損失のみならず，大きな社会的影響を生んでいることを挙げている．「泄憤」事件が示すものとは「国家ガバナンスの困境」であるとして，「泄憤」現象の発生因として，国家の社会秩序管理の有効性に問題があり，危機に瀕しているとの論断が背景にある．于建嶸は，これを一歩進めて，社会不満集団の存在および政府の

管理能力の低下から，①個別具体的な眼前の担当者に対する疑念から，政治権力体制全体に対する不満へと発展しつつあること，②法律の正義性と公正性に対する疑いへと拡大しつつあること，そして，③合法性危機の対象が急速に上位へと移っている点などの新たな状況が生じていると分析している．こうした困境脱出の方途として于建嶸が着目するのは，司法制度である．彼は，科学的な司法制度を確立し，立法制度の権威をうちたて，真の意味で法治国家とならねばならないと提言している．具体的には，司法裁判権を地方政府から中央政府に引き戻し，中央が垂直管理を実施することとし，一つの県域内での司法部門と県政権を分離することを県域法制チェック・バランスの原則とする．すなわち，県級法院と県級検察院のヒト，モノ，任務を県政権のコントロールから外し，人事，財政，業務の三方面で県政府の指導者にではなく，直接中央政府に対して責任を負うようにすることがカギだと提案しているのは注目に値しよう．

さて，2002年に広東省で発生し，2003年7月にWHOの制圧宣言が出されるまでの間，8069人が感染，775人が死亡したSARS（Severe Acute Respiratory Syndrome，重症急性呼吸症候群，「非典」）は記憶に新しい．このSARS危機を題材に，現代中国における国家と社会の拮抗を論じたのが第2章「SARS危機と国家・社会関係の政治力学」（呉茂松）である．SARSという非常時における国家と社会の「反応」を観察することで，中国政府のガバナンス能力，社会の成熟度を検証し，今後の国家－社会関係の行方を考える指標とすべく，呉茂松は，一般市民，感染者，社区（コミュニティ），社会組織に代表される社会サイド，病院関係者，都市管理大隊などのSARS現場，そして研究機関の三つのファクターを対象にして，集中的な聞き取り調査を北京で行なった．それに基づき，「SARS期」（2002年11月～2003年7月5日）における国家と社会の動態および両者の相互関係を分析しているが，本章では，①SARS危機に対して国家が採用した対策とその問題点，②SARS危機に直面した社会のレスポンス，③国家の政策と社会的需要の間の乖離，④国家と社会の行動およびその乖離が生じる背景を検討した上で，SARS危機の国家・社会関係における意味を問うている．豊富なミクロデータから，呉茂松は，危機に対する国家側の認識，判断には遅れがあり，それゆえに対策が遅れ，さらに，SARSの初期段階における政府の情報隠蔽，報道ミスなど危機管理体制の危うさを描いている．その背景として，危機意識，危機管理制度の陥穽，すなわち，危機管理に関する専門機構の不在

こそがSARSの被害を抑止できなかった主な原因と指摘している．加えて，突発的かつ非伝統的な危機に関する法制度の問題（根拠法の不在，中央と地方の権限），メディア規制，そして監視機構の不在がSARS被害の深刻化をもたらした政治体質の宿命であったと論断している．一方，社会サイドでも，SARS危機に際して顕在化した民間療法，迷信への盲目的信仰に象徴される主体性の欠如と科学的知識に対する無知，さらには，市民の公共意識の欠如も指摘されている．だが，呉茂松は，SARS危機後，政府と民間組織にはある特定の領域における補完関係が現われているとして，危機後の国家の変容を見いだしている．すなわち，「万能政府」から「有限政府」へ，「公共サービス型政府」への政府機構改革など，国家側の権利の譲渡，資源の開放と，公共管理領域における民間組織の勃興に社会の自主性の出現を見ている．ここに，中国社会が従来の完全なる国家独占型統治社会から，国家・社会連携型管理社会へと移行する兆しを窺う本章の観察は，前掲趙秀梅論文の指摘とも平仄を一にするものといえよう．

　翻って，こうした中国の国家ガバナンスの危機の主体とは，外ならぬ中国共産党自身である．本書各章は，さまざまな領域のスケッチから，グラスルーツ政治社会におけるガバナンスの"揺らぎ"とそれが「党＝国家体制（Party-State system）」に大きな変革を迫っていることを指摘しているが，その変革を迫られる客体にして変革を担うべき当の主体は中国共産党である．浸透する市場化，分権化改革にもかかわらず，中国共産党は依然として，あらゆる側面において《万能の神》の座に依然君臨しているが，そもそもこの政治組織はどのような危機に瀕しているといえるのだろうか．これに対し，外ならぬ党自身はいかなる危機認識を抱き，どのような自己変革努力を行なおうとしているのか．

　第3章「執政能力の強化と党内民主」（王長江）は，党自身が進める「執政能力」強化と外部的にしばしば期待論が寄せられる中国の民主化問題をインサイダーとしての立場から詳細に論じたものである．同章では，「党内民主の発展」と限定されてはいるが，王長江は，まず，いわゆる「民主」に関する認識面の"誤区"として，四つのポイントを挙げ，自説を展開している．①中国公民の文化素質は低く，元来，資本主義段階も未経験であり，民主政治の薫陶に欠け，かつ13億人の人口には9億の農民がいることから，中国が民主を行なうことは不適当ではないか．②「民主」の実現により，多くの人が政策決定過程の中に参加することで，政策決定はさらに正確になっていくのではないか．③利益

の多元化を前提とすれば，民主を発展させることは必然的に多党化，複数政党化に繋がるのではないか．④「民主」とは結局のところ「西側民主」と同じなのか．王長江は，これらの問いをみずからの立場から斥けた上で，中国のグラスルーツ，すなわち地方，基層の現場で進められているさまざまな党改革の実験，刷新努力を検討し，高い評価を与えている．王論文は，民主そのものを盲目的に過信しがちな反体制知識人の民主化論とは一線を画しており，現代中国における体制エリートの周到な議論の一端を窺わせるに充分である．

そして，終章としての「忍びよる危機——党の組織的課題」(菱田雅晴)は，外部的に観察される中国共産党の危機の具体相とその対応策を組織論的観点からとりまとめ，党自身が"モルフォジェネシス"を図ろうとしていると結論づけている．贅言を要するまでもなく，中国共産党は，市場化改革措置の進展を受けて，党をめぐる外部環境の激変および党員層の変質という内外からの変貌圧力に曝されている．憲法上にも明記された「党の絶対的指導性」というレトリックこそ変化はないものの，イデオロギー環境はもとより，実質的組織基盤たる党細胞組織が急速に減退しており，高所得，高学歴化が進む党員メンバーシップからは，かつての主役たる労働者，農民は事実上排除されつつあるようにも見受けられる．これらに対し，党自身は，私営企業家，すなわち社会主義中国における"資本家"階級への「入党の誘い」となる"三つの代表"理論を採択するまでに大変貌を遂げ，その直面する組織的危機への対応を図っているが，本論では，組織の弛緩から活動が停滞していることを示し，こうした組織力の低下の具体相として，入党動機の変化をさまざまな角度から検討している．その上で，モルフォジェネシス・シナリオとして，①党外有党，②党内有党，そして③党自身のモルフォジェネシスの3ケースを設定し，党自身のモルフォジェネシス＝自律的な秩序生成形態形成こそが，党の直面する組織的危機への解となろうと結論づけている．

【参考文献】

加藤弘之 (2009)「中国：改革開放30年の回顧と展望」『国民経済雑誌』1(199).
菱田雅晴・園田茂人 (2005)『経済発展と社会変動』名古屋大学出版会．
菱田雅晴 (2009)「中国；全球化の"寵児"？」，鈴木佑司・後藤一美(編)『グローバリゼーションとグローバルガバナンス』法政大学出版局．

樊鋼 (2008)「中国経済増长的要素：因素分析与展望」，『资本市场』第4期．

林毅夫・蔡昉・李周（1994）『中国的奇迹：发展战略与经济改革』上海三联书店（『中国の経済発展』渡辺利夫（監訳），杜進（訳），日本評論社，1997）

秦晖（2008）「"中国奇迹"的形成与未来——改革 30 年之我见」，『南方周末』2 月 21 日

姚洋（2008）「中国经济高速增长的由来」1〜4，『南方周末』9 月 11 日，9 月 17 日，10 月 9 日，10 月 22 日．

Dyer, Geoff (2009) 'China's dollar dilemma', *Financial Times* February 22.

Ramo, Joshua Cooper (2004) *The Beijing Consensus*. Foreign Policy Centre, London.

Rodrik, Dani (2006) *Goodbye Washington Consensus, Hello Washington Confusion?* Harvard University.

Sender, Henny (2009) 'China to stick with US bonds', *Financial Times* February 11.

Williamson, John (1989) 'What Washington Means by Policy Reform', in John Williamson (ed.) *Latin American Readjustment: How Much has Happened*. Washington: Institute for International Economics.

World Bank (2008) *World Development Report 2008: Agriculture for Development*. Washington: The World Bank.

第 I 部

コーポラティズムの可能性

第1章

中国におけるコーポラティズムの現在

石井知章

はじめに

　90年代以降のポスト天安門事件という時代背景のなかで，中国では労働組合（以下，工会と略）をはじめとするさまざまな社会集団が政府の認可を受けつつ，数多くの協会，財団，法人やそれらの支部団体といった非政府組織（NGO）が省や県レベルで登録され，いわば「社会諸集団の噴出」とでも呼ぶべき状況が展開している．しかし，こうした団体設立の背景に共通しているのは，仮に相対的な自立と限定的自由が諸集団に付与されつつ，中央政府の権力の一部が地方や民間の諸集団・組織へと緩やかに委譲されることがあっても，これら社会的諸集団は多元的国家論として扱われるような意思決定の機構を自己のうちに含む自立（＝自律）した集団として承認されたわけではけっしてないという事実であろう．むしろそれは「上から」与えられた要請を国家構成組織の一部として，より現実に近い領域で所与の社会的機能をよりよく果たすという色合いが濃く，したがって「市民社会」の勃興というよりは，社会諸集団に対する国家側からのコーポラティズム的再編成としての意味合いが強いといえる[1]．主要な社会集団の一つである労働組合の政治的機能についても同様であり，したがって中国の労働運動あるいは労使関係の展開を分析する際にも，市民社会アプローチより，コーポラティズム・アプローチを採用する方がより有意性（relevancy）があると思われる（Kohli & Shue 1996: 293-326.）．

　だが，仮に国家と労働者との関係性の総体が「一つの利益代表システム」（P. シュミッター）をなし，「単一性，義務的加入，非競争性，階級的秩序，そして職能別の分化といった属性を持つ，一定数のカテゴリーに組織されており，国家によって（創設されるのではないとしても）許可され承認され，さらに

自己の指導者の選出や要求や支持の表明に対する一定の統制を認めることと交換に，個々のカテゴリー内での協議相手としての独占的代表権を与えられる」としても，ここで問われるべきなのは，現在のそれが「自律的で国家へ浸透していく型」としての社会コーポラティズム（societal corporatism）なのか，それとも「依存的で国家に浸透される」協調形態である国家コーポラティズム（state corporatism）なのか，あるいはそのいずれでもなく，これら両概念の間のどこかに位置づけられる中間的なものなのか，ということであろう（シュミッター&レームブルッフ 1984: 34, 45）．

　ところで，こうした工会をはじめとする社会的諸集団を分析する枠組としてコーポラティズム概念を用いる最大の理由は，中国の企業，組織，団体といった具体的職場のあり方の特殊性にある．A. ウォルダー（Walder 1989: 244-49）が指摘したように，そもそも中国における企業とは国家と社会との間に成立する「政治的連合（political coalition）」あるいは「政治社会的共同体（socio-political community）」なのであり，ここで企業長とは経済的企業体の管理責任者であるばかりでなく，政治社会的共同体の指導者としても立ち現われていた．中国の企業指導体制の現実がこうした党=国家による企業指導体制との親和的関係を前提にしていたとするならば，80年代後半から顕著になった中国社会をめぐるコーポラティズム論や労使関係論は，もともと権力の概念を抜きにしては存立しえなかったといえる（Taylor et al. 2003: 216）．さらに，企業の統治システムが政企混在により外部化しているがゆえに，企業指導体制が「国家=企業」，「社会=工場」という空間的アナロジーによる政府との外部関係として論じられてきたのも，ある意味で正当な手続きに基づくことであった（植竹・仲田 2000: 255；李維安 1998: 33 参照）．つまり，ここで企業長は，経済的企業体の管理責任者としてだけでなく，政治社会的共同体の指導者として，他方それを「下から」支える労働者代表大会は，自主的管理を実施するための基本的形式として，それぞれ党の方針，政策と国家の法律，指令を遵守しつつ，党委員会の指導下で職権を行使し，国家・企業・労働者という三者間の利害関係を調整するよう求められたのである．

　しかも，この中国における「労働の世界」（G.D.H. コール）を形成する三者構成主義（tripartism）とは，よりマクロなレベルでは，中華人民共和国成立（1949年）以前にその起源が溯る政治協商会議という旧統一戦線の制度的枠組の中に「大衆組織」としての中華全国総工会=労働者のナショナルセンターを位置づけつ

つ，中国社会主義体制下における国家と労働者との関係論として理解することが可能であろう．筆者はかねてより，50 年代の毛沢東時代を政治協商体制から党＝国家体制への移行期として，80 年代初頭の鄧小平時代を政治協商体制の復活と党＝国家体制の後退期として，80 年代後期の趙紫陽時代を党＝国家体制の否定と政治協商体制の全面強化期として，さらに 90 年代以降のポスト天安門事件の時代を党＝国家体制の復活と弱体化した政治協商体制の暫定的定着期として，それぞれ大まかな時代区分を試みてきた（石井 2005）．この党＝国家体制と政治協商体制という中国社会主義国家体制における拮抗した二つの内的統治システムとの対比で見れば，現在の社会主義市場経済体制は，例えば 1992 年の工会法が政治的に独立した工会による集団的交渉を保障するうえでの前提条件としての「結社の自由」（ILO 87 号条約）を承認していないことに象徴されるように，現在においても，工会をはじめとする社会諸集団の国家権力からの独立をなんら法的に基礎づけてはいない．むしろ最高指導者が江沢民から胡錦濤に移るなかで基本的政治課題として受け継がれたのは，鄧小平の「四つの基本原則」（社会主義の道，人民民主独裁，共産党の指導，マルクス＝レーニン・毛沢東主義）を，江沢民の「三つの代表論」として，国家と労働者との関係に対しても適用するということであった．とりわけ，私企業の経営者が「人民の利益」を代表している限り，共産党内部で指導的役割を発揮しうるとしたその「代表論」は，かつての社会主義＝労農国家という理解をもはや完全に不可能にし，社会主義という政治体制そのものが孕んだ根源的矛盾へと転化してしまったようにすら見える．したがって本稿では，90 年代以降の「党＝国家体制の復活と弱体化した政治協商体制の暫定的定着期」であるポスト天安門事件期におけるコーポラティズムの現在について考察したい．

1 天安門事件と社会コーポラティズム形成の中断

1987 年から 88 年にかけての「労働の世界」をとりまく政治環境は，工会をはじめとする社会諸集団の自立の制度化を求める民主化運動のなかで大きく変動していた．この関連でとくに注目すべきなのは，趙紫陽が第 13 回党大会（1987 年 10 月）の政治報告のなかで「党政分離」の方針を打ち出し，行政機関に対応して設置された党機構（対口部）を廃止し，行政機関の中心で実権を握っている党組の撤廃，「党指導下の工場長責任制」から，50 年代初頭と同じ「工

場長単独責任制」への切り替え，末端民主（村民自治と住民自治）の推進，情報公開の推進および対話制度の整備などの大胆な政治改革を提起したことであろう（中共中央文献研究室 1991: 34-48）．とりわけ趙紫陽は，政府各部門に存在する党組について，「それぞれその成立を承認した党委員会に責任を負っているが，このことは政府の活動の統一と能率向上に不利なので，次第にこれを廃止する」と述べ，行政機関におけるその廃止を打ち出したが，その社会諸集団の自律化にとって，その政治的意味合いはきわめて大きかった（唐亮 1997: 27; 中共中央文献研究室 1991: 34-48）．趙紫陽はこの報告のなかで，政治体制改革について言及し，①党政分離の実行，②権限のより一層の下放，③政府工作機構の改革，④幹部人事制度の改革，⑤社会協商対話制度の樹立，⑥社会主義民主制度を改善する若干の制度，⑦社会主義法制建設の強化，の7項目を提唱したが，実質的な改革として最も本質的な原動力として働いたのは，何といってもこの段階的「党組の廃止」の決定であったといえる．たしかに，工会での「党組の廃止」そのものは最後まで実現しなかったものの，「四つの原則」という大きな枠組の下で，それまで工会組織内部に存在していた党＝国家からは相対的に自由な，制度的多元主義（institutional pluralism）の可能性をもつこととなったのである[2]．

　さらに，天安門事件以前の工会改革のクライマックスとなったのが，1988年7月に開かれた工会全国大会第10期第13回主席団会議であった．ここでの討論は，工会が工会みずからの改革にいかに参加するかに集中し，その結果「工会改革の基本構想」が大筋で採択され，同年9月の工会全国大会第10期第6回執行委員会会議で同構想は正式に採択された．同構想では，工会がその社会的役割を発揮させ，労働者の合法利益と民主的権利の擁護，労働者の改革への参加，経済と社会発展任務の完成，国家と社会の事務管理への参加，企業事業単位の民主的管理への参加を実現し，国家と社会生活において重要な役割を果たす「社会政治団体」となるべきである，などが打ち出されたが（王永璽 1992: 450-52），この構想により，「経済的企業体」の管理責任者としてだけでなく，「政治社会的共同体」の指導者としても立ち現われていた企業長は，もはや国家に従属した「政治社会共同体」の指導者とはなりえなくなっていた．つまり，ここで企業や工会は，国家による一定の統制を認めることで「独占的代表権」が与えられつつ，「自律的で国家へ浸透していく」社会コーポラティズムの形成へと向かいつつあったのだといえる．

　こうした動きを背景にして見れば，1989年6月の天安門事件の前夜に北京

労働者自治連合会（工自連）という名の社会主義中国始まって以来の自主労組が生まれ、それまで学生を中心としていた民主化運動の流れに大きな影響を与えたことも、ある意味で当然の成り行きであった。全国総工会職員の一部は、1989 年 5 月、天安門広場で工会のさらなる自立を求め、かつ「工会は労働者と大衆のために代弁し、職務にあたるべきである」と訴えるビラを配り、学生らと「対話集会」を開いたり、学生によるハンガーストライキを支持して、10 万元を赤十字に寄付したとされる（White 1995: 13 ; Hong & Warner 1998: 54 参照）[3]。しかし、「独占的代表権」を与えられた中華全国総工会には属さない労働者たちの感じてきた疎外感の度合いを象徴し、工会の不十分さを強調することとなったオルターナティブとしての労組の出現は、党の上層レベルの指導者たちおよび総工会内部に警鐘を鳴らし、当局は北京労働者自治連合会をはじめとする自主労組が「労働者階級の名を不法に用い、人民政府の転覆を企てるものである」と即座に弾圧した（Howell 1998: 160）。これに対して倪志福総工会主席は、「中国の工会は中国共産党の指導の下で活動すべきであり、党に敵対するいかなる工会も組織することは許されない」とする「上から」の意向を反映した談話を発表する一方で、「工会は労働者に対する魅力を増大させ、かつ労働者からのより多くの信任を享受するために、独立工会の組織を企てる者たちにその機会を与えることなく、たんに政府の代理人として活動することを避け、政府からは独立して活動しなければならない」と訴え、労働者の権利と利益を守ることの重要性を強調しつつ、自主労組を出現させた危機的状況に対する「下から」の利害関心を尊重するという懐柔に努めた（Hong & Warner 1998: 55）。しかしながら、こうした天安門事件をめぐる一連の総工会の動きは、党と労働者との紐帯をいわば「セメントで固着させた」にすぎず、その結果、「6 月 4 日以降、総工会は党の多弁な支持者としての役割を再開し、その 1, 2 年前まで繰り広げられてきた労働組合の独立をめぐる活発な議論については口を封じられる」（O'Leary 1998: 53）[4] ことになり、ここで社会コーポラティズム形成のプロセスは、中断を余儀なくされたのだった。

2 ポスト天安門事件と国家コーポラティズムへの退行

こうした中で、ストライキ権が欠如し、総工会を唯一の合法的労組であると確認する 1992 年の工会法が制定された（O'Leary 1998:53）。それはまず、工会が

憲法に依拠し,「独立自主的に活動を繰り広げる」としつつ,「国家の主人公」としての役割を発揮し,国家,経済,文化諸事業の管理に参加することで政府の活動に協力し,工農連合を基礎とする「民主的」独裁による社会主義政権を擁護するという党＝国家への義務を定めた．さらに,人民総体の利益を擁護するとともに,労働者の合法的権益を守り,企業の「民主的」管理運営を監督し,異議を申し立てる権利を有すると同時に,労働者を動員し,教育し,労働者間の競争を展開し,労働生産性の向上により社会全体の生産力を発展させるべきである,とした．さらに組織論としては,50年工会法同様,民主集中制による代表大会によって選出される各級の工会委員会が代表大会への報告義務を有するとしたが,旧法と異なり「上部機関である総工会に報告する義務を負う」との規定はなくなった．しかし,全国総工会,産業工会,地方工会および基層工会のいずれもが,「社会団体としての法人資格を有する」とされ,総工会のみの合法性が確認された．また末端の基層工会において,労働者代表大会が「民主的」管理の基礎形態をなし,工会委員会は労働者代表大会の活動機関として,その日常活動の監督にあたると定められた[5]．このように,同法の制定によって,開放政策下の党＝国家と工会との関係が,変動する社会の現状に沿うべく再定義されることとなったのである (White 1995: 15)．とりわけ50年工会法と比較すると,党＝国家に対する義務が労働者の諸権利よりも優先されているが,これはそれにも増して多岐にわたって規定された諸権利をしっかりと党＝国家によるコーポラティズムという制度的枠組のなかに収めるものであったといえる．たしかにそれは旧法を大きく改訂するものではあったが,その主な目的は工会運営をめぐる諸慣行の進歩的な改革にあるのではなく,とりわけ天安門事件後という状況下で,さらなる経済発展を推し進め,長期的な社会の安定を維持すべく工会を統治するための原則の適用を確認することに重点が置かれた (Zhu 1995: 45)．

そもそもこの新工会法は,少数の工会幹部が1987年,基層レベルでの工会の選挙に党が干渉することを嘆き,新法を求めるという動きに端を発していたとされる．趙紫陽などの改革派は,中国共産党第13回全国代表大会での工会のより大きな自律性と政治機構の改革を求める動きを支持したが,これをうけて総工会は1988年,第11回全国大会で,工会と党,政府との間の関係の再調整を要求した．同大会は,より改革を求める指導体制の始まりを告げるとともに,実際に数々の試験的な改革に乗り出したが,天安門事件がこうした一連の

動きを一挙に後退させてしまったのである (Howell 1998: 159). したがって，こうしたなかで制定された 1992 年工会法は，「労務管理の面では，企業の自立性を高める法制化や規則化を通じて過去 10 年間でかなりの進展が成し遂げられてきたものの，労組の場合，1989 年の騒乱，そして 1992 年の工会法によって弱体化した団体交渉権ゆえに，その党の優位に対する支配権が増大したのか否かについては議論の余地がある」(O'Leary 1998:61) とされる消極的なものであった．その意味で 1992 年工会法は，天安門事件を契機として明らかに当初の意図とは異なった内容で仕上げられたものといえる．その後，同法は 2001 年に一部改正され，使用者に対する監督，異議申し立てを行なう上での法的手続きを定めるなど，労働者の権利に関してさらなる諸規定が盛り込まれたが，他方，「中国共産党の指導を堅持し，マルクス＝レーニン主義，毛沢東思想，鄧小平理論を堅持すべき」など，あたかも「四つの基本原則」(社会主義の道，人民民主独裁，共産党の指導，マルクス＝レーニン・毛沢東主義) のような政治的義務を定める諸項目も新たに挿入され，再度国家イデオロギーによって労働者の社会的諸権利を限界づけることが企図されたのであった．

　工会法に引き続き，1994 年に制定された労働法の法案作成に際しては，政府と総工会，および使用者側のナショナルセンターである中国企業管理協会 (現在の中国企業連合会) という三者構成による協議が行なわれ，ソーシャル・パートナーとして各団体の意向が大きく反映された[6]．その結果同法は，国が雇用の機会を促進し，労働基準，社会保障，労使関係などを整備，発展させ，労働者の生活レベルを高めるとともに，労働者間の競争の促進により，労働生産性を向上させるよう建設的提案を行なうことなどを定めた．また一方労働者は，法に基づき，工会に参加し，組織する権利を有し，その代表者は独立かつ自立的に，労働者の法的権利を守り，その活動を発展させ，みずからの法的権利を守るべく「民主的」な管理運営，および使用者との対等な協議に参加すべきである，などとした (Hong & Warner1998: 60; 木間ほか 1998: 249).

　このように，新たに制定された労働法で工会の主な役割は，企業の生産力発展のために組合員を動員，組織，教育するとともに，労働者間の競争を促し，管理体制の強化による生産性向上に主眼が置かれた．たしかに，工会員の個別利益も擁護されたが，それはあくまでも企業と国家という全体利益を実現してはじめて「達成」できるという第二義的恩恵としてであった．いわば総工会は，ポスト天安門事件という新たな状況下で経済の立て直しを図るべく，労働者を

第 1 章　中国におけるコーポラティズムの現在　　29

再度「自発性の動員」(塩川伸明) に駆り出し，党中央の指導方針を支持，擁護しつつ，「依存的国家に浸透される」国家コーポラティズムの立場に後退することを余儀なくされたのである．したがって例えば1994年，新たに結成された「労働者権利保障連盟」がこの新法の条文にストライキ権を盛り込むことを要求したものの，当局が「社会団体登記管理条例」によってこの団体の登録を認めなかったばかりか，「反革命組織」として全面否定していたのも当然の成り行きであったといえる (松田 1995: 217)．

国有企業と異なり労働者代表大会という職場での労働者の参加システムを設立する義務から免れうる外資系企業では，工会が企業における労働者を代表する唯一の代理人として活動することとなった．外資系の合弁企業では党支部が公的組織としては機能できないがゆえに，その代わりに党書記または副書記が工会の主席を務めることによって，通常党支部によって遂行される政治的機能を，合弁企業の工会に組み込んだのである (Chan 1998: 127)．こうしたことから中華全国総工会は，1993年の第12回全国代表大会で，既存企業での工会の早期設立を促すとともに，外資系企業における労働者の政治的地位と諸権利を保護すべく，工会は労働者の合法的権利を守り，企業発展のために経営者と協力しつつ，労働協約に署名し，賃金，労働時間，社会保険その他に関する関連諸法，規則の遵守を監督すべきである，などを決定した．こうした努力の結果，三つの経済特区を擁する広東省で1990年までに，41.9％の外資系企業で工会が設立され，うち43％の労働者，従業員が工会に加入した他，深圳経済特区では，25人以上の従業員を雇う外資系企業の96％で工会が組織された (Hong & Warner 1998: 116) [7]．また外資系企業における工会の数は1993年に8260で，その組織率はわずか10％にすぎなかったが，94年までには総工会を中心にして工会の組織化が急速に進められ，全国7万5500カ所の32.7％にあたる2万4700カ所の外資系企業で組織されるに至った．しかし，他の所有形態企業を含む全体としては，たとえば深圳で発生しているストライキの90％以上は，コーポラティズムによる「独占的代表権」の与えられていない工会未組織の企業においてであるとされている (常凱 1995: 209)．こうした労働紛争の増加と深刻化を背景にしつつ，「国営企業における労働紛争処理に関する暫定規定」(1987年) は，企業の所有制を問わず紛争処理の原則，機構，処理方法など定めた，外資系企業を含めた「企業労働紛争処理条例」(1993年) という統一的な基準へと取って代わられた (労働問題リサーチセンター 1987: 58)．

「工会法」,「労働法」の求める新たな要請に応えつつ, 1995 年以降の総工会は, 外資系企業内における工会設立を急速に進め, 労働者の代表として使用者と労働協約を結び, 労働協約によって労使関係を規範化し, 労働者が「民主的」管理に参加する権利を守ることに活動の主眼を置いた. さらに, 企業による労働基準の執行を支持するとともに, これを監督し, 法に基づく労働者の安全衛生を保護する権利を守り, 労働紛争を調停し, 企業に労使対等な立場で協議し交渉する制度を設けるなどに新たな活動の重点を置くこととなった. とりわけ, 市場経済社会主義の導入という新たな状況下で, 工会はいかにして労使関係を調整し, 労働者の合法的権益を守るのかという問題についてまだ経験が不足し, 急速に変化する現場に対応が追いつかず, 労働者大衆も不満を抱いているという現状が指摘されている（高愛娣 1999: 148-49）. また地域間の不均衡を是正すべく国有企業との公平な競争を保障する方向で外資系企業への優遇措置が撤廃され, 外資系企業と国内経済部門との連携が急速に高まっていくなかで, 労働局を中心とする労働仲裁委員会が受理した外資系企業での労働紛争の案件は, 1994～97 年, 2974 件から 2 万 3244 件へと急増していったが, 1998 年にいったんはマイナスに転じている（国家統計局 1997-99 参照）.

　こうしたなかで中華全国総工会は, 労働紛争処理に関する活動を活発に繰り広げたが, その結果 1997 年までに全国で組織率 74.6% にあたる 29 万余りの末端労働紛争調停委員会が設立され, 国有企業の労働紛争調停委員会の組織率は 80% 以上に達した（高愛娣 1999: 153）. また 1998 年の活動も引き続き労使関係の強化に中心が置かれ, とりわけ個別企業における労働者代表大会を通じた民主的協議を促進するための幹部の活動が重視され, 労使関係の調整, 労使間の平等な立場での交渉の実施, 労働協約の締結の面で新たな進展が見られた（高愛娣 1999: 184）. 同年 10 月に開かれた中国工会第 13 回全国大会では, 今後 5 年間の指導方針と歴史的任務についての報告が行なわれ, 社会主義市場経済システムの採用に伴って生産関係, 労使関係, 利益関係に深刻な変化がみられるなか, 工会は労使関係の法制化, その協調システムの確立, 労働者の「民主的」参与と監督制度を整備し, 下崗（レイオフ）労働者の再就職促進, 社会保障体系の構築, 労働者の組織化と資質の向上にあたることの必要性が強調された（高愛娣 1999: 195-6）. 全国の都市労働人口約 2 億のうち半分の 1 億人がコーポラティズムのもたらす「独占的代表権」を有さない未組織労働者であり, かつそのほとんどが非公有部門の新設企業の労働者であるとされた 2000 年 11 月, 当時

の 1430 万人という組織労働者を 2002 年までに 3600 万人にまで増やすという政府の方針が打ち出され，工会活動の活発化は「下へ」ばかりでなく，「横へ」も拡がりつつあった（『工人日報』2000 年 11 月 12 日）．全国の基層工会数は 2002 年 6 月末には 166 万となったが，その内訳は公有制企業が 60 万，非公有制の新企業が 103 万で，また工会員数は 1 億 3154 万人に達し，公有制企業が 8811 万人，非公有新設企業が 3962 万人へと増加し，目標数を前倒しで上回った（喬健 2004: 6）．また 2001 年，92 年工会法が一部改正され，使用者に対する監督，意義申し立てを行なう上での法的手続きを定めるなど，労働者の権利に関してさらなる諸規定が盛り込まれたが，「中国共産党の指導を堅持し，マルクス・レーニン主義，毛沢東思想，鄧小平理論を堅持すべき」など，労働者の義務を定める諸項目も新たに挿入され（千嶋 2002），再度国家イデオロギーによって社会的諸権利を限界づけるという着実な国家コーポラティズム化が企図されている．

一方，中国が 2001 年 11 月，WTO（世界貿易機関）への加盟を果たすと，本来的に安価な労働力がグローバルな市場競争にさらされることとなり，労働者の権利と利益の保障と国内の雇用情勢はさらに厳しさを増さざるをえなくなった[8]．都市部の登録失業率は，1999 年から 2002 年にかけて，それぞれ 3.1 ％，3.1 ％，3.6 ％，4.0 ％と年々増加し，2003 年 3 月末には史上最高を更新して 4.1 ％となり，全国都市部登録失業者数も前年同期比 75 万人の増加である 775 万人に達していた（国家統計局 2003a, b）．また全国での労働紛争件数も，各級労働紛争仲裁委員会が受理した件数は 2002 年には 18.4 万件に達し，それに関与する労働者も 61 万人と，前年比でそれぞれ 19.1 ％，30.2 ％増加している（喬健 2003）．いずれにせよ，中国は WTO 加盟によって，経済成長，経済貿易体制改革，経済構造の調整および企業の民営化を大きく推進させつつも，労使関係を再度不安定な状況に陥らせてしまったのである．例えば，労組設立の阻止で名高い世界の小売大手，ウォルマート（アメリカ）の中国現地企業が 2004 年 11 月，外資系企業での労働条件の悪化が懸念されるなかで，中華全国総工会による「工会法に違反しており，訴訟も辞さない」との強硬な姿勢に屈する形で，「労働者が設立を要求すれば，その意見を尊重し，工会法に規定された責任と義務を履行する」と譲歩したことは，労働市場におけるさらなる競争の激化とそれに対抗する中華全国総工会との直接的取り組みとを象徴的にしめす出来事であったといえる（Chan 2005: 15-17）．また「企業の社会的責任」が大きくクロ

ーズアップされるなかで，2006年1月には，労使間の労働協約の締結によって労働者の権益を擁護し，労働者代表大会を通して，工会や労働者の意見や提案を取り入れるべきである，などとする「会社（公司）法」が施行されている（『中国労工通訊』2006年2月10日）．いずれにしても，ここで進行しているように見えるのは，末端での工会活動の活発化によって「上から」の国家コーポラティズムの再編がめざされるとともに，労働者の不満を「下から」汲み上げる市民社会的システムが同時並行する形で築かれつつあるということである．

3 非国有制部門におけるコーポラティズムの変化

　中国工会第10回全国大会（1983年）以来，党の対外開放政策の進展に伴って，三資（中外合資，合作，外商独資）企業，郷鎮企業など，非国有企業における工会の創設が急速に進められたが，1985年までに全国に約2000の三資企業が設立され，組合組織率は廈門特区で70％，汕頭で60％，珠海で40％，深圳で72.4％に達した．当時，郷鎮企業には3000万人の労働者が就労していたが，そのうち1993年末までに工会の組織された企業は1万9600カ所で，その組織率は全国の都市労働者1億2300万人のわずか1.5％（183万人）にすぎなかった（王永璽1992: 442 ; Hong & Warner 1998: 49 ; 常凱 1995: 145）．しかも郷鎮企業における工会のリーダーと経営者との関係は密接で，一般労働者出身である例はきわめて少なく，むしろ党幹部を兼ねた副工場長や中層経営幹部であるというケースがほとんどであった（常凱1995: 149）．中国社会科学院などによる実態調査でも，地方政府が工場長を決める郷鎮企業は全体の63％，地方政府が候補者を指名し，労働者代表大会で工場長を選出する企業は17％，取締役会が工場長を任命する企業は20％というように，地方政府が直接，間接的に介入するケースが大多数を占めていることがわかっている（日本労働研究機構1997: 255）[9]．また1993年には1958カ所の企業で労働紛争仲裁制度が設けられたが，実際に労働紛争の処理を行なったのは同年でわずか586カ所の企業にとどまり，団体交渉や労働協約など労働者の根源的権利を行使するといった工会は，ほんのわずかにすぎなかった（常凱1995: 151）．

　そもそも郷鎮企業とは，農村を中心に擁する1億5000万人の余剰労働力を解消するため1984年以降，「離土不離郷」（農業を辞めても農村にとどまる）を原則に農村から小城鎮への移住を認める人口政策を採用したことに端を発す

る．だが，89年の経済引き締めにより，郷鎮企業が倒産・経営不振に見舞われ，農業からも農村からも農民が一斉に都市へ押し寄せ，その機能を麻痺させたこと（「盲流」現象）に象徴されるように，郷鎮企業が経済的効率性・柔軟性に欠けていることは明らかであった[10]．さらに，農村の余剰労働力は，中心と周辺，都市と農村，富者と貧者という社会経済システムの二元化をもたらし，「中国のラテンアメリカ化」という全中国的社会問題として注目されるようになっていた（石井1992参照）．当初，無秩序に都市に押し寄せていた農民は，やがて国内における労働者送り出し請負業者によって組織され，制度的な枠組みのなかで「農民工」として働くようになり，いわゆる「民工潮」と呼ばれる社会現象を引き起こし，三農問題（農村の遅れ，農民の窮乏化，農業の危機）とともに大きくクローズアップされてゆく．しかし，90年代半ば以降，国有企業改革の進展とあいまって，都市では労働者のレイオフ（「下崗」）が急増し，農民工と失業者および下崗労働者とが都市において互いの利害を競い合う（race to the bottom）という事態へと発展していったのである（白南生・何宇鵬2003参照）．1993年にその数7000万であった農民工は，2003年には1億4000万にまで膨れ上がり，そのほとんどが都市の建築現場など，都市の労働者が避けたがるいわゆる3K（きつい・汚い・危険）労働という低賃金労働に従事するだけでなく，農民工の斡旋業者が使用者と個別の労働契約を結ぶことがあっても，この斡旋業者と労働者個人との間で労働契約が結ばれるケースはほとんどなかった．その結果，多くの農民工が都市の労働者によって実質的な「第2級市民」として扱われ，さまざまな差別，賃金の不払いやピンハネ，劣悪な労働条件の強要，職業病や労災の誘発，子女の教育難などに見舞われつつ，みずからの労働者としての最低の権益を守ることすら困難な状況に置かれていたのである（崔专义2003）．

こうしたなかで，全国総工会の第14回全国代表大会（2003年9月）では，農民工に対し「都市における労働者階級の新たなメンバーである」と社会的承認を与え，農民の工会への入会問題が重要な議題の一つとして取り上げられた．その結果，上海，広東，新疆，蘇州，杭州など，労働力の送り出し地点の集中する地域に，40余りにおよぶ農民工工会連合会という農民工のための工会が立ち上げられ，それぞれ現地総工会の指導下に置かれ，約1カ月の間に3400万余りの農民工が，この工会組織に加入することとなった（『中国青年報』2003年9月23日；『深圳商報』2003年9月25日）．また，2006年3月に開かれた第

10期全国人民代表大会第4回会議では，農民工の平等な雇用，労働報酬，休暇，社会保障などの諸権利を確保すべく「農民工権益保護法案」が提出されるなど，政府による農民工対策にも着手されたが，その結果，一部の都市では農民工の平均賃金が大卒の初任給を上回ったり，低家賃で住める農民工のための公的アパートが建設されるなど，予想以上の社会的効果が現われはじめている（『中国劳动通讯』2006年11月6日）．

　これらに先立つ第15回党大会（1997年9月）では，国有経済の縮小と再編成とともに，多様な所有制経済の承認と非国有経済に対して積極的な位置づけがなされ，その後さらなる国有企業改革の進展にともない，人員削減による利益増が進んでいった．これによって，多くの労働者が失業し，デモや陳情，ストライキなど，労働者集団による騒擾事案が急増したが，その傾向は2001年のWTO（世界貿易機関）加盟後の構造調整を経てもなおも増大し続けた．農民工を主に雇用している非国有企業では，労働法が有効に適用されず，労使間の紛争は日増しに激化し，ストライキに発展するケースも多く見られている[11]．たとえば，2002年上半期において，全国で100人以上の企業労働者・職員および退職者による騒擾事案は同期比53％増の280件にのぼり，事案関係者は16万2000人と，前年同期の2.6倍となった．そのうち，1000人以上の集団による労働事案が39件で，前年同期の3.9倍，事案の当事者は10万2000人と，前年同期の4.4倍となった．2003年における下崗（レイオフ）労働者，および定年退職者集団による労働事案への参加者は144万人と，全国の各種集団による労働事案への参加者総数の46.9％を占め，トップとなった．国有企業に比べるとストライキが発生しやすく，賃金の未払い，低賃金，あるいは劣悪な労働条件に対する抗議が頻繁に行なわれているというのが非公有制企業の特徴である．2004年10月，深圳市の香港出資企業，美芝海燕電子工場では4000人の労働者が道路封鎖によるストライキを打ち，賃金待遇の低さに抗議した．この他にも，タクシー運転手によって次々と繰り返される各地のストライキは，その抗議の矛先が政府の主管担当部門の関連産業政策に向けられるだけではなく，一部地方でスト中の運転手は，さらに呼びかけに応えずに通常営業を行なったタクシー運転手に対してすら破壊活動を行ない，集団的行動の一致という社会的効果を狙うまでに変化している（乔健2005参照）．

おわりに

　以上のように，現在，中国の労働者集団による労働事案は急激な増加傾向を示すとともに，すでに社会経済の協調的発展（「和諧社会」の建設）に悪影響を及ぼしかねない重大問題として，大きな社会不安をもたらしている．たしかに，こうした一部の労働者集団による抗議行動は，国家コーポラティズムという枠組を遥かに超えて，底辺労働者による「下から」のイニシアティブを可能にする市民社会の形成に向けた具体的傾向の表われと見られなくもない．しかしながら，ここで最も重要なことは，こうした一連の激しいストライキ行為が，コーポラティズムによる「独占的代表権」の与えられていない底辺労働者による「自発的」選択であるとはいえ，工会によって組織されたストライキがほとんど皆無であるという事実であろう．つまり，こうした一部の未組織労働者による「下から」の示威行動とは，ポスト天安門事件期に再構築された国家コーポラティズムという政治社会の中心にある制度的枠組の「外部」で起きているのであって，こうした動きを市民社会形成のプロセスにあるとみなすにはいささか無理があるということである．

　一方，つねに党＝国家との関係性において存在してきた工会組織の現在を見ても，そのあり方を市民社会の形成，あるいは社会コーポラティズム形成への動きと受け取れるほど，独立した社会集団としての自律性を高めているとはいいがたい．例えば2005年，中国労働関係学院および筆者を含めた日本の研究者チームが，上海，北京，遼寧，浙江，広東，甘粛それぞれの計約1800カ所に及ぶ企業の基層工会の幹部に対して行なったアンケート調査では，工会主席に就任する前の職務について，最も多い36.4％が「中層幹部（主任・科級・処級）」と答え，次に多かった15.8％が「党委員会書記」，さらに11.7％が企業の長（「工場長・経理」）であったと答えている．また工会主席に就任した経緯についても，最も多い47.3％が「組織の推薦後，労働者代表大会の選挙による」とし，次に多い21.6％が「組織による任命」と答え，「公開競争選抜後の選挙による」としたのはわずか2.3％にすぎなかった．しかも，この推薦した上部の「組織」とは，最大多数の22.9％が依然として「単位党組織」であり，次に7.7％が「上級工会」と続いている．このように，工会活動の背後には，依然として党＝国家の存在が見え隠れしているだけでなく，企業の長は，既述のように

経済的企業体の管理責任者と政治社会的共同体の指導者を兼ね備えているだけでなく，きわめて興味深いことには，本来利害が対立するはずの工会の指導者としてすら立ち現われているのである[12]．したがって現在，工会が一体どこまで労働者による「自発的選択」として組織され，労働者による「下から」の権益をどこまで擁護し，拡大しているのかについて，はなはだ疑問が残るといわざるをえない状況にあるといえる．

　中華全国総工会は既述のように，たしかに農民工の組織化への「自発的な」第一歩を踏み出していたが，それが国家コーポラティズムの下で「組織された」都市労働者の権益擁護に役立ったとしても，そこからは疎外された社会的弱者である失業者，下崗労働者，底辺層農民工といった未組織労働者に対してはほとんど無力であるばかりか，むしろ逆に「組織された」都市労働者が守り，拡大すべき具体的権益と彼らのそれとを根本的に対立させる結果すらもたらしている．このように，「組織された」都市の労働者が党＝国家や政府当局による「一定の統制」に服する見返りとして，中華全国総工会の傘の下で「独占的代表権」を与えられたのに対し，圧倒的多数の未組織農民工や失業者らは，コーポラティズムという国家と社会との間の利害交換システムそのものの外部にあって，工会への編入によって得られる「特権的な身分と所得」（Liu 1996）からは完全に排除されているのである．

　それにもかかわらず，こうした矛盾が大きな社会矛盾として顕在化していない理由は，一つには順調な経済発展にあり，もう一つには強固な党＝国家体制と，それを背後から支え中華全国総工会をその内部に編入している政治協商体制が安定的に維持されていることにある．だが，社会主義市場経済のさらなる進展に伴って「経営の自主権」が不断に拡大するなかで，「労働の自主権」がそれに応じて拡大せざるをえないのだとすれば，暫定的に定着しているように見える現在の政治協商体制と，その下で繰り広げられる「組織的」労働運動は，今後，党＝国家体制内部の変化とともに大きく流動化する可能性が十分にあるといえるだろう．

【注】
1) たとえば，Kin-man Chan と Haixiong Qiu（1998: 41）は，広州で行なった実証研究に基づき，全体の71％の組織における指導者が上部の監督機関からきているという垂直のリンケージと，同じように60％の組織の指導者が党＝国家の単位

（タンウェイ）からきているという水平のリンケージが存在し，地方における社会的諸集団内部における人事権を政府が握っているという事実を明らかにしている．だが，多くの組織で外部としての党＝国家の単位が任命権を握っているにもかかわらず，論者らは「構成員らが組織内に高級幹部がいることを国家に対する従属のサインとしてでなく，特権へのアクセスとしてみている」ことから，この両者の関係を干渉（intervention）でも編入（incorporation）でもない，結合（linkage）という中立的な言葉を充てており，国家と社会との間に広がる第三領域における市民社会の発展の可能性として評価している．しかし，組織の自立度を左右する人事の任命権＝意思決定の根幹が外部にあるとすれば，その集団のもつ広がりの可能性は基本的に「従属変数」ととらえるべきであり，その限りにおいて，当該組織は市民社会の一部を構成しているというより，コーポラティズム的な協調システムに編入されているとみてしかるべきであろう．これとの関連でいえば，たとえば B. Michael Frolic（1997）は，国家に従属しながらも市民階級による相対的に自律した社会を「国家主導型市民社会」という新たな概念でとらえているが，実際にはそれをコーポラティズムと同意義で用いている．

2) 工会の組織機構の中で「党組の廃止」が実際に行なわれたケースはないとする情報は，筆者による彪同慶中国労働関係学院長とのインタビュー（2005年4月）に基づく．なお，鄧小平時代の政治を J. リンスの権威主義体制とともに「制度的多元主義」としてとらえる論考としては，毛里和子（2004）を参照．

3) 当時の総工会副主席兼書記処第一書記であった朱厚沢は，この10万元に及ぶ食料や医薬品を寄付したことが事件後明るみに出て，1989年8月に逮捕，総工会を免職されている（Chiang 1990: 97）．

4) ちなみに，天安門事件における当局による北京労働者自治連合会（工自連）への暴力的弾圧をめぐり，国際自由労連（ICFTU）は1989年11月，ILO 結社の自由委員会に提訴した．同委員会での審議の結果，中国の労働組合に対する登録制度がたんなる手続きに止まらず，それに先行する当局の許可を前提にしていることは「結社の自由」に反していると認定し，とりわけ同組合員9名に対する死刑判決の不当性を訴えるとともに，その刑の執行的停止を強く勧告した．これ以降，ILO を媒介とする中国政府と国際自由労連との長い政治的対立が続くこととなった（*A Moment of Truth* 1990: 155–79）．

5) 「中華人民共和国工会法」（1992年4月3日施行）．

6) 総工会については1985年，国務院が総工会による提案を受け入れ，労働者の権利にかかわるすべての関連会議に参加することを認める決定を下している．その後，労働者の権益を代表する立場から「国有工業企業法」（1988年），工会法（1992年）などの制定過程で政府に対する積極的な助言を行なってきた（日本労働研究機構 1997: 335 参照）．

7) なお，広東省の外資系企業における労務管理，労使関係をめぐる最近のケース・スタディについては，Chiu & Frenkel 2000 および Chan 2001 を参照．

8) 中国の WTO 加盟が労働分野に与えた影響については，常凱・乔健 2001；常凱ほか 2003；走进 WTO 时代的劳动与工会 2002 などを参照．
9) 地方政府による郷鎮企業への介入の背景として，財産権の所在が曖昧で地方政府が実質的な所有者になっていることがしばしば指摘されているが，こうした地方政府の権力と企業の所有権との関係については，Oi & Walder（1999）が詳しい．
10) 国際労働市場と中国における国内労働市場との関係については，中国の国際労働移動についてまとめた拙稿（石井 1992）を参照．
11) 最近の中国における労使紛争の現状については，常凱（2004: 293 以下）参照．
12) 私営企業家が労使対立を回避するために，みずから工会に入会し，工会を操ろうとする「入会資格」をめぐる論争については，小嶋華津子（2006）を参照．

【参考文献】

石井知章（1992）「労働者送り出しの実態と政策」，矢内原勝・山形辰史（編）『アジアの国際労働移動』アジア経済研究所．

石井知章（2005）「中国の政治体制の変遷とその背景——政治協商体制と党＝国家体制との対比で」，『世界の労働』9 月号．

植竹晃久・仲田正機（編）（2000）『現代企業の所有・支配・管理——コーポレート・ガバナンスと企業管理システム』ミネルヴァ書房．

喬健（2004）「労働者による団結権の法的保障と実践——中国の非公有制企業における労働組織を例に」第 10 回ソーシャル・アジア・フォーラム（韓国ソウル：2004 年 10 月 25 日）に提出された論文．

小嶋華津子（2006）「中国の市場経済化と『工会』をめぐる議論」，『アジア研究』1(52)．

木間正道・鈴木賢・高見澤麿（1998）『現代中国法入門』有斐閣．

シュミッター，P.・G. レームブルッフ（編）（1984）『現代コーポラティズム』I，山口定（監訳），木鐸社．

千嶋明（2002）「中国の労働法改正」，『海外労働時報』4．

唐亮（1997）『現代中国の党政関係』慶應義塾大学出版会．

日本労働研究機構（編）（1997）『中国の労働政策と労働市場』日本労働研究機構．

松田正次（1995）「〈改革・開放〉政策下の労働事情」，『労働運動』10 月号．

毛里和子（2004）『現代中国政治』名古屋大学出版会，第 7 章「トップリーダーと政治体制——毛沢東と鄧小平」．

李維安（1998）『中国のコーポレート・ガバナンス』税務経理協会．

労働問題リサーチセンター（編）（1987）『中国進出企業の労働問題——日米欧企業の比較による検証』労働問題リサーチセンター．

白南生，何宇鹏（2003）「回乡，还是进城？——中国农民外出劳动力回流研究」，李培林（主编）『农民工——中国进城农民的经济社会分析』社会科学文献出版社．

常凱・喬健（主編）（2001）『WTO：劳动权益保障』中国工人出版社．
常凱（2004）『劳权论——当代中国劳动关系法律调整研究』中国劳动社会保障出版社．
常凱（主編）（1995）『劳动关系・劳动者・劳权』中国劳动出版社．
常凱他（主編）（2003）『劳资关系与劳工政策』中国工人出版社．
崔专义（2003）「二元结构下的农民权益与社会管理改革」,『搜狐财』7月31日．
高爱娣（編）（1999）『新中国工会史：1948－1998』中国经济出版社．
国家统计局（編）（1997-99）『中国统计年鑑』中国统计出版社
国家统计局（2003a）「2002年度劳动与社会保障事业发展统计公报」．
国家统计局（2003b）「劳动与社会保障部：2003年第1四半期新闻交付资料」．
乔健（2003）「新一轮结构轮调整下的中国劳动关系及工会的因应对策分析」第9回ソーシャル・アジア・フォーラム（2003年9月18, 19日：於中国上海）提出ペーパー．
乔健（2005）「中国市场化进程中的劳工群体性事件分析」,第11回ソーシャル・アジアフォーラム（台湾：2005年10月）提出論文．
王永玺（主編），谢安邦・高爱娣・曹建章（副主編）（1992）『中国工会史』中共党史出版社．
夏立安（2003）『发展中国国家的政治与法治』山东人民出版社．
走进WTO时代的劳働与工会（編写组編）（2002）『走进WTO时代的劳动与工会』中国工人出版社．
中共中央文献研究室（編）（1991）『十三大以来——重要文献选编』上卷，人民出版社．

A Moment of Truth: Workers' Participation in China's 1989 Democracy Movement and the Emergence of Independent Unions. 1990. Hong Kong: Hong Kong Trade Union Education Centre.

Chan, Anita (1998) 'Labour Relations in Foreign-funded Ventures: Chinese Trade Unions, and the Prospects for Collective Bargaining', in Greg O'Leary (ed.) *Adjusting to Capitalism: Chinese Workers and the State*. New York: M. E. Sharpe.

Chan, Anita (2001) *China's Workers under Assault – The Exploitation of Labour in a Globalizing Economy*. New York: M.E.Sharpe.

Chan, Anita (2005) 'Recent Trends in Chinese Labour Issues: Signs of Change', *China Perspectives* Jan–Feb 2005, No.57.

Chan, Kin-man and Haixiong Qiu (1998), 'Small Government, Big Society: Social Organizations and Civil Society in China', 『シリーズ中国領域研究』8,「現代中国の国家・社会関係：社会の自律性を問う」, 文部省重点領域研究．

Chiang, Chen-chang (1990), 'The Role of Trade Unions in Mainland China', *Issues and Studies* 2(26), February.

Chiu, Stephen W. K., and Stephen J. Frenkel (2000) *Globalization and Industrial Relations in China*. Bangkok: Regional Office for Asia and the Pacific, ILO.

Frolic, B. Michael (1997) 'State-Led Civil Society', in Timothy Brook and B. Michael Frolic (ed.) *Civil Society in China*. New York: M.E. Scharp.

Hong, Ng Sek and Malcolm Warner (1998) *China's Trade Unions and Management*. London: Macmillan Press.

Howell, Jude (1998) 'Trade Unions in China', in Greg O'Leary (ed.) *Adjusting to Capitalism: Chinese Workers and the State*. New York: M. E. Sharpe.

Kohli, Atul and Vivienne Shue (1996) 'State Power and Social Forces: on Political Contention and Accommodation in the Third World', in Joel S. Migdal, Atul Kohli, Vivienne Shue (eds.) *State Power and Social Forces: Domination and Transformation in the Third World*. New York: Cambridge University Press.

Liu, Alan P. L. (1996) *Mass Politics in the People's Republic: State and Society in Contemporary China*. Boulder, Colorado: Westview Press.

Oi, Jean C., and Andrew G. Walder (ed.) (1999) *Property Rights and Economic Reform in China*. Stanford: Stanford University Press.

O'Leary, Greg (ed.) (1998) *Adjusting to Capitalism: Chinese Workers and the State*. New York: M. E. Sharpe.

Taylor, Bill, Chang Kai and Li Qi (eds.) (2003) *Industrial Relations in China*. Cheltenham: Edward Elgar Publishing.

Walder, Andrew G. (1989) 'Factory and Manager in an Era of Reform', *China Quarterly* 118, June .

White, Gordon (1995) *Chinese Trade Unions in the Transition from Socialism: The Emergence of Civil Society or the Road to Corporatism?* Brighton: Institute of Development Studies, Working Paper, no. 18.

Zhu, Yin (1995 January), 'Major Changes under Way in China's Industrial Relations', *International Labour Review* 134. Geneva: ILO.

第2章

中国におけるコーポラティズムの行方
中国基層工会主席調査データより

小嶋華津子

はじめに——コーポラティズム論と工会

　本稿の目的は，中国の労働組合（中国ではこれを「工会」と呼ぶ．以下，工会と表記する）の位置づけと機能に関し，工会改革をめぐる議論と中国基層工会主席調査（後述）の示す実態の両面から分析し，中国におけるコーポラティズム体制の行方を考察する際の手立てとするところにある．

　中国の政治社会構造の分析において，コーポラティズム論が頻繁に援用され始めたのは，1990年代半ばのことであった．改革・開放にともなう社会の多元化に，国家権力に対抗する「市民社会」の興隆ひいては政治的民主化への契機を見いださんとする楽観論は[1]，第二次天安門事件（1989年）を経て見直しを迫られ，代わって，各社会集団の形成と発展における「国家」の主導的役割や財務・人事システムを通じた「国家」の「社会」に対する統制・管理の側面に力点を置くコーポラティズム論が，より説明力を持つ枠組みとして用いられるようになったのであった．例えばトニー・セイチ（Saich 1994: 262）は1994年に公刊した論説において，「市民社会」論の安易な援用を戒め，中国で生まれつつある構造を「擬似国家コーポラティズム」と称した．

　改革・開放以降の工会に関する諸研究も，学界における上記の流れを構成してきた．なかには，姜凱文（Kevin Jiang）の研究のように，工会の将来的な利益集団化，「市民社会」化の可能性に言及したものもあるが（姜凱文 1996），1990年代以降の研究成果は，総じて，工会の自律化，利益集団化に悲観的である．例えばアンドリュー・ウォルダー（Walder 1992）は，1989年の民主化運動への労働者の参加状況について背景分析を行ない，イデオロギーの終焉，労働者内部の利益の多様化など改革・開放後の情勢が労働者の利益表出のための新しい

チャンネル，手段を必要としているにもかかわらず，それが制度化されていない問題を指摘した．市場経済化によって急増した外資系企業を対象に工会の活動状況を調査したアニタ・チャン（Chan 1998）やジュード・ハウエル（Howell 1998）も，既存の工会がそこで新たな役割を担う可能性については，きわめて慎重な結論にとどめた．ン・セ・ホン（Ng Sek Hong），マルコム・ワーナー（Malcolm Warner）も，現在の工会指導部が，パワー・エリートに組み込まれすぎているがために，改革に向けた新たな発想を持つことができない現状について論じた（Hong & Warner 1998: 165–66）．また，フェン・チェン（Chen 2003）は，労働争議の調停・仲裁に関する研究のなかで，多くのケースにおいて労働者の利益代表としての役割を果たしえない工会の現実を論じ，工会の行動は依然として国家コーポラティズム体制内の一機構として縛られていると断じた．

そして，既存の工会の利益集約・表出機能の限界を認識した上で，チャンは，工会および中国の政治体制の将来について，今後10年間により民主的な国家コーポラティズムが形成されないなら社会的混乱が引き起こされるだろうとの警告を行なうと同時に，政権が大胆な方針転換を行なえば，その先に，政府組織・半官半民組織・自発的諸集団の並存を前提とする一種の社会コーポラティズム（ネオ・コーポラティズム）への移行が実現する可能性をも示唆した（Chan 1993）．同様の指摘は，石井知章の論稿にも見られる．石井（2001: 48）は，1980年代に高まりを見せた党，全総主導による社会コーポラティズムに向けた動きが，第二次天安門事件を経て挫折し，再び国家コーポラティズムへと後退を余儀なくされたとしながら，「（自主労組を求める労働者の動きを抑え込むためにも，当局が）これまで以上に総工会に対して，社会コーポラティズムに近い形で，中央本部から地方末端の工会へいたるまで，工会組織の自由度を限定的に拡大させることは今後ともありうることであろう」と述べた．また，チェンも同様に，労働者による暴力的な直接行動や別組織の形成を回避するためには，現存の国家コーポラティズム体制を中央集権的社会コーポラティズムへと変革し，工会の自立化を図るよりほかはないと結論づけた（Chen 2003: 1028）．これに対し，ゴードン・ホワイトら（White et al. 1996: 212–14）による研究成果は，同じく国家コーポラティズムから社会コーポラティズムへの移行を念頭に置くものの，工会改革の成否の鍵を党・政府の動向ではなく，むしろ工会自身の意識変革に求め，工会をはじめとする公的大衆組織や社会団体が従来どおりの党・国家との関係に固執した場合には，新たな不法組織との矛盾が拡大し社会不安につながが

る可能性もあるとした[2]．

　しかし，コーポラティズム論の援用に関しては，以下のような問題がある．まず第一に，コーポラティズムという概念自体が広義化・汎用化するに至って，コーポラティズムという枠組みのみでは，もはや一国の政治構造の核心的内容を何も明らかにできなくなってしまった．また，その下位概念としての国家コーポラティズム，ネオ・コーポラティズム間の区別についても，工会をめぐる政治構造に関し，国家コーポラティズムから社会コーポラティズムへの移行を想定した上述の各論者が，具体的にいかなる変化をもって「移行」したとみなしているのか，依然として定かではない．事実，国家コーポラティズムから社会コーポラティズムへの移行については，多方面から異論が提起された．例えば，ブルース・ディクソン（Dickson 2001）は，国家コーポラティズムから社会コーポラティズムへの移行は，一党独裁体制が崩れ，民主化が達成されてはじめて実現するのだと強調した．また，メアリー・ギャラガー（Gallagher 2002）は，国家コーポラティズム体制に組み込まれた「公的市民社会」と組織化されていない「真の市民社会」（例えば，流動人口や民間宗教）の亀裂こそが，将来の政治的変化をもたらすだろうと論じた．

　コーポラティズム論援用の第二の問題としては，コーポラティズム体制内に見られる「国家」と各社会集団間のパワー・バランスの変化およびそのダイナミズムをいかに記述するかという点が指摘されよう．先述のセイチ自身，コーポラティズムという静態的枠組みを用い「国家」-「社会」関係のトップダウンの側面ばかりに焦点を当てれば，本来きわめて複雑であるはずの両者間の相互作用を過度に単純化し，変化への胎動を看過してしまう危険が生ずると述べている（Saich 2001: 209-10）．コーポラティズム論と「市民社会」論は相互に排他的なものではない．工会をめぐる政治構造を分析するにあたっても，国家-工会間の相互依存・相互浸透関係，対抗関係の複合図を描くことが求められる．

　本稿では，以上の問題を踏まえ，まず，第2節では，工会改革をめぐる議論のうち，主に工会の人事・財務に関する具体的な主張を抽出し，それらをめざすコーポラティズムのあり方から二つに類型化する．第3節では，第2節の類型化に則して，中国基層工会主席調査のデータを整理する．

1 工会改革論争の類型——コーポラティズムのあり方をめぐって[3]

(1) 工会改革をめぐる争点

今日，1992年より一層本格化した市場経済化のなかで，第二次天安門事件により棚上げを余儀なくされていた工会改革論議は，再び深まりを見せている．以下，工会の利益集団化に関わる三つの争点——①入会資格，②幹部人事，③財務——に分けて議論を整理したい．

①入会資格

議論の最大の焦点は，市場経済化によって生じた「労働者階級」内部の格差の拡大という現実を前に[4]，「工会は誰の利益を代表すべきか」というところにある．一方には，「社会主義」国家であるかぎり，工会は，従来どおり，公有制企業の経営管理者をも含め，「労働者階級」に属するすべての階層の利益を代表すべきだとする考え方，ひいては江沢民前総書記の提起した「三つの代表」思想の下，今や私営企業家すら労働者・農民と共に「社会主義」建設の担い手，「労働者階級」の一員と並び称されるようになり，入党資格すら得ているのだから，彼らの利益をも代表すべきだ，とする考え方がある[5]．他方には，労働紛争・労働争議が各地で深刻な社会不安をもたらしている現状下で，工会は，あくまで雇用関係において弱者の立場にあるブルー・カラー労働者の利益のみを代表すべきだ，という考え方がある．例えば，この立場に立つ呉亜平（中国労働関係学院）らは，公有制企業の工場長や総経理，董事長は，「生産資本を占有しない」という意味では「労働者階級」に属するが，労働協約の締結や労働紛争の調停に際しては，あくまで企業側を代表する立場にあるのだから，工会への入会資格を持つべきではない，と主張している（呉亜平1999: 44-46）．

②幹部人事

工会の幹部人事に関し，非公有制企業経営者および近親者による工会幹部任職については，工会が経営者の御用組織と化し，一般労働者の権益擁護に支障をきたしている多数の事例が報告されていることから，否定的見解が主流である[6]．他方，公有制企業経営管理者による基層工会主席の兼任については，現状に鑑みて受け入れざるをえないとする意見が多い．例えば，陳伊平（吉林省工会幹校），邱麗敏（吉林大学マルクス・レーニン主義教研室）は2002年の論稿において次のように論じた．企業の党・行政副職担当者による工会主席兼任は，

大衆化，民主化，法治化に向けた工会改革の方向とも，「党の統一的領導の下，独立自主の原則で活動させる」との党の工会に対する指導方針とも矛盾するが，依然として改革が道半ばであり，工会が力不足ゆえに労働者によりみずからの利益代表と認知されていない現状においては，工会工作にとって有利に働く．すなわち，党・行政副職担当者が工会主席を兼任することにより，工会は党・政府の威信を借りて効果的に活動を展開し，徐々に労働者の利益代表としてのイメージを確立し，組織力・影響力を高めることができるのだ，と（陈伊平・邱麗敏 2002: 47-48）．しかし，これについては，経営管理者，一般労働者の相異なる利益を一人の人間に代表させることにより，職責上の論理矛盾が生じ，結果として弱者である一般労働者の権益が無視されることとなるとの異論も多い（許小思 2002: 44;『工人日報』2003 年 4 月 2 日など）．

　現段階において，工会の幹部人事を旧来の党による幹部管理体系から切り離すべしとの意見は見られない．このことは，工会の大衆化・自律化の必要を認めつつも，旧来の幹部管理枠に安住し，既得権益を最大限維持せんとする工会関係者の保身意識，さらには工会の再生のためには旧来の幹部管理制度の枠組みを利用するしかないのだという彼らの状況認識を示している．しかし同時に，工会幹部人事体系の自律化に向け，具体的な幹部の選任方法に，以下のような新しい取り組みが実施されつつあることも注目すべきであろう．まず第一に，基層工会主席選挙の実体化に向けた動きである．「中華人民共和国工会法」(1992 年 4 月可決，2001 年 10 月改正．以下，「工会法」と略記）第 9 条には，「各級工会委員会は会員大会あるいは会員代表大会の民主選挙で選出される」との規定があるが[7]，多くの場合，基層工会主席選挙は形骸化し，党による幹部の「委任派遣」が行なわれていた．こうしたなか，1990 年代末には，吉林省四平市梨樹県において，自薦・他薦による候補者の公募，予備選挙の得票数に基づく正式候補者の決定を柱とする選挙が試行され，基層工会主席選挙の実施モデルとして推奨された．同県に関し，さらに画期的であったのは，県総工会が，県党委員会およびその組織人事部門より了承を得て，基層工会幹部の審査・選抜・任免・異動・研修・檔案管理などに関する権限を獲得したことであった（梨樹県総工会 1998: 21）．第二に，地方工会による非公有制企業への工会幹部の派遣である．例えば，山東省青島市は 1995 年，「外商独資企業に工会幹部を選出・派遣することに関する意見」を公布し，市内の外商独資企業に対し，1 年間で計 187 名の工会幹部を派遣した．近年では，河北省，江西省，山西省な

どの一部の市・県でも，同様の工会幹部人材バンク建設が試みられている（『工人日報』2002年3月29日，8月13日，8月14日，2004年12月7日）．また，注目すべき動きとして，江西省寧都県総工会や山西省太原市総工会では，派遣される基層工会主席の賃金福利待遇を県・区総工会が統一的に負担する方針が示された．基層工会主席の賃金・福利を負担することは，財政の逼迫した多くの地方総工会にとっては依然として現実的でないが，財政状況さえ許せば，地方総工会が基層工会専従職員の賃金・福利待遇を統一的に支給すべきだとの声もある（『工人日報』2004年11月12日）．第三に，「聯合制・代表制」を求める主張も（李仕春・成飞2000: 17），基層工会主席の権限強化さらには地方工会幹部の人事制度改革につながる動きとして注目される．「聯合制・代表制」とは，1988年10月の中国工会第11回全国代表大会で提起された改革構想であり，各級工会幹部を同級産業工会および一級下の地方工会（あるいは基層工会）幹部のなかから選挙によって選出するシステムである．すでに産業工会および郷鎮級以下の工会では，「工会章程」第12条に基づき，「聯合制・代表制」の原則に依拠した委員会メンバーの選出が実施段階に入っているが，県級以上の地方工会では実施にほど遠い状況である．同システムが今後より幅広く運用されるなら，工会の代表性は基層から各級地方工会にまで貫徹し，その利益代表としての性格は必然的に強まるであろう．

③財　　務

　基層工会の財務に関し，まず注目すべきは，「工会法」第42条の定める所属単位による工会経費（全従業員賃金総額の2%相当額）負担の義務の是非が議論の俎上に上がり始めた点である．例えば，孫徳強（中国労働関係学院）は，工会がその経費を企業に依存することにより，企業の従属物・付属物になり下がり，実質上独立した法人としての性格を失ってしまう状況に懸念を提起するとともに，企業負担と定められた従業員賃金総額の2%相当分の工会経費については，賃金に加算して各従業員に支払い，従業員が工会に直接納付するやり方に改めるべしと主張した（孫徳強2003: 29-30）．

　次に，工会経費の徴収を税務部門に委託することの是非をめぐる議論がある．近年，一部の地域では，当地税務部門に工会経費を代理徴収させることにより，徴収率の向上を図る試みがなされている．また，工会経費を「職工権益擁護税」に改めたらどうかとの提案もある（郭永旗2001: 38-39）．しかし，こうしたやり方については，工会経費の徴収を税務部門に委託すれば，あたかもそれが財政

拠出であるかのようなイメージが形成され，工会財産の独立という原則が損なわれるとの懸念から，異論も多い（『工人日報』2002年9月19日，11月7日）．

企業内で工会が独立した帳簿を持ちえない，工会経費が企業経営側によって流用されるなどの問題は，基層工会の社団法人格取得の手続きに関する議論に関わる．経費の流用を防ぐための方策として，基層工会に対する社団法人格の賦与が必要であることは，多くの論者の主張するところであるが，実際の基層工会による社団法人格取得率は低い．基層工会の法人格取得が進まない一因は，その手続きをめぐる意見の不一致にある．「工会法」第14条には，「基層工会組織は，民法通則の規定する法人条件を備えているものについては，法により社会団体法人格を取得する」との規定があり，上級工会の審査・批准・登記・証書発行を受けさえすれば，別途手続きの必要なく社団法人格を取得できるというのが大方の意見である[8]．しかし，一部の関係者は依然として，政府部門による審査・批准・登記を社団法人格取得の要件とすべきとの主張を崩していない（姜穎 1999: 47-48）．

(2) 工会改革論の類型——コーポラティズムのあり方をめぐって

工会改革論は，めざすコーポラティズムの在り方において，大きく二分される．

一つは，「社会主義」，「人民民主独裁」という国是により正当化された党・政府 - 工会間の幹部人事，財務面に及ぶ指導 - 被指導関係ひいては一体化を維持したまま，労働者の不満を吸収する緩衝材たらしめるべく，工会の権益擁護機能を高めようという立場である．本稿では紙幅の都合上言及できないが，1960年代の経済調整政策の策定者たち，中国版ポーランド事件を回避すべく工会改革に取り組んだ1980年代の多くの中央指導者たちがめざしたのも，労働者に対する党の指導力強化を一義的目的とする国家コーポラティズム体制の構築に他ならなかった[9]．また，党・政府の一幹部としての地位と待遇に固執する多くの工会幹部も，基本的にはこのような考え方に同調してきた．彼らは，平等協議・団体協約制度，職員・労働者代表大会制度，「職工董事」・「職工監事」制度[10]，労働争議の調停・仲裁プロセス，工会・企業・政府間の三者協議メカニズム，法律・法規・政策の策定過程への参加枠組みなど，工会が企業や政府の政策決定過程において，労働者の利益を効果的に集約・表出するための制度的枠組みを構築することには積極的であるが，工会の幹部人事権を党から

切り離し，工会を党から自立させることには否定的である．むしろ，人材不足に悩む工会の交渉力を強化するためにも，党内で一定の権威や人脈を有する公有制企業の経営管理者，同級党・政府副職担当者に工会主席を兼任させるべきだと主張する．さらに，工会の財務についても，企業による工会経費の滞納という事態に対し，当地税務部門への徴収の委託，ひいては工会経費の「職工権益擁護税」化により対応しようとする．

いま一つは，工会をブルー・カラー労働者の利益代表として再生させるべく，幹部人事，財務面を含む党の指導を限定することにより，工会の党および政府・行政からの自律化，利益集団化を図ろうという立場である．工会に代わる自由な結社を認めない点では前者と立場を共有するが，官僚機構化した既存の工会体系を維持していては，もはや市場経済下で激化する労使紛争に対応できないとの危機意識に強く根ざしている．いわば，「社会主義」「人民民主独裁」型国家コーポラティズムから，通常の国家コーポラティズムへの転換を志向する立場であると言えよう．こうした志向に立てば，私営企業家およびその近親者のみならず，公有制企業の経営管理者による基層工会幹部ポストの兼任，ひいては工会への加入についても否定的とならざるをえない．また，財務面についても，工会経費の支出を所属単位に依存している現行制度を，会員による直接納付に改める旨主張される．党による工会幹部の任命・派遣制度の廃止，政府財政に依存しない会費による工会運営の実現など，建国初期に李立三の提唱した工会改革の諸案は[11]，80年代以降，一部の工会関係者の主張の中に引き継がれ，基層工会幹部の民主選挙，地方工会による基層工会幹部の派遣など，工会幹部人事を自律化する試みが少しずつ実施され始めている．

2 中国基層工会主席調査データの分析

(1) 調査の概要

文部科学省科学研究費プロジェクト「現代中国における社会の自律性に関する学術調査」のチームは，李徳斉（中国労働関係学院院長），喬健（中国労働関係学院），傅麟（中国労働関係学院），游正林（中国労働関係学院）各氏と協力し，2004年3月より2006年6月にかけ，中国各都市で基層工会主席に対するアンケート調査を行なった．サンプル数は，遼寧省（226），北京市（223），上海市（400），浙江省（309），広東省（425），甘粛省（189），貴州省（16），河南省（22），

表1　中国基層工会主席調査サンプル

所在省別		所有形態別	
遼寧省	226	国有・国有株式会社主体企業	957
北京市	223	集団企業	60
上海市	400	私営企業	61
浙江省	309	株式合作制企業	33
広東省	425	有限責任公司	150
甘粛省	189	株式有限公司	90
貴州省	16	香港・マカオ・台湾投資企業	15
河南省	22	外資企業	32
		その他	292
NA	1	NA	121
計	1,811	計	1,811

無回答（1）の計1811サンプルである[12]．所属企業の所有形態別では，国有・国有株式主体企業（957），集団企業（60），私営企業（61），株式合作制企業（33），有限責任公司（150），株式有限公司（90），香港・マカオ・台湾投資企業（15），外資企業（32），その他（292），無回答（121）となる（表1参照）．なお，分析にあたっては，市場経済化にともなう工会のありようの変化を捉えるべく，所属企業の所有形態別データを多用した．その際，香港・マカオ・台湾投資企業，外資企業については，それぞれサンプル数が15，32と限られているが，市場経済化以降の中国経済を支えるこれらの企業のデータをあえて除外せず，そのまま利用した．

(2) 調査データの分析

以下に，同調査より得られたデータの一部を，前章の問題関心に沿って整理しながら，工会の現状について2点，推論を述べたい．

第一に，工会のありようや工会主席の改革志向には，所属企業の所有形態による差異が歴然と存在する．現状において，前章で述べた「社会主義」「人民民主独裁」型国家コーポラティズム体制にしっかりと組み込まれているのが，国有企業・国有株式主体企業である．国有・国有株式主体企業については，工会主席が単位党組織により任命を受けて就任するケースが依然として24.5％を占めており（図1参照）[13]，選挙および公開試験を経て就任した場合でも，参加にあたり単位党組織の推薦を受けたケースが35.1％と，他の企業に比して高か

図1　Q4:「組織による任命」により工会主席に就任した場合の任命元の内訳（所有形態別）

A: 単位党組織による任命　　D: 一期前の基層委員会による任命
B: 単位行政組織による任命　E: その他の組織による任命
C: 上級工会による任命　　　F: NA および任命以外

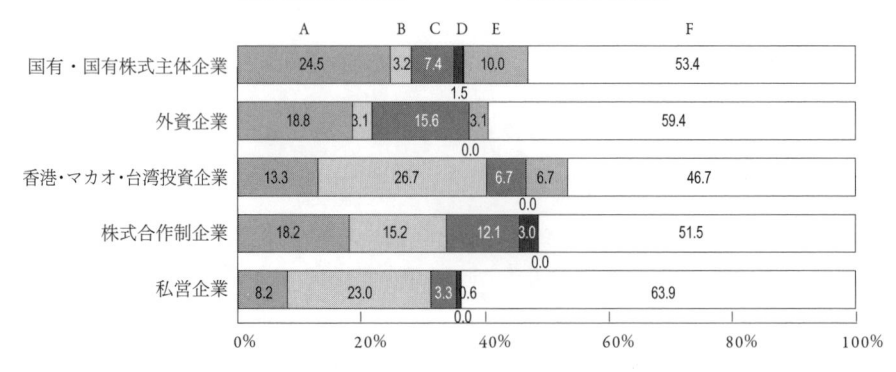

所有形態	A	B	C	D	E	F
国有・国有株式主体企業	24.5	3.2	7.4	1.5	10.0	53.4
外資企業	18.8	3.1	15.6	0.0	3.1	59.4
香港・マカオ・台湾投資企業	13.3	26.7	6.7	0.0	6.7	46.7
株式合作制企業	18.2	15.2	12.1	0.0	3.0	51.5
私営企業	8.2	23.0	3.3	0.0	0.6	63.9

図2　Q7:「民主選挙あるいは「公開選抜試験」を経て工会主席に就任した場合，選挙・試験に参加した理由の内訳（所有形態別）

A: 単位党組織の推薦　　　　　E: 一般の工会会員あるいは工会小組の推薦
B: 単位行政組織の推薦　　　　F: その他
C: 車間(科室)工会工作人員の推薦　G: NA および民主選挙・公開競争選抜以外
D: 自己推薦

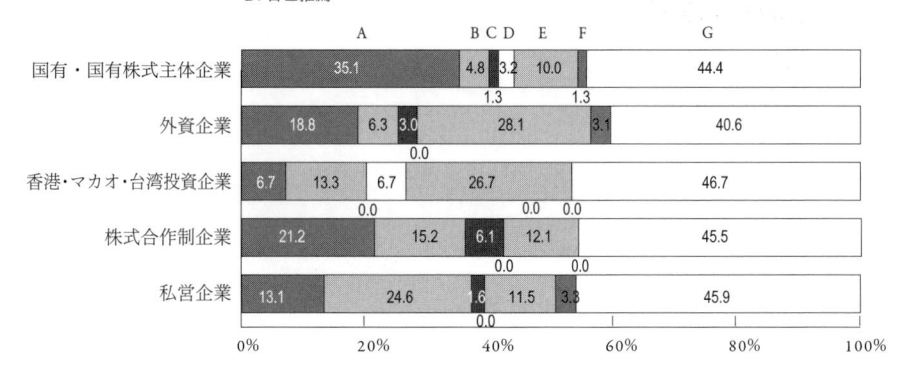

所有形態	A	B	C	D	E	F	G
国有・国有株式主体企業	35.1	4.8	3.2	1.3	10.0	1.3	44.4
外資企業	18.8	6.3	3.0	0.0	28.1	3.1	40.6
香港・マカオ・台湾投資企業	6.7	13.3	6.7	0.0	26.7	0.0	46.7
株式合作制企業	21.2	15.2	6.1	0.0	12.1	0.0	45.5
私営企業	13.1	24.6	1.6	0.0	11.5	3.3	45.9

った（図2参照）．また，工会主席が党員である比率，同級党委員会書記・副書記・委員を兼任している比率も，それぞれ90.0％，46.4％ときわめて高い数値を示した（図3, 4参照）．さらに，工会基層委員会内の党組織の有無についても，72.1％が「ある」と回答した（図5参照）．これらのデータは，国有企業・国有株式主体企業の工会が，人事面を含め党の影響力を強く受けていることを示し

図3 工会主席の「政治的背景」の内訳（所有形態別）

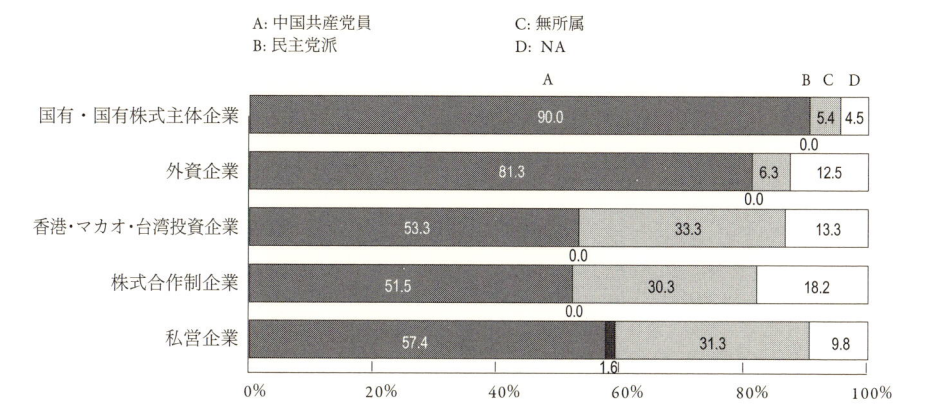

A: 中国共産党員　　C: 無所属
B: 民主党派　　　　D: NA

所有形態	A	B	C	D
国有・国有株式主体企業	90.0	0.0	5.4	4.5
外資企業	81.3	0.0	6.3	12.5
香港・マカオ・台湾投資企業	53.3	0.0	33.3	13.3
株式合作制企業	51.5	0.0	30.3	18.2
私営企業	57.4	1.6	31.3	9.8

図4　Q9-1・Q9-2・Q9-3：同級党委員会書記・副書記・委員の兼任状況（所有形態別）

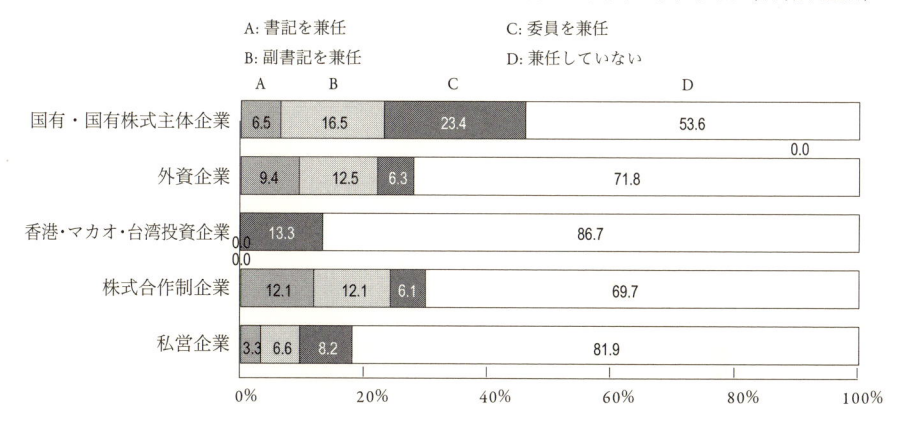

A: 書記を兼任　　　C: 委員を兼任
B: 副書記を兼任　　D: 兼任していない

所有形態	A	B	C	D
国有・国有株式主体企業	6.5	16.5	23.4	53.6
外資企業	9.4	12.5	6.3	71.8
香港・マカオ・台湾投資企業	0.0	13.3	0.0	86.7
株式合作制企業	12.1	12.1	6.1	69.7
私営企業	3.3	6.6	8.2	81.9

ている．

　それと対照的であったのが，私営企業，香港・マカオ・台湾投資企業，株式合作制企業であった．これらの企業では，単位党組織により工会主席が任命・推薦される比率が低く（図1, 2参照），工会幹部の党員率，党幹部の重複率も低く（図3, 4参照），さらには工会基層委員会内の党組織設置率も低い（図5参照）．これらのデータは，私営企業，香港・マカオ・台湾投資企業，株式合作制企業の工会が，党の幹部管理制度の枠組みから離れつつある状況を示している．しかし，注意すべきは，そうであるからといって，これらの企業の工会が，工会

第2章　中国におけるコーポラティズムの行方　　53

図5　Q 4-2：工会基層委員会内の党組織（党支部）の設置状（所有形態別）

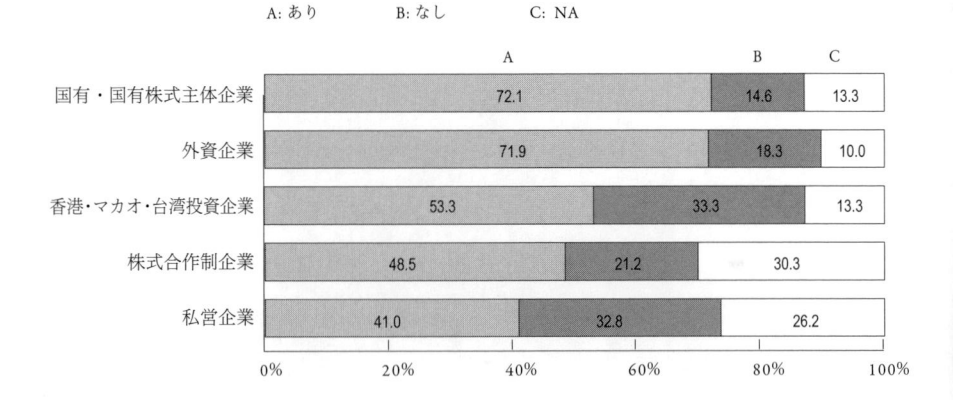

A: あり　　　　B: なし　　　　C: NA

	A	B	C
国有・国有株式主体企業	72.1	14.6	13.3
外資企業	71.9	18.3	10.0
香港・マカオ・台湾投資企業	53.3	33.3	13.3
株式合作制企業	48.5	21.2	30.3
私営企業	41.0	32.8	26.2

図6　Q 9-4・9-5：同級行政責任者（総経理など）・副職ポストの兼任状況（所有形態別）

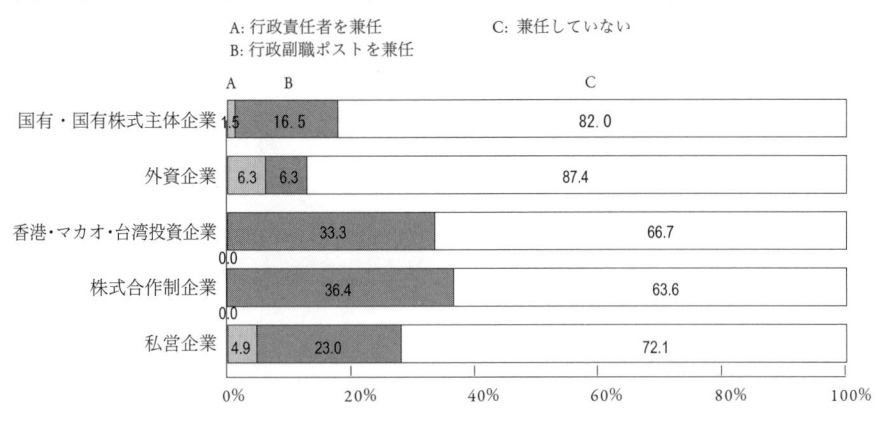

A: 行政責任者を兼任　　　　C: 兼任していない
B: 行政副職ポストを兼任

	A	B	C
国有・国有株式主体企業	1.5	16.5	82.0
外資企業	6.3	6.3	87.4
香港・マカオ・台湾投資企業	0.0	33.3	66.7
株式合作制企業	0.0	36.4	63.6
私営企業	4.9	23.0	72.1

の自律性強化および利益集団化を求める改革志向を有してはいないということである．これらの企業の工会主席については，企業経営組織から任命あるいは推薦を受けて就任するケースが多く（図1, 2参照），経営責任者／次席ポストによる工会主席兼任率も，工場長・経理の工会主席への転任率も高い（図6, 7参照）．要するに，これらの企業の工会は，党から自律的な企業経営組織によって牛耳られる傾向にあるのである．その結果，工会の自律的な財務運営や労働者の利益集団としての活動の展開は，国有企業との比較においてもいっそう滞りがちである．例えば，「工会として資金管理のための独立した口座を有す

図7　Q2: 工会主席就任前の職務（所有形態別）

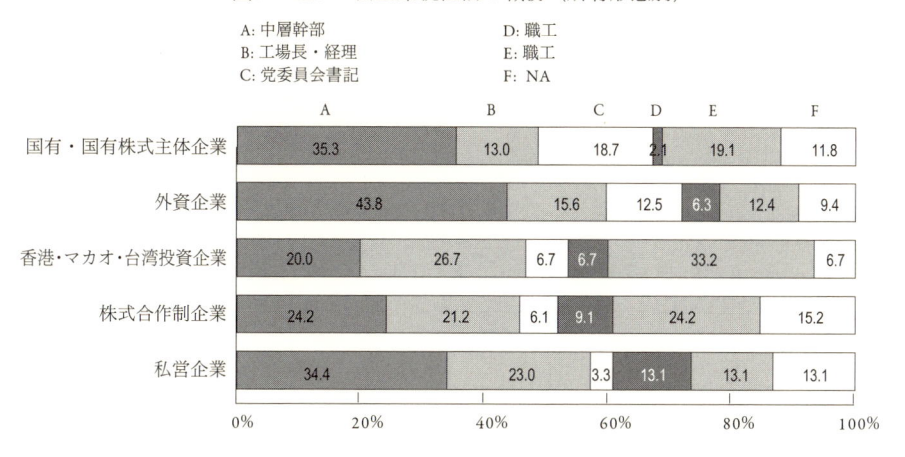

A: 中層幹部　　　　　D: 職工
B: 工場長・経理　　　E: 職工
C: 党委員会書記　　　F: NA

	A	B	C	D	E	F
国有・国有株式主体企業	35.3	13.0	18.7	2.1	19.1	11.8
外資企業	43.8	15.6	12.5	6.3	12.4	9.4
香港・マカオ・台湾投資企業	20.0	26.7	6.7	6.7	33.2	6.7
株式合作制企業	24.2	21.2	6.1	9.1	24.2	15.2
私営企業	34.4	23.0	3.3	13.1	13.1	13.1

図8　C1-1: 工会による資金管理のための独立した口座の保有状況（所有形態別）

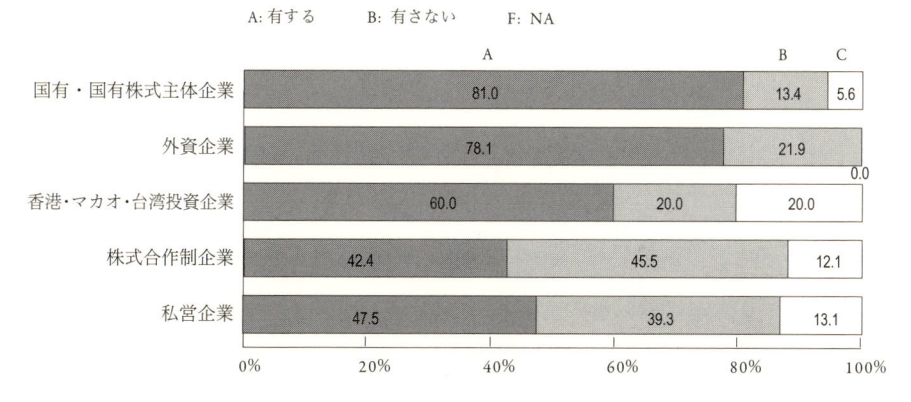

A: 有する　　B: 有さない　　F: NA

	A	B	C
国有・国有株式主体企業	81.0	13.4	5.6
外資企業	78.1	21.9	0.0
香港・マカオ・台湾投資企業	60.0	20.0	20.0
株式合作制企業	42.4	45.5	12.1
私営企業	47.5	39.3	13.1

るか」との問い対し，「有する」との回答率は全体で74.8％であるが，私営企業，株式合作制企業はそれぞれ，47.5％，42.4％にすぎない（図8参照）．同様に，私営企業の52.5％，株式合作制企業の60.6％が，「工会が経費を使用する際，所在単位の行政指導者の批准を必要とする」と答えている（図9参照）．財務の独立を助ける社団法人格の取得率も低い（図10参照）．また，利益集約機能についても，会員代表大会（会員大会）で代表団もしくは10名以上の会員代表が議案を提出することが「ある」と回答した比率は，私営企業，香港・マカオ・台湾投資企業でそれぞれ13.1％，13.3％と，平均値32.1％に比べ低い（図11参照）．

第2章　中国におけるコーポラティズムの行方　　55

図9 C-3: 工会が経費を使用する際の所在単位行政指導者による批准の必要性（所有形態別）

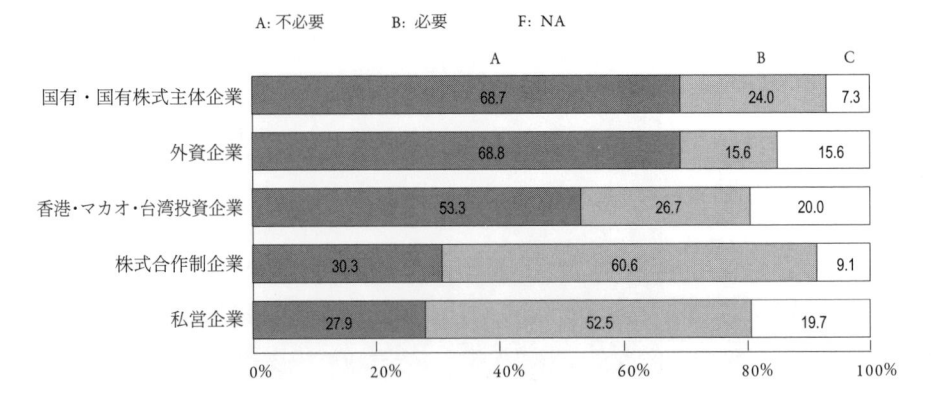

A: 不必要　　B: 必要　　F: NA

	A	B	C
国有・国有株式主体企業	68.7	24.0	7.3
外資企業	68.8	15.6	15.6
香港・マカオ・台湾投資企業	53.3	26.7	20.0
株式合作制企業	30.3	60.6	9.1
私営企業	27.9	52.5	19.7

図10 A2-3: 単位工会の社会団体法人格の有無（所有形態別）

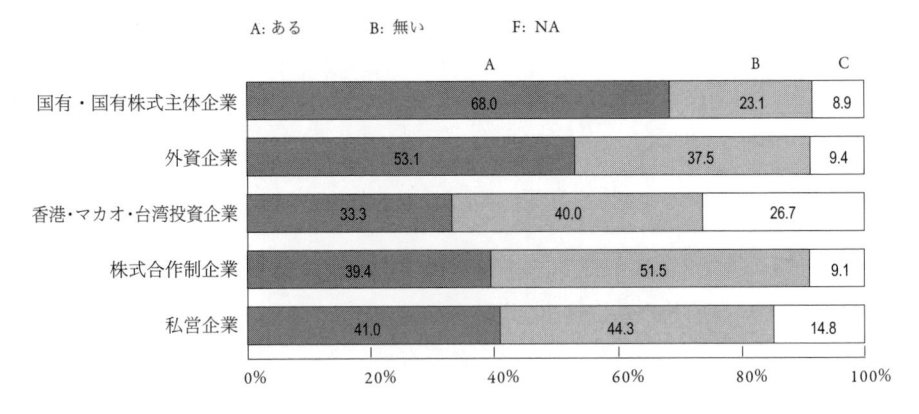

A: ある　　B: 無い　　F: NA

	A	B	C
国有・国有株式主体企業	68.0	23.1	8.9
外資企業	53.1	37.5	9.4
香港・マカオ・台湾投資企業	33.3	40.0	26.7
株式合作制企業	39.4	51.5	9.1
私営企業	41.0	44.3	14.8

　実際の労働保護機能を見ても，経営側との労働協約の締結率は，香港・マカオ・台湾投資企業，株式合作制企業がそれぞれ60.0％，57.6％と，国有・国有株式主体企業（72.9％）に比して低い（図12参照）[14]．

　こうしたなか，データ結果に依拠する限りにおいて，工会の自律化，利益集団化に対する意識が比較的高いのは，私営企業，香港・マカオ・台湾投資企業，株式合作制企業の工会主席よりもむしろ，国有企業・国有株式主体企業の工会主席である．例えば，県総工会による工会幹部人材バンクの設置に関し，「派遣された工会主席・工会幹部は企業の状況をよく知らないため，活動の展開に不利である」との命題への賛否を問うたところ，「同意する」との回答率は，

図11　E2-1: 会員代表大会（会員大会）で代表団もしくは10名以上の
　　　会員代表が議案を提出することの有無（所有形態別）

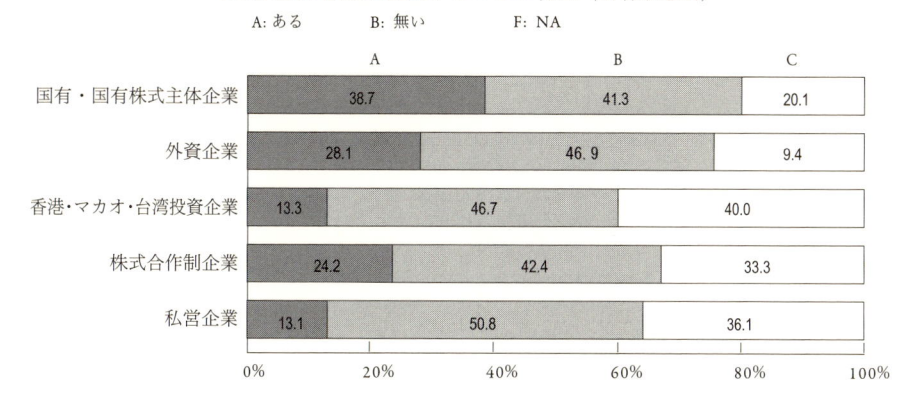

A: ある　　B: 無い　　F: NA

	A	B	C
国有・国有株式主体企業	38.7	41.3	20.1
外資企業	28.1	46.9	9.4
香港・マカオ・台湾投資企業	13.3	46.7	40.0
株式合作制企業	24.2	42.4	33.3
私営企業	13.1	50.8	36.1

図12　E2-1: 経営側との労働協約締結の有無（所有形態別）

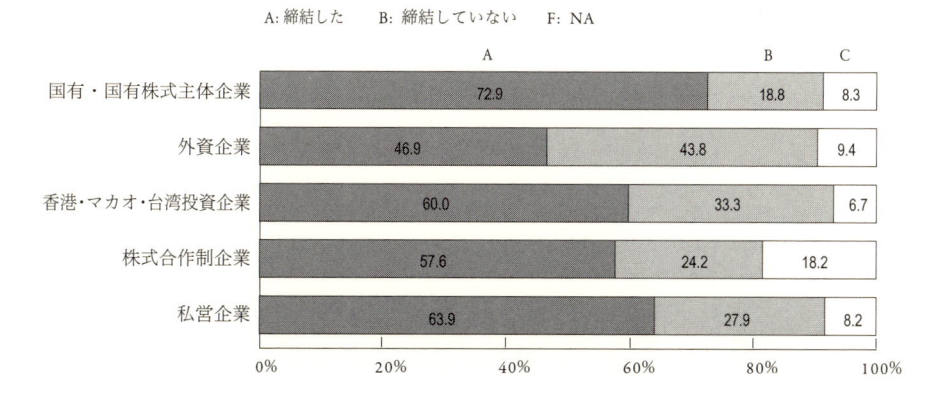

A: 締結した　　B: 締結していない　　F: NA

	A	B	C
国有・国有株式主体企業	72.9	18.8	8.3
外資企業	46.9	43.8	9.4
香港・マカオ・台湾投資企業	60.0	33.3	6.7
株式合作制企業	57.6	24.2	18.2
私営企業	63.9	27.9	8.2

外資企業（37.5％），私営企業（36.1％），香港・マカオ・台湾投資企業／株式合作制企業（27.3％）の順に高かった（図13参照）[15]。また，聯合制・代表制に関し，「一級上の工会代表大会に代表を参加させている」比率は，全体で61.8％（「参加させていない」は19.1％）であったが，所有形態別では国有・国有株式主体企業の67.7％が「参加させている」と回答したのに対し，私営企業，株式合作制企業，香港・マカオ・台湾投資企業は，それぞれ41.0％，48.5％，53.3％であった（図14参照）。さらに同制度に対する賛否をみても，「賛成」の比率が低い順に，香港・マカオ・台湾投資企業（46.7％），私営企業（55.7％）であった（図15参照）。財務面についても，税務部門による工会経費徴収に対し，主に工会

第2章　中国におけるコーポラティズムの行方　　57

図13
B2-5: 県総工会による工会幹部人材バンクについて,「派遣された工会主席・工会幹部は企業の状況をよく知らないため,活動の展開に不利である」との考えに対する賛否（所有形態別）

A: 同意する　　B: 同意しない　　F: NA

	A	B	C
国有・国有株式主体企業	25.3	26.2	48.5
外資企業	37.5	37.5	25.0
香港・マカオ・台湾投資企業	33.3	33.3	33.4
株式合作制企業	27.3	21.2	51.5
私営企業	36.1	19.7	44.3

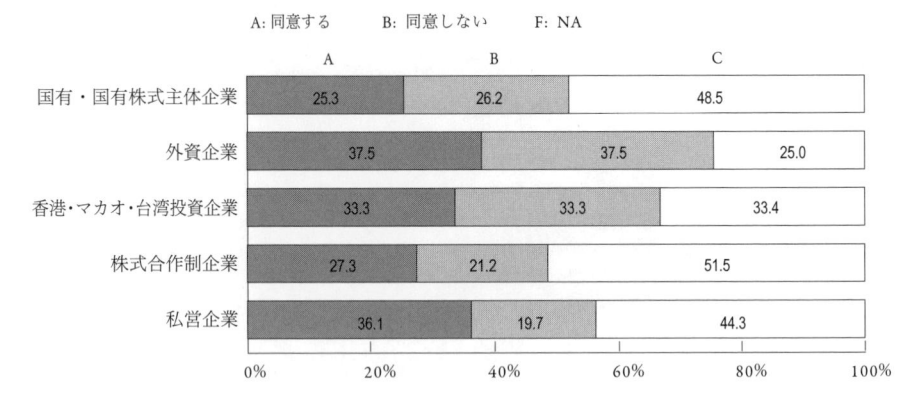

図14　B5-1: 基層工会代表の一級上の工会代表大会への参加状況（所有形態別）

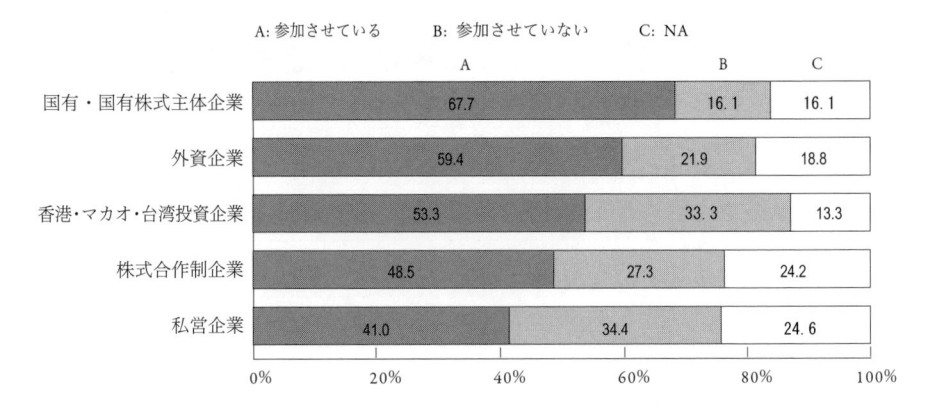

A: 参加させている　　B: 参加させていない　　C: NA

	A	B	C
国有・国有株式主体企業	67.7	16.1	16.1
外資企業	59.4	21.9	18.8
香港・マカオ・台湾投資企業	53.3	33.3	13.3
株式合作制企業	48.5	27.3	24.2
私営企業	41.0	34.4	24.6

財務の独立を守るという観点から否定的見解を示した国有企業・国有株式主体企業とは対照的に，私営企業，外資企業，株式合作制企業の「不賛成」の比率は，それぞれ47.5％，53.1％，57.6％に留まった（図16参照）．また，「今後このやり方を採用するつもりはあるか」との問いに対し，「無い」との回答率は，国有・国有株式主体企業で71.6％に達したのに対し，株式合作制企業，香港・マカオ・台湾投資企業，外資企業，私営企業では，それぞれ63.6％，60.0％，59.4％，49.2％にとどまった．逆に私営企業については，「ある」との回答率が16.4％に達した（図17参照）．

図15 B5-2：聯合制・代表制に対する賛否（所有形態別）

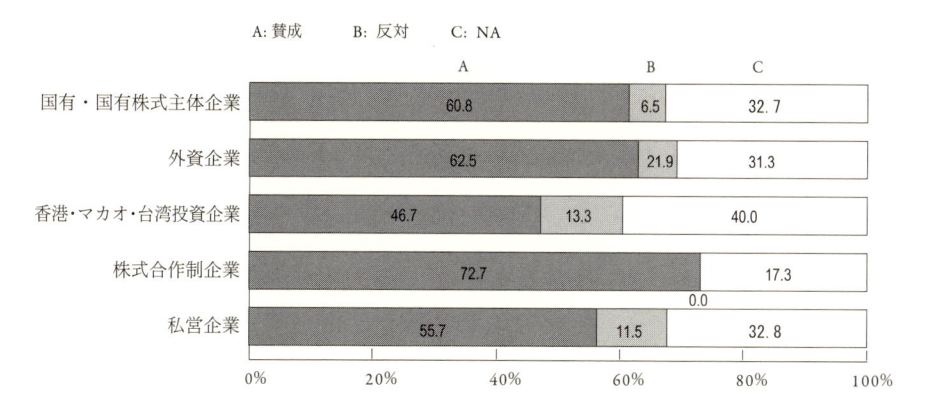

A: 賛成　　B: 反対　　C: NA

所有形態	A	B	C
国有・国有株式主体企業	60.8	6.5	32.7
外資企業	62.5	21.9	31.3
香港・マカオ・台湾投資企業	46.7	13.3	40.0
株式合作制企業	72.7	0.0	17.3
私営企業	55.7	11.5	32.8

図16 C3-3：基層工会経費徴収の税務部門への委託についての賛否（所有形態別）

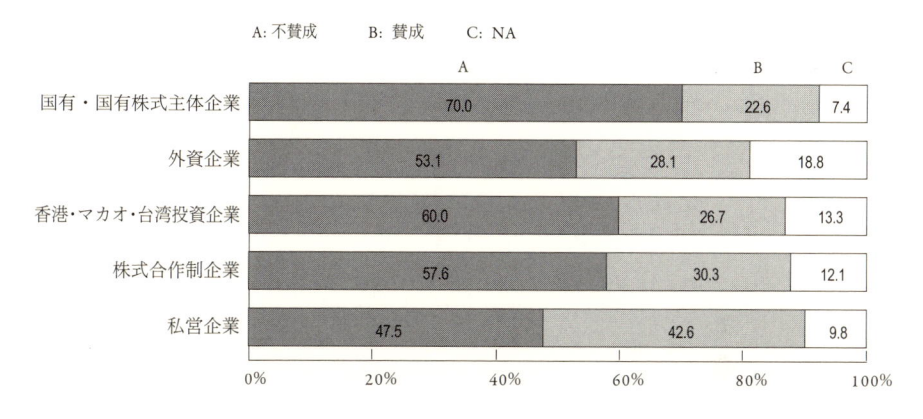

A: 不賛成　　B: 賛成　　C: NA

所有形態	A	B	C
国有・国有株式主体企業	70.0	22.6	7.4
外資企業	53.1	28.1	18.8
香港・マカオ・台湾投資企業	60.0	26.7	13.3
株式合作制企業	57.6	30.3	12.1
私営企業	47.5	42.6	9.8

　以上の状況に鑑みれば，市場経済化により，非公有セクターの工会の内部から工会改革が喚起される見込みは現時点で少ないといわざるをえない．工会組織のヒエラルキーの上部・外部で展開されている工会改革論や，党・政府との一体化を維持するか／党・政府からの自律化，利益集団化を進めるかとの問題意識は，企業の所有形態を超えて基層工会に広く共有されているとは言い難い．工会はそうしたなかで，「社会主義」「人民民主独裁」型国家コーポラティズム体系に組み込まれることにより，わずかながらの利益集団的機能を担保するか／経営側との一体化により有名無実化するかという現実に直面しているのである．

図17 今後，基層工会経費徴収の税務部門への委託を行なう見込み（所有形態別）

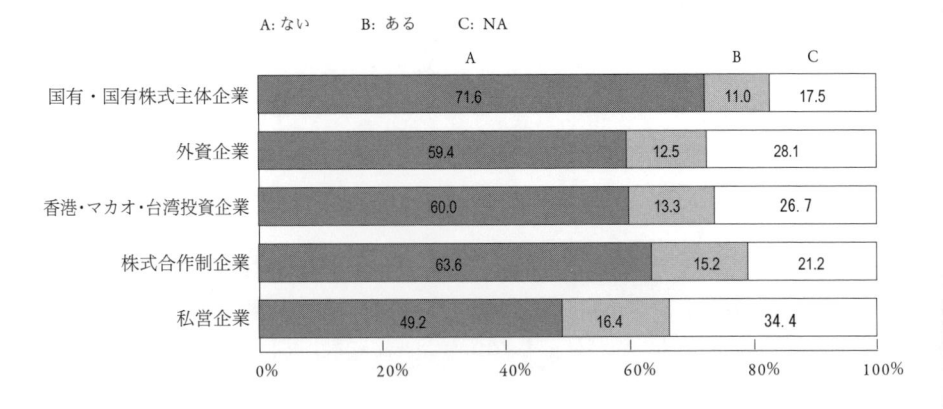

A: ない　　B: ある　　C: NA

	A	B	C
国有・国有株式主体企業	71.6	11.0	17.5
外資企業	59.4	12.5	28.1
香港・マカオ・台湾投資企業	60.0	13.3	26.7
株式合作制企業	63.6	15.2	21.2
私営企業	49.2	16.4	34.4

図18　C1-1：工会による資金管理のための独立した口座の保有状況（所在地別）

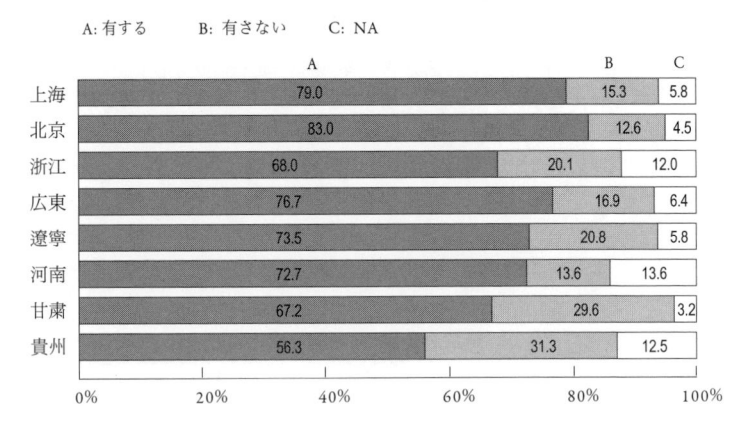

A: 有する　　B: 有さない　　C: NA

	A	B	C
上海	79.0	15.3	5.8
北京	83.0	12.6	4.5
浙江	68.0	20.1	12.0
広東	76.7	16.9	6.4
遼寧	73.5	20.8	5.8
河南	72.7	13.6	13.6
甘粛	67.2	29.6	3.2
貴州	56.3	31.3	12.5

　第二に，工会のあり方をめぐっても，沿海省と内陸省の間に格差が生じつつある．工会の財務に関するデータが，こうした地域格差を如実に示している．例えば，独立した工会専用の口座を有する比率は貴州（56.3％）で低く（図18参照），経費使用に際して所在単位の行政指導者の批准を必要とする比率は，貴州（43.8％），甘粛（42.3％）で高く，上海（17.0％）で低かった（図19参照）．また，「工会経費と行政経費の区分が不明瞭化する事態に直面したことがあるか」との設問についても，河南（31.8％）で「ある」との回答率が高く，上海（14.0％）で低かった（図20参照）．工会の経費不足を「非常に感じる／感じる」

図19　C1-3：工会が経費を使用する際の所在単位行政指導者による批准の必要性（所在地別）

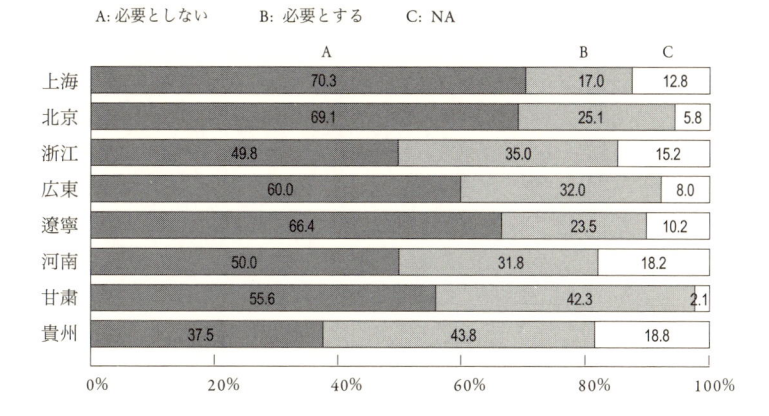

A: 必要としない　　B: 必要とする　　C: NA

	A	B	C
上海	70.3	17.0	12.8
北京	69.1	25.1	5.8
浙江	49.8	35.0	15.2
広東	60.0	32.0	8.0
遼寧	66.4	23.5	10.2
河南	50.0	31.8	18.2
甘粛	55.6	42.3	2.1
貴州	37.5	43.8	18.8

図20　C1-4：工会経費と行政経費が混同する事態の有無（所在地別）

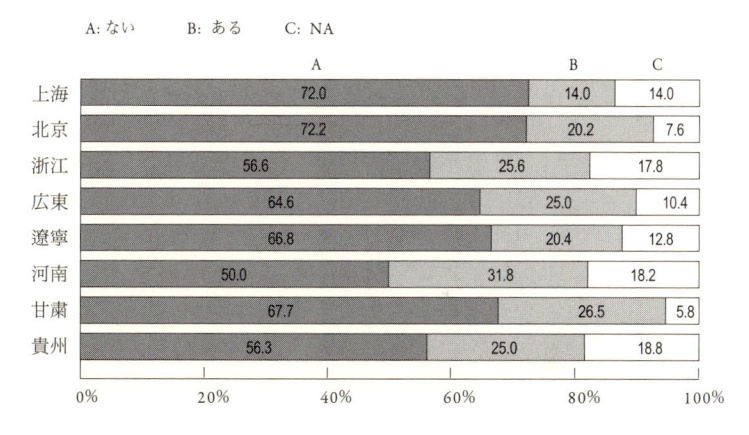

A: ない　　B: ある　　C: NA

	A	B	C
上海	72.0	14.0	14.0
北京	72.2	20.2	7.6
浙江	56.6	25.6	17.8
広東	64.6	25.0	10.4
遼寧	66.8	20.4	12.8
河南	50.0	31.8	18.2
甘粛	67.7	26.5	5.8
貴州	56.3	25.0	18.8

比率は全体では60.0％であったが，貴州，甘粛では，それぞれ87.6％，81.0％と高かった（図21参照）．「企業の工会活動の展開を妨げている要因」について，「工会の財政難」と回答した比率についてみても，貴州（62.5％），甘粛（61.4％）で高く，上海（35.3％）で低かった（図22参照）．財政状況の相違は，工会の活動内容にも影響を及ぼしているのであろう，「会員のために互助補充保険を実施している」比率についてみても，上海で68.8％と突出して高かったのに比べ，河南（13.6％），貴州（18.8％），甘粛（23.8％），遼寧（24.3％）で低かった（図23参照）．そして注目すべきは，財政の逼迫が推測される地域の工会が，財政面での工会

第2章　中国におけるコーポラティズムの行方　　61

図21 C1-5: 工会活動の展開にあたっての経費不足に対する認識状況（所在地別）

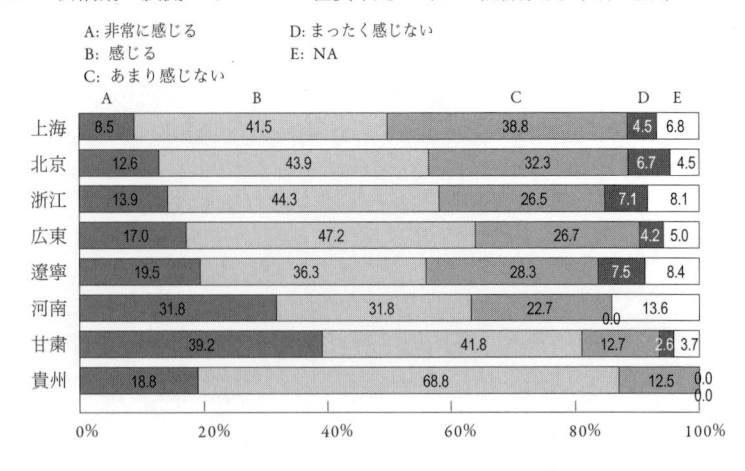

A: 非常に感じる　　D: まったく感じない
B: 感じる　　　　　E: NA
C: あまり感じない

	A	B	C	D	E
上海	8.5	41.5	38.8	4.5	6.8
北京	12.6	43.9	32.3	6.7	4.5
浙江	13.9	44.3	26.5	7.1	8.1
広東	17.0	47.2	26.7	4.2	5.0
遼寧	19.5	36.3	28.3	7.5	8.4
河南	31.8	31.8	22.7	0.0	13.6
甘粛	39.2	41.8	12.7	2.6	3.7
貴州	18.8	68.8	12.5	0.0	0.0

図22 E8-7:「工会の財政難が企業の工会活動の阻害要因となっている」ことについての認識（所在地別）

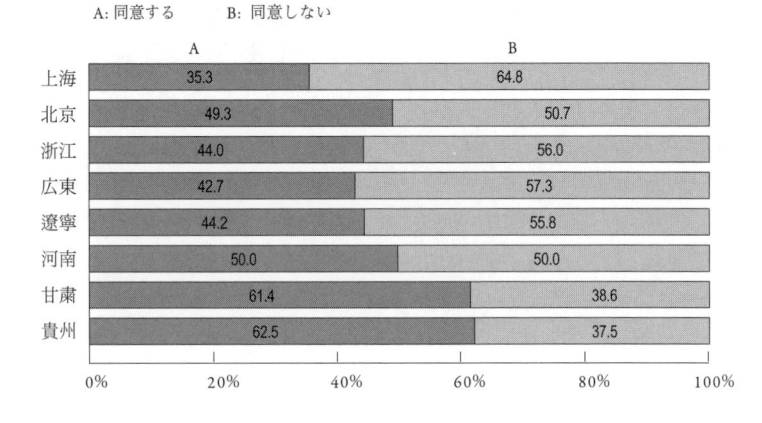

A: 同意する　　B: 同意しない

	A	B
上海	35.3	64.8
北京	49.3	50.7
浙江	44.0	56.0
広東	42.7	57.3
遼寧	44.2	55.8
河南	50.0	50.0
甘粛	61.4	38.6
貴州	62.5	37.5

の自律性維持を犠牲にしてまでも，収入の確保を優先させねばならない状況にあることである．税務部門への工会経費徴収の委託に関しては，河南が「賛成」45.5％，「不賛成」36.4％と肯定的であり，「（税務部門への委託徴収を）実施している」および「実施するつもりがある」と答えた比率も，それぞれ13.6％，31.8％と他の地域に比べ高かった（図24参照）．「税務部門に委託すれば，工会の財務が財政に従属しているかのようなイメージができ，工会の自主性の発揮に不利である」との命題についても，上海では「同意する」「同意しない」が

図23　D4-1: 工会による会員のための互助補充保険の実施状況（所在地別）

A: 実施している　　B: 実施していない　　C: NA

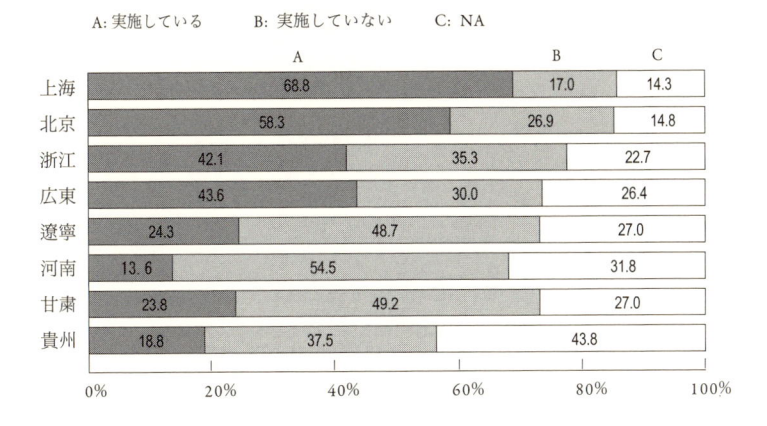

	A	B	C
上海	68.8	17.0	14.3
北京	58.3	26.9	14.8
浙江	42.1	35.3	22.7
広東	43.6	30.0	26.4
遼寧	24.3	48.7	27.0
河南	13.6	54.5	31.8
甘粛	23.8	49.2	27.0
貴州	18.8	37.5	43.8

図24　C3-3: 基層工会経費徴収の税務部門への委託についての賛否（所在地別）

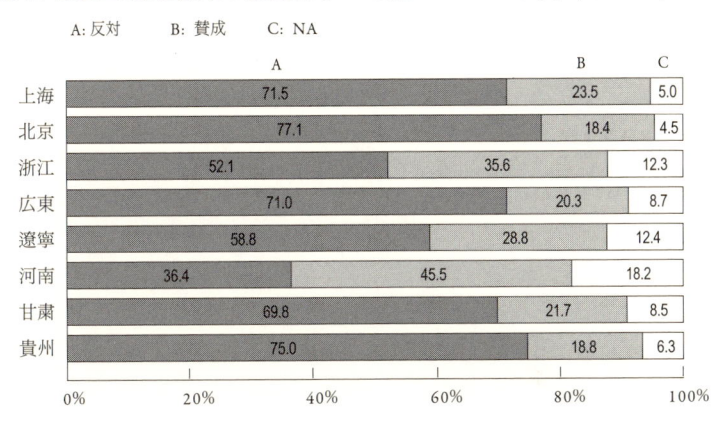

A: 反対　　B: 賛成　　C: NA

	A	B	C
上海	71.5	23.5	5.0
北京	77.1	18.4	4.5
浙江	52.1	35.6	12.3
広東	71.0	20.3	8.7
遼寧	58.8	28.8	12.4
河南	36.4	45.5	18.2
甘粛	69.8	21.7	8.5
貴州	75.0	18.8	6.3

それぞれ48.3％，51.8％，北京ではそれぞれ45.7％，54.3％と拮抗したのに対し，貴州ではそれぞれ12.5％，87.5％，河南では27.3％，72.7％，甘粛では33.3％，66.7％と「同意しない」が「同意する」を大きく上回った（図25参照）．

さらに付言するならば，中国においては，むしろ経済的に豊かな上海において，工会の労働者の利益代表としての側面を示すデータが相対的に高い値を示していることである．例えば，工会設立の経緯について，「職工の自発的要求」によるとの回答率が，上海では21.0％であったのに対し，河南，甘粛，遼寧ではそれぞれ，4.5％，7.4％，9.7％にとどまった（図26参照）．また，工会主席就

図25 C3-3-3:工会経費徴収の税務部門への委託について,「税務部門に委託すれば工会の財務が財政に従属しているかのようなイメージができ,工会の自主性の発揮に不利である」との考え方に対する賛否(所在地別)

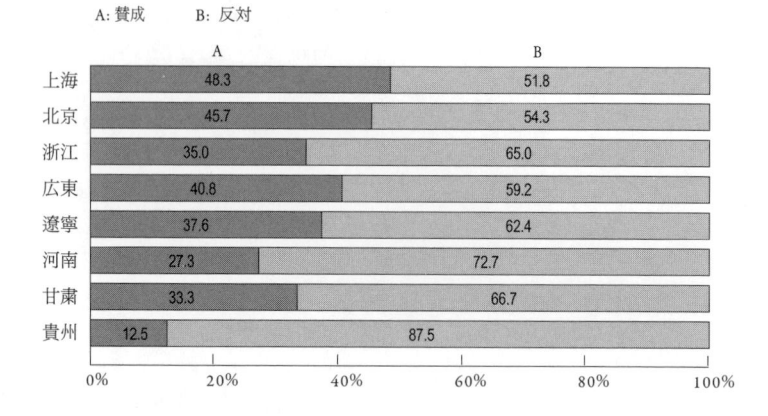

A: 賛成　B: 反対

	A	B
上海	48.3	51.8
北京	45.7	54.3
浙江	35.0	65.0
広東	40.8	59.2
遼寧	37.6	62.4
河南	27.3	72.7
甘粛	33.3	66.7
貴州	12.5	87.5

図26 A2-2:工会設立の経緯(所在地別)

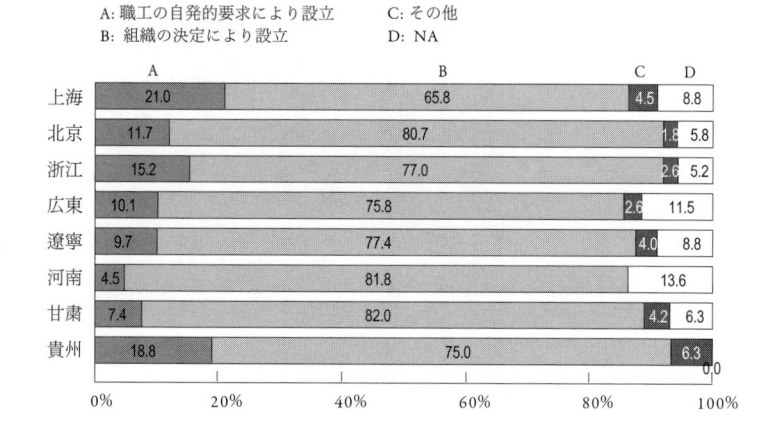

A: 職工の自発的要求により設立　C: その他
B: 組織の決定により設立　D: NA

	A	B	C	D
上海	21.0	65.8	4.5	8.8
北京	11.7	80.7	1.8	5.8
浙江	15.2	77.0	2.6	5.2
広東	10.1	75.8	2.6	11.5
遼寧	9.7	77.4	4.0	8.8
河南	4.5	81.8		13.6
甘粛	7.4	82.0	4.2	6.3
貴州	18.8	75.0	6.3	0.0

任の経緯に関しても,遼寧では「組織による任命」が34.5%と突出して高く,「会員代表大会(会員大会)の選挙のみ」との回答が7.1%にとどまったのに対し,上海は,「組織による任命」,「会員代表大会(会員大会)の選挙のみ」がそれぞれ15.3%,24.8%であった(図27参照).

図27 Q3: 工会主席に就任した経緯（所在地別）

A: 組織による任命　　D: 公開競争選抜試験の後、会員代表大会（会員大会）の選挙
B: 組織による推薦の後、会員代表大会（会員大会）の選挙　　E: その他
C: 会員代表大会（会員大会）の選挙のみ　　F: NA

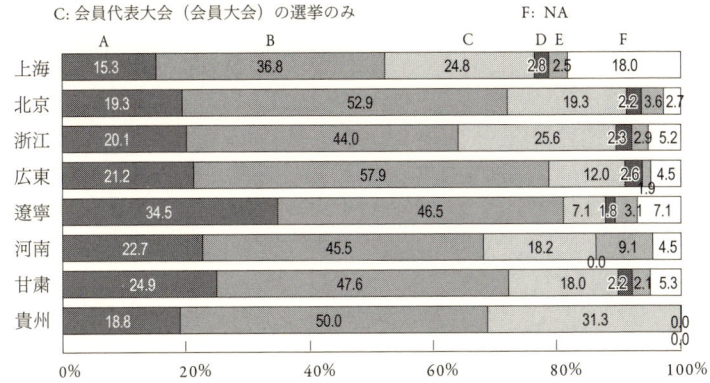

	A	B	C	D	E	F
上海	15.3	36.8	24.8	2.8	2.5	18.0
北京	19.3	52.9	19.3	2.2	3.6	2.7
浙江	20.1	44.0	25.6	2.3	2.9	5.2
広東	21.2	57.9	12.0	2.6	1.9	4.5
遼寧	34.5	46.5	7.1	1.8	3.1	7.1
河南	22.7	45.5	18.2	0.0	9.1	4.5
甘粛	24.9	47.6	18.0	2.2	2.1	5.3
貴州	18.8	50.0	31.3	0.0	0.0	0.0

図28 E1-1: 一般会員の工会組織に対するイメージについての認識（所有形態別）

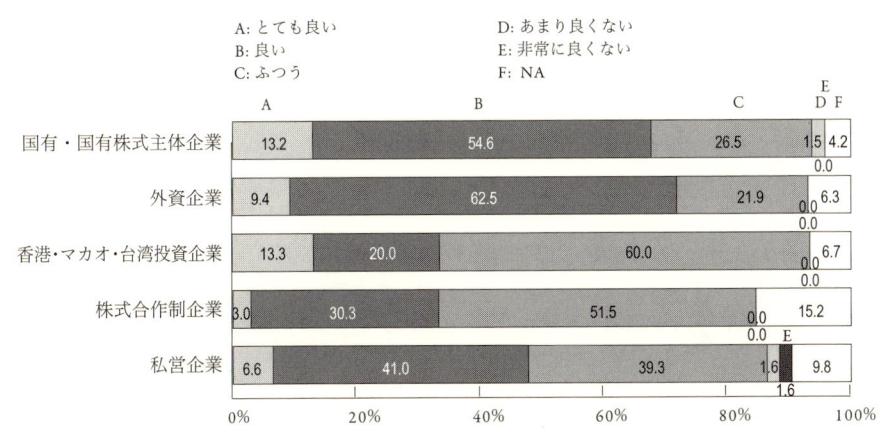

A: とても良い　　D: あまり良くない
B: 良い　　　　　E: 非常に良くない
C: ふつう　　　　F: NA

	A	B	C	D	E	F
国有・国有株式主体企業	13.2	54.6	26.5	1.5	0.0	4.2
外資企業	9.4	62.5	21.9	0.0	0.0	6.3
香港・マカオ・台湾投資企業	13.3	20.0	60.0	0.0	0.0	6.7
株式合作制企業	3.0	30.3	51.5	0.0	0.0	15.2
私営企業	6.6	41.0	39.3	1.6	1.6	9.8

おわりに

　以上のように，非公有セクターは，必ずしも工会の利益集団化，「社会主義」「人民民主独裁」型国家コーポラティズム体制瓦解に向けた動きを育む場としては機能していない[16]．また，内陸地域の工会ほど，工会の自律化よりも組織としての存続を優先せざるをえない厳しい財務環境に置かれる傾向にある．

　こうした工会の現状に，現場の労働者は厳しい目を向けている．今回の調査

第2章　中国におけるコーポラティズムの行方　　**65**

でも,「一般会員の工会組織に対するイメージはどうであると思うか」との自己認識を問う設問について,全体では「とても良い」(11.8%),「良い」(50.9%),「ふつう」(29.7%),「あまり良くない」(1.2%),「非常に良くない」(0.1%)であったが,このうち,「とても良い」と「良い」の合計に注目するならば,外資企業が71.9%と最も高かったのに対し,株式合作制企業,香港・マカオ・台湾投資企業,私営企業についてはそれぞれ33.3%,33.3%,47.6%にとどまった(図28参照).現場の労働者の抱くイメージが,工会主席の自己認識に及ばないであろうことは想像に難くない.

　結果として,労働者の不満は,工会を仲立ちとする官製ルートを回避し,「信訪(投書・直訴)」,訴訟,ストライキ,デモというかたちで表出されることとなる.そして注目すべきは,社会的弱者に対する市民の関心の高まりを反映し,近年,各地で頻発する労働争議や労働紛争が,弁護士などの知識人,NGO,メディアなどいわゆる社会勢力のサポートを得て,組織化,洗練化されつつあることである.重慶市長安汽車株式有限公司の83名の出稼ぎ労働者が「民工弁護士」として著名な周立太を立て,重慶市総工会を職責不履行で訴える集団訴訟を申請したように[17],労働者の不満の矛先は,ややもすれば,雇用者側ばかりではなく,利益代表としての機能を果たしえない工会にまで向けられる.また,工会系統に属さない労働者組織も出現しつつある.例えば深圳市では,2004年3月,湖南省出身の出稼ぎ労働者,張治儒らにより深圳市外来工協会が創設された[18].同協会は,ホームページに掲載した「組織章程」のなかで,党の直接領導下に置かれ,活動経費や事務所までを企業に依存し,有名無実化している既存の工会と対比させながら,みずからの組織が深圳の農民工の合法的権益を擁護するため,農民工自身の手によって自発的に組織された利益代表組織であることを強調する.協会と工会の関係については,「工会を設置した企業において外来工の権益擁護を行なう際には,あくまで工会を前面にたて,後方支援に回る」とし,工会を中心とする既存のメカニズムに挑戦することはない旨明記しているが,同時に,工会に隷属するのではなく同じ社団として対等の関係を構築すると述べる[19].喬健(労働関係学院)は,次のように主張する.工会の機能低下ゆえに出現した労働者の自発的組織——「打工妹協会」,「雇員協会」,「同郷会」など——に対し,工会はその活動を冷遇したり,ましてや攻撃したりすべきではなく,積極的な指導・教育をつうじて,彼らを中華全国総工会の下部組織として組み入れてゆくべきである,と(汝信ほか2005: 320-21).

しかし，党・政府および工会内部には，新しい組織を内部に組み入れることへの警戒，抵抗も根強い．

党・政府および工会に対し圧力となっているのは，国内の社会勢力の伸張ばかりではない．近年進みつつある労働問題の国際化もまた，現状の変更を促す圧力を形成しつつある．例えば，WTO規約に関し，関係各国の政府および労働組合組織，消費者団体，国連組織などは，結社の自由，団体交渉権の承認，脅迫的労働および児童労働の撤廃，就職差別の解消などを主たる内容とする「労働者の基本的権利を保障する条項」を盛り込み，加盟国の労働環境への監視を強めるよう働きかけを強めている．もしこうした条項が成立すれば，すでに加盟を果たした中国としても，それを無視するわけにはゆかない．馮同慶（中国工運学院教授）によれば，すでに全国人民代表大会内務司法委員会では，労働関係に関する国内法と国際公約の整合性についても幅広く検討が行なわれているという（冯同庆 2002: 8-10）．

基層工会主席調査が明示した基層工会および工会主席の現状に比して，現実はより迅速かつ抜本的な改革を迫っている．「社会主義」「人民民主独裁」型国家コーポラティズム体制のひずみによる社会不安が臨界点に達している今，それを打破できる唯一のアクターである党中央の采配が問われる．

【注】
1) 特に，1980年代末の民主化運動の高まりは，同時期の東欧諸国における連鎖型民主主義革命の潮流のなかに位置づけられ，市場経済化を標榜する中国でも，同様に各種新興社会集団が国家権力から自立的な「市民社会」を形成し，やがては国家権力を規制する民主化の推進力となる（なりつつある）のではとの期待を喚起した．
2) なおホワイトは，White 1995: 28 においても同様の視角を提示した．
3) 本章は，石井 2006: 1-18 の内容を要約し，修正を加えたものである．
4) 陸学芸（中国社会科学院社会学研究所）らが2002年1月に公刊したいわゆる「十大階層論」，それに続く中国人研究者による一連の階層分析は，「労働者階級」内部の格差の現実を浮き彫りにしている（陆学芸 2002）．
5) 例えば，呉申耀（上海市総工会副主席）は，次のように述べた．すなわち，私営企業家は労働者・農民と同様に社会主義建設の担い手なのであるから，工会としても「搾取する者を搾取する」がごとき旧来のやり方で対処してはならない．ブルー・カラー層の権益擁護は，道義上必要な職責であるが，そうであるからといって工会は，彼らのみを活動の重点対象とすべきではなく，私営企業家の利益にも配慮しなければならない（谷常生・王晓龙 2003: 60-63）．

6) 近親者に関しては，「工会法」第9条に，「企業の主たる責任者の近親者は本企業基層工会委員会の成員の人選にはなりえない」との規定がある．
7) 現在，「基層工会主席直接選挙条例」の起草が進められている．
8) 最高人民法院も1997年5月，「産業工会，基層工会が社団法人資格を有するか，および工会経費集中口座を振り替え凍結できるかという問題に関する意見」（『法復』6, 1997）のなかで，同様の解釈を示した．
9) 詳細については，石井知章（2000: 99-120; 2002: 71-102）を参照されたい．
10) 一部の公司制企業では，工会の主席・副主席を「職工董事」，「職工監事」として董事会，監事会に参加させている．
11) 詳細については，石井知章（2000: 83-114）を参照されたい．
12) サンプルの抽出方法に関し，ランダム・サンプリングによる調査は困難であったため，各地で開催される会議・研修などの機会を利用し，労働関係学院関係者の説明の下，集団回答方式により調査を実施した．
13) 図1～28にあるQおよびA～Eの表記は，調査票の設問番号である．
14) 同じ非公有制企業でも，外資企業の工会については，工会基層委員会内の党組織設置率が比較的高い（平均69.1％に対し，71.9％）など「社会主義」「人民民主独裁」型国家コーポラティズムに組み込まれている側面と，「職工の自発的要求」により設立された比率が比較的高い（平均13.3％に対し，28.1％），工会主席の就任経緯について，「会員代表大会（会員大会）の選挙のみ」との回答率が高い（平均18.3％に対し，31.3％），専用の口座を有している比率が高い（平均74.8％に対し，78.1％），経費使用にあたって単位行政指導部の批准を必要とする比率が低い（平均28.4％に対し，15.6％）など，企業経営側から自律的な側面を並存させている点で特殊性を有する．
15) なお，「（人材バンクの設置を）各地で推進すべき」と回答したのは，全体で41.0％，「推進すべきでない」との回答は13.9％であった．
16) ただし，一般の職工から工会主席に就任したケースに関し，私営企業，株式合作制企業が，それぞれ13.1％，9.1％と，平均の3.7％を上回る数値を示した点にも留意すべきである．
17) 2005年1月，重慶市長安汽車株式有限公司の83名の出稼ぎ労働者が，重慶市第一中級人民法院に，重慶市総工会を職責不履行で訴える集団訴訟を申請した．彼らは，周立太弁護士を代理人に立て，重慶市労働争議仲裁委員会に，公司による社会保険料と残業代の支払いを求める案件の受理を申請したが，その過程で，重慶市総工会が仲裁費用の減免を受けるに必要な「貧困証明書」の発行を拒んだため，市総工会を職責不履行で訴える申請を行なった．
18) 発起人の一人である張治儒（1974年生）は，かつて1995年に東莞市で外来工協会を準備するも，政府の登記を得られなかった経験を持つ．その後，東莞市附城区の台湾資本企業である偉豊靴工場で基層工会を創設，工会主席となった．その後故郷の湖南省に帰り，種養業に従事するかたわら政府の批准を得て，黄橋鎮車塘村青年互助会を設立したが，2000年2月，再び出稼ぎとして深圳市宝

安区観瀾源興電子廠工程部に勤務．ここでも工会の建設を準備したが資本家側の同意を得られなかった．長年の出稼ぎ人生において体感した苦労が，彼を外来工互助組織の設立へと駆り立てたという．なお，深圳市に先駆けて，2003年8月には海南省海口市で最初の県級外来工協会が民政部門の批准を得て成立した．同協会の設立も，こうした前例に倣ったものである．
19) 深圳外来工協会ホームページ，検索日：2006年8月10日．

【参考文献】

石井知章（1996）「中国共産党と労働組合——建国初期の『工会』をめぐる論争」，『アジア研究』アジア政経学会 3(42).
石井知章（2000）「中国共産党と労働組合——社会主義教育運動と『工会』」，愛知大学現代中国学会（編）『中国21』8，風媒社．
石井知章（2001）「中国における労使関係の展開——中華全国総工会を中心にして」『大原社会問題研究所雑誌』514.
石井知章（2002）「中国共産党と労働組合——経済体制改革と『工会』」，『筑波法政』筑波大学社会科学系 33.
石井知章（2006）「中国の市場経済化と『工会』改革をめぐる議論」，『アジア研究』アジア政経学会 1(52).

陈伊平・邱丽敏（2002）「刍议党政副职兼任工会主席」，『工会理论与实践』4(16).
冯同庆（2002）「加入 WTO 对我国劳动关系的影响」，『工会理论与实践』4(16).
谷常生・王晓龙（主编）（2003）『十六大精神与工会工作——省市工会主席纵谈新思路』中国工人出版社．
郭永旗（2001）「2%工会经费的市场化改革」，『中国工会财会』11 月．
姜凯文（1996）「工会与党‐国家的冲突——八十年代以来的中国工会改革」，『香港社会科学学报』8.
姜颖（1999）「工会法人资格的确认及其程序」，『工会理论与实践』5(13).
梨树县总工会（1998）「直接选举工会主席推进工会自身改革」，『中国工运』2.
李仕春・成飞（2000）「当前工会领导管理体制面临的问题与思考」，『山东省工会管理干部学院学报』第 5 期．
陆学艺（主编）（2002）『当代中国社会阶层研究报告』社会科学文献出版社．
汝信・陆学艺・李培林（2005）『2006 年：中国社会形势分析与预测』社会科学文献出版社．
孙德强（2003）「工会经费应从拨款制改为由会员直接交纳制」，『工会理论与实践』6(17).
许小思（2002）「浅谈工会组织社区化的意义与发展思路」，『探求』第 1 期（总第 133 期）．
吴亚平（1999）「加入工会人员的资格问题」，『工会理论与实践』5(13).

Chan, Anita (1993) 'Revolution or Corporatism？Workers and Trade Unions in Post-Mao China',

The Australian Journal of Chinese Affairs 29.
Chan, Anita (1998) 'Labor Relations in Foreign-funded Ventures: Chinese Trade Unions and the Prospects for Collective Bargaining', in Greg O'Leary (ed.) *Adjusting to Capitalism: Chinese Workers and the State*. M.E.Sharpe, Inc.
Chen, Feng (2003) 'Between the State and Labour: The Conflict of Chinese Trade Unions' Double Identity in Market Reform', *The China Quarterly* 176.
Dickson, Bruce (2001) 'Cooptation and Corporatism in China: The Logic of Party Adaptation', *Political Science Quarterly* 115(4).
Gallagher, Mary E. (2002) 'The Ties That Bind: Civil Society and the State in China', paper prepared for presentation for the Project on Civil Society and Political Change in Asia, Phnom Penh, Cambodia, October 24–27.
Hong, Ng Sek, and Malcolm Warner (1998) *China's Trade Unions and Management*. Macmillan Press Ltd.
Howell, Jude (1998) 'Trade Unions in China: the Challenge of Foreign Capital', in Greg O' Leary (ed.) *Adjusting to Capitalism: Chinese workers and the State*. M.E.Sharpe, Inc.
Saich, Tony (1994) 'The Search for Civil Society and Democracy in China', *Current History* 584(83).
Saich, Tony (2000) 'Negotiating the State: The Development of Social Organizations in China', *The China Quarterly* 161, Mar. 2000
Saich, Tony (2001) *Governance and Politics of China*. Palgrave Macmillan.
Walder, Andrew (1992) 'Urban Industrial Workers: Some Observations on the 1980s', in Arthur Lewis Rosenbaum (ed.) *State and Society in China: The Consequences of Reform*. Westview Press.
White, Gordon (1995) 'Chinese Trade Unions in the Transition from Socialism: The Emergence of Civil Society or the Road to Corporatism ?', Institute of Development Studies Working Paper 18.
White, Gordon, Jude Howell, and Shang Xiaoyuan (1996) *In Search of Civil Society: Market Reform and Social Change in Contemporary China*. Oxford: Clarendon Press.

第Ⅱ部
地域社会ガバナンスの苦悩

第1章

構造変動期の党政エリートと地域社会
四川省 SH 県におけるアンケート調査から

南　裕子・中岡まり

　はじめに——問題の所在

　市場経済化の進展に伴い，周知のように中国社会では，階層分化，利益主体の多様化という構造変動が顕著になっている．こうした状況下では，県レベルを一つの地域社会と考えた場合，県の党政エリートは，構造変動下にある地域内のさまざまな利害の調整を行ない，各利益主体の均衡点を見いだしながら地域の安定と発展をはからねばならないだろう．それはつまり，党政エリートと地域の住民の間でコミュニケーション・チャンネルが開かれ，党政エリートが地域内の多様な利害状況をなんらかの形で把握し，それが地域計画や政策に組み込まれていくことが求められるのである．またこのことは，より具体的な地域社会のイメージで言えば，広範な民衆がフォーマルまたはインフォーマルな形で利害表出機会を得て，党政エリート集団と接触を持つことが可能であったり，またはみずからが党政エリート集団へとリクルートされる機会が開かれたりしているということになろう．

　そこで，以上のような観点から県党政エリートと地域内の諸主体との関係の現状と今後を探るべく，われわれは四川省 SH 県において，アンケート調査とその後の現地ヒアリング調査を行なった．

　アンケート調査は，2005 年 8 月に実施し，調査対象は，SH 県党政エリート 36 名，県内郷鎮党政機関領導幹部 7 名（鎮長 1 名，鎮党委員会書記 5 名，副書記 1 名），県人民代表大会代表 5 名，政治協商会議委員 4 名である．なお，本稿では，県政府において局長級以上の幹部であれば県の方針・政策決定における影響力も大きいと見られることから，局長級以上の党政幹部を党政エリートとして調査対象とした[1]．36 名中，県党委員会勤務は 5 名，党員が 95％ を占め，性別

73

図1 党政エリート調査対象者の年齢分布

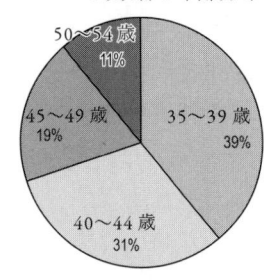

50〜54歳 11%
45〜49歳 19%
35〜39歳 39%
40〜44歳 31%

では男性が83.3%である．年齢分布は図1のとおりである．また，県人民代表大会代表と政治協商会議委員については領導層を対象とした．内訳は，人民代表大会については，常務委員会副主任（4名），人事代表工委主任（1名），政治協商会議委員については，主席（1名），副主席（2名），政協領導小組副書記（1名）であった[2]．

現地調査は，2006年3月23日〜25日に行なわれ，県統計局，発展改革委員会，農業局，県政治協商会議，人民代表大会，SH県綿花股份合作制専業協会からヒアリングを行なった．

1 SH県の概況

本節ではまず第1項で調査対象地の概況として，財政，農業，農民工について紹介する．この3点を中心とするのは，党政エリートと地域社会の関係構築の背景として重要であると考えられるからである．そして第2項では県の財政基盤を支え，党政エリートと地域社会の関係に大きく影響している主要産業について紹介する．

(1) 概況

調査対象地となったSH県は成都から高速道路で3時間たらずの四川盆地の中部にあり，面積は1947km²，人口100.3万人の都市である．

①財政

県の財政状況は，県統計局によれば2006年3月時点のデータでGDPは76.3億元，一人当たりのGDPは8393元に達している．これはSH県の属するSN地区では高い方で，四川省平均と比較しても高い水準にあり，財政的に恵まれた県といえる．ちなみに2006年上半期は全県GDP36.5億元，工業総生産額43億元となっている．県域財政収入は4.275億元で，県域経済競争力では西部百強県のなかでも30位にあり，SH県の経済力は四川省内においてのみならず，西部地域においてもめだったものである．

GDP内訳は農業が18.8億元（24.6%），第2次産業が34.9億元（45.7%），第3次産業が22.6億元（29.6%）である．2002年の四川省の平均は第1次産業が23.8%，

第2次産業が41.8％，第3次産業が37.4％であるので，四川省の平均に比較し，第2次産業のGDPが比較的高く，その分，第3次産業の発達が遅れている．第4節で詳述するように，製造業を中心とする第2次産業が県内の経済において主要な地位を占めていることは，第2次産業を担う企業の県内エリート層への強い影響力に深く関係している．

②農　業

次に県内人口の多くを占める農村人口についてみてみよう．県統計局によれば，人口100.3万人のうち，65万人が農村に住んでいる．また，県農業局によれば，農村人口75万人でそのうち，労働人口は42万人，農戸は22.5万戸である．しかし，耕地面積は57万ムー（1ムー＝6.667アール）しかないため，農業は非常に小規模なものしか展開できないという問題点がある．2005年の一人当たりの年間収入は3257元である．農業は，養豚を中心に，米・小麦・たまねぎ・サツマイモを作っている．

このほかに，県政府が指導し農民も志願して行なっているものに綿花の生産がある．SH県の近辺の地区で，四川省の綿花生産のほとんどを担い，2005年は10.2万トン生産している．これらは県内の主要企業である「銀華」や「金華綿紡廠」を通じて製品化されている．最近3年ほどの間に，「公司＋農民」で専業合作社の結成が始まり，2006年現在，20ほどの綿花の専業合作社が組織されている．また専業合作社は綿花だけでなく，養蚕・ザーサイ・レモン・養兎・養牛などの分野で計200ほど組織されており，全農家の50％程度がこれに加入している．専業合作社は技術指導の面などで県農村工作委員会弁公室・県農業局・県林業局と交流の機会が多く，密接な協力関係にあり[3]，県エリートから見れば，専業合作社は農民の意見や利益を把握・集約する重要なルートの一つとなる可能性がある．

③農民工

農家の重要な収入源の一つが農民工からの送金である．SH県では20万人余りの農民工が沿海地方に建築関係を中心に行なっている．これらの農民工は県が負担して訓練・養成を行ない，技術を身に付けて送り出すこともあれば，農民が自分で探す場合もある．農民工の送金による農戸の経済状況の向上は県にとっても重要であるため，農民工の養成に全国重点機関として「農民工培訓中心」が設置されており，県はこれに年500万元ほど投じている．また農民工のための養成・訓練は，県職業中学・太乙職業中学・労働就業学校・川北職業教

育学校・農業技術推広学校で行なっており，自動車運転技術，ホテル・家政の技術を学ぶもの，電工・車工・縫製工養成のプログラムなどがある．

農民工の出現により現われるのが土地の流出問題である[4]．SH 県においては多くの土地の所有権は村民小組にあり，村民小組や村民委員会が単位となって企業と契約して一つの企業に土地が集約されることもある．企業主は県内外に制限は設けられておらず，県農業局としては，県外の企業であっても農民の財政状況が向上するため歓迎している．今後は SH 県に土地を持つ県外資本の企業の県政府への影響力にも注目する必要があろう．

(2) 主な産業

前項でも述べたように，SH 県の経済においては，工業の占める割合が非常に高く，生産額の比率は工業：農業＝ 86：14 である．SH 県で「四大企業」とされるのが沱牌・四川美豊・四川華紡銀華・四川明珠水電公司の四つで，特に，前者の 3 企業が上場を果たしており規模も大きい．このため，県発展改革委員会によれば，県政府はこれらの企業の活動を非常に重視し，県が 2005 年に提起した「工業強県」では，沱牌・美豊化工・銀華の三つの企業を重点工業集中区（工業団地の一種）として発展させることを計画している．工業集中区への優遇措置としては，土地の取得に関する奨励がある．現在，四川華紡銀華は「銀華工業城」を建設中で，このために 380 戸の農戸が立ち退き移転していることからも，四大企業に対する県の優遇ぶりは看取できよう（『遂寧日報』2006 年 11 月 21 日）．

本項では，四大企業の概要を紹介するにとどめ，これらの企業と県党政エリートおよび地域社会との関係については第 4 節で詳述する．

① 沱　牌

沱牌は 20 の子会社を要する酒造を基幹とする企業集団で，総資産 28 億元，従業員数 5000 人余りを擁している．1996 年に沱牌曲酒株式有限公司が上海証券取引所に上場し，現在は国務院の全国 100 の現代企業制度建設試験企業の一つともなっている．また，四川省重点発展大型拡張企業でもある．

② 四川美豊

四川美豊は，プラスチック加工・尿素生産を主とする企業集団で，総資産 17 億元近く，従業員数 2090 人で，年 2.9 億元の収益を上げている．もともとは県営の工場で 1975 年に SH 県窒素肥料工場として設立され，1993 年より尿

素の生産を開始し，1994年に四川美豊化工株式（股分）有限公司となり，1997年に深圳にて上場している．現在は国内の五大尿素生産企業の一つで，年間100万トンの生産規模を誇っている．従業員の教育水準は高く，大専・中専以上が67％，専門技術者が32％を占めている．

③四川華紡銀華公司

四川華紡銀華公司は華紡株式有限公司の子会社で，総資産3.5億元と沱牌や四川美豊に比べ資産は少ないが，年3億元あまりの収益を上げている．中高級綿糸や綿布やジーンズの生地などの布を生産しているが，なかでも主力の製品は高級服装生地や装飾生地で，欧米・日本・韓国などに年総額1200万米ドル輸出している．2001年に上海にて上場している．

④四川明珠水電公司

涪江において発電を行なっている．

2　県党政エリートの経歴とネットワーク

党政エリートの地域住民のさまざまな利害状況に対する理解，住民とのコミュニケーション・チャンネルのあり方について解明するために，まず，党政エリート個人の生活史的背景，そして日常の職務の遂行における民衆とのかかわりを探ることとした．党政エリートは閉じられた階層・集団であるのか，また特定の地域の階層と密接な関係にあるのかどうかといった点が問われる．では，調査結果からこれらの点について考えていこう．

(1) 地縁・血縁関係

①出身地域

77.8％が県内出身であり，また県城（県域内の中心都市，日本風にいえば県庁所在地）出身者は全体の50％を占めており，出身地域はやや県城に偏っている．また，一世代前の状況との比較を試みて，調査者の親で県幹部であった人の出身地を見た．14人が該当し，県城6名，郷鎮政府所在地1名，それ以外の県内6名，県外が1名であった．この数字からは，現在は，県外出身者の増加の一方で，県城以外の県内出身者の減少傾向を仮説的に指摘することができよう．

さらに，両親の出身地と合わせてみると，県領導幹部の30％弱（27.8％）は，少なくとも2世代連続で県城出身であり，血縁を通じたインフォーマルな形で

の県城外の地域とのつながりが薄いことをうかがわせる．

②兄弟姉妹の職業

身内を通じて国家幹部以外の県内のさまざまな階層，利益主体に対する理解やコミュニケーション・ルートが開かれることが考えられるのではないだろうか．36名の県エリートのうち，農業に従事する兄弟姉妹が存在する幹部の数は12名，同様に国家党政機関は6名，県属単位は8名，県内企業は14名であった．県全体では6割強が農村人口であることから考えると，県エリートの兄弟姉妹においては，非農業，特に企業の比率が高いと言えるだろう．

③勤務経験地数

出身地の他に勤務経験地も地縁関係形成の契機になりうると考え，調査項目に入れた．県城以外の地域に勤務したことのある県エリートは16名，地域数はのべ24地域あり，平均1.5カ所での勤務を経験している．副局長クラスより下の一般党政幹部6名について勤務地のデータがあるので，この6名の年齢幅（37～43歳）に合わせ，該当する県党政エリート24名を分析対象とし，比較を行なった．一般幹部の平均は1カ所，党政エリートサンプルでは24名中12名がのべ18地域での勤務経験があり，平均すると1.5カ所であった．領導幹部の方がやや勤務経験地域は多いが，それほど大きな差とは言えず，どちらにしても勤務経験のある地域数は多いとは言えないだろう．

なお，このように勤務経験のある地域の数は少ないが，現地でのヒアリングによれば，農業関係など仕事の領域によってはかなり日常的に各地に出向き地域の動向を把握している．また，なんらかの事業対象になっているなどして外部からの視察の多い地域では，上級政府の視察・検査の際のアテンドとして，県政府幹部が村や農家レベルまで出かけることも多々生じている．これは，県政府幹部と郷鎮幹部の関係を密接にする機会にもなっているようであった．

(2) 階　層

①世代間移動——親世代との関係

両親どちらかが国家党政機関幹部であるケースは33.3%，両親共に農業は半数を超えている（52.8%）．党政エリートのポジションは，世代間で再生産される以外にも，他の階層に対し開かれていることがわかる．

②世代内移動——職業経歴

初職から国家党政機関であった回答者は38.9%である（図2）．そのうち県の

図2　初職単位

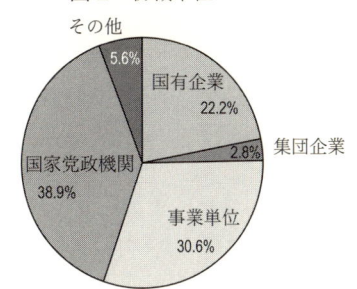

その他 5.6%
国有企業 22.2%
集団企業 2.8%
事業単位 30.6%
国家党政機関 38.9%

図3　初職国家党政機関（行政級別）

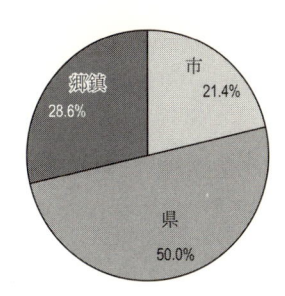

郷鎮 28.6%
市 21.4%
県 50.0%

党政機関が初職であった回答者の割合は50％であった（図3）．このため他の職業からの移動も開かれていると言えるが，それは主に企業・事業単位からの転職者であり，半数以上を占める．教師からの転職が顕著で，事業単位からの転職者11名中10名を占めていた．

以上，(1)，(2)から，県党政エリートは，その供給元となる社会階層や地縁・血縁ネットワークの展開可能性から見た場合，民衆と隔絶した存在であるとは言いがたい．すなわち，特定の階層や地域で再生産されている状況であるとは言えない．だが，党政エリートが輩出されにくい，またはフォーマル，インフォーマルな党政エリートとの関係形成が希薄であるとみられる地域や階層が存在することも同時にうかがわれる．

(3) 党政エリート内部のネットワーク

前項においては，県党政エリートと地域住民とのかかわりについて，アンケート調査をもとに分析したが，本項では県政エリート内部のネットワークのあり方とその構築方法について，アンケート調査と現地での聞き取り調査をもとに紹介する．

まず，職場内部でのネットワークについては，アンケート調査より，それぞれの所属部局内での連携が密接であることが読み取れる．職務遂行の際に，県党政幹部は情報収集先として上司・同僚・部下をもっとも重視しており，また相談相手としても上司・同僚・部下の順に挙げている（図4参照）．次に部局外でのエリート同士の繋がりについて，党校を中心に見てみよう．県党政エリートのうち，78％がいずれかのレベルの党校での学習経験を持っており，研修先

として最も多いのは県党校（のべ15名）で，次いで市党校（のべ13名）である．2004年の1年間で，党校経験者のうち過半数の54％が当時の同級生と連絡を取ったことがある．連絡先の同級生の当時の職位は局長レベルがほとんどで，党校が職場を異にする幹部同士の横のつながりを強化する役割を果たしていることが指摘できよう．

2006年3月に行なった現地での聞き取り調査では，県党政幹部たちが出身校や配偶者や住居を通じて個人的にも親しい関係にあること，新たなネットワークの構築に際しては宴席での交流が重要な役割を果たすことが明らかになった．

例えば，L発展改革委員会主任主催の宴会には人事局のR主任（女）・Z主任が参加した．部局が異なるR主任とZ主任がこの宴会に参加したのは，2人がL主任と個人的に親しいためである．R主任の夫はL主任と同級生で，R主任自身とZ主任は中学の同級生で現在は同じ建物に住んでいる．つまり，R主任夫妻を中心にL主任もZ主任も個人的にとても親しい関係にある．

宴会を通じてのネットワーク構築は，宴会場所の設定の段階から意図されているように見える．県政府が接待用に使う店はいくつかあるようだが，いつ，どの店を使うのかについて，各部署で情報交換を行ない，設宴の場所を一つの店に集中させ，できるだけ幹部が複数の宴会をはしごして多くの人と交流できるように調整していると思われる．SH県に滞在した3日間で計5回の宴会が開かれたが，そのいずれも先方の設宴で局長クラスの幹部が短時間でも顔を出し，L発展改革委員会主任の宴会には，L人事局長も挨拶に来た．中国での宴会では，まったく無関係と思われる人物が同じテーブルで食事をしているだけでまったく交流しないという場面にしばしば遭遇するが，SH県では宴席において職員が互いに非常に積極的に交流しているのが印象的であった．就職して5年目のFさんは公務員試験を受けて県外から就職したため，もともとの知り合いはいなかったが，会議や食事の席で同僚や上司から知人を紹介されることを繰り返し，知人を増やしていったという．

党政エリート内部ではもともと個人的な繋がりがある上に，さらにそれを拡大し，強化する努力が払われているといえる．またその繋がりは旧知の仲だけではなく，組織への新たな参入者に対しても開かれているのである．

3 中間的存在と地域社会

 前節では，党政エリートと地域住民の間での直接的な関係により生じる地域生活への理解，コミュニケーションのあり方を問題とした．このほかに，間接的な理解，コミュニケーションのあり方として，人民代表，政協委員，郷鎮幹部を，県党政エリートと民衆を媒介する中間的存在として措定することもできるのではないだろうか．確かに県社会全体で見れば，県の人民代表や政協委員はむしろ県のエリート集団に属するとする方が適切であるとも言え，また特に人代の場合は制度上中間的存在と位置づけることは不適当かもしれない．しかし，政府が党の領導の下に国家権力を実質的に行使しているという現状および，これらの人々の実際の，または行使可能な影響力の度合いを考えると，「中間的」という言葉で表現することも可能であろう．

 どのような民衆の利害が，中間的存在を通じて表出されうるのか．そして党政エリートとの関係の面では，党政エリートのガバナンスにおいてこれらの人々はどのように位置づけられているのであろうか．まず，この点について質問表調査とヒアリング調査から考察したい．

 さらに，現地でのヒアリング調査を行なった際に，SH県においては四大企業の経済的・社会的影響力が非常に大きいことがわかった．そこで，本節では企業家も中間的存在の一つとしてとらえる．そして，これらが地域社会の利益を集約し，党政エリートの政策形成に影響する役割を果たすのか．地域社会から乖離して企業独自の利益を政策に反映させるべく党政エリートとの関係構築を行なうのか，について考察したい．

⑴ 中間的存在（人代，政協，郷鎮幹部）のプロフィール
①人民代表，政協委員
 9名中6名が県の党政機関での勤務経験があった．また，県党政機関での勤務経験はないが郷鎮党政機関の勤務経験者は2名であった．これら導領層のこうしたキャリア特性からは，民衆よりも党政機関と密接なつながりを持ち，情報や価値観を共有している可能性も考えられる．この点については，次項で再びとりあげる．
②郷鎮党政領導幹部

〈出身地〉

　本人，両親とも県内出身者のみであり，県城出身者は本人では1名，父親1名，母親にはいなかった．また前節の県党政エリートと比較すると，基本的に県城以外の地域出身であることに特徴がある．

〈家族の状況〉

　家族の状況をみると，大きく以下の三つの属性パターンに分けることができる．

　　a: 農村知識層出身（1名）．
　　　両親共に小学校教師（うち父親は校長）であり，兄弟姉妹もすべて事業単位に就職（医師，教師）．
　　b: 国家幹部2世であり，また県党政幹部集団に近い関係にあることをうかがわせるケース（2名）．
　　　1人は初職が県政府，もう1人は初職が県属事業単位で前職は県党委弁公室であった．そして両者の父親も共に国家幹部（県と郷鎮）であった．また1名は兄弟にも県政府勤務がいる．
　　c: 郷鎮幹部とその家族が当該地域内の特別な（特定の）階層，集団に属しているとは言えないケース（4名）．
　　　これらの幹部の両親の職業はみな農業であった．そして，兄弟姉妹の就業状況を見ると，4人中3人には農業従事者がいる．省政協や個体戸，工場勤務などの非農業従事者もいるが，県党政エリートと比べて，非農業や国家幹部が多いなどの偏りは見られなかった．

〈職業移動〉

　7名の初職は，1名が村民委員会主任である以外，すべて非農業であった．初職から郷鎮党政機関は7名中1名で，他の職業からも郷鎮幹部への転身のチャンスは開かれていることがわかる．教師や県の党政機関・事業単位の勤務経験者が郷鎮領導幹部となっている．これは，1980年代に入ってから幹部の専門化と知識化が求められたため，その要求を満たせる人材として知識分子である教師が多く政府機関に登用されたことと関連していよう（周慶智 2004: 107）．逆にその条件を満たすのが困難な村幹部が人材登用されて領導幹部にまで昇進するケースは少ないことが推測される．

(2) 県党政エリートと人代・政協指導者，郷鎮幹部

では，郷鎮幹部，人民代表，政協委員は，県党政エリートからはその職務遂行上どのような存在として位置づけられ，また両者はいかなる関係にあるのだろうか．

①県党政エリートの情報収集ルートにおける中間的存在の位置づけ（図4）

1位が「上司・同僚・部下」，2位が「地元メディア」，3位が「郷村幹部との会話」．人代・政協の会議や代表・委員との会話は情報収集ルートとしてはあまり重視されていないことがわかる．

②方針・政策策定にあたり参考にすべき意見

「企業誘致・投資導入」，「労務輸出」，「工業の強化」，「県内での今後の党や政府の政策・方針」の四つの領域に分けて，方針・政策の策定の際に参考に値する意見は何かを尋ねた（五つまで回答）．選択肢に，「人民代表」，「政協委員」，「郷鎮幹部」がそれぞれ含まれていることから，その存在意義について県党政エリートがどのような認識を持っているかを探ることができる．また郷鎮領導調査にも同じ設問があり，人代・政協調査でも「今後の党や政府の方針・政策」の策定については尋ねていることから，自己認識と他からの認識の比較も可能

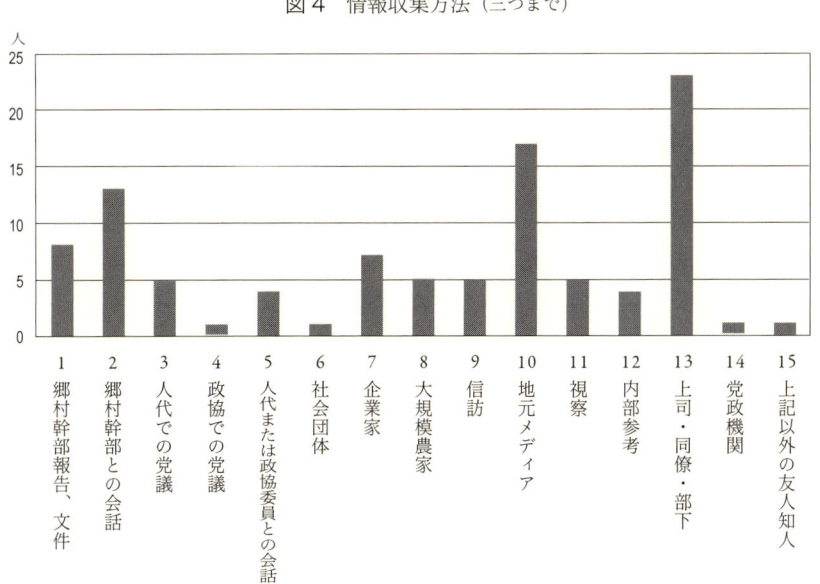

図4　情報収集方法（三つまで）

#	項目	人数
1	郷村幹部報告、文件	8
2	郷村幹部との会話	13
3	人代での党議	5
4	政協での党議	1
5	人代または政協委員との会話	4
6	社会団体	1
7	企業家	7
8	大規模農家	5
9	信訪	5
10	地元メディア	17
11	視察	5
12	内部参考	4
13	上司・同僚・部下	23
14	党政機関	1
15	上記以外の友人知人	1

図5　参考にすべき意見（企業誘致・投資導入，五つまで）

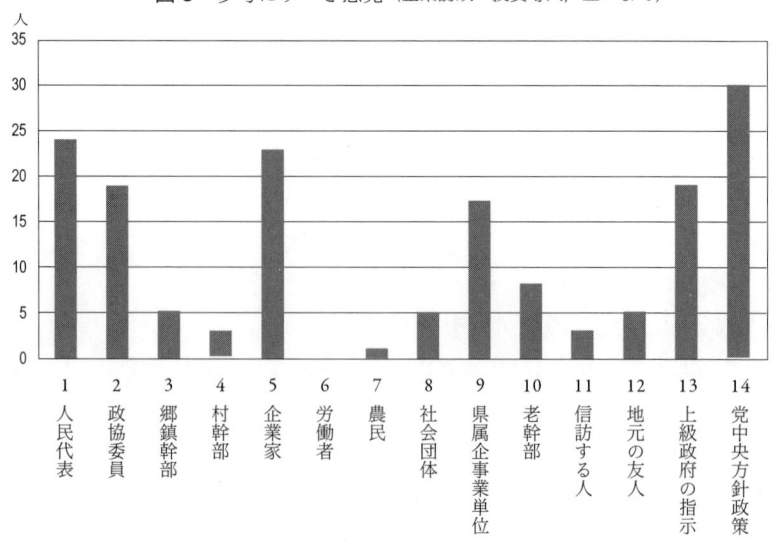

1 人民代表 24
2 政協委員 19
3 郷鎮幹部 5
4 村幹部 3
5 企業家 23
6 労働者 0
7 農民 1
8 社会団体 5
9 県属企事業単位 17
10 老幹部 8
11 信訪する人 3
12 地元の友人 5
13 上級政府の指示 19
14 党中央方針政策 30

図6　参考にすべき意見（労務輸出，五つまで）

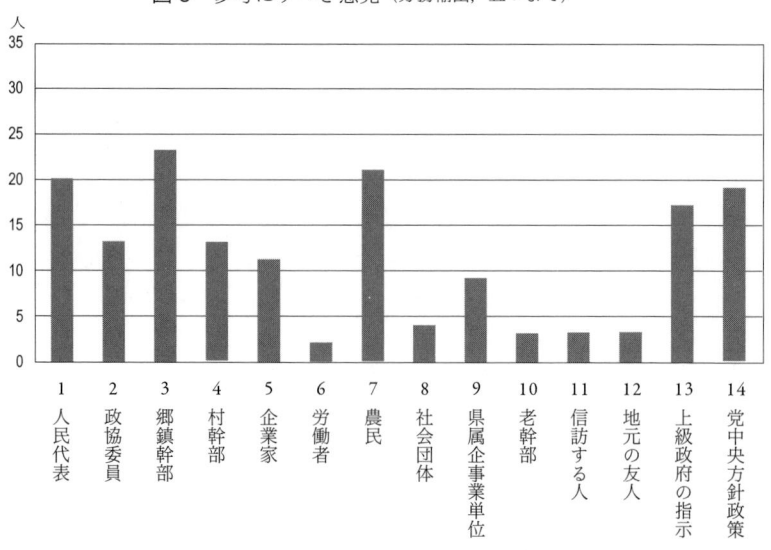

1 人民代表 20
2 政協委員 13
3 郷鎮幹部 23
4 村幹部 13
5 企業家 11
6 労働者 2
7 農民 21
8 社会団体 4
9 県属企事業単位 9
10 老幹部 3
11 信訪する人 3
12 地元の友人 3
13 上級政府の指示 17
14 党中央方針政策 19

図7　参考にすべき意見（工業強化，五つまで）

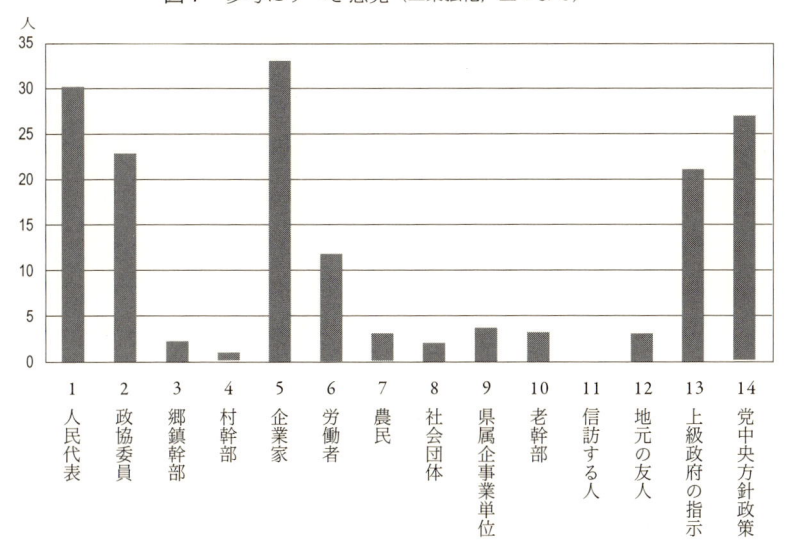

図8　参考にすべき意見（今後の政策・方針，五つまで）

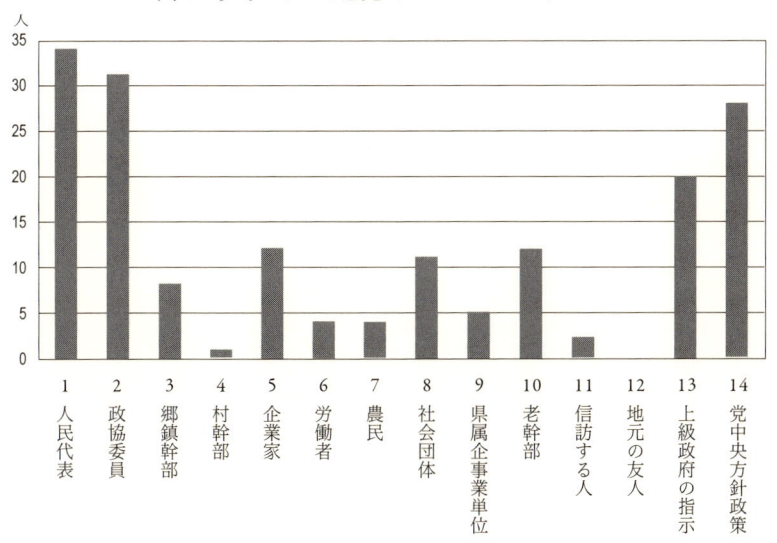

1 人民代表
2 政協委員
3 郷鎮幹部
4 村幹部
5 企業家
6 労働者
7 農民
8 社会団体
9 県属企事業単位
10 老幹部
11 信訪する人
12 地元の友人
13 上級政府の指示
14 党中央方針政策

第1章　構造変動期の党政エリートと地域社会　85

となる．

　まず党政エリート調査の結果から見ると，どの分野においても，「上級政府の指示」，「党中央の方針政策」，「人民代表」，「政協委員」（労務輸出ではやや低い）は上位にある（図5, 6, 7, 8）．党の領導，そして党・政府機関は上級に責任を負うという現実がここに反映されていると見ることができよう．人代，政協が上位にあることについては，人民代表大会や政治協商会議が，政府に建議を行ない，また人代の場合はこれに加え政府を監督するものであるという制度的規定から，ある意味で建前的に回答されている可能性も否定できない．また，郷鎮幹部は「労務輸出」に関する場合，その意見が参考にされる可能性が高い．だが，「今後の方針・政策」においてはそれほど重要視されていない．「今後の方針・政策」においては，「上級政府」，「党中央」，「人民代表」，「政協委員」を除くと，「企業家」，「社会団体」，「幹部OB（老幹部）」が，県政へ相対的に大きな影響力を持ちうる人々として注目される．

　郷鎮党政機関領導幹部調査の結果を見ると，県党政エリートと同様に「上級政府の指示」，「党中央の方針政策」を重視しているが，「郷鎮幹部」自身も，どの項目でも上位3位に入り，人民代表や政協委員と同程度か分野によってはそれ以上となっている（「労務輸出」）．みずからの存在の重要性について高く認識していることがわかる．また，「今後の方針・政策」において，「農民」が「人民代表」，「政協委員」，「郷鎮幹部」と同数で3位になっていたこと点が特徴的である（1位「党中央」，2位「上級政府」）．

　一方，人代・政協領導調査では，2名から「問題に応じてそれぞれ処理」という回答がなされたため，得られたサンプル数がさらに減少する．多い順に，「人民代表」，「政協委員」，「頻繁に信訪活動を行なう民衆」，「党中央の政策方針」，「農民」であった（最後の2項は同数）．

　③知り合い関係の有無

　人代・政協領導調査では，党委員会や政府に相互に意見や情報の交換のできる知り合い（「熟人」）がいるかどうかを尋ねている．「熟人」というワーディングにより，知り合いのなかでもある程度親しい，近い関係にある者を指すことになる．

　9人中7名が「いる」と回答し，その人数については，10人が1名, 7人が1名, 2人が2名, 1人が1名となっており，両極化していることがわかる．さらに「熟人」のなかで，最も近い関係の党政幹部のレベルについて尋ねているが，「書

記」,「副書記」,「副県長」,「局長」という高い職位が回答されていた.

また,党校の同級生であったことから,現在も連絡をとる党校同級生のメンバーのなかに党政機関の幹部が含まれているケースもある.9人中7名が,2004年の1年間に連絡をとった党校の同級生がいると回答し,そして連絡をとった相手はのべ19人である.この19名のうちSH県の党政機関に所属するのは12名で,そのうち9名は県党委員会の副書記,常務委員,県政府の副県長,局長である.

以上をまとめると,まず郷鎮幹部であるが,県党政エリートにとってこれらの人々は,比較的重要な情報源と位置づけられていた.しかし,政策決定においては,労務輸出に関する問題を除いては,その意見が影響力を持つ可能性は少ないことも判明した.

人代および政協の指導者層と県党政エリートは,相互に面識をもち,関係もより近いものであることが多いことがわかる.視察や会議,党校といったいわば公的な場で面識を得ることや,人代,政協の領導ポストは党政機関勤務経験者の退職後のポストとしてしばしばあてがわれるものでもあるため,彼らの党政機関での勤務時期の人脈の存在がその背後にあると考えられる.

だが,アンケート結果からは,県党政エリートにとってこれらの人々は,情報源としての存在意義はけっして大きいものとは言えなかった.むしろ,後述のように,県の政府部門が視察先にされることが少なくないことなどからは,人代,政協の領導層にとって,県党政エリートがその職務遂行（政策遂行状況の把握,県内事情の理解）のための情報源になり,県党政エリートと人代・政協の領導層の近い関係が有効利用されている可能性もある.

その一方で,県のさまざまな領域での方針・政策策定において,参考にすべき意見として,人民代表,政協委員は高い評価を得ていた.これは,建前か本音かの判断の難しいところではある.党や政府の方針,政策策定において,これらの機構が現実に発揮している影響力はまた別に検証する必要がある.仮に建前であっても,制度として影響力発揮の余地があること,党政エリートに人代・政協の存在が意識されていること,またフォーマル・インフォーマルに両者の関係が近いことは,人代・政協を通じた民意の反映の可能性を高めるものと考えられよう.

では,人代・政協がそもそもどのような民意を吸い上げようとしているので

あろうか．人民代表・政協委員の意識と行動をもう少し見てみよう．

(3) 人民代表，政協委員の意識と行動
①人民代表や政協委員としての自己認識
　本アンケート調査では，自分がどのような人々の意見を代表すると認識しているのかを三つまで選択してもらった．
〈政協委員〉
　4名中2名が「代表せず」という回答であり，「共産党」の1名も含めると，3名が特定の職業，階層を代表しているという意識は持っていない．残る1名は，「私営企業家」，「文化教育」，「失業者」という回答であり，兄弟の中に失業者や教師がいた．
〈人大代表〉
　回答者A（以下同様）：「農民」，「在住する村」，「在住する郷鎮」
　B：「農民」，「文化教育界」
　C：「各代表の意見を総括，伝達」
　D：「国有企業の責任者」，「工商業界」
　E：「農民」，「労働者」，「在住する村」，「在住する郷鎮」
　総じて，家族の属性やみずからのキャリアに関連づけられた代表意識の形成が窺われる．
　5名中3名が「農民」を挙げており，これらの人々は親・兄弟姉妹に農業従事者がいた．Dも両親，兄弟姉妹がすべて農業従事であるが，回答には「農民」を挙げていない．Dの場合，県政府で本人がこれらと関連する部署に勤務しており，本人の職業経験と代表意識との関連が深いと思われる．また，Bは「農民」のほかに「文化教育界」を挙げているが，本人は教師経験者である．Aの「農民」も，前述のとおり家族に該当者いることに併せて，本人が人民公社，郷鎮での勤務経験をもつ．
　既存研究では，人民代表にみずからの地元への利益誘導的な行為が見られたため（加茂 2006: 301–39），本調査でも地域代表としての意識（選択肢は「在住する村」，「在住する郷鎮」）が多く見られるのではないかと予測したが，2名（A, E）であった．
　なおCは特定の職業，階層，地域を挙げず他の回答者とは異質である．これは，人代の領導はみずからが何かを代表するのではなく，意見の調整，取り

表1　県内での関心事項（上位，選択率）

	1位	2位	3位
人代・政協	医療・衛生 (100％)	文化・教育，工業強化 (同数，44.4％)	社会保障 (33.3％)
党政エリート	工業強化 (38.9％)	社会保障 (33.3％)	インフラ建設，農業 (同数，30.6％)

まとめ役という自己認識をもつことを表わしているのであろう．

②県内の関心事項

人民代表または政協委員として最も関心を寄せる問題を三つまで選択してもらったところ次のような結果となった[5]．党政エリート調査でも同じ設問を行なったため比較が可能である．

前述のように，人代・政協の領導には県エリート出身者が多いのであるが，関心を寄せる分野に若干の違いが見られる．「医療・衛生」，「文化・教育」が重視されている点が特徴的である．ちなみに，党政エリート調査では，「医療・衛生」は5位，「文化・教育」は10位であった．

人代では，前項①で見たように，「農民」を代表するという認識が比較的多かったのであるが，そうした立場と関心事項の結びつきは弱い．農民にかかわる問題関心は，農業の面よりはむしろ，農村部の医療衛生の立ち遅れにあるということなのだろうか．

③視察・調査研究

視察・調査研究は，前項で見た問題関心を議案や建議，意見などの形にまとめるにあたり，代表や委員が地域内のさまざまな住民の実情を理解し，現場の声を反映させるための一つの重要な場として機能するのではないかと考え，回答者の任期開始の2003年2月から調査時点までの2年半の視察回数と視察内容（3カ所まで）を尋ねた．

具体的に回数の回答があったのは政協委員3名，人民代表2名の計5名である．政協委員では，「7～8回」，「12回」，「15回」，人民代表では，「12～13回」，「15回」の回答であった（注：回数を明記した回答者でも2名は，2005年6月そして同年7月の就任にもかかわらず12回および13回と回答しており，調査までの短期間にそれほど多くの視察が可能であったのか疑問もある）．具体的な回数の記入はなかった回答者は，すべて「多い」という回答であった．

表2　視察状況一覧

内容	視察先	回答数
文明新都市づくり	学校, 商場, ホテル, 社区, 関係部門（＝関係する政府部門, 以下同様）等	2
国家レベルの衛生都市づくり	都市管理部門	1
障害者の就業援助	県の関係部門	1
県文化産業市場調査	劇場, 図書館, 関係部門	2
食糧流通体制改革状況	関係部門	1
医療市場	衛生局, 医者, 病院長	1
労働保障法の執行状況	民営企業	1
所有権改革後の労働者の状況	工場	1
義務教育普及	郷鎮, 教育局	2
学生募集構造の変化	中学（10カ所）	1
環境保護	涪江沿岸地域	3
農業産業化経営の発展状況	工場	1
一府両院についてのヒアリング	郷鎮民衆	1
自由市場	農民, 商人,	各1. 農民への視察は個人
小康村建設	小康村	1
放送受信整備（村・社レベル）	郷鎮, 村, 社	1（個人）
城区住民の野菜供給	蔬菜基地	1
失地農民の住宅問題	失地農民	1

＊個人と書かれているもの以外は組織による視察.

　なお政協でのヒアリングによれば，政協では年度ごとに党・政府の方針に基づき主席会がテーマを定めて調査研究を行なっており，そのテーマに関係する委員小組（委員は地域や本人の属性（職業など）に応じて委員小組に所属する）のメンバーは，調査活動としての視察の機会がある．そのほかに，委員小組を単位として年間2〜3回の組織的視察が行なわれている．アンケートで回答の得られた視察先と内容をまとめたものが表2である．

　視察内容は，「県文化産業市場調査」，「医療市場」，「衛生都市づくり」，「義務教育普及」，「労働保障法執行状況」など，前項の「関心事項」に対応する視察内容および視察先が含まれていることがわかる．

一方，視察先を見ると，地域住民の生活に関わる問題で民衆の生の声を聞けるような視察の他に，関係する政府部門へのヒアリングも少なくない．政府部門へのヒアリングについては，人代が政府の仕事を監督するという職能を遂行していると見ることができるが，何俊志（2005: 184-94）による県レベルの人民代表大会制度の研究からは次のようにも理解することができる．何によれば，人代の政府への監督権が有効に行使されるかどうかは，監督を受ける側である県政府が理解と支持を示し，人代の存在を地方政府幹部たちが意識，尊重するかどうかに拠る[6]．そのために人代は，政府部門と連絡をとりあう工作委員会の設置，政府と人代が相互にそれぞれの会議に指導者や担当者を派遣しあうことなどの方法によって，政府との連絡関係を構築，強化して，意思疎通をはかるという．こうしたことは，人代常務委員会が地方の政策形成プロセスにみずからを組み込み，人代の職能を事実上発揮させることにつながるのである．また，人代の常務委員会や代表大会の場で，政府との衝突が生じないよう事前に情報を共有し，共通認識を得ることも行なわれている．したがって，今回の調査結果において政府部門への視察が少なくないことは，こうした側面から，すなわち政府との連絡関係の強化や意思疎通の促進のための手段としての側面から理解できよう．

　④提案した議案

　提案した議案の分野を五つまで選択してもらった[7]．全体では，1位「社会保障」（5名），2位「医療衛生」（4名），「文化教育」（4名）であった．前述の関心事項と提出された議案の内容はほぼ一致している．関心事項では4位であった「社会保障」が1位になっているが，これは，目下制度の構築中であるため，政府へ提案を出しやすい事項として「社会保障」問題があるのかもしれない．

　「代表している利益」，「関心事項」，「視察」，「議案提出」の4項目の一貫性を個人単位で見てみると，すべてがほぼ一貫しているのは2名（人代2名）であった．なお，9名中4名は代表している利益が漠然としていたり広範囲であったりしたため，「代表している利益」を除いた3項目について見てみると，すべてがほぼ一貫しているのは3名，それ以外では，「関心事項」と「視察」がほぼ一貫しているのが2名，「関心事項」と「議案提出」がほぼ一貫しているのが2名であった[8]．この結果からは，視察と提出される議案の内容の関係はそれほど密接なものではないようにも思われる．

　また，関心事項，議案提出共に上位にあった「医療・衛生」は，組織による

視察であったにもかかわらず，視察経験として挙げているのは1名のみであった．実施した視察のすべてを回答しているのではないためにこうした結果が生じるのかもしれないが，視察以外のより有効な方法で，地域住民の実情を認識し，議案提出へとつなげられることがあるのかもしれない．

　この点について，政協では，民衆から直接寄せられる陳情の役割も大きいことが，現地ヒアリング調査からうかがわれた．2005年の政協の提案件数は300件余り，のべ700人が提案を行なっている．民衆からの意見を基にするなどして委員が書面で提案を作成し，それが提案委員会で審議され，その結果承認されたものが政府に提案される．審議された提案の80％程度が承認されたということである．分野は，下崗労働者など社会的弱者（「弱勢群体」）の暮らしに関するものが最多で，その他「環境保護」，「教育」，「医療」が多い．政協は，政府の見落としがちなところや人々の日々の暮らしに目を向けて，政府に建議を行なうことをみずからの重要な役割と考えている．また過去の提案事例を具体的に尋ねたところ，水源の汚染による飲用水の安全問題，旅客ターミナルの整備などの比較的大きな事項の一方で，街路灯が暗い，水漏れなどの日常生活上の細かな問題もあった．

　この他に政協では，前述の年度ごとの調査研究の結果は，45名の常務委員の参加する調査研究報告会を経て提案となる．またその席には，当該問題を担当する党や政府，そして人代の指導幹部の参加も求め，党や政府からの報告が行なわれる．2005年のテーマには，中小企業の発展の促進，農民の収入増加のための長期的に有効なメカニズムに関する問題などがあった．われわれのヒアリングに応じた政協常務委員は，調査研究の報告・提案は，実情を反映したものであると自負していた．

　人代の提案，建議活動について，ヒアリング結果から補足すると，建議事項でも小さなものは，視察の際に個人が担当部署に面と向かって行なうことができるが，大きな問題の場合は，提案の形で規定の順序に則って審議される．2005年は，代表10名以上の連名による議案が56件ほど提案され，そのうちの3～4件が人代の決議として採択されたということである．具体的には，郷鎮の公道の維持管理問題，社会的弱者への社会救済システムに関する問題，家禽・家畜の防疫などであった．過去には，電力エネルギー建設，貧困学生救済基金，農業構造調整，飲用水の水源保護があったという．

⑤今後増加させるべき代表，委員の属性

　三つを選択してもらった[9]．人民代表の回答から見ると，5名中3名が「村幹部」と「郷鎮幹部」を選択しており，また，「教師」，「科学技術者」，「企業家・企業請負人」はそれぞれ2名が選択していた．なお選択肢にはない「各業界の専門的人材」という回答が1名あった．基層との結びつき強化と知識・専門家重視の二つの方向性を見ることができよう．

　一方，政協委員4名においては見解が分散している．「共産党員」，「民主諸党派のメンバー」，「教師」，「科学技術者」，「組織に所属していない農家」，「失業者」，「高齢者」が挙げられていた．選択肢にはないが「現状でよい」という意見もあった．人民代表と比較すると，農家，失業者，高齢者など，社会に対してみずからの声を比較的挙げにくい人々が入っていることが注目される．

　なお，われわれの今回のプロジェクトでは，固有の利益主体となりそれを表出する可能性をもつ社団の存在に注目もしていたのであるが，人代，政協のどちらにおいても「社団のメンバー」は選択されていない．

　人代・政協がどのような民意を吸い上げる場になっているのか，またはなりうるのかについて，以上の知見をまとめておこう．

　まず，どのような人々の利益を代表するかという自己認識においては，有効回答数が少ないということを留保する必要があるが，その個人の職業履歴や家族の状況（農家出身，失業者がいるなど）が反映されていることがうかがわれた．

　そして，関心を寄せる県内の問題についてみると，前述のように人代，政協の領導層には県の党政機関の出身者が多かったのであるが，党政エリート調査結果とは異なる傾向も見られた．「医療・衛生」，「文化・教育」への関心の強さがそれである．だが，問題関心と代表意識との重なりについては判断が難しい．例えば「農民」という代表意識は「農業」への問題関心となって表われていない．

　そして関心を寄せる問題と提案事項は，比較的一致していた．なお本調査では，問題関心を提案という形にする際に視察活動が重要な要素であると考えたのであるが，視察活動と提案との結びつきは必ずしも強いものではなかった．

　さらに，民衆のどの層に目を向けているかについては，今後増加させるべき人代代表，政協委員，および前項②の県の方針・政策策定にあたり参考にすべき意見から，その特徴を見ることができる．特に後者においては，県党政エリ

ートと人代・政協，郷鎮幹部の違いが注目される．県党政エリートでは「幹部OB」，「企業家」，「社会団体」が比較的上位にあったのに対し，人代・政協では「陳情者（「信訪活動的群집」）」，「農民」，郷鎮幹部では「農民」の位置づけが高いことが特徴的であった．このことは，人代・政協，県党政エリート，郷鎮幹部のそれぞれのチャンネルにおいてより反映されやすい利益主体の存在をうかがわせるものである．

(4) 中間的存在としての主要企業の経営者

第1節の「概況」で見たように SH 県は比較的財政に恵まれた県であるが，その一因として沱牌・四川美豊・四川華紡銀華という大企業の存在とそこから得られる税収が挙げられる．つまり，SH 県にとって財政面から大企業の存在は非常に重要であると考えられる．また，県党政エリートを対象としたアンケート調査において，「招商引資」と「工業強化」に関しては，参考にすべき意見としてそれぞれ企業家が2位と1位に挙げられており，県党政エリートが商業と工業関連の政策形成に関して企業家の意見を重視していることがわかる．前節で見た人代・政協・郷鎮幹部らは県党政エリートと大衆をつなぐ公式の政治制度として確立された中間的存在であるが，大企業の経営者たちは非公式に県党政エリートに影響を与えることができる中間的存在であるといえよう．ただし，みずからの利益のみを代表すれば事足りるという点で，大衆の利益や意見を代表することを求められる人代代表や政協委員とは異なっており，その存在が県政の安定に寄与するか否かは未知数である．

本項では，沱牌と四川美豊の経営者と県党委員会・県政府および県人代との関係について述べ，県党政エリートと大衆をつなぐ中間的存在としての企業経営者の可能性について検討する．

①沱　牌

董事長李家順は，もとは県の幹部であり，県政府や県党委員会のポストも務めた経験があり，県政府および県党委員会との関係は非常に密接であると考えられる．現在は全人代代表にもなっており，その影響力は県レベルを超えた人物である．

李は 1950 年 SH 県生まれで，大専，高級エンジニアの資格を持つ．1976 年に共産党に入党し，最初は SH 県副食品公司に勤務し，SH 県沱牌酒工場工場長，工場党支部書記を経て県商業局副局長（1983〜84 年），SH 県沱牌曲酒工場長お

よび党委員会書記（1984～93年）を歴任し，1993年より四川沱牌集団有限公司党委員会書記・董事長・総経理を務めている．このほか，全国労働模範（1995年），遂寧市第9期人代常務委員会副主任，遂寧市第4期・第5期政協副主席，第7・8・9期SH県党委員会委員，四川省第8期人代代表，第9・10期全人代代表を務めている[10]．

②四川美豊

董事長張暁彬は，前任者である陳平が沱牌の董事長同様SH県党委および県政府の職位を歴任していたのに対して，外部から落下傘式に降りてきた董事長で，SH県との関係は薄い．張は1960年生まれの共産党員で，博士・高級経済師の資格を持つ．現中国石化（シノペック）西南石油局（本社：成都市）勤務の後，成都華川石油天然ガス探索開発総公司総経済師・副総経理を経て2002年より四川美豊化工株式有限公司董事長を務める．

四川美豊董事会董事のメンバー8人のうち，これまでSH県とはなんら関係がなく外部から顧問の形で参加している人物が5名を占めており，SH県との関係は前董事長の頃に比べて薄くなっていると考えられる．

企業自体は県政府との繋がりが法制化されていない非公式の中間的存在であるが，人代や政協という公式の利益集約・表出ルートにも参加している．SH県人代は318人の代表のうち，党員は65％以下で，私営企業家の代表は20名あまりで，大企業の董事長は皆代表であるという．沱牌や美豊は従業員が多くいるので，企業自体が選挙区の単位となっているため，必ず一定数の代表を送り込むことができる．前述したように沱牌の董事長は全国人代の代表で，美豊・銀華はそれぞれ市・県の人代であり，明珠は最近董事長が代わったが，前の董事長は現在は政協の副主席となっているなど，それぞれ人代・政協とのかかわりは密接と言える．

SH県での大企業は，県政府・県党委員会・県人代・政協と強い繋がりを持っているが，みずからの利益以外に一般大衆の利益を集約・表出する機能は特に備えておらず，党政エリートと地域社会を繋ぐ役割は現在のところあまり期待できないと言えよう．

しかし，県内の大型企業の業績が良好で，県の財政が潤沢であれば，一般の県民への行政サービスは向上し，県民の政府に対する満足度は高まるため，大企業が地域社会との橋渡しという政治的・社会的役割を果たさなくとも，経済的な役割を果たし続ける限り，県党政エリートのガバナンスに貢献し続けると

も言える．

おわりに

　以上，本章では，県党政エリート，中間的存在，民衆の相互の関係性に注目しながら，県党政エリートのガバナンスにおいて，地域社会内の多様化する利害状況がいかに組み込まれているのか，または組み込まれうるのかを探ってきた．

　今回の調査からうかがわれた県党政エリートの意識と行動は，その出自がもたらす県城の「街」の生活世界，そして「官界」の人脈や価値観に根ざした部分と，SH県の地域の構造的特徴から形成されていると考えられる．第2節で見たように，この地域では，工業が地域経済・県の財政を支える構造であり，工業が農業を「反哺」しており，また，企業＋農家（専業組合型）によって農業産業化の展開も見られているのである．そしてその背後には，県内有力企業家と県の党政機関の密接な関係が存在していた．

　こうした経済的・政治的構造が，県の社会的安定に果たす役割は大きい．この財政力，民間の経済力ゆえに，県エリートに参入・接触チャンネルを持たない一般大衆の利益もある程度保障されることが可能になるからである．「経済的成長と民主化・政治参加の促進は比例する」という仮説があるが，現実には，経済的成長あるいは経済的余裕により，政治参加の不在が不問に付されることもあり，SH県はその一例と考えることができるのではないかと考える．

　だが，この経済的余裕により目をつぶられた形の政治参加の不在（県エリートと大衆の間のチャンネルの不在）は，工業集中区建設のための土地収用や農戸の移転に関するトラブルといった形で社会不安の潜在的な芽となる．

　そこで今後の県社会の統合，安定にとって注目しておきたいのは，人代・政協領導，郷鎮幹部の意識と行動である．今回の調査からは，工商業界（特に大企業）以外のさまざまな立場の民衆の利害表出のチャンネルとなる可能性が窺われた．

　特に人代・政協領導については，経歴は県エリートと同様な特徴をもっていたのであるが，彼らとは若干異なる意識を見いだすことができた．その要因については，次の4点が推察可能であろう．人代・政協の領導として党政機関時代とは異なる役割期待に応えるという意識，みずからの存在意義を顕示したい

という意識，人代・政協の一般メンバーの利害表出活動の活発化（一種の内部圧力），民衆の利害代言人としての役割遂行を求める組織外部からの要請の高まり[11]，である．

　本書全体のテーマである自律化社会のガバナンスの問題への考察をさらに深める上で，上記4点のなかでも3，4点目を検証することは，今後の重要な課題である．さらに，本調査で浮かび上がった人代・政協領導，郷鎮幹部と県党政エリートの間に存在する職務上およびインフォーマルなつながりが，政策決定過程において現実にいかなる影響力を持ちえるのか，この点を県内企業家層の影響力とも比較しながら解明することも必要であろう．

【注】
1) ただし，調査期間中に局長が事情により回答不可能であった場合には，調査対象者を副局長とした．
2) 当初は，両機構の活動に大きな影響力をもつと思われる領導層の他に，一般代表・委員からも一定数のサンプルを得て分析する予定であったが，どちらも調査地の事情により充分なサンプル数は得られなかった．このため，人代と政協の分析については，領導層の合計9名のみという少ないサンプル数からのものであるという留保がつき，今後サンプル数を増やした調査で検証される必要がある．
3) 四川 SH 棉麻有限責任公司副総経理・李徳宇氏へのインタビューによる（2006年3月25日）．
4) SH 県農業局副局長へのインタビューによる（2006年3月24日）．
5) 質問票の選択肢は次のとおり．1農業，2商業振興，3金融，4財政，5工業強化，6インフラ建設，7招商引資，8観光業振興，9医療・衛生，10文化・教育，11失業者対策，12社会保障，13環境問題，14民工政策，15その他．
6) 常務委員会成立当初において特にその傾向が見られるという．
7) 質問票の選択肢は，注5と同じ．
8) 複数回答の3項目のうち少なくとも1項目について合致している場合，「ほぼ一貫」とした．
9) 選択肢は次のとおり．1共産党員，2民主党派党員，3村幹部，4郷鎮幹部，5企業家・企業責任者，6農業専業協会メンバー，7組織に所属しない農家，8婦人団体のメンバー，9失業者，10高齢者（退職者），11社団のメンバー，12労働組合（工会）幹部，13企業・事業単位のメンバー，14教師，15科学技術者．
10) http://www.chinatuopai.com/qyjs/qyjs-jl.htm．
11) 「今後の党や政府の方針・政策」において，「信訪人」の意見重視の回答が見られたことから，一種の外部圧力の存在を推察した．

【参考文献】
加茂具樹（2006）『現代中国政治と人民代表大会』慶應義塾大学出版会.

何俊志（2005）『制度等待利益——中国县级人大制度模式研究』重庆出版社.
周庆智（2004）『中国县级行政结构及其运行——对W县的社会学考察』贵州人民出版社.

第 2 章

農村社会の凝集力
湖北省 S 県の「公共生活」をめぐる事例研究

阿古智子

はじめに

　人民公社による集団営農体制が終焉し，農業経営の市場化・自由化が進むなか，農村社会は確実に活力を増している．しかし一方で，さまざまな社会問題を抱え，不安定化する地域も出てきている．これらの問題の背景にあるのは，経済的要因だけではない．都市への人材流出，出稼ぎ労働などによる家族の離散，地域社会の秩序を無視した急激な経済・社会政策の実施，リーダーシップの欠如，社会福祉の推進や地域文化の育成に関わる民間組織の未発達などにより，地域社会の凝集力が低下していることが大きく影響しているのではないだろうか．本論はこのような農村地域における「公共生活」に焦点を当て，問題発生の根底にある要因を探る．
　中国における「公共」の概念は独特である．なかでも「公」は中国社会を理解する上で重要な概念であり，複雑な歴史的過程を通じて発展してきた．タイトルの「公共生活」をカギカッコで括っているのは，中国語の意味合いを表現するためである．詳しくは後述するが，中国独自のコンテクストにおける「公」とその変容を捉えながら，社会主義経済下における中国農村の公共生活を考察していきたい．なお，日本語では「公共」に関連する言葉に「公共空間」「公共性」「公共心」などがあるが，今回，そのような抽象的な言葉ではなく「生活」を用いているのは，生活の一端を具体的に描き出すことで，一般民衆の視点から問題を浮き彫りにしたいと考えたからである．
　事例として取り上げる湖北省 S 県は稲作を中心とする中堅農村だが，人間関係が疎遠で，コミュニティー内の結束を図るのが困難になっている．公共事業や税制の失敗で村の債務が累積しており，郷鎮・村幹部は面倒な問題に巻き込

まれることを厭い，地域社会への関与を減らそうとする傾向がある．若者の多くは都市へ出稼ぎに行き，地元の有力者が地域の発展に力を尽くすというようなこともほとんどない．伝統的な風習や文化を守ることにも消極的で，相互扶助の乏しい地域である．

1 中国社会における「公共生活」

(1) 中国社会における「公」の概念

事例の分析に入る前に，本論のテーマである「公共生活」について論じるが，日本語とほとんど同様に「同じくする，共にする」という意味合いで用いられる「共」に対し，「公」の含意は複雑かつ独特である．ここでは「公」の概念について議論することから始めたい．

「公」は中国社会を理解する上で重要な概念であり，これまでにもさまざまな議論が行なわれているが，特に「家」を中心とした伝統的な儒教文化のなかで独自の意味合いをもつようになったといわれている．長い歴史的経緯を経て発展してきた概念であり，簡潔にまとめるのは難しいが，以下，陳弱水の分類を参考に基本的な事項を整理してみた．

陳は「公」を欧米諸語と比較し，その違いを次のように説明している．まず，

表1 中国社会における「公」の概念

(1)	祖先，尊長（目上の人），国君（君主）といった言葉から発展し，朝廷，政府，政務といった意味をもつ．相対する「私」は民間や私人を意味する．
(2)	(1)の意味合いのみならず，国家，天下といった意味をもつ．「私」と対立し，普遍的な人間の福祉，平等の意識といった倫理的な意味合いを有す．「大公無私」「公平無私」などがこの分類における「公」．
(3)	(2)の意味から発展したもので，宋・明代の理学において発達し，近世中国に影響を及ぼした．「天理」「道」「義」など儒教が奨励する徳行を直接的に代表する概念．普遍的な福祉や平等を指すとは限らず，正しい道理であれば「公」となる．
(4)	大きくは普遍や全体を意味するが，「私」の正当性を認める．理想の「公」は天下の「私」が合理的に実現した境地．このタイプの「公」は「情」「人欲」の思潮を重視した明代後期に生まれた．
(5)	「共」の意味合いをもち，倫理的色彩が強い．①「公議」「公論」など政治に関する言葉，②「公堂」「公田」「公銀」など宗族や家族に関連する言葉，③工商業の同業者組合や同郷会を表す「公所」「公会」など，社会活動に関する言葉など．

出所：陈弱水（2006）をもとに筆者が整理．

英語・フランス語の public，ドイツ語の publikum はラテン語で「人民」を意味する publicus を語源とするが，「公」は古くは「国君（君主）」を意味し，一般民衆に関わる言葉ではなかった．また，欧米諸語の「公」と「私」の領域には明確な区分があるが，中国語の「公」は表1の(1)の「朝廷」や「政府」を意味するもの以外，領域を明確に表わすことはほとんどない．

例えば，ローマ法における「公法」は国家に関わる法律であり，個人の利益に関係する「私法」とはっきり区別される．古代ギリシア思想におけるポリス（都市国家）とオイコス（家庭）は対照をなし，「公法」は「私法」に優先する．一方，表1の(5)に示されるよう，中国語の「公」は宗族や家族に関する言葉をも表わすのである．

溝口雄三は中国の「公」を「つながりの公」，日本の「公（おおやけ）」を「領域の公」と捉え，その違いを次のように説明する．

> （中国の伝統社会では）「公有」「公産」の語は，私的所有の集積としての共同所有であり，共同財産である．……私と私の間の共同関係を内容とした公は，明代末期以降，特に宗族制の発達の中で，一般化した．たとえば，同族の族人の間で契約をめぐってなされる討議を「公議」といい，あるいは契約違反者が罰金として支払った金額を立会人ら関係者らで共同の用に供することを「公用」という（溝口 1996: 80-81）

それに対して，日本語の場合，

> わたくしの領域の中では自由自在でありつつ，おおやけ事に干与しない……（溝口 1996: 77）

例えば，「公園」という言葉から，そのような「公」の捉え方がわかるという．

> 公園は公衆にとって，共同の広場であり，自由に立ち入りのできる場であるが，公園の存立や経営に干与する権利は公衆にはない．なぜならその共同性はわたくしの参入を認めない，わたくしなきおおやけ領域であり，わたくしにとってそれは所与の領域なのだから．つまり，わたくしとわたくしが集まる結果としてでき上がる共同性ではなく，共同の広場としてあら

かじめ先に設定されている．そのため，その共同の場に立ち入る人々には，その場の秩序を遵守することがあらかじめ「約束」づけられている（溝口 1996: 76）

　これらの議論を踏まえると，中国語の概念では「私」が結びつくなかで生まれた共同性が「公」になると考えられる．つまり，「公」は「私」の関与を含むということであるが，次に説明するように，これは，中国社会が「家」を単位として構成されてきたことに大きく関係している．

(2) 行動の基本単位「家」の変化
　中国社会における「公」と「私」の概念は，「個人」が行動主体の基本となる欧米社会のコンテクストでは捉えられない．「神の前ではすべての人間が平等である」というキリスト教文化に対し，中国の儒教文化では「家」が基本の単位となるからである．
　広く引用されている費孝通の「差序格局」[1]は，自己を中心に形成される「社会圏子」（社会関係の範囲）は水面の波紋のように伸縮するが，倫理的なコミットメントは「社会圏子」の中心から離れるほどに弱くなるという考え方であるが，これは家制度に基づく関係であり，その基本的な単位はやはり「家」であろう．「差序格局」によれば「家」を基盤とする「私」の領域も伸縮自在であり，これに従えば，「公」と「私」は「公家」と「自家」という関係であり，「私＝自家」の範囲は状況によって変化すると考えられる．
　儒教道徳が浸透していた伝統社会では，「自家」における義務や責任が中国人の倫理観の中核を形成してきた．孫文が「中国人の国家意識の希薄さはばらばらの砂のごときもの」と嘆いたように，中国人の特性として協調性や公共意識の欠如，ひいては国民意識の未成熟が頻繁に取り上げられるが，これは，「自家」における義務を優先するがために，「公家」においては権利を享受することを期待し，社会的義務がなおざりになるという側面が現われているのである．
　そう考えると，中国の伝統社会は血縁重視であり，地縁が希薄であるかのようだが，歴史を振り返ると，国家や家族の力では解決できないさまざまな公共の活動を地域社会が担っていたことがわかる．明代には里甲制[2]が導入されているし，里甲制が機能を失ってからは，地主層や郷紳層を主軸とする秩序維持の体制が陽明学の孝悌倫理に基づく家族・宗族制度と結びつき，農村社会の末

端にまで広く浸透していった[3]．

　中国特有の孝悌観念は近代国家の建設にも影響を与えてきた（村田1995を参照）．例えば，孫文は，地縁・血縁によって結ばれる宗族共同体を重視し，大半の家長・族長が属していた郷紳層を中心とする地方自治が近代ナショナリズムを育成する社会基盤になりうると考えていた．かの有名な『三民主義』講演のなかでも，中国固有のよき道徳として忠孝，仁愛，信義，平和を挙げており，農村社会の孝悌から国家規模の忠誠へと転換する形で国家建設を進めようとしていた意図がうかがえる．

　しかし，清代末期に導入された新たな徴税システムは郷紳に官僚機構の外で私的な中間搾取を行なわせる温床となり，地方エリートは中央からの離反を試みた[4]．さらに，土豪化した郷紳勢力の台頭によって各地で軍事化・武装化が進み，宗族共同体が果たしてきた社会統合の機能は転換を迫られる．国民政府は保甲制などによって末端社会へのコントロールの強化を試みたが，戦争と内乱の波にのまれて失敗に終わる．そしてその後，共産党が抗日戦争のもたらした民族的危機に乗じて，権力を奪取する．

　共産党政権は土地改革を通じて地主宗族制を一掃し，「封建的な」家父長権力を否定した．農業集団化を加速するなか，旧来の宗族を中心とする農村社会の人的ネットワークはほとんど断ち切られ，人民公社制度を通じて国家が社会の各領域を一元的に指導し，管理する強権体制を敷いた．

　だが，長い家父長制の伝統をもつ国において社会秩序を維持するには，やはり父権的機能を利用せざるをえなかったのか．文革期には毛沢東は「大いなる父」として神格化され，党＝国家の権威は絶対的なものとして示された．

　人民公社が解体し，市場経済メカニズムが導入された現在，社会の多元化が進み，中央と地方，国家と社会の関係には変化が生じている．もはや，毛沢東のような強烈なカリスマを有する政治家も，人民を熱狂させるイデオロギーも存在しない．そして，宗族を中心に農村社会が成り立っていた伝統中国とは異なり，多くの地域において，家の基本単位は核家族となっている．経済的あるいは文化的な凝集力を創出できない地域では，人間関係が過度に"理性化"し，社会の凝集力が低下している．

(3) 低下する農村社会の凝集力

　イェン・ユンシャン（閻雲翔＝Yan, Yunxiang）の『社会主義下の私生活』（Yan

2003）は，1949年から1999年までの黒龍江省の一村落の変化を「私生活」に焦点を当てて考察した民族誌的研究であるが，筆者は本論を執筆する上で本書から多くの示唆を得た．

イェンの分析によると，現在の中国農村では，自分の権利を強調するばかりで，他人への尊重や社会的責任感に欠ける極端に自己中心的な「公徳心のない個人（uncivil individual）」がめだつようになっているという．国家が私生活への関与を減少させる一方で人々は急激にグローバル経済下の商業主義を吸収，計画出産政策や出稼ぎ労働の影響もあり，夫婦関係，家財の管理，次世代の育成，敬老意識は大きく変化し，公共生活の衰退，社会秩序の悪化，コミュニティーの崩壊が著しくなっている．

一般に，私生活に重きを置く現代的な核家族は，工業化，都市化，人口移動や市場経済の活性化によって発展すると考えられるが，国家が政策的に家族に介入し，公共生活への参加を厳格にコントロールしてきた中国の場合，そうした流れとは異なる様相を見せているとイェンは指摘する．例えば，伝統的父権を否定した新婚姻法の導入も，集団農業経営や政治運動の多くも，各個人が自発的に参加するというよりは組織的に行なわれたという要素が強い．このような「組織依存」体質が市場経済化と「国家の社会からの撤退」によって変化を迫られるなか，失墜した父権は回復せず，家族の社会的機能は失われる一方であり，道徳・イデオロギー面に空白が生じたことから，「公徳心のない個人」が生まれやすくなっているのだという．

もちろん，地域によって経済条件や社会状況にかなりの差があり，イェンの分析が一般化できるというわけではないだろう．宗族が復活し社会的影響力を持ち始めているという調査結果（周大鳴 2003）や，血縁を中心とした人間関係が地方自治を推進する上で効果を発揮するとの指摘（钱杭・谢维扬 1995）もある．また，経済活動の自由化や選挙の実施など，公民としての権利が認められるなか，宗族内の関係も国家と公民間の契約関係のように理性的なものになりつつあるとの分析（王朔柏・陈意新 2004）もある．血縁関係以外にも，宗教や民間組織を通じたつながりが注目される地域もあるだろう．筆者が調査したS県はイェンの調査地域と経済・社会条件が似ていることもあり，同様の問題が数多く見られるのであるが，本論は，私生活ではなく，公共生活の変化が農村社会の諸問題にどのように関わっているのかを詳しく見ていきたい．また，イェンの研究がフォローしていない 2000 年以降から現在，つまり，農業税が撤廃され

てからの変化についても考察していく[5]．

2 公共生活を支える社会資本，地元リーダー

　本論は「公共生活」を，「地域の中で目標や利害関係を共有しながら，さまざまな人間が相互に関わり合いながら営む」ものとして捉えるが，そのなかで，経済的要素以外に重要かつ必要不可欠であるのは，第一に社会資本であろう．

　社会資本についてはさまざまな議論があるが，ここでは，事例分析で焦点を当てる事項との関連において社会資本の構成要素を，「関係」「信用」「規範」とし，それぞれについて見ていくことにする．「関係」は人間のつながりを考える上で最も基本的な概念であり，その量と質は社会資本の内容に大きく影響すると考えられる．「信用」は関係をつなぎ，集団行動を促す源となる．「規範」は社会における個々人の行動の判断基準となる価値観である．

　次に，公共生活を支える要素としてはずせないのは，地元有力者のリーダーシップや調整能力である．彼らの役割いかんによって，社会資本の活かされ方は大きく異なるはずである．事例を見る前に，社会資本や地元リーダーをどのような角度から捉えるかを考えるためのいくつかの論点を提示したい．

(1) 関　係

　「関係」は「公」と同じく独特な意味を有しており，中国人の行動様式を理解するのに重要な概念である．これまでにさまざまな研究が行なわれているが[6]，「人情」や「面子」によって行動を決定する中国人の特性をとらえるものが多い（金耀基 1989; 黄光国 1988 など）．「公」の概念についてもみられたように，中国人の行動規範は独自の道徳・倫理的価値観を準拠とする側面があり，それが人間関係に影響を及ぼしていると考えられるが，そうした状況も時代の流れに伴って変化している．

　前出のイェンは中国人社会の相互利益に基づく贈り物の交換や関係形成についても実証的に研究しているが，私的な関係形成の範囲を，①個人的中核：personal core（家族および近い親族），②信頼可能な範囲：reliable zone（親密な友人，比較的近い親族），③有効な範囲：effective zone（一般的に往来のある人）に分類する．①の場合，さまざまな贈り物の交換が行なわれるが，目的達成の手段として行なわれることはない．②は信頼があって支援したりされたりする関係であ

り，その範囲はしばしば変動する．③は②よりさらに広い範囲に及ぶ．この三つの領域と村内コミュニティーの範囲を超えて関係を形成するには，感情面でのやりとり（expressive gift giving activities）ではなく，目的達成の手段としての贈り物のやりとり（instrumental gift-giving activities）が必要になる（Yan 1992）．

儒教文化の影響を受けている中国人社会における関係形成は，やはり血縁重視の傾向が強いが，信頼を得る努力をするなかで，それ以外の関係も形成されていく．そして，その中で重要なのが地域社会における規範や価値観であり，例えば「面子」を汚したり「人情」を理解しなかったりすれば，関係を維持することが難しくなるのである．

関係形成について最近の社会変化を踏まえて注目すべき点は，対外開放政策と市場経済の影響による行動範囲の広がりである．インターネットや携帯電話は農村社会にも普及しつつあり，さまざまな情報が伝わるようになった．出稼ぎ労働に出る者が増え，地元で農業を営む者も農産品を遠方まで売りに行くなど，地域の外で関係を構築することが多くなっている．

劉林平（刘林平 2004）は同郷のネットワークを生かして広東省深圳で運輸業を営む湖南省平江県出身者の関係形成を研究しているが，やはり，血縁や地縁，そしてその他組織や集団の所属を同じくするメンバー間の関係は厚い信頼に支えられ，重要な役割を果たしていると分析する．特に，知らない土地では極力リスクを減らす必要があるからだ．問題が起こった時にも優先的に支援を得ることができる．しかし同様に，それ以外の関係も大きな作用を及ぼしているという．知り合い同士の関係だけでは，新たな情報を得ることが難しく，活動範囲を広げるにも限界がある．

だが，出稼ぎ労働などによって活動範囲が広がっても，やはり関係形成の範囲を限定する方がみずからの利益を守るのに有利な場合もあるだろう．例えば呉重慶（呉重庆 1999）は，福建省の孫村で通婚圏が縮小している原因について，出生における男女比の偏りや出稼ぎ労働の長期化で結婚相手を見つけるのが難しくなっているのに加え，計画出産政策により男児を儲ける確率が減っていること，昔のように行商人を通じての情報収集ができないこと，兼業の仲人が増えていることなどがその背景にあると分析している[7]．

市場経済の影響で人や情報の流れが複雑化し，社会が多元化するなか，関係の在り方は変化し続けている．凝集力の低下する農村において，関係形成の内容や範囲にどのような特徴がみられるのだろうか．

(2) 信用,規範

 制度建設や法治の水準が低い中国は,国家経営の面からみれば,信用度の低い社会ということになるだろう.しかし,システムは不完全であっても,地域社会では道徳的規範に基づく信用が作用する.費孝通が指摘するように,農村社会には独自の決まりごとである「規矩」があり,隣人間の親密な感情の源となる「熟悉」を通して信頼関係が生まれる(費孝通1998).

 しかし,このような道徳的規範やそれに基づく信用も,時代を経て変化している.先述のイェンの研究が指摘するように,利己主義が急速に拡大しているというようなことはあるのだろうか.不完全な制度下で公徳心の低い人間が増えれば,負の要素の強い関係が形成されやすくなる.違法なやりとりや既存の制度に基づかない活動が増加し,社会が不安定化する恐れがある[8].

(3) 地元リーダー

 住民間の利害を調整し,外部社会や行政組織との仲介役として役割を果たす地元リーダーとは,どのような人物であろうか.そのリーダーシップいかんによって,公共生活には違いが出てくるのだろうか.

 清朝末期に華北地域に滞在していたアメリカ人宣教師アーサー・スミス(Smith 1899)の調査報告によると,当時農村社会で勢力を誇っていた顔役は,「光棍」(厄介者だが財産を守るために用心棒的存在として重宝されていた)や「中間人」(自分の利益を得るために一役買って出る仲介者)であった.力のない農民たちは,武術,知恵,血縁ネットワークを駆使して外部社会と交渉する顔役に頼らざるをえなかった.顔役は武術集団や秘密結社の頭目,郷紳,大地主など多岐にわたるが,ほとんどが官職につくことはなく,行政制度の外で存在を主張していたという.

 プラセンジット・デュアラ(Duara 1988)は新中国成立前の農村において,郷紳や地主,宗族の中心人物が仲介者として金銭貸借,租佃,土地売買などの契約交渉に関わっていたが,こうした行為は顔なじみのある関係のなかで行なわれていたと指摘する.仲介者は「面子」を重んじ,経済的見返りを求めることはなかった.しかし,1910年代に入ると,戦争,政府や軍閥の搾取,民間秩序を無視した徴税政策などの影響を受け,仲介者は徐々に私利私欲に塗れた不在地主や高利貸しのブローカーに変わっていった.

 現在では,行政組織の末端に位置する村幹部(村長や共産党支部書記など)が

中心的役割を果たす地域もあれば，企業経営者，宗教リーダー，宗族の長など，体制外部に位置する有力者がリーダーシップを発揮する地域もある．

賀雪峰は村幹部の機能は村独自の価値生産能力によって異なり，それによって村の秩序形成能力にも差が出てくると分析する[9]．すなわち，価値生産能力の高い村では，村幹部が正当な報酬を受けていようといまいと，秩序形成能力が高い．他方，価値生産能力が低い村では，十分な報酬を受けているか，または不正に利益を確保していれば，村幹部は十分なインセンティブを得て行動する．しかし，利益を確保できない場合は「社会性収益」も「経済性収益」も得られないため，制度建設に積極的に関与することはない．

ここでいう「社会的収益」は名声や権威の獲得，面子の維持，個人の政治社会的抱負の実現などを，「経済的収益」は人間関係の拡大や昇進によってもたらされると期待される収益なども含め，職位を通じて得られる収入を意味する．つまり，社会性収益も経済的収益も得られない村幹部は，村の秩序形成に貢献しようとしないのである．イェン（Yan 2003）の研究で描写される「三不幹部」（不説話：話さない，不做事：働かない，不得罪人：人の恨みを買わない＝公共・公益事業に対する不関与）は，それに該当するだろう．

一方，首藤明和（2003）が紹介する「後代人」のように，村幹部ではないが人望があり，社会発展の担い手となる者もいるだろう[10]．しかし，地域社会の運営において，このような体制外部のリーダーや非制度的なファクターに依存する場合，うまくいけばコミュニティーの活性化につながるが，悪くすればネポティズムの温床にもなってしまうのである．

3 水利・老人協会の運営に見るS県の公共生活

(1) 凝集力が低下する地域

S県は湖北省の省都である武漢市から西に約250km，車で約4時間の距離にある水稲栽培を中心とする農村地域である[11]．平均年収は2740元（約3万5000円，1元＝約13円と計算）で貧困地域ではないが，経営状態のよい郷鎮企業などもほとんどなく，農業以外に産業は発達していない．公共生活において，地域独自の伝統文化や宗族ネットワークが影響を及ぼすことも少ないようだ．

この地を調査した賀雪峰（賀雪峰 2002）は，地域の特徴として次のような点を挙げている．まず一つは人間関係が疎遠であり極度に「理性的な」行動がめ

だつということ．具体的には，①敬老精神に欠ける者が多く高齢者は行き場を失っている，②計画生育事業が順調である（一部の村では1人目が女児でも2人目を産む者は20％以下），③宗族意識が希薄で大半の村では宗族関係はほとんど消滅している，④村内に家を新築する者は少なく，新居は可能な限り道路沿いや鎮に建てようとする，⑤出稼ぎに出た者の多くが村に戻ってこない，⑥土地を守るという意識が失われつつある（特に若者はほとんど関心を示さない）．

そしてもう一つの特徴として指摘しているのは，「治理（ガバナンス）」の著しい悪化である．例えば，①道路，ため池，堤防などの地域のインフラ整備を怠っている，②娯楽が少なくたいていの者は農閑期や暇な時には麻雀ばかりしている，③多額の債務を抱えている村が多い（債務のない村は10％未満），④電気代の流用や盗電がたびたび起こるため電気代を支払う者が減り頻繁に電気が不通になる，⑤治安が悪化し泥棒が増えている（収穫前の農作物や建築現場に置いてある資材を盗む者もいる），⑥中途退学する学生が増えているなど．

これらは筆者の実地調査における観察とも一致する．2003年6月下旬に調査を行なった際にはこのような出来事があった．車で村の中を進んでいると，公共の道を横切るように溝を深く掘り起こす男に出くわした．前日の雨でぬかるみがひどくなった土の道は，ジープでさえゆっくりとしか進めない状態だったが，増水した自分の畑の排水を行なおうと勝手な行動をとっていたのだった．われわれが注意しても作業をやめようとしなかったため，あきれて110番通報したが，警察も相手にしてくれなかった．後で聞くと，この男は村民小組の組長であった．最近このあたりでは，このような自己中心的な人が増えているという．昼間から麻雀をしている人が多く，道路にはゴミが散らばり，整備されていないところがめだった．

このようにS県では，地域社会の凝集力が弱く，公共事業の実施が難しい地域がめだっている．以下に見るように，水利事業や老人協会の運営からも，そうした状況をうかがい知ることができる．

(2) 公共財の捉え方——水利

稲作が中心のS県にとって，水利施設は地域社会が共に活用すべき重要な公共財である．しかし対立する異なる利害をうまく調整できず，非効率な農業灌漑を改善できない状態である．

①水をめぐる争い

〈新賀ポンプ場の費用負担問題〉

　新賀村は307戸1200人，八つの村民小組で構成され，耕地面積は2218ムー（1ムー＝6.667アール）である．もともとこの地は水利条件がよく，大半の農家が米を栽培している．旱魃でも収穫高が減ることはめったになく，日照りの続いた1999年と2000年も増産だった．地元住民によると，米の栽培なら旱魃がひどい年は4回以上取水するが，降水量の多い年はまったく取水しないか，1回程度，例年並みの年は2～3回でよいという．

　村には1976年に建てられた新賀ポンプ場がある．新賀村，賀集村，季橋村，呂集村の1万ムーを灌漑するよう設計されているが，今では老朽化し，5000ムーの灌漑が限度である．また，取水費用をめぐる争いが続いており，電気代や職員給与の滞納によって約20万元の負債が発生．ポンプ場はほとんど休止状態となった．新賀村は141万3600元にのぼる債務を抱えているが，なかでもポンプ場の負債が大きな割合を占める．2003年に農村税制改革が始まると村は共益費を徴収できなくなり，ポンプ場は受益者負担を原則に運営されることになった．改革前は村で一律に集める共益費の中から農業灌漑費用を捻出していた．受益者負担は一見良策のようだが，農地の水利条件には差があり，単純に取水時間や耕地面積にもとづいて分担金を算出しても，公平にはならない．また，各戸が自分の農地に有利になるよう個別に取水を始めると，地域全体の水系を考慮した灌漑ができなくなるという問題もある．

　新賀ポンプ場の利用について，2004年，新賀村の八つの村民小組はまったく異なる対応に出た．まず，2, 5, 6組は費用を分担し共同で灌漑を行なったため，旱害を受けても収穫は減らなかった．ところが，3組と4組は各農家が小型ポンプなどを使って個々に取水したため効率が悪くなり，大幅な減産となった．

　3組では10戸が米130ムーを栽培しているが，8割の水田が旱害の影響を受けた．このうち20ムーの生産高は150kg以下で昨年比40％減，300元の減収である．昨年は700kg／ムー以上の収穫があり，今年は減ったとしても400kg／ムーは確保できると見込んでいた．新賀ポンプ場から取水していれば，これほど深刻な被害は免れたはずである．3組は6月中旬に一度，新賀ポンプ場からの取水を検討したが，「農地周辺のため池から個別に取水する」と主張する者や「3組が取水すればポンプ場上流の4組に便宜を図ることになる」と反対する者がおり，意見統一できなかった．結局6月下旬に雨が降り，この話は流

れてしまったが，7月下旬には日照りが続き，井戸もため池も干上がってしまった．それでもポンプ場から取水しなかったため，収穫は大きく落ち込んでしまった．

〈民営化の弊害〉

新賀ポンプ場が莫大な債務を抱えた背景には以下のような事情がある．まず一つは，管理コストの増大である．経営が安定していた時期には，地元幹部がこぞって子女や親戚を配置したため，職員数が必要以上に増え，人件費が膨張し続けた．加えて，先述のとおり，税制改革によって共益費からの収益が途切れたため，職員の基本給さえ支給できなくなった．また，受益者負担が原則となってからは，取水料金の支払いを渋ったり，滞納したりする者が増加した（表2）．以前は食糧ステーションが各農家の納めた食糧の代金から引き落とす形で取水料金を代理納入していた．

職員の給与さえ捻出できない状態では，老朽化した設備を更新できず，エネルギー効率の悪いままで機械を動かさざるをえず，高い稼動コストを支払う羽

表2　1998年以降の滞納金（単位：元）

年度	新賀	賀集	季橋
1999	28,280	82,500	3,200
2000	14,818.50	56,080	
2001	25,330	34,475	
合計	68,428.50	173,055	3,200

出所：現地での聞き取り調査より

表3　新賀ポンプ場の取水価格の変化

年度	取水価格（元／時間）
1977–1982	23
1985–1990	52.2
1991	58.59
1992	58.3
1993	109
1994–1995	124
1996–2002	219.8
2003	180

出所：現地での聞き取り調査より

目になる（表3）．また，取水面積が縮小したため，3台ある機械のうち2台しか使用していないのだが，3台動かせる容量の変圧器を使っており，2台使おうが，3台使おうが同じ費用がかかる．元来，2.2万ムーを灌漑するよう設計されているが，現在の灌漑面積は5000ムー程度にとどまっており，取水料収入自体が減少している．

こうして新賀ポンプ場は1998年頃から赤字経営が始まり，2000年には負債総額が20万元に達した．同年，県水利局は鎮に経営権を委譲した．鎮政府は1年間自主経営した後，2002年，元職員数名に経営を請け負わせた．そして2003年には，数千元を投資して一部を改修した後，15年限定の経営権として20万元で民間企業に売却した[12]．

しかし，民営化したからといって問題が解決されたわけではない．先の事例でも紹介したように，水利体系が複雑で耕地によって取水条件に差が出てしまうため，受益者負担は不平等であると考える者が多い．そのため，共同水利に頼らず，自家用の井戸を掘り，小型ポンプとビニールホースで取水する農家が増加している．ポンプ場を共同で使った方が時間も費用も節約できるが，次項の援助プロジェクトへの関わり方にも見られるように，利害調整を行なうのが非常に困難である．先の事例で見たように，旱魃がひどい時にはポンプ場を使用しなければ，大変な損害を被ることになる．民営化してしまっては，旱魃が起きても料金が支払われない限り稼動できず，農業生産に影響がでるのは必至である．

鎮政府は売却によって負担を減らすことができたと考えているかもしれない．しかし，多くの農民の水の利用に関わるポンプ場を，資金が足りないからといって止めてしまうのをみても，何も言わずに放置しておくのだろうか．近年，水利権に関わる陳情が増えているが，水問題は社会の安定に大きく影響する．本来ならば，行政が共同管理の方法を考え，地域住民を組織すべきであろう．

②援助プロジェクトへの関わり方
〈井戸の位置をめぐる議論〉

2002年，日本大使館の援助でS県の5村の水利を整備することになった．当時大使館に勤めていた筆者は本プロジェクトの担当であった．現地を頻繁に訪れ，実行委員会の会合に出席したが，議論はたびたび紛糾した．2003年3月に賀集村を訪れた際には，井戸を掘る位置や費用分担をめぐって村民小組間

で意見が対立した.

　井戸を掘る位置でもめたのは, すべての小組がプロジェクトによって裨益するわけではなかったからである. 例えば賀集村 11 組についてみれば, 援助金の 7000 元で小さな井戸を掘っても, 数百ムーの耕地のうち 30 ムーしか灌漑できない. 皆それぞれがみずからの所有する耕地の灌漑に有利な位置に井戸を掘るよう要求し, 誰一人としてリーダーシップを発揮し, 全体にとって最もよい案を取りまとめることはできなかった.

　もう一つ議論になったのは, 賀集村 1 組の取水堰の位置を高くする工事についてである. 反対意見が出たのは, 主に裨益するのは 1 組ではなく 3 組であったからだ. 1 組は南側の耕地の灌漑を新賀ポンプ場の用水路を通して行なっており, そのために小型の取水堰を設置している. 取水堰は北側にもあり, この 2 台で基本的に組全体の灌漑を行なうことができる. 1 組に隣接する 3 組は 1 組より土地が高いところにあり, 3 組が 1 組の取水堰を使用するためには, その取水堰の高度を上げるしかない. これに関しては, 必要な資金 1 万元を大使館のプロジェクトから補うことになった. しかしこれ以外にも, 1 組の二つの取水堰とそれをつなぐ用水路の修繕費が必要であった. これについては, 1 組と 3 組が折半するということになり決着がつくかにみえたのだが, 修繕費の値段に関して意見が一致しなかった. 1 組は最低でも 8000 元出すよう主張し, 3 組は高くても 5000 元しか出せないと議論は平行線をたどる. 1 組としては, 3 組だけ裨益するのは面白くない, 自分たちもなんらかの利が欲しいということなのだろう. 3 組にとっては, 1 組の取水堰を使えなければ, 補修が進まず取水料金が割高なままの新賀ポンプ場を使用するしかない. せっかく援助金が支給されることになっているにもかかわらず, このような内輪の争いは頻繁に発生した.

〈耕地収用に対する補償要求〉

　官橋村と呂集村は援助金を使って堤防を設置することにしたのだが, 工事用のセメントや砂利を現場まで運ぶために, 川縁の耕地をつぶし, 運搬用トラクターが入ることのできる道を造らなければならない.

　この問題に関し 2 村は異なる反応を示した. 官橋村はプロジェクトによって裨益するのは 8 組と 10 組の 10 家族だけであるが, それに含まれない, 所有地の一部が運搬道路になる農家が耕地収用に対する補償の額を吊り上げようとした. 未耕作の土地であるにもかかわらず, 補償を要求する者までいた.

一方，呂集村は村全体が裨益することもあり，収用面積は官橋より大きいにもかかわらず，補償費の金額については実際の損失額に鑑みて決定するという結論を短時間で出すことができた．

官橋村は水系が非常に複雑であり，頻繁に問題が起こる．同じ条件で灌漑できないため，村で共同事業を行なおうにも意見の統一を図るのが困難であった．

(3) 地域の文化活動

公共生活を豊かにするために必要不可欠である地域の文化活動は，人々が相互に交流し，共同で作業するなかで育まれていく．以下，娯楽・余暇の過ごし方や老人協会の運営状況から，S県の地域文化を見ていきたい．

①主な娯楽・余暇の過ごし方

調査した5村は，江西省に祖籍をもつ者が多いが，大半が明清代に移住してきたということであり，当地での歴史は浅い．さまざまな姓が雑居する地域が多く，全体的に宗族意識は弱い．宗族を重視する地域で強く反対されている火葬が，この地ではすんなり受け入れられていることからも，そうした状況がうかがえる．

このあたりで最もポピュラーな娯楽は麻雀であり，農閑期には方々から麻雀に興じる声が聞こえてくるが，最近流行りつつあるのが，番号くじの「六合彩」である．香港で行なわれているものが入ってきたのだが，当然中国大陸では非合法である．2006年9月，筆者は調査のため新賀村に滞在していた際，番号購入のヒントが隠されている『嗎報』(番号新聞)を読みながら，熱心に議論している人々を多数見かけた．ごく一般の人の間でも，「何番買った？」が日常的な挨拶になっているようであった．少額でも購入でき，賭け金は後払いでもよいという手軽さもあって，大変な流行ぶりである．聞くところによると，鎮全体でこれまでに3000万元もが六合彩に投入されているという．90年代後半に農民負担問題(税・費用の過重徴収)が深刻な社会問題になったが，農民負担総額は鎮全体で300万元程度であった．つまり，実に10倍もの金が六合彩に費やされているのである．「ここの農民は，税金は払いたがらないが，六合彩には喜んでお金を使う」と皮肉を言う者もいた．

六合彩の購入者は90％以上が農民だといわれている．広東省農村社会経済調査隊が2003年12月に行なった調査によると，省全体で33.2億元の市場規模があるという．こうした「六合彩文化」の流行は投機心をもつ農民が増えて

いることを表わしているが，負債を抱えて自殺する者もおり[13]，たんなる娯楽にとどまらない危険性を秘めている．

　まだ詳しくは調べていないのだが，もうひとつ気になるのが，キリスト教団体の存在である．聞き取り調査をした女性によると，「"地下教会"だから秘密だけど」と断わった上で，ここ数年，毎週のように教会に通っていることを話してくれた[14]．

　伝統的なネットワークが弱く，行政や民間組織が主導する地域の活動もそう活発ではないことから，不健全で地下活動とされるようなところに，自己表現の機会を求める傾向があるのではないだろうか．

②老人協会の挑戦

　地域文化の活性化と老人福祉の向上を目的に，2003年から官橋村，新賀村，賀集村で老人協会のプロジェクトを開始した．1年目はやはり日本大使館の援助を受けている．

　設備は廃屋を改修した建物の中に将棋，麻雀，DVD観賞用テレビ，卓球台などを整えただけであるが，自由に集える場所ができたと多くの老人たちが喜んで通うようになった．老人の中から会長，副会長，会計，その他委員を選抜して理事会を組織し，運営を進めている．

　毎日，朝から夕方まで開放しており，老人たちは将棋を打ったり，DVDで京劇をみたり，作詩や書道を行なったりしているが，敬老の日や旧正月など特別な日には盛大な会を企画し，各グループが準備した演目を披露する．花鼓劇はこの地に伝わる地方劇であるが，最近元教師を中心にアマチュア劇団が結成された．老人メンバーも一部参加している．筆者が訪れた際には，賀集村の女性グループが，嫁と姑の微妙な関係を表現したオリジナルの劇を上演してくれたが，おかしくて何度も笑わせてもらった．青壮年女性の指導を受けて，敷地内の広場で健康体操も行なっている．近隣の商店が開業する際などに招聘され，縁起のよい竜の踊りを披露することもある．このような外部での活動で得た報酬は，老人協会の活動資金として使っているようだ．

　文化行事の他にも，独居老人，病気を患っている者，経済的に困窮している者を訪問し，見舞金を贈ったりもしている．

　全体としては，若年層によるボランティア支援や出稼ぎに出ている村出身者の寄付もあり，地域全体で盛り上げようという機運がある．そして，大使館の援助がなくなってからも，なんとか自立的に運営を行なっている．しかし，一

方で問題も生じている．例えば，官橋村では党支部書記の指示で老人の見舞金が五保戸（農民向けの生活保護）資金として流用された．また，新賀村は老人協会の建物や設備を無断で村民委員会や党の行事に使用している．若者が卓球台や将棋台を占拠し，お年寄りがお茶汲みをしているようなこともあった．時間が経つにつれ，老人協会を訪れる者は減少しつつあり，運営に積極的に関わる者もそう多くないのが現状である．時折，外部の人間が入り，運営状況を確認したり，新たな提案を行なったりしなければ，本来の目的から回避したことが行なわれる傾向にある．

〈地元リーダー〉

ここ5年，現地に通い調査してきたが，誰からも尊敬され，地域を率いることのできるリーダー的な存在は見当たらない．この地には，イェンのいう典型的な「三不幹部」が多いようだ．例えば，村民委員会は選挙がいい加減に行なわれていることもあり，いったい誰が代表なのかわからない農民が多い．また，村の財産を勝手に流用したり，私用に着服したりしている村幹部も多い．

季橋村は2002年現在，債務が93万元，債権が38万元に上っているが，これは，税・費用徴収の要求が厳しかった90年代後半，未納分（税・費用を支払っていない農民の分）を銀行や信用社からの借金で賄っていたことが大きく影響しているという．このような自転車操業的な財政を実施した党支部書記は，現在も同じポジションにいる．会計は不明瞭な部分が多く，村民委員会の主任も資金を流用したといううわさがあるが，これら村幹部は90年代からほとんど変わっていない．

これほど多額の債務を抱えているにもかかわらず，村幹部が交代していない理由として王習明（王习明 2006）は，村の水利体系が単一である，宗族の長など公共心の強いエリートがいないという2点を挙げている．つまり，水をめぐる争いが起こりにくく，村の有力者が選挙に立候補して幹部の座を得ようとするようなこともない．村民も村幹部も利害が絡み合うことが少なく，互いにあまり関心を示していないのである．影響力を誇るのは「大社員」と呼ばれる者であり，徴税や選挙に際し，彼らに裏金が渡っている可能性もあるという．「大社員」の多くは腕力のある者や兄弟の多い者である．

筆者が2005年に訪れた際には，小さなため池をめぐって隣人同士が対立し，鉈を持ち出して切りつけあうという事件が発生していた．幸い怪我で済んだが，外部のチンピラが呼ばれたために，集団の対立になった．村内部にもめごと処

理や利害関係の調整を行なう人物がいないがために，このようなことが起こってしまうのだろう．

おわりに

　人々は行政・公権力，そして地域社会とどのように関わろうとするのか．消極的関与を選ぶ者は，①公権力や地域社会が個人の権利を不当に侵害しないようできる限り自己の合法的権利の保障を主張するか，②みずからの利益を拡大するため不正を行なうだろう．一方，積極的関与を選ぶ者は，地域の人々と目的を共有し，その実現に向けて共に行動しようとする．その際，外部者に不利益を与えることのないよう配慮するだろう．

　今回事例として取り上げたS県は，前者に該当する人が多いのではないだろうか．多くの場面において，行政や地域社会と積極的には関わらないようにして，個々の利益を守ろうとしていた．例えば，水利事業に関していえば，地域で結束して行なえば効率よく灌漑できるのが明白でありながら，誰も対立意見を調整できなかった．老人協会は新たな地域文化の創出を試みてはいるが，活動経費を村幹部が流用したり，老人のための施設を若者が占拠してしまったり，村民委員会や党支部の看板を勝手にかけてしまったりといった問題が起きていた．

　中国農村の地域社会の特徴を，制度的機能（行政，市場ルール）と非制度的機能（伝統的ネットワーク，慣習経済）から捉えると，大まかに次のように整理できるだろう（表4）．まず①は，制度的機能も非制度的機能も低い場合である．

表4　制度的・非制度的機能からみる現代中国の地域社会の特徴

①制度的機能：低／非制度的機能：低 ⇒行政も民間も地域に無関心で積極的な役割を果たそうとしない．人材も資金もひきつけられず，文化も育たない．	②制度的機能：高／非制度的機能：低 ⇒村民自治の規範村など．上意下達方式の政策実施が中心．プロパガンダ村になる可能性も．
③制度的機能：低／非制度的機能：高 ⇒民間の有力者が政府と社会の仲介役・調整役として積極的な役割を果たせれば政策実施がスムーズで，なおかつ地域経済や文化活動も活性化する．	④制度的機能：高／非制度的機能：高 ⇒行政も民間も積極的に地域に関わろうとする．両者の機能が相乗的に発揮される場合と衝突する場合がある．特に中国の場合，政府と民間が相互浸透してしまうことも多く，正負両面ある．

S県がこれに該当すると考えられるが，このような地域は行政も民間の人々も地域に無関心で，積極的に関与しようとしない．公共生活を豊かにするような人間関係は発展しにくく，村民同士の信用は低い．イェンの分類する三つの関係で言えば，いずれもが狭い範囲に限定されるだろう．地域は魅力を失う一方であり，犯罪や腐敗が横行するが，取れるものが少なく，凶悪化することは少ない．

②は制度的機能が高く，非制度的機能が低い場合である．村民自治政策における規範村（モデル農村）などがそれに当たる．民間の参加が少なく，政策実施は上位下達式になる．

③は制度的機能が低く，非制度的機能が高い場合である．民間の有力者が政府と社会の間の仲介役・調整役として積極的な役割を果たせば，効率よく政策を実施できるだけでなく，地域が蓄積してきたネットワークを活かし，経済や文化を活性化できる．しかし，非制度的機能が排他的に働けば（特定の集団が利益を独占しようとすれば），不正や対立が起こりやすくなる．

④は制度的機能も非制度的機能も高い場合である．行政も民間も積極的に関わろうとするが，両者の機能が相乗的に発揮されるか，それとも衝突するかによって，地域に与える影響は異なる．中国の場合，政府と民間の領域が相互に浸透してしまうことも多く，両者の責任や役割が不明確になりがちである．そのため，利害関係が複雑化し，悪い場合には腐敗を招く温床ともなる[15]．

中国社会は依然，経済においても政治においても，制度的機能を十分に備えているとはいえない．伝統的に受け継がれてきた家族文化を大切にし，共通の目標をもって活動する民間組織の発展を促進するなどし，地域社会の秩序形成や文化の醸成を図り，非制度的機能を高めつつ，徐々に制度的機能の向上をめざすべきであろう．これまでに蓄積されてきた社会資本や民間社会の秩序を無視し，各地域の特徴を考慮することなく政策を実施するならば，過去の失敗を繰り返すだけである．

伝統中国の「公」は「私」の集合体であった．「私＝家」という範囲を地域社会・国家にまで拡大させるには，家族が分かち合うのと同じぐらい強い地域アイデンティティが必要である．排外的ではない，安定した帰属感をもつことができれば，これまでとは異なる「公」の概念が創出されるはずである．また，共通の目標に向かって共に行動する領域が生み出されれば，「公共」の価値観が広がり，公共生活を充実させることになるのではないだろうか．

【注】
1) 伝統中国の社会関係について費孝通（費孝通 1998）は，自己を中心とした「社会圏子」（社会関係の範囲）が形成されており，それは水面の波紋のように伸縮する，倫理的なコミットメントは「社会圏子」の中心から離れるほどに弱くなると説明した．血縁・地縁といった基本的な社会関係も含め，社会圏子の境界は曖昧である．
2) 110戸を1里とする明代の郷村統治機構．里長，甲首が中心となり租税の徴収・治安の維持に当たった．
3) 溝口（1995）は，明代の里甲制は村落を徴税機構として掌握するだけでなく，六諭を道徳教化システムとして活用しようというものであったが，これが動揺し始めた頃，上から教化を図るのではなく，民衆一人一人に道徳的本性に目覚めさせ，郷村秩序の担い手として自覚させるために，朱子学路線の民衆化が進められ，陽明学が発達したと説明している．
4) Duara（1988）はこの時期の郷紳の土豪化に関する代表的な研究である．
5) 深刻な社会問題となっていた「乱収費」（無制限な費用徴収）を禁止するため，2000年より試験的に固定税率による徴税（付加税を含めて8.4％の農業税に一本化）が開始したが，都市の税制との比較においての不平等や徴税コストの増大，農業生産への補助の必要性が考慮され，2005年には徴税自体を停止した．これにより，農民の負担は減り，農業生産への意欲が高まりつつあるが，上級政府の補助金だけでは税収減を補いきれず，農業を主産業とする多くの地域で公共事業の実施に支障を来たしている．
6) 中国人社会の「関係」に関する議論については，園田（1988）が参考になる．
7) 福建省の孫村では，近い範囲で相手を探す者が増えているが，その背景には隠れて結婚する「黒婚」（男児が生まれたら公開）の増加，仲人の兼業化などがある．社会保障が不十分なため，「得子養老」（子供に頼って老後を過ごす）の考え方が依然根強く，しっかりした嫁に来てもらうには事情をよく知る人の紹介に頼るのがよいと考える者が多いが，兼業の仲人は時間的にも金銭的にも遠方まで出かけて情報を集めることが難しい．出稼ぎに出ている男性の多くは，旧正月などの帰省時に仲人を介して，短期間で結婚相手を決めてしまうことも多いという．
8) 例えば昨今，相互扶助の組織であるはずの「会」の多くが犯罪組織化している．邱建新（2004）は民間金融組織の「標会」が破綻する過程を詳細に研究している．
9) ここでいう価値というのは，行動の規範となる価値観を表わすと考えられる．詳しくは賀雪峰（贺雪峰 2004）を参照．
10) 個人経営による床板生産を通じて村の人間関係を緊密にし，公益事業にも積極的に関わっている．
11) 筆者は2003年から現在まで，継続的にS県で調査を行なっている．本研究は，華中科技大学の賀雪峰教授をはじめ，西南政法大学の羅興佐教授，西南交通大

学の王習明教授他に同行する形で調査した内容に基づいている．彼らの協力がなければ研究は実現しなかったことを，謝意を込めて記しておきたい．なお，当地では 2001 年から在中国日本大使館の支援を受けて水利および老人協会の農村開発プロジェクトを実施しているが，筆者は 2001 年 1 月から 2003 年 12 月まで大使館に勤務しており，本プロジェクトを担当していた．大使館のプロジェクトが終わった現在も引き続き，個人的にプロジェクトに関わりながら調査を続けている．
12) 小規模農業水利施設の請負・レンタル・競売・株式制への転換は，生産効率を高める政策の一環として，近年政府も積極的に奨励している．翟浩輝・水利部副部長によると，2004 年 5 月までに全国で 755 万カ所の小規模水利施設が経営形態を変え，120 億元の資金を獲得したという．S 県でも 2004 年 11 月以来，3.2 万カ所の集体所有のため池のうち，1900 の経営権が個人に売却された（『南方周末』2005 年 3 月 31 日）．
13) 2005 年 11 月，臨海市の農民が，同年 12 月，台州市黄岩区の女性が六合彩によって抱えた負債を苦に自殺したという（『市場報』2006 年 3 月 24 日）．
14) イェンの調査する村でもカトリックとプロテスタントのグループが活動しており，家を教会に改造するなどして宗教活動を行なっていた．彼らは互いを「教友」（教会の友達）と呼び，「神親」（宗教活動における親戚）として密接に関わりあっていると説明した．
15) 村営企業や郷鎮企業の幹部が行政にも関わるといった状況はよくあることである．所有権や財務管理などの責任の所在が明確でないことも多い．農村の土地制度が集体所有であり，行政組織ではなく自治組織である村が土地利用に関する権限を有していることも，利害関係を複雑化させる要因となっている．劉近海（刘近海 2005）の武漢市近郊農村のケーススタディーが参考になる．

【参考文献】

賀雪峰（2004）「村幹部のインセンティブメカニズムと役割の類型」，『外務省日中知的交流支援事業 2004 年報告書』．
首藤明和（2003）『中国の人治社会』日本経済評論社．
園田茂人（1988）「中国的〈関係主義〉に関する基礎的考察」，『ソシオロゴス』2．
溝口雄三（1995）「中国近世の思想世界」，溝口雄三・伊東貴之・村田雄二郎『中国という視座』平凡社．
溝口雄三（1996）『公私』三省堂．
村田雄二郎（1995）「中国近代革命と儒教社会の反転」，溝口雄三・伊東貴之・村田雄二郎『中国という視座』平凡社．

陈弱水（2006）『公共意识与中国文化』新星出版社．
费孝通（1998）『乡土中国——生育制度』北京大学出版社．
贺雪峰（2002）『遭遇选举的乡村社会：荆门市第四届村委会选举观察』西北大学出版

社.

贺雪峰（2005）「农民行动逻辑与乡村治理的区域差异」,『三农中国』(http://www.snzg.cn/).

黄光国（1988）『中国人的權力遊戲』台北巨流圖書公司.

金耀基（1989）「人际关系中人情之分析」,杨国枢 (编)『中国人的心理』桂冠图书公司.

李耀煜（2004）『关系与信任：中国乡村民间组织实证研究』中国书籍出版社.

刘金海（2005）『产权与政治：国家，集体与农民关系视角下的村庄经验』中国社会科学出版社.

刘林平（2004）『关系，社会资本与社会转型：深圳"平江村"研究』中国社会科学出版社.

钱杭・谢维扬（1995）『传统与转型：江西泰和农村宗族形态：一项社会人类学的研究』上海社会科学院出版社.

邱建新（2004）『信任文化的断裂——对崇川镇民间"标会"的研究』社会科学文献出版社.

王朔柏・陈意新（2004）「从血缘群到公民化：共和国时代安徽农村宗族变迁研究」,『中国社会科学』第1期.

王习明（2006）「借助外部资源促成村庄内源发展（上）」,『三农中国』(http://www.snzg.cn/).

吴重庆（1999）「社会变迁与通婚地域的伸缩」,『开放时代』7～8月号.

杨方泉（2005）『塘村纠纷：一个南方村落的土地，宗族与社会』中国社会科学出版社.

周大鸣（2003）『当代华南的宗族与社会』黑龙江人民出版社.

Duara, Prasenjit (1988) *Culture, Power and the State*. Stanford University Press.

Smith, Arthur H. (1899) *Village Life in China: A Study in Sociology*. Fleming Revelle (『支那の村落生活』塩谷安夫・仙波泰雄（訳），1941年，生活社）.

Yan, Yunxiang (1992) *The Flow of Gifts: Reciprocity and Social Networks in a Chinese Village*. Stanford University Press.

Yan, Yunxiang (2003) *Private Life Under Socialism: Love, Intimacy, and Family Change in a Chinese Village, 1949-1999*. Stanford University Press.

第3章

「権力‐利益構造網」と農民群体性利益の表現ジレンマ
ある石材場紛糾事例の分析[1]

呉　毅

はじめに——「権力‐利益構造網」

　転換期農村社会の各種矛盾の表面化と農民の権利意識の強化に伴い，農民陳情はその数量，強度ともに増加傾向にある（王永前・黄海燕 2003）．このため，そこに内在するメカニズムと特徴を研究し，農民の権利意識と陳情行為間の関係を明らかにし，「"依法抗争"＝法に依拠した抗争」（李连江・欧博文 1997）や「"以法抗争"＝法を用いた抗争」（于建嵘 2004）などのモデルにまとめられている．これらのモデルでは，行為と意識との相関関係と，主体による行為の自覚作用を強調している点が一つの特徴であり，両者が相互に作用しあう結果，陳情が増大しているものと想像されている．

　しかし，こうした想像はある種の直線的進化の図を呈しており，農民権利保護行為の発展傾向への汎政治化的な理解を示している（于建嵘 2004）．この汎政治化的な理解は激しい感情表現ゆえにかなり大きな影響力を得たものの，普遍的な経験に合致するかという点では疑問視される．例えば，応星（応星 2007）は，中国農民の群体性利益の表現と西欧社会の社会運動，集団運動，南アジアの「低層研究（subaltern studies）」（Chatterjee 2001）と比較し，中国の現段階での農民権利保護行動の特色をさらに分析した．応星は，農民の権利保護行動がすでに明確な政治化傾向をもって「法に依拠した抗争」から「組織を有した抗争」，「法を用いた抗争」へと変質するとの于建嵘の見方に関して，「合法性のジレンマ」を基点として，農民の「群体利益表現」と「草の根動員」の弱組織化の特徴として，非政治化の傾向を分析している．この立論は現段階での農民の権利保護の常態により合致するばかりでなく，従来の研究における偏りを正し，また農民利益の表現の制度化を促しており有意義な考え方であろう．

しかし，筆者は，応星による四つの個別案件を基にした「合法性のジレンマ」から導かれる非政治化された権利保護の特徴に関する説明は，激情主義による政治ロマン化に対する批判としては十分であるものの，現実における利益表現メカニズムの制度化建設，政治文化の開放および'和諧社会'建設が権利保護行動の合法性に関する憂慮を大きく緩和させた点を軽視していると考える．それゆえに，「消極的」な角度から，前述した「激情化された想像」が理論上内在している一致性と一貫性を現わしている．「合法性のジレンマ」の推理は，静態的に中国の社会構造を見る上では合致しているが，転換期にある中国政治の特徴の複雑さと移行性を見落としている．そのため，一部の経験に関しては解釈できるものの，より複雑で情景化された権利保護の経験を偏ったものとしており，知らず知らずのうちに「民主－極権」と二分化された汎政治化的思考に陥っている．農民権利保護の社会生態およびこれによって形作られる行為の特質に関する深い研究が必要であろう．ここでは，農民権利保護意識と行動の相互作用の想像による直線的捉え方に対して評価分析を行なうとともに，「合法性のジレンマ」が農民権利保護にもたらした弱い組織と非政治化の見方に関して，さらに一歩検討を進めることとしたい．

　本論文の基本的な疑問は，「農村への法の普及」（苏力 2000）を背景として，農民の権利保護意識と行動は，はたして相互作用を起こしつつ，不断の政治化傾向として現われたものなのかという点である．もし，この種の相互作用と政治化のチャンスが現われていないとすれば，その原因を権利保護表現の「合法性のジレンマ」の憂慮に求められるのだろうか．本論は，応星の価値判断に同意し，「合法性のジレンマ」が依然として西欧での体制に見られるような社会運動の根源へと成長する障壁となっている点を否定するものではない．しかし，本論はさらに別の考察視点を補い，異なる観点を示したい．すなわち，農民利益の表現が健全で体制化された成長を遂げるのは困難で，より直接的には農村の現実生活における各種既存の「権力－利益構造網」によって阻害されているという点である．

　この「権力－利益構造網」の概念は，改革開放以来の中国農村社会の基本的特徴への理解に則って提起するものである．農村社会では，市場と法制の要素が不断に浸透しつつあるものの，経済と社会の転換は政治の「万能主義 (totalism)」を後退させており (Tang 1994)，官権力は日常の経済と社会生活から自動的に撤退するのではなく，むしろ逆に官権力が推進するプロジェクトごと

の改革が権力の社会資源の運用能力を強化させている．社会の分化と流動が明らかに都市部よりも弱い基層農村——「知り合い」「半知り合い」社会（费孝通 1985; 贺雪峰 2000）では，官権力を中心とした社会資源配置と縦横に連なる関係網という特徴を呈している．この特徴は，農村社会の構成員の間の経済，社会，政治の相互作用に大きく影響する．このため，いかなるところでも，農民の利益表現行為はいずれも単純な利益の損得と権利意識による応対のみではなく，これらの逃れ難い権力と利益の網を濾過した産物となる．農民が利益の侵害に遭遇した際，権利保護をいかに行なうか，権利保護をどの程度行なうかは，主体の損得と権利意識の程度などの要素以外にも，主体が生活するその制度，社会，人間関係のネットワークからの影響を受ける．よって，利益の損害を被った農民が権利保護において，いかに彼らとその訴えられた対象——地方権力体系との関係を処理するかは，単純な利害計算よりもずっと重要な権利保護行為とその特徴に影響を与える問題であり，さらには「合法性のジレンマ」への配慮よりも優先されつつある．

したがって，本論では，農村社会にはあらゆるところに「権力－利益構造網」が存在しており，そこから農民は官民の駆け引きにおいて一般には我慢して訴えないという態度を取らされており，たとえ訴えたとしても，できる限り融通を利かす余地を残し，訴えた後も官民関係の修復への道を残そうとするとの仮説を設定する．この種の権利保護行為の論理は具体的な「事件－過程」（孙立平 2000）に影響を及ぼす農民権利保護方式の重要な要素であり，また権利保護の特徴を形成している．先行研究が指摘するような普遍的な直線的進化ははたして，一種の突発的な地方の状態なのか，あるいは地域的傾向を超越した指標なのかは引き続き問われるべき問題である．また「合法性のジレンマ」の解釈の効用に関しても同様に具体的場面のなかに位置づけて解答すべきで，単純に構成上から判断すべき問題ではない．

さらに，筆者は，政治化は現在の農民権利保護行動の普遍的特徴ではないばかりでなく，二元化対立の分析枠組から権利保護の陳情における「抗争」を解釈するのは限界があり，「合法性のジレンマ」もけっして多数の権利保護案件が直面している主な障害ではないと考える．より普遍的な状況において，「権利－利益構造網」こそまさに農民の権利保護に影響を与える特色となりつつあり，より優先されるべき常態の要素である．このことから，農民の権利保護が多くの状況において，目的達成の断固維持ではなく，「ほどほどで止める」こ

とを選択しているものと解釈することができる．

　本章では，某市郊外のA鎮の採石場の紛争をめぐるさまざまなエピソードを詳述することで，権利保護を行なう農民が遭遇した利益表現のジレンマを描き出すことに努めた．この「エピソード」は，著者が中部の某市A鎮[2]に1年半フィールド調査を行ない，紛争の発生，展開と消滅と同時に得たものであり，多くの材料は当事者への徹底したインタビューと現場観察によっている．事件−過程分析の正確さが確保され，事件における各当事者の駆け引きの心境の精確な把握が可能となった．

　本事例における紛争は，合法的に経営している採石場主と土地開発に従事している区，鎮政府の間に生じた．政府は，土地売却に際して，採石が開発区の生態環境を破壊し，土地の貸し出しに影響するため，採石場支持という従来の立場を覆し，採石場の閉鎖へと動いたが，閉鎖に際して，政府が賠償責任を逃れようとしたところから，紛争が生まれた．採石場主とは，一般的に言われる最下層の群体ではなく，経済能力の高い層に分類されるが，まさにこの特殊性ゆえに，より精確に「権力−利益の結合網」が農民の権利保護関係者の行動空間に与える影響を測定することができる．

　「解読」の深読みには限界があること（趙鼎新 2004; 応星 2006）を十分に承知した上で，本論は事例に関する「エピソードの語り」の方法を採用し，状況の提示と「過程−事件」の進展から，権力−利益の生態環境下での農民の権利保護を「再現」することに努めた．これにより，農民利益の表現ジレンマに関するより情景化された見方を打ち立て，「行動意義の形式に関する理解」（Iggers 1975; 呉毅 2007）を構成することができたものと信じている．

1　陳情の論理

(1) 紛争の発端

　某市近郊のA鎮は奏家畈村と茶山李村の村境に位置しており，奏家畈村の端にある茶山という名の低い横長の山を，その形が細長いところから現地では「虎の尾」とも呼んでいる．「虎の尾」の石材は，地質が堅いため建築材料に適しており，20軒の採石業が分布している．

　楊宏軍は，著者が「虎の尾」に入った後，最初に知り合った採石場主で，六つの採石場連合の法人代表にして，奏家畈村の村民委員会の副主任でもある．

楊宏軍の知己を得て，採石場の紛糾について知ることとなった．事業主たちは数年前から山に入り採石を始めたが，当時の政策は山の農民は山を利用し，水の近くの農民は水を利用することを奨励していた．しかし，最近2年来「虎の尾」採石場は困難に遭遇していた．この場所が開発区にあたるため，採石作業が環境を汚染し，森林を破壊するとの理由で，区は採石場の継続発展を支持すべきかどうか迷い始めていたからである．2001年9月，区政府は採石場の閉鎖停止を命じたが，その後事業主の要求の下，新たな採石地区は一定の制限と安全生産および自然景観を維持することを条件に採石の再開が決定された．しかし，採石しつつ，生態を破壊しないということは実際上困難であり，「虎の尾」一帯からA鎮の山肌に目をやると，すでに裸岩が露出し，でこぼこの岩肌となっていた．そのため，ある者はこのような山はむしろ生態系の回復などという贅沢は考えず，このまま採石を続け，いっそ山を平らにしてしまったほうが，現在よりまだ見栄えがいいし，ずっと大きな利益がある，とも言う．

　実際，区の「移り気」な態度もこれを意味していた．というのも，茶山の斜面に隣接する植林地と花卉農園は採石場のダイナマイトによる爆破作業に大きな不満を抱き，市にこれを訴え，区への大きな圧力となっていた．また一方では山の破壊が深刻なので，土地売買にきた商人もこの周辺の土地には興味を示さず，この区域に隣接した一等地も誰も欲しがらないという状況になっていた．そのため，区は今度こそ採石場を閉鎖させなくては，開発全体に影響すると考え，ついに採石場を一切閉鎖するという決定を行なった．

　このことは採石事業主の収入源を絶ったに等しく，また，区内では採石できる場所は多くなく，一から採石場を探すのは困難であった．しかし，さらに大きな問題は政府の閉鎖の方法にあった．政府の一連の行動は生態環境保護の名義で行なわれており，採石事業主が拒否すべくもなく，これを覆す理由は考えられない．彼らが期待したのは，政府からできるだけ多くの賠償金を得て，閉鎖によってもたらされる損失を減らすことだけだった．というのも，これらの事業主は合法的に経営しており，数年の開発の中で，1社平均十数万元から数十万元の固定・非固定資産を投入していた．採石業の景気はよかったにせよ，採石年数は浅く，多くの事業主が投資分こそ回収はしてはいたものの，現実にはいくらも稼いでおらず，なかには投資分さえ回収していない者もいたからである．しかし，問題もまさにこの点にあった．区政府は閉鎖を命じて，賠償の件は鎮レベルで処理せよと，いわゆる「自分の子はみずから連れ去る」方式で

行なったが，鎮の財政は豊かではなかったため，お金は出したがらず，こうして事業主側の賠償期待額と政府の支払い額の間には巨額の差が生じた．

「採石場一つにつき 3～5 万元しか補償しないと聞いた，そうならばわれわれの損失は大きい．陳情を準備し，補償基準を高めるか，生産期間をさらに延長するかして，投資分を回収しなくてはならない」と楊宏軍は事業主の考えを明かした[3]．

奏家畈村の羅村長も，鎮政府が補償に応じず，一軒につき 3～5 万元の賠償しか準備しないのなら，多くの事業主の数年間の苦労は投資分の回収にすぎず，まったく儲けを上げずじまいで，借金返済さえも終わっていない事業主さえいると率直に述べた．

一方，羅村長は，鎮政府も苦しいところだと以下のように述べた．「鎮政府はけっして採石場を閉鎖したくはないし，ひそかに事業主の一部に同情さえしており，鎮内には大企業もないので，これらの小企業に頼らざるをえない．採石場があれば毎年少なくともいくらかは得られるし，村にとっても何がしかの賃貸収入も得られる．今閉鎖してしまえば，これらの収入が今後なくなるばかりでなく，鎮政府は持ち出しでこの矛盾を解決しなくてはならず，合計すれば 100 万元近くにもなる．お金を出して人の恨みを買うことに等しい．しかし，区がそう決定すれば，鎮政府は執行するしかない．これが行政の論理だ」[4]．

(2) 行政の論理

真の行政の論理はこうである．鎮政府は区政府の決定を仕方なく執行するに当たって，その執行過程での事業主への同情は，鎮政府によるさらに大きな経済的代価の支払いを意味するため，この同情も制度上の役柄によって定められた理性的考慮に屈せざるをえない．鎮政府が考慮したのは，事業主との不可避的な駆け引きで，いかに権力の優勢を利用して，自己の支出を減少させるかである．このため，鎮幹部個人としては，事業主にそれ相応の賠償を行なうべきとも考えたにせよ，利益主体としての鎮は区政府が事業主に対して譲歩することはけっして望んでいなかった．これは鎮政府による追加支出を意味していたからである[5]．鎮政府は「政府がやることを，おまえは邪魔できるのか？」との構えで，この対立を処理する能力があると信じていたが，これは，基層社会の権力構造が行為主体の政治心理に与える影響を浮き彫りにしている．

この種の塑像は幹部に対してだけではなく，農民に対しても看取される．深

まる「農村への法の普及」(苏力 2000) や権利意識の強化にもかかわらず，認識と行為の間である選択を迫られた際には，官民文化が農民意識と行為に与える塑像はより強力に作用するのである．「古来より，民は官とは戦わず，とても勝ちえず，我慢できることは我慢し，あまりにひどいことでない限り水に流す」——これが事業主の考えで，秦家畈村の羅村長が事業主に与えたアドバイスでもあった[6]．

しかし，現在はこの「あまりにひどい」時である．採石場は合法的な経営であるにもかかわらず，政府は閉鎖を命じ，形だけの補償しかしないという．数十万元の投資は無駄になるのか，施設は鉄屑となってしまうのか？　まだ借金を返済していない者にとっては，絶望的である．勝てないとはわかっていても，強行するしかない．事業主は，騒いで解決するしかないと言う．おとなしくしていれば，それ相応の解決にとどまり，大騒ぎをすれば，より大きな解決が見込める，より騒げば，その分より望ましい解決につながる．いわゆる「泣き声が大きい子供は乳が飲める」と言うことである[7]．理屈は簡単で，古くから政府は「父母官」ではなかったか？　庶民の苦痛を政府は処理せねばならないし，もし基層政府がそれをしないなら，上級政府がそうすべきである．これは農村政治の「習性 (habitus)」であり，農民に与えられた一種の信仰でもある．この信仰を「農村幹部が悪漢で，市省幹部は善人，中央幹部は親者」と総括した人もいるが，今はまさにこの善人と親戚に支援を求める時が来たのである．

そのため，基層社会の政治構造は「官が強く民が弱い」という特性を呈しているものの，民が官に対し，駆け引きを挑む方法がまったくないというわけではない．この点は，特定の関係，事件の過程において，弱者である民がいかに自己の価値と能力を評価し，みずからの不当な扱いを体得するかに懸かっている．もしも，彼らが官による「侵害」をすでに受け容れることができないものと感じた場合，忍耐から抗争へと転換し，合法的なチャンネルを通じ，解決を求め，政府にその決定の変更を求める．こうした陳情の論理が採石場事業主の目の前に置かれたのである．

多くの先行研究が指摘しているように，「陳情」は伝統的な中国政治構造が民衆に与えた一種の特殊な訴えのシステムで，政府と民衆の体制上のコミュニケーションにおいて独自の地位を占めてきた．帝政中国が政治の安全配慮から，民衆に一定の訴えを行なうチャンネルを残してきた伝統とも関係しており (応星 2004)，1949 年以来の国家建設において，単独かつ絶大な行政権力 (現代中国

における党の権力も広義の行政権と見られる）が存在している現状とも関連している．このため，民衆は彼らが「不条理」に遭遇したとき，なかでも，基層政府の「不条理」に遭い，訴え先がないと感じた時，陳情をもってさらに上級政府に訴えかけを行なうことを選択し，基層「官僚」による民衆の訴えへの障壁を上級の「清廉な官吏」が超越してくれるよう求めるのである．今やこれら事業主もこのような行動を行なう準備をしていた．しかし，陳情をしたとしても，一気に解決されるわけではなく，事業主の目的はあくまで金を稼ぐことである．行政レベルを飛び越して訴えれば，必ずや基層政府と気まずくなるに違いなく，仮に道理が通ったとしても，双方の関係が気まずいものとなれば，その後の商売もやりようがない．それゆえ一時の勝負のためにみずからの今後の道を断つことがないよう，まず政府と折り合って，できる限り採石場閉鎖の時期を遅らせるよう交渉してみることを決めた．

　事業主は区政府に文書を送付し，彼らの権利と要求を掲げ，採石場は合法的な運営であり，投資額は大きく，生産日数はまだ浅いため，即時閉鎖となれば，事業主にとって多大な損害をもたらすと訴え，政府の「慎重な政策決定と恩情深い実施，平穏な移行」を請願した．また，「政府が採石場の閉鎖に関して，費用面の困難があるのならば，最も理想的なのは閉鎖期限の延期で，採石場に一定期間生産を続けさせることである．このようにすれば，事業者の損失を補填しつつ，同時に政府の賠償金の圧力も軽減させられる」と述べている．この含意は，もし閉鎖を延期するのであれば，事業主は今後賠償金については触れないということであった．区と鎮の指導者は政府による賠償免責の可能性をこの提案に読み取った．そこで，採石場の閉鎖期限を2003年末まで延期すると決定し，今後の誤解を防ぐために，採石場の事業主は閉鎖期間の延期に関して，鎮政府と契約を結び，安全で秩序ある採掘と期限までの自主的な撤退を保証するよう求めた[8]．

　一見したところでは，これは両者にとって満足のいく方法のようにも見えたが，実際は一種の「知恵比べ」であった．事業主の視点からすると，彼らは一種の牛歩戦術をとって，一歩進むごとに様子をみて，一回ごとの収入を計算するというもので，半年生産した後，賠償を放棄するというつもりはなかった．一方，政府は事業主がこのように考えているとは想像だにせず，善人を演じつつ，この機会に乗じて，賠償責任を逃れられるものと考えていた．このようにして双方は，採石場の閉鎖をめぐって第2ラウンドの「知恵比べ」を再び展開

する．

(3) 第2ラウンド

　事業主は採石場とその機材が強制撤去にあい，証拠が失われることに備えて，カメラマンに依頼して，関連の証明書，設備，採石場の様子などを撮影し，また保存に便利なように CD にも保存した．事業主は圧力に屈して契約書に署名しないことを協議し，北京に陳情にいく計画も立てた．この時，奏家畈と茶山李の二つの採石場の連合体である十数人の事業主らは空前の団結をみせ，資金投資や債務が多く，即時閉鎖の場合，損失が最も深刻な者が抗争グループの核心となり，代表として姿を現わしてきた[9]．

　政府は，事業主に対し，先に契約を交わしてから生産するよう要求し，従わない場合は直ちに閉鎖させ，爆薬の提供を停止するという[10]．当然のことながら，政府も事業主と一気に対立することは望んでおらず，お得意の統治術として説得交渉によって難題を解決しようとしたが，これにはまだ効力発揮の余地が残されていた．

　楊宏軍は，奏家畈採石連合体の法人代表であり，また奏村の副主任であり，7月1日の建党記念日には中国共産党予備党員に抜擢されていた．楊個人のこのような三重の身分ゆえに，政府は説得交渉の重点を彼に定めることを決め，事業連合の抵抗を切り崩す突破口にしようと，楊に先陣を切って契約書に署名するよう要求した．

　結果は予想どおり，楊宏軍は屈した．幹部，党員になりたいと願うかぎり，それ以外の選択はなかった．しかし，これはけっして単純な利害計算と比較判断ではなく，彼が農村社会の権力，情，利益が相互に絡み合ってできた網から抜け出すことができなかったことを示すものである．この網のなかに入り込んだ者は出てくることはできず，そうすることでしか地方社会で生存することはできないのである．そこで，羅は彼に対し，以下のとおり，説得した．

　　閉鎖延期は君たちの提案で，政府がそれを受け容れたのだから，今彼らはこの実施を保証するために契約に署名するよう要求している．君は署名をしたくないという．署名は賠償要求の放棄に等しいからだ．しかし，君は逆らえるのか？　他のものも逆らえるか？　一歩譲って，君が幹部と党員にならなかったところで，同じように逆らえず，無駄な損をすることにな

る．政府は君に先頭に立たせているのではなく，ぎりぎりまで待ったところで皆やはり署名するものはする．したくないものもしなくてはならない．だとすれば，この面子を利用して率先すれば，もしかすると，他からも少し利が得られないとも限らない．[11]

楊は羅に返す言葉がなかった．鎮と村が自分を事業者利益（同時に自分の利益）を売り渡す「裏切り者」にしようとしていることに憤りを感じたが，また一方ではこれ以外に他の道がないことをよくわかっていた．楊宏軍は政府が彼に求めた役割を受け入れ，これによりなんらかの利益を得られるよう期待したのであった[12]．

何日もしないうちに，他の事業主も契約書に署名した．これは楊の署名を政府が利用したのではなく，直接採石場に人を派遣して，繰り返し事業主に署名を求めたためであった．幹部たちは，これは一時の嵐にすぎず，嵐が去ればまたやることもできると暗示しつつ，また一方では契約書に署名しないのであれば直ちに閉鎖するとも言明した．従わなかった一部の事業主に対しては，機材の封印をはじめ，さらに2000元の罰金も科された．このような状況において，事業主は従わざるをえなかった．鎮政府は事業主の署名した契約書を手にするや，直ちに区の公証所に向かい，公証文書化し，確固たるものとしようとした．

2 駆け引き──陳情と陳情阻止

瞬く間に年末が近づき，鎮政府は期限どおりに採石場を閉鎖するよう求めたが，事業主は半年前の署名は無効で，公文書は政府単独による一方的な行為で，当事者不在のもとでは，手続き上合法とはみなされないと主張する．事業主は再び賠償を要求し，政府は他の新たな採石場の選定に責任を持つよう提案し，もしも賠償金なしに閉鎖するのであれば，彼らは陳情すると公言した．

政府は，こうした「移り気」な事業主に対し，明らかに準備をしていた．春節後出勤3日目に区と鎮は共同行動を取り，採石場の生産用電気の供給を停止する．その直後，鎮政府は採石場の事業者，合計17名が北京に陳情するとのニュースを得る．この情報は事業主が故意に家族を通じて漏らしたものだったが，政府は後れを取るまいと行政トップの武鎮長みずから区政府と鎮幹部の10名を率いて飛行機に乗りこみ北京に向かった．こうして，陳情と陳情阻止，

事業主と区・鎮政府との駆け引きはエスカレートしていく．

　陳情と陳情阻止は，近年の多くの地方官民間の駆け引きにおいて演じられる骨の折れるお決まりの芝居になりつつある．農民は，陳情が司法救済よりも手っ取り早く，行政権が巨大である状況においては，政府の力は法廷より大きいと信じている．それゆえ，彼らは「無実の罪を受けた実情」を上級政府に裁いてもらい，中央によって「寛大な恩情」を体現してもらうことを願っているが，実際，陳情の道を選択した以上，「百計をもって上京する」ことがおのずと陳情者の最終的選択となった[13]．しかし，信訪制度（投書・直訴）はもともと上級政府が民衆との連絡を維持し，民意を理解するため設計されたもので，行政救済のために設けられたものではなかった（部分的にはそれに類似したことを行なってはいたが）．したがって，もし陳情者が北京に集まるとなれば，中央への圧力が増え，社会安定に影響を与えることになる．このため，中央は地方の各級政府が基層で問題の緩和を図ることを望み，飛び級の陳情や集団陳情，繰り返し陳情が起こると，基層政府に対し，陳情者を地元に連れ帰り，そこで処理をするよう要求した（応星 2004）．このことにより，地方と基層政府の陳情阻止，さらには「脅迫して陳情を無理にやめさせる」ということはもはや公然の秘密となっていた．

　武鎮長ら一行は北京に着き，国家信訪窓口機関に向かったが，事業主らはまだ姿を現わしておらず，書類も提出していないことがわかった．これにほっと胸を撫で下ろした区と鎮政府は，次に，各種の人脈を通じ，手分けして事業主が立ち寄るであろう中央の各信訪関連の役所に張り込んで陳情の成功を防ごうとした．

　この時，事業主は進めるべき駒を用意していた．事情を政府に漏らし，先方が陳情阻止に回ったところで，その機に乗じて賠償交渉を進めたいと望んでいたのである．先に北京に来ていた事業主も，けっして信訪弁公室に急ぐことはなく，たんに陳情の名を借りて地方に圧力をかけたかっただけであり，それで賠償を得るのが目的だったともいう．

　どのような圧力をかけるのか？　地方政府の陳情に対する気遣いから説き起こす必要があろう．中国政治において，社会安定は常に敏感な問題であり，上級政府が下位の業務功績を測る重要な指標である．この「安定」には特別な含みがあり，政府に対する騒動や群体性陳情，その他突発性事件を起こさないことを意味する．事業主は，社会安定の"敏感さ"を利用して，「脅す」ことに

より，政府の譲歩を引き出そうと思ったのである．群体性事件が生じると地方政府は上級からの叱責にあうからである．しかし，現実には，「脅し」を口にするだけで，必ずしも実際に脅す必要はなかった．もしも陳情の声を行動へと転換させるなら，交渉空間は増大するのか，それとも縮小してしまうのか，事業主もはっきりとは把握できていなかった．正直なところ，陳情者には能力がないということではなく，安定という「感電区域」に触りに行くほど馬鹿ではなかった．

ただ，この問題が深刻化したため，それは実際に地方と基層政府の政治成績，栄誉と面子に関わる大事になったのである．ここで圧力を加えるとは，地方政府の栄誉と面子に訴えて，問題をおこして，一種の心理戦を行なうことだった．本当のところは政府と利を争うのはよいが，容易に「父母官」の面子を傷つけるべきではない．「中央はお前を一生面倒見ることはない，最終的な問題解決はやはり地方である」，「石を空に向かって投げれば，自分の顔の上に落ちてくる，最後はやはりことが生じたところに戻って解決しなくてはならない」．この理屈は地方の指導者が何度も強調していたし，事業主も自然とこう考え，万やむをえない場合を除き，このことで北京まで押しかけたくはなかった．これは本事例の採石場業主を含む大多数の陳情者がみな直面し，かつ，やむをえず繰り返す比較判断による選択のジレンマなのかもしれない．そのなかでの主な躊躇は，必ずしも「安全性のジレンマ」とは限らず，免れえない農村の日常の「権力－利益構造網」に対する気兼ねなのである．

事態はやはり，事業主の予定したとおりに発展した．北京にきて陳情阻止をしている幹部はあちこちから事業主と連絡を取り，政府がひどく「消火」を急いでおり，窮迫していると事業主に思わせた．そのため，双方は場所を約束し，各派の代表が顔を合わすことになり，それ以前には信訪弁公室の門はくぐらないとした．万一のために，陳情阻止幹部はやはり一部の者を信訪弁公室に向かわせ番をさせた．その結果，双方はこの両方の場所で出会ったが，事業主も二重の準備をしており，もし彼らが政府に誠意がないとわかり，たんに捕まえて帰らせるようなことがあれば，下準備をしておいたものを実際に「料理」するしかないとして，偽の陳情が本当の陳情へと変貌してしまう．

その結果，事業主の二手のグループはともにあれやこれやと説得されて幹部が宿泊している宿舎に連れてこられ，武鎮長は事業主に「どんなに大きなこともとにかく戻って話そう」と態度を表明し，政府はついにさらなる交渉に応じ

る意思を見せた．

　陳情者は A 鎮に連れ戻され，寝台席にのせてもらって戻ってきた．これは一回の陳情というより，事業者たちの陳情の方法を借りた戦法と言ったほうが適切であろう．事業者の代表の郭は言う，「われわれもことを突き詰めたくはない，われわれもみなわかっている，問題解決も戻って話さなくてはならない．しかし，事前に何度も政府と話したが，彼らは口を閉じて賠償については語らなかった，だから，われわれはこうやって，政府の反応をみて，もし彼らがことを大きくしたくないのなら，われわれは戻って話し，もし彼らがそのように行動しないのなら，われわれも書類を提出するしかない．政府が戻って話そうというのなら，それにわれわれに列車の切符も買ってくれたのだから，われわれも戻ってきた」[14]．

　一方で，政府も「これらの人々はわれわれに面子を保たせ，彼らも当初期間延期後の閉鎖を手紙の中で提案し，賠償については要求しないとし，後になってまたそれを否定したが，それもまったくわからないというわけではない，結局のところ，切実な利益の問題だからだ」と考えた[15]．

　これを機会に政府と採石場事業主は新たな交渉を始めた．事業主は半年長く生産し，また，陳情に乗じてかつてみずからがサインした延期後の閉鎖，賠償を求めないという合意を「言い逃」れ，政府に再び交渉のテーブルにつけさせた．このように，事業主は「偽り術」をもって政府に限りある譲歩を迫った．このことは農民権利保護関係者が社会の底辺において発揮する道理を求める行動スタイルをわれわれに示している（杨俊凯 2006）．

　しかし，双方が実際に交渉のテーブルについた時，政府が面したのは依然賠償するか否か，またいかに賠償するかの問題であった．陳情という焦眉の急が過ぎ去った区と鎮政府は再び「理性的な人間」の立場に立ち返り，区政府は鎮政府に資金を出して公平に折半せよと要求するが，鎮政府は「われわれは損失を被ったのに，なぜ金まで出さなくてはいけないのか？」と応じたがらない[16]．

　事業者は一件につき 30 万元の賠償金の支払い要求を提出したが，政府は事業主が当初いくら投資したかによって確定すべきで，また，その投資規模は事業主の実際の生産規模と生産能力によって決定すべきであると主張する．採石場は本来なら 2002 年に閉鎖されるはずであったが，あとから事業主の要求で生産を再開させており，事業主は自己の生産性の決定に関しては当然責任をもつべきである，と[17]．そのため，政府は採石場と機材の移転に対してのみ補償

を行ない，採石場を別の場所で新たに開業する場合の条件に関しては，事業主は拡大された分の電力容量費と電気改造費の資金はみずから集めるとし，これ以外には，事業主が独自に新たな採石場を探した後には各種手続きにおいて優遇すると承諾した．このように計算してみると，当初設定された一件につき3〜5万と大差はなく，政府は実質上は半年前の立場に後退していた．

　両者の主張はあまりに食い違っており，交渉は再び暗礁に乗り上げた．

　事業主を説得し，また彼らを満足させるわけにもいかず，さらに彼らの賠償要求を満足させる意思もない状況において，区と鎮は再び，いつものように「引き伸ばし」と「阻止」の策略を講じたが，区と鎮の異なる利害計算はさらにこの策略の効用を大きなものとした．事業主はついに政府の考え方に気づき，政府は彼らを北京から連れ戻し，部分的な譲歩をしたが，これらは主に地方の政治成績と面子の維持へのこだわりからきており（郑卫东2004を参照），本当に賠償をするわけではない．激怒した事業主は再び，今度は24人で北京に入る．政府は再び人を送り陳情を阻止する．しかし，今度は彼らが一歩遅かった，事業主は先に北京に到着した後，即座に国家信訪弁公室に書類を提出したのである．

　区，鎮政府は第1回目の陳情阻止とは異なる局面に直面していた．陳情がすでに事実となれば，双方は公開の場で仲たがいをしているに等しい．面子と栄誉はすでに顧みられない状況において，政府は新たな情勢に対応するのみである．

　陳情阻止の幹部は事業主の宿舎を突き止めたが，事業主とは会わずに，随時相手の行方を把握できるように，近くのホテルに宿泊した．同時に信訪弁公室と連絡を取り，採石場事件に関して意志疎通をはかり，当件の影響が小さくなるようにした．

　事業主も政府の人間が追跡しているのを知り，前回のように彼らと会うようになることを希望していた．しかし，それからまもなく，彼らは今回は計算違いだったと気づいた．先方は電話をしてきて，会うと回答したものの，結局現われなかった．事業主は，政府は今回は故意に「彼らの油を消耗させ」て，彼らがどのくらい持ちこたえられるかを見ている，ということがわかってきた．

　事業主たちは，ぼんやりとしているわけにはいかず，彼らは再度信訪弁公室を訪ね，第一に，彼らが提出した書類に対してのコメントが来ていないか，第二に，陳情阻止の幹部と出会わないかと考えていた．もし会えないのなら，次

にどのような行動に出るか再度検討する．

　信訪弁公室の正門で，やはり陳情者と陳情阻止人員が遭遇した．幹部は事業主には会わなかったにもかかわらず，信訪弁公室には毎日通っていた．激怒して事業主は再度信訪弁公室の門を叩いたが，応対者は彼らに何かあれば地方に戻ってそこで処理するよう勧め，北京で集団で騒ぐことのないように，また書類を省へ送るにも時間がかかると言った．信訪者は北京に居る使命がこのように終わってしまい，陳情の行動が水泡に帰した後，陳情の終点はもう地方に帰り，再度待つことしかないと感じた[18]．

　行動目標を失った事業者は内部に不一致を生じ，一部の強硬派は北京に残り，明らかな処理までずっと待つと主張したが，大方はやはり戻ってニュースを待とうと言う．この時心理的な優勢は政府側に移っており，陳情阻止幹部は事業主に家まで送ることを承諾したが，それ以上の承諾はなかった．

　事業主は再び田舎に連れて帰られた．郭曰く，「今回戻ってきたときは惨めだった．連中は昼ごはんを食べている時，われわれには構わず，皆腹が立って仕方がない．彼らが送り届けることになったのだから，もちろん食事も面倒見るべきで，私がそう文句を言うと，夜になってやっと彼らは弁当を買ってきた」[19]．「戻った後，われわれはまた区の信訪弁公室に行ったが，われわれが彼らの言うことを聞かないので，支援できないと言い，公安局はわれわれの何人かのリーダーに出頭させ，個人陳情のみ可能で，集団陳情は許されないと申し渡した」[20]．

　しかし，政府は事業主と会議を開き，彼らが政府案を承諾するよう望むと説得した．政府は機械の移転補償基準をより明確化した（小型砕石機械一台8000元，大型1万2000元の補償）以外は，基本的立場は変化していない．そこで，事業主は再度合意を拒否し，採石場紛糾は行き詰まる．生産用電気はすでに停止されており，時間が長くかかればかかるほど，事業主は経済上損をする．時間の推移とともに，事業主の心はばらばらになり始め，ある者はすでにひそかに撤退の道を探り，集団行動は瓦解の様相を呈してきた．

　政府は問題を見て取り，まもなく，みずから進んで区委員会書記の人事異動を機に，新任の代理書記が新たな案を宣言した．6月10日前に移転に合意した者はすべて1万5000元の奨励金，6月20日以前に合意した者は5000元，7月1日以降も合意しない者は強制撤去，ならびにこれは最終決定であり，政府は今後一切いかなる譲歩も行なわない，と宣言した．

案の定，この大きくも小さくもない「餌」を前に，事業主は内部で分裂した．損失がわりと少ない，または少しはすでに稼いでいる事業主の心は動き始める，政府がいかなる賠償をだすのかまったく見えない状況で，延ばせば自分にもますます不利な情況となり，少数の者は現実的に妥協する態度を取り始める．4事業主がまず政府の受け取り書にサインした！
　ことは突然やってきたので，個別の事業主の放棄は事業主群体全体の内部になだれ効果をもたらした．すでにある者はサインしたことを知って，そのほかの事業主の心理防衛線ももうすでに守りきれなくなり，内心では望んでいないものの，他の人がすでにサインしたのに自分はまだサインせずさらに損するのではないかということだけが気がかりで，そのため，他の人も幹部のかわるがわるの説得に抗しきれず，次々にためらいながらもサインした．その結果，数日で，「虎の尾」採石場の17の事業主中，すでに13人が受取証にサインし，最後まで服従しないのは残された何組かの抗争の代表だけとなった．このように，1年の長期戦を経て，これ以上ぐずぐずできない大多数の事業主は服従を選択し，権利保護連盟は瓦解したのである．

3　選択の背景——官治化

　紛糾の結果がすでに定まっているところから，われわれはいくつかの理論的な問題を検討することができる．問題の一つは，本事例において，なぜ採石場主である農民エリートはまるまる1年以上の権利保護活動において，法律を用いて権利保護を行なうことを選択しなかったのか？　紛争のはじめから相当細かい法律相談を行なっており，それに関する資料も準備したとのことではあるが，実際の行動は，終始陳情の枠内にとどまり，法律の枠組を用いて問題を解決しようとはしなかった．この選択は本ケースの特殊な理由によるのか，それとも個別案件を超越した論理がそこには潜んでいるのか？
　大量の経験が示しているように，問題解決を法律ではなく陳情に訴える，言い換えるならば，問題の「法律化」ではなく「官僚化」は中国農民が権利保護のとき常に取る戦略である．その原因は彼らの現行権力の根源およびその設置に対する特有の認識にある．筆者が初めて権利保護組織者の郭と会った時，彼ははっきりと「われわれは裁判には訴えない．官と官は相互に庇いあっていて，とても勝てない」[21)]と明言していた．この「官と官の庇いあい」とは，狭義に

は彼らの基層の情況に対する感覚であり，広義には公権力が党政治システムに集中していることの普遍性，非領域的理解と考えざるをえない．中国の司法「統治」のための道具としての特徴は，紛れもなくこうした理解のなかに位置づけられている．改革開放以来，国家統治の変化の一部として，司法独立の価値が強調されてはいるものの，核心では権力機構の構造上，「官治」が法治を統轄する局面は根本的にはまったく変化していない．このような情況において，行政決定の権威あるいは司法手続きにおける理性の欠如のもと，農民は権利救済において，法治ではなく「官治」を選択する．農民からすると，信訪機関は行政の救済機関ではないため，往々にして意図どおりには事が運ばない[22]としても，間違いなく，これはより理性的な選択といえる．

これに関連して，「不平の訴え」（もしくは「苦難の訴え」）は一種の救済文化メカニズムをなしており，このメカニズムの現実的基礎は，「西欧民主」政治体制および「専制集権」政治体制とは区別される中国の官民双方向運動モデル（蕭楼 2007）にある．すなわち，「西欧民主」国家において反対派が演じる政府との「競争」，「共有」関係および「専制体制」下の民衆の「反抗」と政府の「鎮圧」関係に対して，現代中国の国家と農民の間の矛盾解決は，往々にして一種の「特別処理」と「陳情」との相互作用である．ここから，民衆が官に対し，「競争」でも「反抗」でもなく，「不平を訴える」（もしくは「苦難の訴え」）関係にあることが示されている[23]．この「不平の訴え」（もしくは「苦難の訴え」）は，民が官を「権力の代理人」としてではなく，「父母官」に準えるところから定義されている．「法に依拠した抗争」，「法を用いた抗争」モデルの「抗争」の二文字は，国家と農民の相互作用の構造的分立関係を強調するものであり，「不平を訴える」際の「傾聴者」と「訴え主」，「不平訴えの対象」間に存在する，いわば拡大・延長された父子兄弟にも似たある種の家庭内関係を無視している[24]．陳情は異なる権力主体間の対立と「抗争」ではあるが，家庭紛糾の仲裁において，力の弱い弟が「父母」に向かって勇猛果敢な兄を訴える，もしくは伝統社会において，より上位の「父母官」（「清廉な官吏」）が人民の苦痛に注意を払い，同情することにも似ている．そのため，陳情が「民が官を訴える」特色を体現しているとしても，現在の法律が求める権利対等という意味での行政訴訟ではまったくなく，みずからの身分と地位を卑下した「苦難の訴え」に属すものというべきである．この問題解決方法は法律化の構築ではなく，「官治化」であり，まず民衆が政府に対し，政府の既存権力に対して自覚をもって従

うことが前提となる．また，陳情は司法との比較において，現代ツールとしてのプロセス理念にはあまり合致しないようにも見えるが，実際ではより合致するし，既存の官民秩序の受け容れを強化，再生産するものである．陳情は社会不安のリスクを醸成するようにも見えるが，実際は農民が既存の権力構造を承認するという前提で，より大きな官民対立の権力行使を回避し，「特別処理」と陳情をもって秩序を達成するのは，国家の目的であるばかりでなく，農民が自覚的に参加する共同建設のためでもある．ここから，陳情がいかにして構築されているかを理解することができる．すなわち，それは既存権力の秩序の再構築と継続に有利であり，権力上位層と底辺層によって共同で組み立てられており（応星2001），同一構造下の権力下層からのある種の圧力を意味するかもしれないが，これは一種の権力の相互包容であり，対立の圧力ではない．

　当然，この権力秩序の側面を過度に強調することは，事業主の行為に影響を与え，法の普及が農民行動へ与えた影響を不当に歪めてしまうかもしれない．事実，この種の影響は無視しえない．だが，この種の影響は主として意思のレベルにとどまっており，権力構造の改造にまで及んでいない．トップダウンの権力網の包括性は，農民の胆力と識見，忍耐力を試すのみならず，法律を用いた権利保護を行なう際の技術的困難にも直面する．例えば，本紛争事例において，公正証書は事業主の司法選択に影響を与える具体的な技術困難であるが，事業主が閉鎖合意書は強制的に署名させられたものだと訴える際，いかにそれを立証するのか？　事業主が唯一挙げられるのは，公証作成は必ず当事者双方が立ち会うべきであり，自分たちは不在で，公証は政府の一方的な行為であったと言うことのみである．しかし，公証とは，合意内容が合法的か，規則に即しているか，当事者の署名の真偽を確認するだけであり，当事者がその場に立ち会ったかどうかについては触れていない．このため，事業主はいかにみずからを支持する証拠を挙げるかという法律面での困難に直面する．この困難は，どこからもたらされたのか？　当初鎮政府は事業主の気が変わるのを心配して，あえて公証を作らせたのだが，政府側の立場に立つと，事業主を説得するのは不可能であり，他にコントロール手段がないなか，法律運用の助けを借り，公権力の合法性を強化させたのは，鎮政府にとって合理的な選択であったように見える．この駒の進め方は基層政府が強制的権力を用いて，日頃のガバナンス能力不足を補わざるをえない点を明瞭に示しているものの[25]，統治技術を運用できる根本的な原因は，官権力が政治 - 行政と法律権力の具体的な統轄

性に影響力を持っている点にある．このため，事業主の立場からすれば，法治機会の平等に対する疑念が生まれ，法律による権利保護の効力に対する懐疑も強くなる．法治が主に統治者と非統治者の関係の精巧な配置である以上，法律を通じて権利救済を求めるチャンネルは明らかに狭い．事業主は法律相談を行ない，法律理解を得たものの，法律を利用しなかった原因をここに見いだすことができる．法律相談と理解は権利保護行為をするうえでの合法的な根拠を求めるためであり，真の行動計画は，やはり自分が熟知しており，コントロール可能な範囲内に求めた．すなわち，告訴ではなく，陳情こそが明らかに事業主にとって，より心得ており，より受け容れやすい救済の道であった．彼らからすると，政府はすでに数々の現代的な法律制定技術を通じ，その行政行為に合法的性質を与えており，法律面で採石場事業主は受身の立場に置かれるが，これは陳情とは異なる．陳情が必要なのは事細かな挙証ではなく，人民庶民が清廉な官吏に面した時の「無罪の叫び」と悲しみの吐露である．このような「無罪の叫び」と悲しみの吐露を通じて，官民紛糾は誇張され中継された「苦」と言い換えられるものへと変化する．この「苦難の訴え」の技術は中国農民が熟知するところであり，それはぶつかりあっても危険ではなく安定した駆け引きへと変質することから，区・鎮政府は政治の論理，すなわち，安定こそすべてで，大事を小事に矮小化し，小事は消し去る，という論理をもって問題の処理を考えることとなるのである．

4「権力‐利益構造網」のジレンマ

「官治化」とは，法律ルートではなく，行政ルートを通じた問題解決であり，于建嶸（于建嶸 2004）が言うように農民権利保護行為がすでに明確な政治化傾向を持っているというわけではない．後者に関しては，当事例の事業主の行動論理を通じて議論した．しかし，本論は，たんに于建嶸の指摘に対するだけではなく，同時に応星（応星 2007）の「合法性のジレンマ」の権利保護行為の非政治化と弱組織化の特色に対するものでもある．マクロ構造上の基本的な判断から，応星の立場に立つと，于建嶸の立論論拠は理解しがたい．中国の歴史と現実に照らせば，于建嶸が指摘するような状況が（とりわけ，このような状況が広く普遍的に）現われるとすれば，以下の二つの状況で初めてそれが可能となる．一つは社会の大混乱，秩序の崩壊であり，二つは中国の基本的な政治文明が根

本的に変化した場合である．明らかに，このような状況は生じておらず，楽観，悲観の視点にかかわらず，いわゆる農民権利保護行為が普遍的に政治化傾向にあるとする見方は成り立ち難い．しかし，これゆえに応星の立場に立ち返り，権利保護における「合法性のジレンマ」の影響を強調することができるのであろうか？　応星の判断は，構造上の考慮は豊かなものの，複雑な現実のプロセス観察にはやや欠ける．30年余の改革開放を経て，現行の中国の政治文明は，既存のある種の概念化による思考方式で単純に理解できるものではなくなっており，権力モデルはいまだに存在するものの，大多数の状況において権力装置の運用はますます世俗化と慣例化の傾向にある．具体的な現場では，政府を媒体とする権力システムとぶつかることも，駆け引きの勝負を挑むことも可能となっており，駆け引きをすることができないものではけっしてない．これがまさしく近年各地で官民利益紛糾が増加傾向にあることの基本的背景となっている．

　ここに反映されているのは政治の緩和であって，危機ではない．これに相応して，権力システムも，官民矛盾を処理する際，紛糾を具体的な経済と利益紛争の尺度で考えるようになり，自身の合法性への挑戦とはみなさなくなってきている．そのため，権利保護者が行為において，事実そのものについて論じ，いたずらに目標を拡大したり，延長させたりすることがなければ，「合法性のジレンマ」は減少し，多くの具体的事件では，安全性への憂慮にこだわることも少なくなっている．この意味で，于建嶸の湖南省衡陽の観察はその証明の一つとなりうる．応星のケースは，より早期の状況を体現しているかも知れないが，各地の現在の状況を見てみると，「合法性のジレンマ」をもって農民権利保護の非政治性と弱い組織の特色と分析するのは，明らかに過度に単純化された政治的思考の産物である．この種の政治的思考は，共通性と相似性を有しながらも，于建嶸の研究とはちょうど反対に，実際は単純化された「民主－極権」の二元対立思考モデルの無自覚な反応である．この種の分析に視野を限ってしまうと，農民権利保護事件の複雑性に対して有効な解釈を行なうことができないだけでなく，より包容性をもち，建設的な態度で権力装置の継続した世俗化に向けた変化を推進し，促進する上でも，非常に不利である．この意味で，于建嶸との比較では，彼は「より少ない」感情依存と，より多くの学術表現を行なっているとしても，応星の分析は「消極的」で「実務的」であるものの，同時に根底に潜んでいる政治化的色彩が暴露されている．

ここまで，本論は「権力－利益構造網」のジレンマを示しつつ，現在の農民権利保護運動とそのメカニズムが健全に発育し難い原因を詳述してきた．政治の世俗化に従い，農民権利保護の「合法性のジレンマ」はすでに減少しつつあるが，けっして改革開放ゆえに権力システムによる経済と社会の統治という基本局面の打破が必然化されているのではなく，まさに逆に個別プロジェクトによる改革が市場，法律の力をもって権力装置の運用と社会資源の動員能力を強化しているのである．ことに，県，郷の基層社会においては，人の流動と社会層の分化が都市社会などより小さいために権力装置は神聖不可侵な対象という特色を失うと同時に，官権力を軸にして，地方社会の経済，利益，人脈の相互作用の構造網を編み上げる傾向を日々呈しつつある．地方経済活動は往々にして「権力－利益構造網」をめぐって展開されており，具体的な社会構成員もそれぞれがこの構造網のなかに位置し，その位置によって彼らの資源の占有と共有能力が決定されている．

　このような背景下，経済活動はこの関係網の影響を受けないわけにはいかず，官民の駆け引きが生じたとしても同様にこの構造網の束縛を受けざるをえず，これが権利保護行為の数多の障碍を示している．すなわち，制度規定上では権利保護行為者は必ずしも己の安全を顧みるとは限らないが，人々の相互作用において権利保護が回避することができない「権力－利益構造網」との関わりを怖れないわけにはいかない．この関わりは必ずしも権利保護者の政治的安全に影響を与えるわけではないが，権利保護者の社会生存環境の悪化やこの構造網の中での生存と資源共有能力への損失を回避することはできない．もし底辺層の農民が多くの心配をしなくて済むのであれば，別の社会構成員はこの点に関して懸念しないではいられない．

　このため，本ケースで，法律は権利保護者のために民が官を訴える道筋をつけたが，採石場事業者は法律を権利保護の武器には選ばず，同じ理由で，権利保護者は基層権力の侵害に対し深く憤ってはいるにせよ，実際の陳情過程では，常に不平を訴えている相手との関係を考慮する．根本から区，鎮政府の恨みを買うことは望んでおらず，それゆえ好き勝手に振る舞うことはありえず，目的達成の断固維持という態度，立場をとるのである．不平の対象者と引き続き共生せざるをえず，権利保護行動を通じて，権力を核心として編み上げられた地方社会の利益網を変化させることはできないと心底理解している．もしも裁判に勝つことで権力システムから恨みを買えば，郷村の生存空間をすっかり失う

ことになり，より根本的で長期にわたる損失を被ることになる．この損失は，無形で，ずっと長く続き，多方面に拡散するもので，法律や陳情によって守られるものではない．

これが本事例において，採石場事業主が権利保護行動で「ほどほど」の行動論理を選択せざるをえなかった原因であり，「合法性のジレンマ」と比較すると，現在多くの地区の農民権利保護に影響を与える，より日常的で優先される障壁である．

おわりに──論点の整理

(1) 日常化の権威

本事例における事業主の権利保護行動の論理を分析しよう．採石場事業主と区，鎮らがこの経済利益に基づいて展開している駆け引きを抽象的な国家−社会関係の理論的局面ではなく，中国農村の具体的な情景のなかから分析するなら，官民双方が実際に用いた戦略はいずれも相手に対する圧力と同時に関係調整の余地を互いに与え合うことであったことがわかる．採石場事業主は陳情という地方政府を訴える形式により，自分たちの権利を守ろうとしたが，事態が差し迫った時でさえ，依然として慎重に，区・鎮政府との関係に融通を利かす空間を残そうとし，けっしてみずからを政府と完全に対立する立場に置くことを望んではいなかった．事態を解決しなければならないが，遠く及ばないハイレベルの権力への依存は当てにできず，後になればやはり身近で片時も回避できず具体的に感じられる地方権力の世話に依存しなくてはならないことを知っていた．すなわち，再び「石を空に向かって投げれば，自分の顔の上に落ちてくる，最後はやはりことが生じたところに戻って解決しなくてはならない」という論理に戻ってくるのである．上級の権力が直接取り上げるという奇跡が起きたとしても，具体的な賠償実施は現地政府であり，事業主が権利保護を行なう時，お互い面子を傷つけないように注意しなくてはならない[26]．

さらに，地方の現場において，官民の相互作用はある特定の事件のプロセスと発生に関してのみではなく，より広範に有形無形かつ長期に延々と続く農村生活のあらゆる面での日常化領域への浸透を体現しているところから，事業主らは区・鎮政府に依存しないわけにはいかない．これが，いわゆる「日常化の権威」の一種の現われ（翟学偉 2004）であり，採石場事業主は，権利保護活動時，

けっして権利保護そのものだけを考えていたのではなく，今後の広範な経済社会活動において地方権力システムと断ち切ることができない数々の関係についても顧みなくてはならなかったのである[27]．

(2) 陳情のポーズ

このような状況において，事業主がこの段階で政府に対してとる行為のもう一つの特性に気づく．すなわち，陳情者の目的は，地方を飛び越え直接上級の権力に「苦難の訴え」と「告げ口」を行なうということよりも，むしろ「陳情のポーズ」をとって地方政府に圧力をかけようとしたと言った方が適切であろう．事業主たちは，陳情のポーズが基層・地方政府に圧力をかけ，これにより上級権力の監視と審査対象に置かれる可能性があると感じさせうると信じ，地方政府がこのことにより相応の譲歩をしてくることを期待していた．

この事業主の計算は一定の道理に適っていたといえる．いかなる地方政府も権利保護自身が与える業績とイメージへの影響を配慮し，いずれもみずからの地域内で群体性陳情が起こることを望んではいない．陳情と陳情阻止の相互作用が必要とする駆け引きの決め手は，実際はまさしくこうした地方政府の栄誉と面子であった．もし，事業主がこの決め手の駒を利用せずに目標を達成できたなら全面勝利であるが，実際には不可能で，事業主は陳情の行為またはポーズによって政府の反応を試すしかない．これによって政府の選択空間を圧迫，すなわち，その栄誉と面子に触れる手段で相手から利害上の譲歩を引き出す．これこそ事業主が使用できる唯一の駒であり，陳情せずに問題を解決するためであっても，必ずや陳情の用意をしなくてはならない．

ところが，政府の方では，事業主がかつて「同意」（この種の「同意」が主体的であるか，一種の受身的な情況下で弱者が展開する反抗的計略かにかかわらず）したように賠償金を支払わずに採石場を即時閉鎖させることができれば，それは全面的勝利といえるが，区・鎮もこのようなことは同様不可能であることを知っていた．彼らは事業主に閉鎖合意に署名するよう要求した後，単独で合意書の公正証書を作ったが，その目的は将来起こりうる対立時，主導的な立場がとれるよう法律の助けを借りることにあった．

こうしたプロセスをみると，区と鎮も事実上，「一歩進んで様子をみる」という方針を採っていたことがわかる．事業主が従順ならば，そこでやめ，もしも事業主が強く反対するならば，地方政府のイメージがマイナスの影響を与え

ることがないよう，政府も賠償交渉拒否から，一定の賠償の受け入れへと次の手を準備していた．ここでは，栄誉と面子が間違いなく政府が譲歩するかどうかのひとつの重要な留意点となっている．事実が示すとおり，事業主たちはこうした政府側心理をうまく利用し，駆け引きの道具を使いこなし，陳情のポーズによって譲歩の可能性から譲歩の事実へと変化させたのであった．

　しかしながら，この論理の成功の前提は政府と農民間の利害の差が調整可能であるということにある．もし，利害が調整不可能であるならば，この論理を貫徹することは難しい．前節で見たように，事業主は最後にはやはり「迫られて陳情」しているが，この種の「迫られた陳情」が根本的に双方の「暗黙の了解」を打ち破った後，駆け引きは再び振り出しに戻り，権力資源の保有量が駆け引きの最終的な結果を決める．しかし，この「ジャングル」ルールの再度の展開はけっして前述の分析を否定するものではなく，むしろ逆にその合理性の例証を示すもので，農民はなにゆえに忍ぶ時は忍び，譲れる時は譲り，損をしてもみずからの運の悪さを認めるという態度を取るかという点をよりよく理解するのに役立つ．彼らは心底「民は官と闘わず，民は官にはかなわない」という道理を知っており，どんなに努力したところで，多くの状況において結末を変えることは難しく，逆にこのことにより経済的，精神的，時間的，さらには一人の人生の運命の変化という犠牲を払うことにもなりかねないということを知っている．また，幸運にも法理を得たとしても，かえってこのことにより人生を台無しにし，「初めからこうとわかっていたなら，ああすることはなかった」と「犬儒」的態度をもって運命に屈する方が，より「割に合う」．

　このため，通常の駆け引きにおいては，騎士のような「抗争」はほとんど首位には選ばれず，かえってさまざまな弱者の「偽り術」と「絡み術」が広い存在空間を占めている（Scott 1985）．退きつつ，その次を求める．つまり，政府が譲歩すれば，本来期待するものとはほど遠く異なるものであったとしても，農民は利を見てすぐに収めるという可能性が高い．ここから，陳情がいかにして氷解されるかを理解することができるが，ある意味では，「氷解」とは一つの必然的でまた普遍的な結末である．「一つの鍵は一つの錠を開ける」〔＝問題ごとに対策をとる〕という管理術はさまざまな場所と領域において，効果を挙げており，逆に継続的な抗争は例外にすぎない．

⑶「政策による抗争」

最後に，個別案件の議論の延長として，李連江・欧博文（オブライエン）が提起した「法に依拠した抗争」および于建嶸が提起した「法を用いた抗争」の解釈枠組みの再認識問題に触れておきたい．

「法に依拠した抗争」とは政策を用いた抗争（policy-based resistance）をも含むもので，国家の法律と政策に依拠して，農民がみずからの政治経済権益を地方政府と官僚の侵害から守るための政治活動を特徴としており，その基本形式が陳情である（李连江・欧博文 1997）．一方，「法を用いた抗争」は，于建嶸（于建嶸 2004）が 1998 年以降の農民権利保護抗争について提案した一種の新たなまとめであり，彼はそれ以前の「法に依拠した抗争」との比較から，農民がすでに法律を抗争の武器として，矛盾と問題を直接「立法者」に訴える形式を通じて，権利保護を行なうようになったものと捉えている．于は，さらに「法を用いた抗争」の多くの段階的な特性を分析しており，例えば，資源をめぐる権利保護抗争から政治的な権利保護抗争へと発展し，抗争者はすでに一定の組織化の特徴を持ち，初歩的な制度化された政策決定メカニズムを形成し，段階的に進む抗争目標を有していると指摘している．

農民の権利保護活動の現象のまとめとしては，この 2 種の説明はそれぞれ一定の応用範囲を有している．しかし，普遍性を有する，より説明効果の高い理論枠組みに高めるためには，いずれもさらなる精度の向上が必要であろう．例えば，中国農民がすでに明確な法律意識を有している状況においては，国家の法律と中央政策をまったく同様に広義での「法」と同一視して，漠然と捉えることは議論の深化にとって不利であろう．本事例において，事業主が法律と政策の限界をはっきりと区別することができ，彼らの行動計画においても意識的に法律を回避し，行政空間において解決の道を（「合法」が依然としてその行為の合理性の根拠であり，そのことから依然「法に依拠した抗争」もしくは「法を用いた抗争」と理解されることがありえても）探そうとすることを見た．そのため，法治建設が少なくとも制度面（および書面上）において迅速に進められている状況においては，理論解釈の枠組みとして，「法による（を用いる）抗争」と「政策による（を用いる）抗争」をさらに再分化すべきものと考えている．しかし，事実上は，権利保護活動においては法律を回避し，陳情を選択することが依然として現段階での農民の権利保護の特徴である．

また，上記 2 種の説明枠組はいずれも農民の行為を明確に政治的行動と位置

づけており，少数の事例からの偏った一般化という問題を有している．農民が進める権利保護はいずれも直接間接に政治的な影響を生じ，農民が行なう政治的な権利保護活動が増加傾向にあることは否定しないが，より広い経験に基づけば，具体的な権利保護活動においては，たとえ純粋な戦略的配慮によるとしても，農民は自覚的に政治と非政治の境を注意深く把握し，それらを区別している．農民は，いずれも政治問題と言われうるものには触れないのが普通である．この種の把握と区別は往々にして，権利保護活動の重要な成功の前提となっている．この点は現代農民の権利保護活動の特徴を認識する上で非常に重要であり，苦情の対象が地方政府と基層公共権力機関であるからといって，農民の権利保護行為を単純に広範な政治化と捉えることはできない．

　第三に，于建嶸は1998年を農民権利保護活動が「法による抗争」から「法を用いた抗争」へと発展した一つの時間的区切りとしているが，そのように言う理由が何であるのかわからない．むしろ，それはあくまで一種の「地方的視野」にすぎず，普遍的状況（彼が言う現代中国農村，特に中部地区の農民権利保護活動）への理解と総括によったものではないのではないか．普遍的な状況への異なる推測が直接間接に現在の国家と農民の全体的な関係の判断に影響を与え，さらにそれは関連する対策の試行および制定にも影響を与えうる．この再認識は確かに保守色を有してはいるが，もし理念上の予測にあう分析だけをしようとしているとすると，それは問題の誇張ではないだろうか？

　最後に，権利保護活動における官民相互作用に含まれている相互交叉と権力包含関係，さらには，「批判者」がいかなる配慮からにせよ，多くの状況において示す反応を考慮に入れるならば，「抗争」という言葉を使って，権利保護活動の特徴を総括するのは，分析者が事件のある特徴を強調すると同時に，別の共同生活情景と「権力の文化網」と利害ネットワークによって生じる「相互包含」の特徴を覆い隠すことにしなりはしないだろうか？　また，いかにして具体的な領域における陳情事件の氷解を理解するのだろうか，といった疑問も提起しておきたい．

【注】

1) 本論文は「高等学校全国優秀博士論文作者専項資金」の資金支援プロジェクト「改革開放後の農村社会発展，特性とガバナンス研究」（プロジェクト批准番号：200407）による研究成果の一部である．執筆に際しては，丁衛，譚同学，粛楼，

黄海，焉慶豊らとの討論が有益であった．
2) 慣例に従い，筆者は本ケースの場所，人物などの表記に関して，必要な技術処理を行なった．
3) 2003年5月28日，楊宏軍へのインタビュー．
4) 2003年5月2日，羅村長へのインタビュー．
5) これは事実上，農村の基層政治権力の性質をいかに認識すべきかという問題に関わってくる．古典的理論によれば，政治権力組織は本来各種利害紛争を超越する公共権力のキャリアーであるが，改革開放の環境下，郷鎮政府はみずから直接経済建設の戦場に入り，各種経済活動に深く介入・参与し，すでに自己の利益追及をもった準経済組織となっており，自己利益の追及と防衛の動機を有している．例えば，A. ウォルダー（Walder 1995）は，制度変遷の視点から経済転換期における地方政府を工業製造業者に喩え，S. ホワイティング（Whiting 1995）は経済学のエージェント理論をもちいて郷鎮政府の郷鎮企業発展の制度的効果について議論し，劉世定（刘世定1996）らは財政インセンティブの視点から政府予算の制限ゆえ郷鎮政府は仕方なく体制外に自己裁量の財政源を求めると指摘している．また，邱沢奇（邱澤奇2000）は郷鎮政府の非制約的な組織運営が費用追及を拡大するとの視点から，郷鎮政府の郷鎮企業への介入の動機を研究している．
6) 2003年5月29日，採石場事業主へのインタビュー．
7) 同上．
8) 2003年7月4日，A鎮所在の区政府による茶山採石場閉鎖案件に関する会議の議事録．
9) このことは実質上農民の非公式の権利保護組織の形成を意味している．この組織は公式の名称も，活動に関する規則もないが，利益の共通性が組織内部の緊密性と行動の一致性を保証している．また，核心層と行動派も区分されている．一般的には，ある人間の組織内における役割は，その人間が被る損失の大小に比例し，出資が権利保護のための費用獲得の基本的な道となる．応星（応星 2007）が指摘するように，農民の権利保護の表現に，西欧社会の集団行動における「資源動員に関するジレンマ」が存在しない原因である．組織の存在時間と具体的な権利保護活動は一致しており，時間的な延長，臨機応変な組織は存在しない（Tilly 1986）．

その他調査でも明らかなように，これらの諸点が現段階での農民権利保護組織の基本的特徴である．これらの特徴を形成している原因と体制環境が民間の非政府組織を厳しくコントロールしていることも関連している．もし，時間と空間の条件を無視するなら，この種の組織の特性は誇張され，明らかに実際の経験には合致しない．既存の体制環境においてさえ解釈がつかない．
10) 採石場は安全面での条件が高い業種に属し，政府は爆薬の提供に関して厳格な管理制御制度を実施している．
11) 2003年7月7日，羅へのインタビュー．

12) 2003年7月8日，楊宏軍へのインタビュー．
13) これも古代中国の庶民の「清廉な官吏を探すこと」と「(皇帝に) 訴えを上奏すること」を連想させる．現代中国農民は明らかにこれらの伝統的な政治心理を継承しており，交通条件の改善はこの伝統を再び表舞台に引き戻した．
14) 2004年2月24日，事業者郭へのインタビュー．
15) 2004年2月26日，武鎮長へのインタビュー．
16) 2004年2月26日，武鎮長へのインタビュー．
17) 2004年2月23日，A鎮政府と採石場との交渉を傍聴した際の記録．
18) このことは民意収集機関としての信訪機関と陳情者はそれが特殊権力をもった救済機構であることを望んでいることの間にあるずれを表わしている．国家信訪機構は陳情の書類を受け取った後，普通は，それを地方に送り，地方政府がその処理を行なうよう要求する．そのため，「石を空に向かって投げれば，自分の顔の上に落ちてくる，最後はやはりことが生じたところに戻って解決しなくてはならない」ということになり，陳情者は再び訴えている政府を相手にしなくてはならない．しかし，この時は双方の関係はすでに変化している．一方では関係はすでに気まずくなっており，また一方ではすでにこだわるべき面子を持たない現地政府は彼らが理解する理屈にしたがってこの件を処理しようとする．この事例においても，区，鎮は，採石場閉鎖は環境保護のためで，このことによって訴えられたのなら，それは地方政府の恥ではなく，むしろ栄誉であり，ましてや閉鎖に関する合意がまずあり，事業主が移り気なためこうなったのだから，政府はすでに譲歩はしており，今対応できないものなどまったくない，と考えていた．
19) このエピソードは事業主の官民関係への距離感をよく反映している．このような見方は依然親子関係にも似た色彩を残しており，衝突は衝突であるが，そうはいっても政府はわれわれの面倒を見るべきであり，そうしないと責任を果たしていない，という見方である．
20) 2004年4月31日，事業主郭へのインタビュー．
21) 2003年5月29日，事業主郭へのインタビュー．
22) 于建嶸の研究によれば，陳情によって問題の解決が得られるのは陳情総数の1000分の2である（赵凌2004）．
23) 蕭楼（萧楼2007）は，反抗研究は現代民主制国家の中で体制化されたもので，その他の社会形態では「革命運動」の道具と解釈されると指摘する．彼は異なる政治体制下の農民行動の特色を社会と関連させた仮説を設定している．すなわち，西欧の民主制国家では，反抗者集団とは権力者との「競合的」なグループであり，その政治化要求はある種の道徳規範の承諾を求めるもので，その非政治主張は往々に「運動の共有」である．一方，専制体制下においては，政府は競合的グループに対する「消滅」を実行しようとし，官によるイデオロギーは強大にして道徳言語を独占し，政権側は各グループの連合を分割ないし分散させる傾向にある．中国の革命の経験における「革命－反革命」モデルも一部

の研究で応用されている．蕭楼はこのように指摘し，この二つのモデルは中国農民の異議申し立てと官民相互作用の研究に影響を与えているが，実際のところ，この種の研究は民主化過程にある中国の位置を正確には反映できておらず，転換過程にある中国特有の社会構造と文化の組織の特性までは掘り下げはいな

国家類型	国家態度		グループ態度	
	反対者への態度	意識形態	その他のグループとの関係	行動方式
西欧民主型	政権の競合者	道徳上の承諾	反対せずもしくは共有	動員と説得
専制集権型	消滅	道徳言語の独占	孤独	暴力
中国	特別処理	指導者地位の堅持	同情	陳情

い．彼は，こうした仮説から，下表のとおり，理念型（ideal）として，現代中国社会衝突研究の特殊性を強調している．

24) このことは当然ながら歴史，文化の伝統と関係する．この意味では，伝統中国の「国家」の特性を逆さまにして「家国同構造」の特性として理解することに賛成したい．すなわち，国は家の集まりからなる拡大延長であって，けっして無数の競合性グループによって構成される政治共同体ではない．さらに，伝統帝政を単純に専制政治とする見方にも賛同できない．仮にそれを専制と呼ぶにしても，それが意味しているのは権力の合法性の根源と伝承上の特徴であって，普遍的な日常行為上の特性ではない．実際のところ，「暴政」も中国歴史上においてさえも普遍的な現象ではない．
25) ここでは，マイケル・マン（Mann 1988）の国家権力の分類を借用した．マンは国家権力を，専制権力（despotic power），すなわち，国家が市民社会の各集団と定型化や制度化の交渉を進める必要がないという前提の下での自己行動範囲（range）と基礎権力（infrastructural power）の2層に分けている．国家が市民社会に浸透し，その統治領域内で有効な政策決定能力を貫徹させる能力（capacity）である．
26) 農民はまったく体制に対抗することはできないので，彼らは陳情において体制を擬人化するとの見方もある（蕭楼2007）．実際は，これは一つのパターンにすぎず，これと反対のパターンが体制化でも擬人化でもない事実に即した「不平の訴え」であり，農民があらゆるところに張りめぐらされた「権力と利益の網」構造に身を置き，現地政府に依存した問題解決を望んだとすれば，彼らがグループの不満を擬人化するかどうかは問題である．
27) 群体性陳情に関する研究の多くは，陳情者の行為と「訴え」対象間の対立性を強調している．例えば，陳情者の権利保護意識と行為の決意の堅さと自覚性を強調し（于建嶸2004; 叶长贵2002），政府の職能部門に対する敵対性，さらには

破壊性（譚用発 2002; 楊明連 2002）を強調している．いずれもそれぞれの角度から群体性陳情が持ついくつかの特徴を指摘したものであるが，陳情者が暮らす社会生態環境の内部からの視点で，この行為の未指摘の特徴について補足したい．陳情者とその「訴え」対象が同じ地で共生する場合，もしも彼らが「訴えて」いるのが現地政府だとすると行動戦略上，陳情者は往々にして，陳情より複雑な関係である彼ら自身と地方基層政府の関係を考慮せざるをえない．すなわち，陳情事件後，彼らと現地政府はいかに共生していくかという点も考慮にいれなくてはならない．このため，理性的な群体性陳情は，できる限り事実そのものについて論じ，現地政府との対立を拡大せず，さらに，政府の面子と自尊心を傷つけないよう注意しつつ対策を講じ，その後の双方の関係の調整と修復のための空間を残しておく．これはけっして一種の軟弱さまたは行為上の自己矛盾ではなく，社会生態環境によって形作られた行為の特色で，この種の社会生態は確実に特定の地域における官民関係と言える．一般的なこの種の関係についていえば，対等な両者の関係は不可能で，前者は後者を包含し，後者は前者に依存している．この点から，採石場事業主が終始，政府とおおっぴらに激しく口論することを望まず，むしろ粘り強く，相互に絡み合う複雑な相互作用を求めていたことを理解することができる．伝統的な言い方を借用するならば，これは依然として一種の「家庭化」の闘争術に類する．「子たる民」として庶民は官を訴えることができるが，「父母官」が譲歩したと感じた時，潮時をみて切り上げ，関係の修復へと切り替える．このような補足を行なうのも，現存の社会生態環境が官民の駆け引きに与える複雑な影響について注意を喚起したかったからであり，各種の「民による官の訴え」の行為の特色をただたんに「対抗」とする一面的理解を回避せんがためである．

【参考文献】

費孝通（1985）『乡土中国』，三联书店．
贺雪峰（2000）「论半熟人社会」，『政治学研究』3
李连江・欧博文（Kevin O'brien）（1997）「当代中国农民的依法抗争」，载吴国光（主编）『九七效应』，（香港）太平洋世纪研究所．
刘世定（1996）「占有制度的三个维度及占有认定机制」，载马戎・潘乃谷（主编），邱泽奇・王铭铭（执行主编）『社区研究与社会发展』天津人民出版社．
强世功（2003）『法制与治理：国家转型中的法律』中国政法大学出版社．
邱泽奇（2000）「在政府与厂商之间：乡镇政府的经济活动分析」，马戎・刘世定・邱泽奇（主编）『中国乡镇组织变迁研究』华夏出版社．
苏力（2000）『送法下乡——中国基层司法制度研究』中国政法大学出版社．
孙立平（2000）「"过程-事件分析"与当代中国国家——农民关系的实践形态」，『清华社会学评论』1，鹭江出版社．
谭用发（2002）「群体上访人员的几种异常心理」，『决策咨询』6．
王永前・黄海燕（2003）「国家信访局长：80%的上访有道理」，『半月谈』11月20日．

吴毅（2007）「何以个案，为何叙事」，『探索与争鸣』4.
萧楼（2007）『不情愿的反对者：在冲突和秩序之间——东南沿海栖村上访案例研究』，未刊稿．
杨俊凯（2006）「治理，摆平与抗争——湖北省陈村水事官司的故事」，载吴毅（主编）『乡村中国评论』1, 广西师范大学出版社．
杨明连（2002）「从特征入手预防处置群体性上访闹事事件」，浙江公安高等专科学校学报『公安学刊』2.
叶长贵（2002）「论新时期人民群众上访的特点」，『河南社会科学』4.
应星（2001）『大河移民上访的故事』三联书店．
应星（2004）「作为特殊行政救济的信访救济」，『法学研究』3.
应星（2006）「略论叙事在中国社会研究中的运用及其限制」，『江苏行政学院学报』3.
应星（2007）「草根动员与农民群体利益的表达机制」，『社会学研究』2.
于建嵘（2004）「当前农民维权活动的一个解释框架」，『社会学研究』2.
翟学伟（2004）『中国社会中的日常权威』，社会科学文献出版社．
赵凌（2004）「国内首份信访报告获高层重视」，『南方周末』11月4日．
赵鼎新（2004）「解释传统还是解读传统：当代人文社会科学出路何在」，『社会观察』6.
赵晓力（2005）「信访的制度逻辑」，『二十一世纪』6.
郑卫东（2004）「透视集体上访事件中的村民与乡村干部」，『青年研究』3.

Chatterjee, Partha (2001) *Subaltern Studies*. Oxford University Press.
Iggers, Georg (1975) *New Directions in European Historiography*. Wesleyan University Press.
Mann, Michael (1988) *States War and Capitalism*. Oxford: Blackwell.
Scott, J. (1985) *Weapons of the Weak: Everyday Forms of Peasant Resistance*. Yale University Press.
Tang, Tsou (1994) *The Chinese Politics in the 20th Century*. Oxford University Press.
Tilly, C. (1986) *The Contentious French*. Cambridge, MA: Harvard University Press.
Walder, Andrew G. (1995) 'Local Government as Industrial Firms: An Organizational Analysis of China's Transitional Economy', *American Journal of Sociology* 101: 263-301.
Whiting, Susan H. (1995) 'Market Discipline and Rural Enterprise in China' (manuscript), in John McMillan and Barry Naughton (eds.) *Reforming Asian Socialism: The Growth of Market Institute*. Ann Arbor: University of Michigan Press.

第Ⅲ部
国家ガバナンスの模索

第1章

公聴会制度から見る政治参加拡大の実態

唐　亮

はじめに

　民主主義国家は国民主権，法の前の平等などを政治原理とし，複数政党制，選挙制度，議会政治，司法の独立，表現の自由および政治参加チャンネルの拡大などを中心に，利益の主張・集約と利害調整を図っている．他方，一党支配体制の下で，政治運営の手法はきわめて強引であった．特に，毛沢東時代の政策決定過程に関して，共産党は革命戦争の時期から「大衆路線」を唱えてきたが，それを保障する法制度，行政制度と党内運営の諸制度がほとんど整備されていなかった．共産党委員会はその時々の政治的判断で決定を下しており，「人治」の色彩が非常に強かった．また，意思決定はしばしば「密室」で行なわれ，国民に結果しか知らせなかった．さらに，政治的な自由が厳しく制限されたために，利益表出，意見参加の余地がきわめて少なかった．

　鄧小平時代に入り，一党支配体制はたいして変わらなかったが，政治運営，政治参加をとりまく環境は次第に変化してきた．まず市場経済化の推進によって，利益の多元化が進み，利害調整は重要な政策課題，政治課題となっている．政権側は円滑な政策運営を行なうために，従来以上に関係者の自主的な参加によってその主張を意思決定の過程に反映させる必要がある．次に，権力内部の分権化が推進された結果，各権力機関，各地方は自主権，独自の利益と立場を強めている．それは多様な意見を権力内部の意思決定過程に反映させるに有利な環境を提供している．さらに，自由の緩やかな拡大によって，政治，行政，経済および社会問題に関する議論は少しずつ活発化してきた．そして，自由になったぶんだけ政策的な提言が活発に行なわれるようになっている．特に，専門家の意見参加は世論形成の形で政策決定および当局の活動に影響を与えよう

としている．

　公聴会制度の整備過程は政治参加が徐々に活発化し，制度化が模索されつつあることを示す事例である．1996年に実施された「行政処罰法」は，処罰を受ける当事者が公聴会の開催を要求する権利を有する」と定めてから，1998年の「価格法」は価格公聴会制度，2000年の「立法法」は立法公聴会の導入を決め，徐々に公聴会の適応範囲を拡大してきた．特に，公共料金は消費者の利益と密接なかかわりを持つために，公聴会の開催はしばしば世論の注目と広範な参加を集める．本章では，公聴会制度の整備および運営がいかに行なわれてきたか，国民はどのように公聴会制度，マス・メディアの利用を通して政策過程に参加しているかを分析する．「おわりに」では，政治参加の拡大傾向と政治改革との関係を簡潔にまとめ，今後の課題を指摘することにする．

1 公共料金の公聴会制度

　従来，中国の経済体制は国営企業，計画経済を柱としていた．社会主義のイデオロギーによると，国営企業は全国民所有の企業であり，国家は全人民の利益を代表して，国営企業の管理と運営を行なう．私営企業は最大利潤の追求を主な目的とするが，国営企業は国民の利益の実現を最高目標とする．この社会主義の経済原理に基づき，経済当局は流通，価格までを計画経済体制に組みこんで，公共料金を含む商品の価格を厳しく統制してきた．

　しかし，改革開放期に入り，経済原理と経済構造が次第に変化してきた．国有企業を含む企業が利潤追求を主な経営目標とするようになってきた．他方，消費者の権利意識が強まっている．価格，品質およびサービスなどをめぐって，企業と消費者との対立は表面化してきた．近年，市場を独占する国営企業に対する消費者の不満と反発が特に大きい．民間および外国企業の参入を認める分野で，経済競争のメカニズムが機能し，価格は需給関係によって決まっているが，通信，鉄道，航空，電力，郵便および金融といった分野を中心に，各級政府は経済秩序の維持や民族産業の育成などを理由として，外部の参入を厳しく制限している．ほとんどの場合，独占の国営企業は杜撰な管理を行ない，そして経営の効率が低いツケを，料金が高くサービスが悪いという形で消費者に転嫁する．近年，専門家を中心に世論は市場独占の弊害を厳しく批判し，国営企業の民営化，独占分野への民間参入の奨励，競争メカニズムの導入を強く求め，

消費者は法律などを武器にみずからの権利を主張している．

　当局は経済発展を図っていくために，経済社会構造の変化に合わせて制度改革，制度の整備に力を入れている．従来，各経済機構は国有企業を直接管轄し，企業と消費者との対立で企業の立場を庇う傾向が強かったが，「政企分離」および政府の役割転換が行なわれるなかで，経済当局は企業と消費者の利益調整を重視するようになりつつある．特に，企業との直接的な利害を持たない総合経済機構，立法機関はそうである．たとえば，「消費者権益保護法」は生産者と消費者の利害関係を調整する枠組みであり，その重点を消費者利益の保護に置こうとしていた．

　1998年5月1日に施行された価格法は政府の価格決定に関して，公聴会の開催を次のように決めた．まず第18条は，「国民生活と経済発展に重大な影響を及ぼす商品，資源稀少型の商品，自然的に独占経営となる商品，重要公用事業，公益性の高いサービスなどの価格に関して，政府は企業の価格決定を指導する（政府指導価格）か，または価格決定を行なう（政府価格）」，第22条は「政府指導価格，政府価格を制定する際に，価格，コストなどに関する調査を行ない，消費者，経営者および関係方面の意見を聴取すべきである」，第23条は「国民生活と密接なかかわりを持つ公用事業価格，公共サービス，自然的に独占経営となる商品などの価格を制定する際には公聴会を開催する．担当機関は公聴会を主催し，消費者，経営者および関係方面の意見を聴取し，価格決定の必要性と実行可能性を論証する」と定めている．

(1) 価格公聴会の実験的な導入

　上述したように，価格公聴会制度に関する価格法の規定は原則的なレベルにとどまっているが，その実施が公聴会制度の実験的な導入に契機を提供した．一部の地方は公聴会開催の実施細則を制定し，実験的に価格公聴会を開催するようになった．青島市は「価格決策聴証暫行規定」を制定し，1998年6月から2000年9月に至るまで12回の価格公聴会を開催した．タクシー料金改定の公聴会は2000年9月23日に行なわれるが，主管部門の青島市物価局は9月12日付の『青島晩報』に関連情報を公表し，公聴会参加の消費者代表と傍聴人員を公募した．タクシー運転手，消費者代表のほかに，学識者，人民代表大会代表，政治協商会議委員および関係部門の代表は公聴会に参加し，青島テレビ局が公聴会の進行を生中継した（『青島晩报』2000）．

表1 広州市の主な価格公聴会

公聴会名称	開催時期	公聴会後の決定と原案との比較
地下鉄の料金	1998.11	全線の乗車運賃を原案の8元から6元に修正
駐車場料金	1999.8	不明
乗用車の利用料金	2000.4	年間利用料金を1200元から980元に修正
水道料金の値上げ	2000.12	0.95元／トンから0.9元／トンに修正
生活ごみの処理費	2001.4	原案はいくつかの選択肢を提示したが，最低料金の選択肢つまり各世帯が毎月5元を支払うことに決定

出所:『羊城晩報』(2001)

　広東省は「価格決策聴証会暫行弁法」を採択した．それによると，物価担当の行政当局は価格公聴会を開催する際に，①人民代表・政治協商会議委員・大衆団体の代表，②経済専門家・技術者・学者，③企業・消費者の代表を招き，申請者の企業が公聴会で価格改定の理由と改正案を説明し，主管機関が審査に関する初歩的な意見を述べた後に，公聴会の委員が価格改正案について議論を行ない，企業の意見を質す．その後広東省では，多くの価格公聴会が開催された．そのなかで最も世論の注目を浴び，激しい議論が展開されたのは，広州市水道料金値上げの公聴会[1]であった．

　2000年に入り，広州市自来水公司（水道局）は生産コストの上昇，投資資金の不足と節水の促進を主な理由として，水道料金の値上げを申請し，広州市物価局はそれを了承し，3月24日に水道料金改正の公聴会を開くと決定した．新聞はそれを報道すると，広州市民は猛反発した．特に，広州市人民代表は水道料金の値上げと公聴会の開催が事前に知らされておらず，公聴会にも招かれていなかったことを理由に，物価局に対して説明を求めた．3月23日の説明会で，15名の広州市人民代表は管理コストが生産コスト上昇の主な原因であり，水道料金の安易な値上げには強く反対するとの立場を表明した．そこで，物価局の責任者はいったん3月24日の公聴会を中止し，水道の生産コストを確認し，「以水養水」（水道料金の徴収で水道事業の建設・運営を行なう）の方針を再検討した上で公聴会を開くと応じざるをえなかった．

　関係当局は水道料金の値上げを受け入れさせるために，公聴会の招集に備えて，関連情報を積極的に開示すると同時に，広報活動を強化した．3月28日，広州市公用事業管理局はマス・メディアの関係者を招いて，広州市生活用水の質が良好であると説明した上で，値上げの理由となる生産コストの上昇，投資

資金の不足などに関するデータを示した．12 月 28 日の公聴会を前に，関係当局は，①広州市周辺地域の川はひどく汚染されており，良質の生活用水を提供するためには，市の中心部から遠く離れるところで水道工場を建設せざるをえず，それがコストの上昇と資金の不足をもたらしたこと，②広州市の水道料金は全国レベルから見ると，最低の水準にある．値上げは節水につながることなどを主張した．公聴会で，広州市自来水公司は値上げの理由と改正の根拠を説明し，1 ㎥の水道料金を現行の 0.7 元から 0.9 元あるいは 0.95 元に引き上げるという 2 案を提示したが，公聴会に参加する人民代表と消費者代表は 0.95 元案に難色を示し，行政当局の厳格審査を条件に 0.9 元案に同意した．

最終的に広州市水道料金の値上げは行なわれたが，人民代表および世論の反対を前に一度見送りさせられ，値上げの幅も当初より若干小さくなった．また，値上げに対する反対意見を柔らげるために，水道企業および関係当局は人民代表の要望に答える形で，良質の生活用水を供給し，2～3 年後に世帯別に用水のメーターを導入するように努めると答えた．というのは，マンション・アパートまとめての水道使用量は世帯別の使用量の合計をはるかに超えるが，料金は前者によって算出されるために，住民の不満が大きいからである．このように，公聴会制度の導入によって，消費者の意見，あるいは公共料金の値上げに対する反対意見は意思決定過程で公に提出され，関係当局がそれを考慮せざるをえなくなったことがわかる．

2000 年に全国的な注目を浴びたのは，電話料金改定の公聴会[2]であった．長い間，国営の独占企業である中国電信は通信市場を独占し，消費者の不満と反発は多かった．近年，電話加入料の廃止，携帯電話の二重徴収制度（受話者からも料金を徴収する）の廃止，長距離電話，国際電話とインターネット使用料の値下げ，秒ごとの電話料金計算方法の導入などを求める声が強かった．また，WTO 加盟の条件として，中国政府は外国企業の中国通信市場への参入を認めると公約した．こうした状況のなかで，主管機関の信息産業部は中国電信の分割（移動通信の業務を中国電信から分離させ，中国移動を設置した），中国聯通などの育成を中心に電信分野で競争メカニズムを導入すると同時に，通信料金体系の改定を模索した．

2000 年 3 月から 5 月にかけて，信息産業部は国家計画発展委員会，財政部の協力を得て，人民代表大会代表，政治協商会議委員，通信会社の意見を参考に原案を作成した．6 月から 7 月にかけて，信息産業部は 5 回にわたって座談

会を召集し，人民代表大会代表，政治協商会議委員，国務院関係部門，専門家と学者，通信企業および消費者の意見を聴取した．一連の準備を経て，信息産業部と国家計画委員会は9月18日と19日に通信料金改定の公聴会を開催した．主管機関の参加者，新聞記者，列席者を除いて，専門家の代表10名，中央と地方行政機関の代表11名，通信企業代表8名，通信関連企業代表5名，消費者代表3名が公聴会委員として参加した．専門家代表はマス・メディアで発言した人，消費者代表は中国消費者権益保護協会の推薦から選ばれたという．

通信料金の公聴会では，さまざまな議論が行なわれた．そのなかで，対立が最も激しかったのは市内電話料金の徴収方法と徴収基準である．電話会社は割高の国際電話と長距離電話料金を引き下げる条件として，割安の市内電話の値上げを要求した．信息産業部は国際電話，長距離電話を値下げし，6秒ごとの料金計算方法を導入すると同時に，市内電話に関しては料金の計算方法を現行の3分ごとから1分ごとへと切り換え，1分間の通話料金を1角に引き上げると提案した．その結果，市内電話は事実上値上げとなる．消費者出身の公聴会委員はそれに強く反対し，消費者側と電話会社は最後まで溝を埋めることができなかった．

通信料金公聴会の議論を踏まえて，信息産業部は国家計画発展委員会などと協議して，最終的に「3+1」の妥協案，つまり市内電話は最初の3分間0.18〜0.22元，その後に1分ごとに0.09〜0.11元を徴収する案を決めた．その根拠となるのは，以下のような国家統計局の調査データであり，すなわち，65％の市内電話は1分以内，90％の市内電話は3分以内となっているという．3+1の市内電話料金制度では，5分以内の料金は従来とあまり変わらないが，5分以上の場合は現行より割高となる．そこで，信息産業部は「"3+1"の市内電話料金徴収制度が技術的に面倒であり，ベストの案ではないが，各方面が受け入れられる案である」と主張した．国務院第87次総理辦公会議の討議・決定を経て，信息産業部は2000年12月25日に「関於電信資費結構性調整的通知」を正式に公表した．

(2) 価格公聴会の制度化

従来の意思決定過程と比べれば，通信料金公聴会の開催は行政透明度の改善，意見参加の拡大に関する一つの前進であるのは間違いない．しかし，世論の反応は非常に厳しかった．電信公聴会は非公開の形で行なわれたからである．公

聴会主催者側は参加者に秘密厳守を要求すると同時に，新華社，人民日報と中央テレビを除くマス・メディアの取材を排除した．そのために，消費者の代表が何を基準に選ばれたか，主管部門がどのような価格調整案を提起したか，どんな議論が戦わされ，その論争が価格の改定にどんな影響を及ぼしたかについて，公開報道はまったくなかった．公聴会の直後から，中国の新聞，雑誌およびテレビ局は相次いで，通信料金公聴会の秘密主義を批判し，主管機関の姿勢を糾弾し，公聴会制度の改善を要求した．

今回の通信料金公聴会が開かれる3カ月前に，経済学者の余暉は『中国経済時報』(2000年6月2日)に「価格聴証任重道遠」を発表し，1998年末の郵便・通信料金改定の公聴会は効果があまりなかったことを例に，公聴会開催方法の改善を力説した．公聴会直後の9月22日，余暉は『中国経済時報』に「質疑電信価格聴証会」を発表し，公聴会を行政手続法の一環とするうえで，公聴会の目的は当事者の意見を聴取することによって，行政決定への関係者の意見参加を保障することであると説き，「9月の通信料金公聴会の手続きに明らかに問題があり，また，行政手続法の"(事前の)告知，公開，(当事者の)回避"などの基本方針に反している」と厳しく批判した．

余暉はさらに公聴会制度の改善を提案し，「主催する行政機関は公聴会の内容，開催の時間と場所，参加者の状況をマス・メディアあるいは公開チャンネルを通して民衆に知らせるべきである．公聴会を開催する時，行政機関は弁論型(審判型)の討論を導入すべきである．当事者は根拠を示し，口頭弁論を行ない，行政機関は公聴会の記録によって決定を下すべきである．公聴会で十分なコンセンサスと解決策が得られない場合，行政機関は公聴会を再度開催し，合意の形成に努めるべきである」と述べた．

公聴会制度の改善を求める声はそれだけではない．例えば，2000年9月23日付の『法制日報』は「価格聴証不能走過場」を掲載し，専門家の主張を交えて次のような意見を述べた．まず，公聴会が形式的なものにならないために，主管部門が公聴会の意見を意思決定の参考にすべきであり，公聴会の意見は記録されるべきである．次に，民意と公正さを確保するために，主管部門が一方的に参加者を指名する選考方法を止め，消費者の申し込み参加，消費者権益保護協会の推薦制度を導入すべきである．

世論の厳しい批判を前に，信息産業部は関連情報の開示に動かざるをなかった．2000年1月5日，張暁鉄・信息産業部経済調節与通信清算司副司長は中

央テレビの「経済30分」に出演した．張暁鉄は通信料金公聴会の開催状況について，「公聴会の参加者は信息産業部と国家計画発展委員会が相談して決めた」「公聴会開催の半月前に，信息産業部は電信価格改正案と関連データを参加者に配った」「公聴会で参加者は8割の内容について合意を得たが，残りの争点について，信息産業部は公聴会の議論を整理して最終案を国務院に提出した」と披露した．他方，張暁鉄は秘密主義という世論の批判について，「関係当局はいまだに公聴会の運営細則を制定していない．信息産業部はいっそうの透明性と公正性を実現するために，公聴会の開催方法を模索している」と述べ，世論の批判をかわそうとした．張暁鉄のテレビ出演をきっかけに，電信公聴会関連の報道が事実上解禁され，今までベールに包まれていた参加者の名簿や論争の実態が次第に知られるようになった．さらに，注目されるべきことは，世論の批判を和らげるために，中国電信は従来以上に情報開示や広報活動に力を入れていることである．

　通信料金公聴会の秘密主義に対する批判が噴出するなかで，国家計画発展委員会は同委員会が「政府価格決策聴証弁法」（政府価格公聴会の運営細則）の制定作業を急いでおり，年内の頒布・実施をめざしていると披露した[3]．予定より若干遅れたが，「政府価格決策聴証暫行弁法」は2001年8月1日に施行された．

　ここで，同条例のポイントをまとめると，以下のようになる．第一は，価格公聴会の対象である．同条例は「政府が決定権を持つ商品・サービスについて，主管部門はその価格を制定する前に，関係者を組織し，価格制定の必要性と実行可能性について論証を行なう．その主な形式は公聴会である」（第2条），「主管部門は価格の制定権に従って公聴会の目録を制定する．公聴目録に含まれる価格の制定について必ず公聴会を行なう」（第3条）と定めている．ちなみに，2001年11月，国家計画発展委員会は各部門，各地方に先立って，電力，鉄道運賃，航空運賃の基準価格と通信料金を所管範囲内の価格公聴会目録に指定した．現在，各省政府は独自に公聴会の開催が必要とされる商品・サービス目録の制定に取り組んでいる．

　第二は，公聴会の透明度である．同条例は「公聴会は公正，公開，客観の原則に従って関係者の意見を十分に聴取する．国家機密を除いて，公聴会はすべて公開されるべきである」（第4条），「公聴会のプロセスは社会の監督を受けるべきである」（第5条），「公開の公聴会に関して，主管部門は事前に公聴会の時間，場所，主な内容および傍聴席などを公示する」（第20条）と定めてい

る．第三は，公聴会の進行方法と効力である．同条例は「主管部門は価格を決める際に，公聴会で出された意見を十分に考慮すべきである．多数の参加者は価格案に反対し，あるいは価格案に対する重大な食い違いがあるとき，主管部門は申請者に価格案の調整を申し入れ，または公聴会の再開催を組織すべきである」(第24条)と定めている．

今までの価格公聴会の開催状況は関係者の「開明度」によるところが大きかった．地方指導者，担当機関の幹部が開明である場合，公聴会の運営が透明であり，反対意見が意思決定に考慮される．しかし，担当機関の幹部が所管企業との癒着関係から公聴会に消極的な姿勢を見せ，公聴会を開催しないケースと，形式上の公聴会しか開かないケースが大多数であった．他方，制度化により，関連企業や担当行政機関の意思にかかわらず，公聴会の開催は行政決定の要件として行なわなければならなくなる．この意味で，「価格法」の抽象的な規定と比べれば，「政府価格決策聴証暫行弁法」と価格公聴会目録の制定は公聴会の制度化に向かって大きく前進し，公聴会の運営に対する世論の監督を強化したことは間違いない．

部分的ではあるが，公聴会運営制度の効果がすでに現われている．春節期間中の交通運賃の値上げ決定はその例である．1990年代に入ってから，鉄道，バスなどは経営の弾力性などを理由として，春節などの期間中に運賃の値上げを実施するようになった．しかし，値上げ幅が大きく，その根拠がほとんど明確に示されなかった．2001年春節期間中に，鉄道部門が20～30％，広東省の長距離バス会社が100％以上の運賃値上げを断行した．河北省の弁護士である喬占祥は，これを公聴会を開催せず鉄道運賃の値上げを行なった行政手続き違反などとして，行政不服を申し立てたが，鉄道当局は公聴会制度の未整備を理由に申請を却下した．その後，喬弁護士は行政訴訟を起こしたが，敗訴を喫した．一方，広東省の弁護士である李勁松も100％以上のバス料金値上げを「暴利行為」として民事訴訟を起こしたが，勝つことができなかった．

他方，両弁護士が物価法などを根拠に行政不服を申し立て，訴訟を起こしたこと自体は世論の関心を集め，価格公聴会制度の整備に繋がった．さらに，価格公聴会制度の整備が進むなかで，運輸当局および関連企業はかつてのように一方的に値上げを行なうことができなくなった．2001年12月8日，広東省関係当局は2002年春節期間中のバス料金値上げに関する公聴会を開催し，中央テレビ局はその進行を生中継した．消費者代表の公聴委員は大多数の住民が値

上げに反対しており，交通局の値上げ案の根拠が十分な説得力を持たず，通常料金を 30％から 90％までに切り上げることが「暴利行為」に近いと力説した．公聴会の議論を踏まえて，広東省関係当局は値上げ案を修正し，値上げ幅の最大を原案の 90％から実施案の 65％へと縮小した．広東省公聴会の直後に，国家計画発展委員会の幹部は 2002 年春節期間中のバス運賃値上げはすべて公聴会を開くべきと明言した．2002 年に入り，上海市，浙江省，福建省などはバス運賃値上げに関する公聴会を開いた．

2002 年 1 月 12 日，国家計画委員会は鉄道料金値上げ案に関する公聴会を主催した．出稼ぎ労働者を含む消費者代表は各地方の消費者協会の推薦によって選ばれ，中央テレビ局は公聴会の進行を中継し，人民網は各界代表の発言を掲載した．鉄道部は経営側の立場から「価格メカニズムを使って利用者の分散を図るために，春節期間中に軟座席 20％，硬座席 30％の値上げを行なう」と説明した．それに対して，専門家代表，消費者代表は鉄道料金値上げ案の根拠が乏しく，利用者，特に所得水準が低い出稼ぎ労働者の負担を増大させると指摘し，値上げに疑問を呈した．国家計画委員会は公聴会の意見を踏まえて，鉄道部の値上げ案を修正して，軟座の値上げ率を原案の 20％から 35％へと引き上げ，硬座の値上げ率を原案の 30％から 15％へと縮小し，値上げ期間をいくぶん短縮した．公聴会で消費者代表は鉄道運輸サービスの悪さを批判したが，公聴会後に，鉄道部はサービスの改善を約束した．中国のマス・メディアは公聴会開催の意義を肯定しながら，開催時期，消費者代表の選び方，データの信憑性と公表時期などに関していっそうの改善を求めた．

2 立法公聴制度の導入

改革開放期に入り，中国は法治国家の建設を目標に次第に法律の整備に力を入れ，各級人民代表大会は政策決定の重要舞台として浮上してきた．また，各級人民代表大会は開かれた立法過程をめざして，法案作成への専門家の参加，座談会の開催，立法情報の公開および法律条項に関する公開討論などを通して，関係者の意見を法律の制定に取り入れようとしている．たとえば，1998 年末，全人代常務委員会は村民委員会組織法改正案を審議する過程で，事前に新聞などで草案を公表し，国民から意見を募るほか，担当行政機関の国務院民政部は座談会などを開催し，関係者に意見を求めた．一部の意見は法律の改正に活か

された（唐亮 2000）．北京市人民代表大会常務委員会は 2000 年に「中関村ハイテク開発区（科技園）条例」を制定するに当たって，6 名法律，経済，科学技術関係の専門家を草案の起草に参加させたほか，20 数名の学者を顧問として迎えて専門的な意見を聴取した（『人民日報』2001）．

　近年，立法公聴会制度は意見参加の新しい傾向として模索されている．2000 年 3 月，全人代は「立法法」を制定し，その 34 条が「全人代常務委員会の審議日程に組み込まれた法案に関して，法律委員会，関係する専門委員会と常務委員会は関係方面の意見を聴取すべきである．意見聴取は座談会，論証会，公聴会などの形式を取る」，第 58 条が「行政法規を起草する過程で，幅広く関係機関，組織と公民の意見を聴取すべきである．意見聴取は座談会，論証会，公聴会などの形式を取る」と定めた．立法座談会などと比べれば，公聴会制度は立法過程の一環であり，法案審議が公聴会の議論を重要参考とするために，意見参加の効力が比較的によい．また，公聴会は明確な手続きと手順に従って開催されるために，立法過程の透明度が高く，国民の意見参加がしやすくなる．

⑴ 立法公聴会の実験的な開催

　一部の地方当局は「立法法」の立法過程に合わせて，1990 年代の末から立法公聴会の実施方法を作り，住民が重大な関心，特に重要な利害関係を持つ法案，行政法規を選んで立法公聴会を開催し始めた．

　初の立法公聴会は 1999 年 9 月 9 日に広東省で行なわれ，「広東省建設工程招標管理条例（修訂草案）」に関するものであった．事前の公示によると，公聴会の発言者は申込者の中から選ばれ，発言の記録は本人の確認を得て，公聴会全体の報告書と一緒に法案審議の参考資料として提出される．公聴会は傍聴者の参加や国内外のマス・メディアの取材・報道を許可する．公聴会では，公聴会委員および一部の出席者は法案の内容にさまざまな注文をつけた．特に，深圳衆望法律顧問公司の総経理である曹叠雲は「特別に中止してほしい」「すべきでない」「すべき」「不適当」「妥当でない」「論理的におかしい」などの言葉で法案の内容を批判し，注文をつけた．ただし，初の公聴会を開催するだけに，主催側は必ずしも論争を好まず，全体の公聴会はそれほど盛り上がらなかった（『南方都市報』1999;『中国新聞』1999）．

　経験が蓄積するにつれて，立法公聴会の開催は透明度が向上し，議論が活発化する．2000 年 11 月 23 日，江蘇省人民代表大会は「江蘇省物業管理条例（草

案)」の立法公聴会を開催した[4]．参加者はマンションなどの所有者（業主），不動産管理会社（物業管理公司）および担当行政機関の代表を中心に，物業管理の範囲，業主の権利と義務，サービスの範囲と料金の徴収基準，施設の使用と修理について激しい議論を展開した．まず「物業」の範囲に関して，集合住宅は規模が大きく，施設が整っているために，管理コストが低く，管理会社にとって利潤が大きいが，旧住宅地は住宅が古く，住民が分散しているために，利益が薄い．公聴会で，行政側の代表である王利生・南京市房産局物業処長は物業管理の範囲を大規模な建物とする草案の規定を擁護した．一方，住民側の代表は不動産管理会社は利潤が大きいビルの管理に注目し，利潤が少ない普通の住宅を無視していると批判し，草案を修正して普通住宅の条項を取り入れるべきと主張した．

特に，対立が大きかったのは，サービスの範囲と料金の徴収基準に関してである．近年，政府房産局の房屋管理所は不動産の管理会社へと改組され，古い住宅地の不動産管理を担当している．公聴会では，華峰・南京市鼓楼区房産局の幹部は古い住宅地の住民の収入，意識などが原因で，料金の徴収は困難であり，赤字経営を強いられている不動産の管理会社の経営状況を改善するために，特別な措置が講じられるべきと述べた．南京市バス会社の職員であり，住民代表として公聴会に参加した樊肇はそれに対して，不動産の管理会社が住民に十分なサービスを提供していないことを厳しく批判し，料金の引き下げ，経営の多様化とサービスの充実化を努めるべきと要求した．

近年，都市開発は中国各地で急速に行なわれている．浙江省だけで，2000年に8万戸の住民が古い市街地から立ち退き，その面積は1000万㎡以上に達した．しかし，地方当局，開発会社は住民に対して十分な話し合いと経済的補償を行なわず，立ち退きを強引に進めたりするケースも多く，トラブルが続発している．2001年6月，国務院は「城市房屋拆遷管理条例」を改定し，市場原理で立ち退きの住民に補償する方針を決めた．それに合わせて，各地方の人民代表大会は関連の地方立法を進めている．浙江省人民代表大会常務委員会は「浙江省城市房屋拆遷管理条例（草案）」を制定するに当たって，2001年8月5日に立法公聴会を開催し，取り壊す住宅の補償基準，商業用住宅の補償基準および立ち退きに伴う住宅難世帯の居住条件の改善などの3項目を中心に，立ち退き住民，開発会社，主管機関および法律専門家の代表から意見を聴取することを決定した．住民の関心を喚起するために，浙江省人民代表大会常務委員会

は事前に地元のテレビや新聞を通じて公聴会開催の情報を知らせるほか，関連ホームページに「浙江省城市房屋拆遷管理条例（草案）」の全文を公表した．

15人の公聴会委員は立ち退き住民，開発会社，主管機関および法律専門家から選ばれた．身近な問題あるいは自分の利益に直接関係するだけに，住民の関心は高かった．200数名の傍聴者が会場で意見陳述の進行を見守るほか，会場に入りきれなかった民衆はスピーカーを通じて公聴会の様子を見守った．立ち退きの補償基準について，意見対立は不動産評価機構と政府関係部門のどちらが価格の評価を行なうべきか，価格の評価基準は完全に市場の取引価格を導入すべきか，または前年度の平均価格を目安に，不動産と土地の使用年間に合わせて導入されるべきかに集中していた．開発会社の代表は政府の介入を強く求めるが，住民代表は民間の不動産評価機構が市場価格の評価を行ない，政府が監督するに留めるべきと主張する．また，住民代表は不動産の価格が基本的に上昇する傾向にあることを理由に，前年度の価格を基準とすることに反対した．

公聴会開催後に，浙江省人民代表大会常務委員会は「浙江省城市房屋拆遷管理条例（草案）」を大幅に修正し，2001年11月に同条例を採択した．その内容を検討すると，消費者代表の主張が条例に取り入れられたことがわかる．例え

表2 「浙江省城市房屋拆遷管理条例」公聴会の参加者リスト

住民代表	金　廷：元・省海洋工程総公司高級エンジニア 傅恵昌：臨安市林業局公務員 崔塩生：元・杭州機床廠エンジニア 史舜琦 陶麟卿 朱　昇
不動産業者の代表	朱建華：南都置業股份有限公司総経理 陸国良
行政主管部門の代表	張湘鎮：嵊州市房屋拆遷弁公室主任 陳孟軍：寧波房管局幹部
法律専門家	朱亜元：浙江六和律師事務所律律事務所律師 戴和平：浙聯律師事務所律師 蔣　瑛：杭州商学院教師 陳信勇：浙江大学法学院教授

出所：2001年8月6日付の『銭江晩報』報道特集．

ば，草案の第23条は政府の関係部門が前年度の価格を参考に補償金額を決めるとしていたが，条例は「不動産市場の評価によって貨幣補償額を決める．法定の不動産評価機構は政府が公表した「貨幣補償標準」を根拠に，不動産の位置，建築構造，面積，築年数，楼層，内装などを考慮して決め，評価額を確定する前に立ち退き住民の意見を聴取すべき」(31条) と定め，評価対象を細かく列挙すると同時に，住民に主張の機会を与えた．さらに，草案では，開発企業が不動産価格の評価機構を推薦するとされたが，条例はその推薦権を行政機関に与え，「再開発管理部門は少なくとも二つの不動産価格評価機構を提出し，その資産と信用度などを説明し，立ち退き住民の選定の材料にする」(33条) と定めた．関係者，特に住民による監督を強化するために，従来は新たに34条を設けて，不動産価格の評価結果に関して公示制の導入を決めた[5]．

　河北省政府は1994年に「河北省自営業（個体商戸）条例」，「河北省私営企業条例」を制定した．その後，民間経済が急速に進展し，条例の内容は古くなった．2000年に入ると，河北省政府は二つの条例を修正して，省人民代表大会常務委員会の審議に提出した．8月25日に開催された公聴会では，私営企業家を中心に多くの公聴会委員は私営企業の発展を図っていくには，省政府の修正案が必ずしも十分でなく，省人民代表大会常務委員会は新たに地方法規を制定すべきと主張した．河北省人民代表大会常務委員会はこの意見を取り入れ，2001年3月30日に「河北省支持鼓励個体工商戸和私営企業発展条例」を採択した（『河北日報』2000）．同条例は「自営業，私営企業は市場参入に関して，国有企業，集団所有制企業と同等の待遇を享有する．法律，法規が自営業，私営企業の投資と経営を明確に禁止する分野，商品を除いて，自営業，私営企業は投資，経営を行なうことができる」と定めた．

　2005年9月，全人代は個人所得税法の修正に関する立法公聴会を開催して，世論の注目を浴びた．

(2) 立法公聴会の制度化

　改革期の中国では，法制度の導入と改善はおおよそ以下のようなプロセスを経ている．まず中央は改革の原則と基本方針を示す．次に，各地方は実施細則を作り，制度を実験的に導入し，運営経験を模索する．最後に，中央は各地の経験を踏まえて，制度を改正して国全体の実施細則を作ることになる．公共料金改定の公聴会と立法公聴会もその例外ではなかった．「立法法」は全人代常

務委員会の立法過程，行政法規の起草過程に関して，公聴会などを開催して関係者の意見を聴取すべきと定め，地方法規の立法過程がそれに準ずると述べた．その規定は原則論にすぎない．

　現段階では，立法公聴会の制度化は地方を中心に進んでいる．2001年5月31日，杭州市政府は「杭州市実施立法聴証会制度的規定」(http://www.hznet.gov.cn/) を頒布・実施し，公聴会運営方法を次のように決めた．まず公聴会開催の対象に関して，①市政府は許認可制度と料金徴収事項の設置，②企業，市民の利益にかかわる事項，③その他の事項が含まれている場合，市政府法制弁公室と担当行政当局は行政法規の草案について公聴会を行なうべきである．次に，公聴会の公開性に関して，市政府法制弁公室は公聴会開催の時間と場所，主なテーマ，参加者の条件などの情報を事前に市民に知らせるほか，公開の形で公聴会を開催し，傍聴者を受け入れる．第二に，公聴会代表の選定に関して，関係当局は公聴会のテーマ，申し込み順を考慮し，反対意見の代表を同じ人数にする．主催側は事前に公聴会関連の資料を代表に配布する．第四に，公聴会の進行に関して，代表はみずからの意見を陳述し，行政法規の起草者に回答を求めることができる．公聴会代表は行政側の回答に不満を持つ場合，主催者の同意を得て，行政側に対して質疑，弁論を行なうことができる．第五に，行政法規の決定過程における公聴会の効力に関して，市政府法制弁公室は参加者の意見，論争のポイントなどを整理して報告書にまとめ，市政府法制弁公室が地方法規および政府規章の草案を審査する際の参考とし，また，市政府常務会議に関連草案の付属資料（附件）として提出する．

　「杭州市実施立法聴証会制度的規定」は杭州市政府によって制定され，主として行政機関の決定段階で適用されるものである．最近，浙江省，上海市などの人民代表大会常務委員会は立法公聴会の運営細則を作った．経済特別区の深圳市人民代表大会常務委員会は2001年7月27日に「深圳市の人民代表大会常務委員会聴証条例（草案）」に関する初審議を行ない，10月16日に同条例を採択した．同条例は立法公聴会の開催を以下のように定めた[6]．人民代表大会常務委員会，各専門委員会と法制工作委員会は立法活動を行なう際に，法案の内容が①特定の組織・個人の権利と義務，あるいは公共利益に影響を及ぼすもの，②社会的な関心が強く，焦点となっている問題に関連するもの，③公聴機構の内部で重大な意見対立が発生するもの，④意見，情報を幅広く収集すべきもの，⑤上記以外に公聴会開催が必要とされるものにかかわる場合，公聴会を開くこ

とができる．また，関係組織および個人は人民代表大会に公聴会開催を求めることができるが，その場合，市人民代表大会常務委員会主任会議は開催の決定を下す．公聴会の代表は公聴会の事項と利害を持つ当事者，専門家とその他の関係者から選ばれ，公聴会開催の 10 日前に開催の時間，場所，公聴会の事項，公聴会委員と傍聴者の申し込み方法などを新聞に公表する．発言の信憑性を確保するために，公聴会委員は宣誓を行なう．主催側の許可を得て，公聴会委員は意見対立の事項について弁論を行なうことができる．公聴会終了後に，公聴委員会は多数の意見に従って報告書をまとめて，意思決定の主な根拠とする．

　各人民代表大会は立法公聴会の制度の導入に当たって，国外の立法公聴会の運営経験を吸収しようとしている（『法制日報』2000b）．2000 年 12 月，ドイツとアメリカの国会議員は上海，北京で人民代表大会の関係者と法律専門家を対象に報告会を行ない，ドイツ，アメリカ両国の立法公聴会の開催手続きと手順を紹介した．12 月 4 日と 5 日の北京報告会では，全人代関係者が出席者の大多数を占めていた．杜鋼建・国家行政学院教授は「議会立法聴証程序比較」という論文を公表し[7]，欧米諸国の立法公聴会開催の手続きと手順を説明したうえで，関連の制度改革を主張した．たとえば，欧米諸国の議会と各委員会の運営では，議員は立法公聴会開催の動議を提出し，表決によって開催の決定を下す．一方，中国の全人代では，各委員会の運営細則に立法公聴会開催に関する規定がなく，委員は会議開催の動議を提出する権利が制度上必ずしも保障されていない．そこで，中国は立法公聴会の活性化を図るために，議事の運営規則を修正すべきと杜論文は主張している．また，顧嘉禾は 2001 年 7 月号の『上海人民代表大会』に「由国外立法聴証制度引発的思考」を発表した．同論文はアメリカの立法公聴制度の特徴を分析したうえで，中国は立法公聴会の範囲を広げ，公聴会運営制度を改善し，公聴会での議論の活性化を図るべきと力説している．

　2002 年に実施された「行政法規制定程序条例」の第 12 条，「規章制定程序条例」第 14 条は，座談会，討論会，公聴会を条例制定の手続きとして述べた．

3　意見参加とマス・メディアの役割

　公聴会制度の導入は政治参加のルートとなり，国民，特に決定事項に直接的利害を持つ関係者，専門家がそれぞれの立場で自己主張を行ない，政策決定過程に影響を与えようとしている．他方，国民の幅広い参加と政治への厳しい監

督がなければ,公聴会の開催は形式的なものにすぎず,権力側の隠れ蓑になる恐れがある.そこで,公聴会がその効果を発揮するためには,マス・メディアの報道などによるところが大きい.また,現段階では,公聴会制度の適用範囲は政策決定過程の一部(行政処罰を含む一部の行政過程,公共料金の決定と一部の立法過程)にすぎない.そこで,国民に必要な情報を提供することによって政治過程への参加を促進し,意思決定の過程に多様な主張を反映させ,権力側の行動を監督していくに当たって,マス・メディアの役割が大きく期待される.

毛沢東時代の中国では,マス・メディアは共産党の厳しい統制下に置かれ,権力の道具に徹してきた.改革開放期に入り,報道・言論の規制緩和,独立採算制の導入および報道競争を背景として,中国のマス・メディアは権力に対する自主性を少しずつ強め,その報道立場もかつての「権力一辺倒」から読者,視聴者へと傾斜しつつある.現在に至るまで,マス・メディアは権力から完全に自立せず,報道と言論がいまだに当局の規制を受けている.しかし,従来に比べれば,情報量が飛躍的に増加し,質的な改善も見られる.それは結果として政治参加の拡大に繋がっている.ここでは,いくつかの事例を通して政治参加におけるマス・メディアの役割を分析する.

(1) 南丹鉱山事故[8]

マス・メディアの報道は,問題の解決および政策の断行に直結する例が多い.南丹鉱山事故はその例である.1980年代以後,郷鎮企業の発展奨励と規制緩和を背景として,地元の中小企業は鉱山開発,資源開発に参入してきた.その参入は地域経済の活性化に寄与するが,他方,資金力,技術力が充分ではないために,鉱山労働者の労働条件,安全を無視し,乱開発を進めることも多かった.資源の浪費問題が発生するだけではなく,鉱山事故が多発した.担当行政機関や国営鉱山企業はしばしば開発の秩序を主張するが,開発優先という状況のなかでは,その声は空しい.地方政府は地元の利益を優先し,地元企業の資源開発を支持・黙認するからである.たとえば,広西チワン族自治区南丹県委書記は公の場で「われわれは朱鎔基の金で南丹経済の活性化を図るべき」と公言していた.

広西チワン族自治区南丹県は鉱山資源が豊かであり,昔から「錫の都」として知られていた.南丹県龍泉鉱冶総廠は1988年に設立された郷鎮企業であり,10数年の発展を経て固定資産4.5億元,従業員5800人を有し,2000年度の納

税額は 8000 万元に達した．その経営実績は評価され，龍泉鉱冶総廠は「広西郷鎮企業之首」，「全国文明郷鎮企業」などの称号，所有者の黎東明は広西と全国の「労働模範」，「郷鎮企業家」の称号を得ていた．しかし，龍泉鉱冶総廠は経営業績の陰に「乱開発」，「安全無視」，政府との「癒着」などの問題を抱えていた．そうした問題を表面化させたのが，龍泉鉱冶総廠所属の拉甲坡鉱山事故であった．

　2001 年 7 月 17 日，拉甲坡鉱山の労働者が採掘作業を行なっている時，突然，浸水事故が発生した．81 名の従業員は逃げ遅れ，80 人が死亡，1 人が行方不明と確認された．経営者側は処罰を恐れて，経済補償の形で遺族との和解を図り，死亡事故発生の情報を隠し続けた．しかし，大量の死者が出ただけに，事故発生の噂が流れ始める．7 月下旬，事故発生が未確認の情報としてインターネットで報じられた．この情報は 7 月 26 日に人民網の「強国論壇」にも貼り付けられた．7 月 27 日，地元の『南寧晩報』，『南国早報』，広西テレビ局は読者・視聴者からの情報を得て，現地取材を試みたが，龍泉鉱冶総廠，地元当局は徹底的に取材妨害を行なった．南丹県当局，地区当局および広西チワン族自治区関係当局はマス・メディアの取材，上級当局に対して事故の発生を強く否定し，隠蔽工作に深くかかわった．

　広西当局がコントロールできたのは管轄下にある地元のマス・メディアだけであり，中央の報道機関と地元以外のマス・メディアは取材と報道に力を入れた．人民網は南丹鉱山事故の暴露報道の先頭に立っていた．7 月 31 日 15 時，人民網は「広西南丹鉱区事故撲朔迷離」を題名に，民間の取材で大量死亡の事故が発生したことを報道し，無秩序な開発はしばしば事故をもたらしているが，地方政府が開発企業との「癒着」関係で事実を隠し，企業をかばう傾向にあると指摘した．これをきっかけに，人民網は毎日 10 数本の関連記事，報道写真で南丹鉱山事故の追跡報道を続けた．人民網を含む有力なマス・メディアの報道によって，上級政府は本格的な調査に乗り出すことになる．8 月 1 日，広西チワン族自治区の責任者は現地を視察し，自治区調査チームを作った．8 月 2 日，龍泉鉱冶総廠の関係者は事故発生の事実を認め始めた．8 月 4 日，李栄融・国家経済貿易委員会主任は国務院事故調査チームを率いて事故現場に到着した．

　マス・メディアの報道は上級当局の行動を促し，事件の調査，関係者の責任追及と今後の防止策に繋がった．8 月末の時点で，関係当局は龍泉鉱冶総廠総経理の黎東明以下 11 人を事故の責任者，南丹県委書記，県長以下 4 人を職権

乱用，事故隠蔽工作の容疑でそれぞれ逮捕した．10月に入り，南丹県の上級機関である河池地区の党委員会書記，行政専署専員などの3人が事件との関連で解任された．また，マス・メディアは南丹事件を報道するなかで，無秩序な鉱山開発，企業と地方政府の癒着関係および事実隠しの体質などを大きく取り上げた．

　ここで，マス・メディアの取材・報道は地元当局の妨害を乗り越えて行なわれたことを強調したい．特に，人民網は積極的に暴露報道を行なったために，地方当局の強い不満を招いた．事故調査の説明会で，広西チワン族自治区の責任者はほかの報道機関の取材を許可する場合でも，人民日報記者の取材を締め出そうとした．ちなみに，マス・メディアの暴露報道は急増している．近年，広東省電白県と湖南省嘉禾県の組織的な大学入試不正事件（2000年7月），河南省焦作市の大火災事件（2000年3月29日），銀広厦事件（上場会社の銀広厦は長期にわたって架空の取引を作り，粉飾決算を行なったこと）などはいずれもマス・メディアの報道によって暴露されてから，関係当局は事後処理に乗り出し，場合によって制度改革に踏み切ったケースである．

(2)「陽光報業事件」

　マス・メディアの取り上げ方によって，事件や政策問題は国民的な関心を引き起こすことになる．そして，世論の形成は政策の議論に直結し，中長期的には政策決定に影響を及ぼしていく．ここで，河北省張家口市で起きた「陽光報業事件」[9]を例に挙げたい．

　中国では，新聞・雑誌は郵便局のネットワークによって配達されてきた．新聞社，雑誌社は購読料の25〜40％を配達料として郵便局に支払うが，読者に届く時間が遅く，サービスも必ずしもよくなかった．1999年9月，郭東生はほかの個人出資者と一緒に私営企業の「陽光報業」（正式名は陽光報業服務公司）を設立し，地元の河北省張家口市の新聞・雑誌発行市場に参入してきた．従来，読者は購読手続きをするためには，郵便局に出向かなければならないが，「陽光報業」は戸別に購読を勧誘したりして，良好なサービスで順調に購読者数を伸ばした．他方，競争で不利な立場を強いられた地元郵便局は新聞に声明を出し，「陽光報業」の購読者募集がみずからの専売権に対する侵害と主張した．

　その警告が無視されると，郵便局は行政，政治の力を動員し，「陽光報業」にさまざまな圧力をかけてきた．1999年末，国家郵政総局は各郵便局に通達

を送り，「陽光報業」が新聞・雑誌購読の手続きを行なうことは郵便秩序に混乱をもたらす行為であり，それをとめなければならないと指示した．2000年9月25日，河北省政府は「河北省郵政管理規定」を制定し，購読者の募集を郵便局の専売事業にすると明文化した．2000年11月，張家口市郵政通信管理弁公室は「陽光報業」に対して「期間内に購読者募集の活動を停止するように命じた．2001年2月，張家口市工商行政管理局は「陽光報業」の営業許可書を更新する際に口頭で「郵便局が経営する新聞雑誌の経営活動を行なってはならない」との条件をつけた．3月，張家口市郵便局は罰金通知書を「陽光報業」に送った．

「陽光報業」は張家口市郵便局の罰金決定を不服として，「行政処罰法」の規定に基づき，公聴会の開催を求めた．4月19日の公聴会で，「陽光報業」と郵便局は郵便局が処罰権を持つか否か，小売り（零售）の定義が新聞・雑誌購読者の募集活動を含むか否か，新聞・雑誌発行に関する郵便局の独占経営の法的な根拠をめぐって，激しい論争を展開したが，合意が得られなかった．2001年5月，「陽光報業」は訴訟を起こした．法廷の弁論は郵便局の行政処罰権の法的根拠をめぐって行なわれたが，一審判決は「陽光報業」の敗訴を下した．原告の「陽光報業」は判決に不服として，張家口市中級人民法院に上訴した．

従来，一つの民営企業が地元当局，上級政府の河北省政府と中央行政機関である国家郵政総局の意思に抵抗して，営業活動を続けることはまず不可能であった．それを可能にしたのは「法治」の前進のほかに，世論の支持がきわめて大きかった．経済改革を進めるなかで，国民は独占の国営企業に対する不満と反発が強くなり，国有企業の民営化，独占事業に対する民間の参入を求めている．そこで，「陽光報業事件」はまさに時代遅れの行政部門，国有企業が競争を恐れて，行政手段で民間企業を独占市場から締め出そうとした典型的な事例である．「陽光報業」と郵便局の対立が表面化した後に，マス・メディアは事件を大きく取り上げ，行政側の対応，郵便局の専横ぶりを厳しく批判し，「陽光報業」の立場を応援してきた．

筆者の調べでは，中央テレビ局，新華社，国務院機関紙の『経済日報』，人民日報系列紙の『市場報』，国家工商管理総局機関紙の『中国工商報』，全国労働組合機関紙の『工人日報』，『中国経済時報』，『中国青年報』，『財経時報』，人気紙の『南方周末』などが特集，評論記事などで事件を大きく取り上げ，追跡報道を行なった．たとえば，『中国工商報』は2001年1月10日に「砲撃"報

刊壟断発行"」(新聞発行の独占経営を打破せよ),2月28日に「反壟断抜剣四顧心茫然」(独占に立ち向かっているが,周りを見て茫然となる)をタイトルに,「陽光報業事件」の経緯を報道すると同時に,独占経営の弊害を厳しく批判した.行政処罰の公聴会直後に,各新聞は公聴会の論争を整理し,「陽光報業」支持の姿勢を鮮明に打ち出した.4月25日,『中国工商時報』は「陽光報業何時見陽光」(陽光報業はいつ日の目を見るか)のタイトルをつけた.

「陽光報業」が一審で敗訴を喫した後に,『財経時報』と『南方周末』は北京で「陽光報業案与報刊発行市場学術研究討論会」を主催し,原告,被告の弁護士のほかに,著名な経済学者の茅于軾,国家行政学院教授の應松年(全人代内務司法委員会委員),中国人民大学法学教授の皮純協などの学者,専門家をシンポジウムに招いた.議論は「陽光報業事件」の是非から独占経営の弊害,郵便事業の見直し,民営企業の経営活動の自由および法体系の不備などに及んでいた.8月15日付の『財経時報』は「郵局拘禁公民非法陽光報業敗訴法院断案是否公正」(郵便局は人を拘束するのが違法であり,陽光法業の敗訴判決が公正か)をタイトルに,詳細にわたってシンポジウムの内容を報道した.マス・メディアの報道あるいは世論の支援は直ちに「陽光報業」の勝訴に繋がらなかった.しかし,その意義ははるかに訴訟の勝敗を超え,郵便事業の見直しおよび独占禁止制度の整備に向けて一石を投じたに違いない.原告側の弁護士もこの点を認めている.

⑶ オピニオン・リーダーの出現

近年,マス・メディアでの政策議論が活発化している.新聞,雑誌,ラジオ,テレビおよびインターネットは学者,研究者および文化人などに議論の場を提供し,後者は専門家の立場で政策論を積極的に展開し,世論をリードしていく.その結果,日本,欧米のようなオピニオン・リーダーあるいは評論家グループが形成されつつある.

1990年代に入ってから,中国の株式市場は急速に発展したが,問題も多い.まず行政規制が多く,制度整備が遅れている.次に,株式市場に対する経済当局の介入が多く,株価は当局の言動に影響されやすい.さらに,企業は証券取引所への上場を資金調達の手段として利用するが,経営情報の開示や経営管理の面で株主の投資に対しては必ずしも責任を十分に果たしていない.大多数の株主は株の購入を長期的な投資と考えるのではなく,投機的な側面が強い.

2000年，人気経済誌の『財経』は内部報告書をもとに10月号に「基金黒幕」という報道特集を掲載し，株式市場の「安定的な要素」として創設された基金会がしばしば株価を操作し，暴利を貪っていることを暴露した．それをきっかけに，マス・メディアは積極的に基金会の不当な株価操作を中心に中国株式市場の諸問題を取り上げ，専門家，関係者を巻き込んで株式市場のあり方をめぐる大論争を展開した．そのなかで，経済学者の呉敬璉は頻繁にマス・メディアに登場し，人々の不満を代弁し，基金会の黒幕，株式市場の不正を厳しく批判し，証券市場の規範化を強く求め，世論の支持を得ていた．

　暴露記事の掲載直後に，『財経』誌と基金会との対立が表面化した．10月29日，呉敬璉は中央テレビ局の取材を受けて，証券投資基金の不正および中国株式市場の過熱的な投機に対して批判的な見解を述べた．11月2日付の『南方週末』は「呉敬璉：股市不能太"黒"」という過激なタイトルを付けて，呉敬璉インタビューを掲載した．2001年1月13日，中央テレビの「対話」番組は呉敬璉を視聴者との対話に招き，キャスターと出演者の質問に答える形で中国株式市場に関する意見を述べた．1月14日，中央テレビ局の「経済半小時」は呉敬璉インタビューを放送した．そのなかで，呉敬璉は，まず第一に中国の株式市場は規範化されていない賭博場のようであり，詐欺，株価操作が多いということ，第二に国民の多くは株投機に参加していること，第三に株価は収益率の60〜80倍に達し，異常に高いことなどを指摘した．

　一部の専門家は必ずしも呉敬璉の意見に賛成しない．2001年2月11日，厲以寧，肖灼基（以上は北京大学教授），董輔礽（中国社会科学院の著名な経済学者），呉暁求（中国人民大学金融研究所所長），韓志国（経済学者，北京邦和財富研究所長）は懇談会を開き，賭博と資本市場とは本質的に違い，個人投資家の増加が市場経済化の発展方向と合致していることを述べ，呉敬璉批判を行なった．その直後，大論争が展開された．結果から述べると，大方の世論は呉敬璉の意見を支持し，証券市場の改革，特に監督管理制度の強化を求めた．さらに，呉敬璉個人の意見とは限らないが，2001年に入ってから，国務院と中国証券監督委員会はさまざまな措置を講じて，上場制度の見直し，情報公開の促進と監督の強化を図ろうとした．

　新聞，テレビを中心に，経済政策に関する専門家，学者の議論と提言は日常的に掲載されている．人民網は「専家学者論壇」で著名なオピニオン・リーダーの言論をまとめている．2001年6月下旬だけで，呉敬璉，周其仁（北京大学

教授),厲以寧,呉暁求,胡鞍鋼(清華大学教授)らの政策的な見解を中心に20数本の記事が収録され,その主な内容は郵便局などの独占経営打破,中国版ナスダックの創設,民営上場企業に関する家族の経営権独占問題,国有企業の株式化などと多岐にわたり,いずれも経済改革が直面している重要課題である.例えば,郵便局の独占経営に対する批判が高まるなかで,郵便局は通信の安全,規模経営と普遍的なサービスの実行を理由に封書および小包の速達業務に対する独占経営の維持を主張した.周其仁(北京大学教授)は『21世紀経済報道』で「周其仁:郵政専営三個理由無一成立」を発表し,民間の参入が必ずしも通信の安全と矛盾しないこと,経営赤字が独占経営の維持にならないこと,普遍的なサービスをビジネスの活動と区分すべきと主張した.

　政治の"敏感"度との関係から,行政,外交,法律,社会,特に政治の分野では,政策的議論は経済分野ほど自由ではないが,専門家,学者はマス・メディアでさまざまな発言,政策提言を行ない,オピニオン・リーダーの役割を果たしている.2000年から2001年にかけて,「婚姻法」の修正は国民的な関心を呼び,マス・メディアは審議の動きを詳しく伝えると同時に,法改正のポイントについて読者,専門家に議論の場を提供した.巫昌禎は中国政法大学教授であり,中国法学会副会長,婚姻法研究会会長の肩書きを持ち,婚姻法修正案の作成に参加した.2001年11月1日付の『南方都市報』は「広東対婚姻法修訂貢献很大」をタイトルに巫昌禎インタビューを掲載した.徐安琪は上海社会科学院女性研究センター副主任を務め,上海市婚姻家庭研究会副会長の肩書き

表3　新聞における経済専門家の政策的な提言（2001年6月下旬）

内容別	主な記事（新聞と掲載日）
反独占	「周其仁:郵政専営三個理由無一成立」『21世紀経済報道』(6月25日) 陳淮「郵政専営的説法十分悪劣」『中国経済時報』6月25日 周漢華「監管機構与反壟断機構的権力配置」『中国経済時報』6月22日
中国版ナスダックの創設	「厲以寧指出:創業版不能再等了」『中国証券報』6月20日 「経済学専家談創業板」『中国経営報』6月22日
民間企業の家族経営問題	「劉紀鵬:増加対家族企業上市的限制性規定」『中華工商時報』6月21日 「呉敬鏈:民営企業也存在"一股独大"問題」『北京青年報』6月25日
国有銀行の株式化	「厲以寧:国有銀行改制分三歩実施」『中国経営報』6月22日

出所:人民網「専家学者論壇」(http://www.peopledaily.co.jp/GB/jinji/).

をもち，全人民代表大会常務委員会法律工作委員会の招きで婚姻法修正案の討論に参加した．2000年11月5日付の『南方都市報』は「"婚姻法修正案" 8問」をタイトルに徐安琪インタビューを掲載した．インタビューのなかで，徐安琪は修正案作成の内幕を紹介しながら，みずからの見解を述べた．

　最後に，権力側は従来以上にオピニオン・リーダーの発言に注目し，彼らをブレーンとして活用していることを指摘したい．なぜなら，オピニオン・リーダーの発言は学者，専門家としての意見が政策立案の参考になるだけではなく，世論の形成に一定の影響力を持つからである．呉敬鏈は国務院発展研究センターに在籍し，多くの経済政策立案に携わってきた．しかし，ブレーンの立場は必ずしも彼の独自な発言を妨げるものではない．2000年末，中央テレビ局は「2000経済年度人物」の選考を主催し，123万のインターネット投票を含む200万以上が投票に参加した．呉敬鏈，国内最大のIT企業，聯想の社長である柳伝志，大手電機メーカー海爾社長である張瑞敏，香港出身の中国証券監督管理委員会首席顧問の梁定邦などの10人が選出されたが，そのなかで，呉敬鏈の得票は断トツであった．個人差はあるが，マス・メディアなどで大胆な議論を積極的に展開し，政策立案に参画するオピニオン・リーダーは増えている．

おわりに

　中国は市場経済を導入してから経済社会の構造が大きく変化し，利益の多様化が急速に進んでいる．都市と農村，地域間，階層間，職業間，世代間，生産者と消費者，国家と社会はさまざまな形で利益を競いあうようになってきた．その結果，異なる利益の要求，複雑な利害構造をどのように調整するかは政治の重要課題となっている．公聴会制度の例から見られるように，中国政府は政治参加の制度化によって，利益表出のチャンネルの整備，利害調整メカニズムの構築を模索している．政治参加の活発化は政策過程の透明度を高め，多様な意見を政策決定に反映させ，人々の政治意識を向上させるに寄与している[10]．

　他方，政治参加拡大の模索はいまだに初歩的な段階に止まっているのも事実である．理念・意識の面では，中国政府は近代化実現の目標，または社会的不満への危機感から民意を政策に反映させようとしているが，政治，政策の現場では，利益表出のチャンネル，利害調整のメカニズムが必ずしも確立されていない．さらに，権力側は既得権益を民意，民衆の利益に優先する傾向が依然と

して強い．公聴会を例に挙げると，関係当局は公聴会を開催しない場合もあれば，「お気に入り」の人を代表に選んで公聴会を権力意思の隠れ蓑にする場合も多い．公共料金改正の公聴会，立法公聴会は民意の表出，利害調整の場として一時期国民の注目を浴び，世論の公表を受けたが，近年，価格公聴会に対する人々の信頼が薄れている．2008年10月，国家発展改革委員会は「政府制定価格聴証弁法」を改定し，公共料金改定における公聴会の役割，公証人における消費者代表の増加，代表選出の透明度向上などを図った．しかし，その運用に関する批判がいまだに多い[11]．

近年，中国政府は基層自治にかかわる民主的選挙，民主的意思決定，民主的管理，民主的監督を提唱すると同時に，知る権利，参加の権利，利益要求主張の権利（表達権），政府への監督の権利を保障することを提起し，「秩序のある政治参加の拡大」を主張し，「人権を尊重し，保障する．法律に基づき，国民が平等に参加し，発展する権利を保障する」ことを強調した．ここで，政治参加の拡大，民主的権利の保障は複雑な利害関係を調整し，社会的な公平，正義を実現する「政治的道具」としても強調されている．しかし，弱者への経済支援が強化されつつあることと比べれば，政治参加の拡大はいまだに理念の提示，呼びかけ，模索の段階にある．どうやって有効な政治参加を拡大させるかについて，中国政府はほとんど具体的かつ有効な措置を提示していない．

【注】
1) 広州市水道料金値上げの公聴会について，『南方都市報』は2000年3月24日，12月28日と29日に報道特集を掲載している．
2) 通信料金公聴会は人民網の「電信価格聴証会」（http://www.peopledaily.co.jp/GB/channel13/topic1577/）を参照．
3) 価格公聴会運営制度の整備は『法制日報』（2000a）および「政府価格決策聴証暫行弁法」（http://www.peopledaily.co.jp）を参照．広東省のバス料金値上げに関する公聴会は『南方都市報』2001年12月9日の特集などを参照．
4) 「直面民意」，『江蘇人民代表大会』（www.jsrd.gov.cn）．
5) 地元の『銭江晩報』などは2001年8月6日に浙江省立法公聴会を特集した．「草案」全文は，http://www.unn.com.cn/GB/channel455/457/1239/200107/1079800.html，採択された条例は http://www.Zjdaily.com.cn/node2/node803/node59712/nedo59717/user を参照．
6) 『深圳晩報』(2001)，『深圳特区報』(2001)および「深圳市人民代表大会常務委員会聴証条例」（http://www.shenzhen.gov.cn/4-fg/showzn.asp?rid=200112310000000001）

7) 杜鋼建論文は http://www.wtyzy.net/dugangjian7yihuitingzheng.htm を参照．
8) 人民網は「広西南丹鉱区特大事故」で南丹鉱山事故の重要報道記事，新聞論説などをまとめている（http://www.peopledaily.co.jp/GB/shehui/212/6048/6049/index.html）．
9) 「陽光報業事件」の主な報道記事，新聞論説などについては http://search.peopledaily.com.cn/search.wct?channlID=2196 を参照．
10) 公聴会の議論が政策決定に繋がった事例は第1節，第2節で述べたとおりであるが，一方，政策的な議論，提言が政策決定に反映された最近の例としては，中国電信の分割などがある．
11) 例えば，2001年の春節期間中に，鉄道部は運賃の大幅な値上げを行なったが，事前に公聴会を開催しなかった．2009年12月，多くの地方は相次いで水道料金値上げの公聴会を開催したが，参考人の代表性が世論から厳しく批判された．詳しくは『法制日報』（2009年12月28日）の関連記事を参照．

【参考文献】

唐亮（2000）「村民委員会選挙改革の政策決定過程」，中居良文（編）『中国の政策決定過程』日本貿易振興会アジア経済研究所．

『法制日報』（2000a）「价格听证不能走过场」9月23日
『法制日報』（2000b）「中国立法听证悄然兴起」12月17日．
『河北日報』（2000）「河北省将立法保护和支持个体私营经济发展」9月28日．
『南方都市報』（1999）「广听民声博采民意」9月10日．
『深圳晩報』（2001）「听证法规在深圳呼之欲出首开我国人民代表大会听证先河」7月27日．
『深圳特区報』（2001）「我国首部听证法规在深诞生市民可通过参加听证向市人民代表大会常委会进言献策」10月18日．
『青島晩報』（2000）「部分市民谈出租车运价听证会」9月24日．
『人民日報』（2001）「让大众积极参与」2月28日．
『羊城晩報』（2001）「广州：价格听证，听而不证」8月2日．
『中国经济时报』（2000）「价格听证任重道远」6月2日．
『中国新闻』（1999）「广东首次人民代表大会立法民主听证会显顕露朝气」9月10日．

注記：本章は「政策過程における国民の意見参加——公聴会制度を中心に」（『中国21』第14号，2002年10月）を修正したものである．

第 2 章

インターネット情報と政府の監視・管理
「政治性」インターネット情報の安全認知

白　智立

はじめに——中国政治の構造的特徴とインターネット情報の安全

　現代世界は，インターネットによって連結されたグローバル社会といってよい．ひとびとは，インターネットを利用し，相互に連絡をとり，情報を獲得している．インターネットの利用者（"網民"）それぞれが，情報の発信主体や情報源となりうるため，情報量は無限に増大することとなった．今日の世界は，これまで経験したこともない情報が爆発的に増大するという新たな時代を迎えており，同時に，また多くの新しい問題も発生している．こうした状況は，迅速で猛烈な勢いと併せて，各国の発展段階が異なることによって，明らかに差異が生じている．あらゆる国家が，インターネット情報の安全をどのように管理していくか，という新たな課題に直面している．

　しかし，この問題は，中国においては，現代中国政治の構造的特徴と必然的な関係を持ち，一層複雑化，主要化しているように見える．

　第一に，中国の政治構造の核心的特徴は，1949 年以来今日まで中国共産党（以下「党」と略称）が維持してきた政治生活における指導的地位の絶対性と超然性である．これはまた，中国の政治ガバナンスの安定維持の原因を分析する際に，避けることのできないテーマでもある．この"絶対性"と"超然性"は，政治ガバナンスに対し，いかなる挑戦を提起しようとも，あるいは潜在的脅威となろうとも，またたとえ市場経済が日ごとに成熟し，社会の自由度が過去の大部分の時期と比べて相当程度高まった 21 世紀の中国においても，依然として巨大なリスクと困難を伴っている．

　第二に，中国がこうした政治構造を維持するための伝統的な手段・方法は，主として三つある．すなわち，党の軍隊に対する絶対的指導権，幹部任用上の党の人事管理権の堅持および世論宣伝の主導権である．中国が革命の時代を終

え，曲折した建設の時代を経験し，"革命政党"から"執政政党"への過渡期であるべきとする今日においても，依然として党は伝統的なガバナンス手段・方法に強く依存している．さらには，中国に潜在的危機が存在すると意識するや，党の指導権の強化と伝統的なガバナンス手法は使用の幅が広げられ，危機の出現を予防・抑制するための現実的対策ともなる（白智立・楊沛龍 2006: 362）．

　第三に，このような中国の政治ガバナンスの運営も，常に受動的で消極的とは限らず，能動的・積極的な動機を持つこともある．建国から今日までの歴史を回顧すると，このような能動的・積極的動機を帯びた行動が現われていることは明らかであり，中国政治の伝統的な構造的特徴にはいささかの変化ももたらされていないし，伝統的なガバナンス手段への依存度も弱まっていないことがわかる．

　具体的には，本文で詳述するが，インターネット情報とは，簡単に言えば，われわれがいつも見ているインターネット上で発信，伝播している情報であり，小論の関心は，インターネット情報の内容およびそれがもたらすであろう影響と中国政治ガバナンスとの相関関係である．この問題の起源は，上述した中国の政治構造における"絶対性"，"超然性"という特徴および中国がこの特徴を保持するために通常使用する伝統的政治管理手段（世論・情報の監視・管理）である．「インターネット情報の安全」こそ，両者を連結するキーワードに他ならない．このため，小論では，基本的仮説として，中国の政治構造の特徴を前提として，中国のインターネット情報内容の安全に係る事前の計画，理解，認識に基づき，また，この基礎の上に立つことから，インターネット情報の内容を有効に監視・管理するかが決定されていると設定することとする．

　そもそも筆者がこの問題を考えることとなったきっかけは北京大学公共政策研究所が行なった「インターネット情報の安全と政府の監視・管理研究」プロジェクトに参加したことである．同プロジェクトは，2006年4月に開始され2007年1月に終了し，その研究成果は『わが国インターネット情報内容の安全とガバナンスモデルに関する研究報告』（以下『報告』と略称）[1]として総括された．同プロジェクトの研究過程において，まず関係する政府の監視・管理法規を整理・総括し，その後「インターネット利用者へのアンケート調査」を設計し，北京，武漢，鄭州および西安の4都市において配布，有効回答3774部を回収した．さらに，インターネット情報方面の専門家，政府監視・管理部門の関係者，インターネット業協会の構成メンバー，インターネット関連企業の

関係者を訪問し，インタビューを行なった[2]．

本論文は，『報告』および筆者と課題チームが実施した調査結果などに基づき，中国の党，政府およびインターネット利用者らのインターネット情報の安全，特に中国政治の構造的特徴と密接な関連を有するいわゆる"敏感"な"政治性"を帯びたインターネット情報内容の安全に関する認識と理解を分析し，中国がまさに実施しているインターネット情報の監視・管理についての研究を進め，現在中国が行なっている監視・管理方式とひとびとのインターネット情報の安全に対する認識の間の関係などについて検討しようとするものである．

1 中国のインターネット情報の安全に関する認識

今日大多数の国家において，インターネット上の情報は，量的に飛躍的に増大しただけでなく，同時に情報内容も，さまざまな不安全要素が伏在し，しばしば大衆の経済，社会生活の安全に脅威を与えている．特に，インターネット上の電子情報が持つ匿名性，即時性，双方向性，無国境性，瞬間的な大量伝播，低コスト性などの特性によって，この種の不安全性は，紙による情報よりもさらに不安全性が高くなっている．さらに，インターネット技術の不断の革新と急速な発展によって，政府の安全監視・管理は常に受身に回り，対応が困難な状況に陥っており，このため，いかにインターネット情報の安全に対応していくかは，多くの国家にとって積極的に開拓が必要な，新たな公共政策領域となっている．

中国において，インターネット情報の内容の安全は，一貫して国家情報の安全における核心的内容とみなされ，また国家情報安全は，インターネットなど情報基礎インフラの安全，銀行情報システムなど国民経済生活などに対し，重大な影響を与える情報システムの安全および情報の内容の安全を包括している[3]．インターネット情報の内容の安全問題と情報基礎インフラの安全，情報システムの安全は同列であり，国家情報の安全において高く位置づけられている．インターネット情報内容に関連する安全問題は，中国においては，国家が特に重視し，急速にニーズが高まって重点的に安全防止を進めている重要公共政策領域として認識されている．

インターネット情報内容の具体的な安全について，中国のインターネット管理部門は以下の五つに区分している．第一類は，イデオロギー，国内外の"敏

表1 インターネット情報内容の安全ガバナンスに関連する規定

規定	種類	制定機関	制定日時
1 中華人民共和国コンピューター情報システム安全保護条例	行政法規	国務院	1994年 2月18日
2 中華人民共和国コンピューター情報ネットワーク国際インターネット管理暫定規定実施弁法	行政法規	国務院情報化工作弁公室	1997年12月 8日
3 コンピューター情報ネットワーク国際インターネット安全保護管理弁法	行政法規	公安部	1997年12月30日
4 "インターネットカフェ"経営行為規範・安全管理強化に関する通知	行政法規	公安部，情報産業部，文化部，国家工商管理局	1998年12月25日
5 コンピューター情報システム国際インターネット秘密保護管理規定	行政法規	国家秘密保護局	2000年 1月
6 インターネット情報サービス管理弁法	行政法規	国務院	2000年 9月20日
7 中華人民共和国電信条例	行政法規	国務院	2000年 9月25日
8 インターネット電子公告サービス管理規定	行政法規	情報産業部	2000年10月 8日
9 インターネットサイトニュース掲載業務従事管理暫定規定	行政法規	国務院新聞弁公室	2000年11月 7日
10 全国人民代表大会常務委員会のインターネット安全の保護に関する決定	法律	全人代常務委員会	2000年12月28日
11 インターネット医療衛生情報サービス管理弁法	行政法規	衛生部	2000年 1月 8日
12 インターネット薬品情報サービス管理暫定規定	行政法規	国家薬品監督管理局	2001年 1月11日
13 インターネット情報サービス電子公告サービスの審査管理業務を一層改善することに関する通知	行政法規	情報産業部	2001年 3月 7日
14 インターネット接続サービス営業場所管理弁法	行政法規	情報産業部，公安部，文化部，国家工商行政管理局	2001年 4月 3日
15 ネットバンク業務管理暫定弁法	行政法規	中国人民銀行	2001年 6月29日

16	インターネット出版管理暫定規定	行政法規	国家新聞出版署,情報産業部	2002年 7月15日
17	インターネット接続サービス営業場所管理弁法	行政法規	国務院	2002年 9月29日
18	インターネット文化管理暫定規定	行政法規	文化部	2003年 5月10日
19	インターネットサイト猥褻・色情等不良情報伝播禁止自律規範	内規	中国インターネット協会	2004年 6月10日
20	インターネット検索エンジンサービス猥褻・色情等違法・不良情報自律規範	内規	中国インターネット協会	2004年12月22日
21	インターネットニュース情報サービス自律公約	内規	中国インターネット協会	
22	インターネット,移動通信端末,電話情報台を利用し,猥褻電子情報を制作,複製,出版,販売,伝播した刑事案件の具体的な法律の応用に関する若干の問題に関する解釈	法律	最高人民法院最高人民検察院	2004年 9月 3日
23	非営利性インターネット情報サービス登記管理弁法	行政法規	情報産業部	2005年 2月 8日
24	電子認証サービス管理弁法	行政法規	情報産業部	2005年 2月 8日
25	中華人民共和国電子署名法	法律	全人代常務委員会	2005年 4月 1日
26	インターネット著作権行政保護弁法	行政法規	国家版権局情報産業部	2005年 5月30日
27	インターネットニュース情報サービス管理規定	行政法規	国家新聞弁公室情報産業部	2005年 9月25日
28	電子支払いの手引き(第一号)	行政法規	中国人民銀行	2005年10月26日
29	インターネット安全保護技術措置規定	行政法規	公安部	2005年12月13日
30	インターネット電子メールサービス管理弁法	行政法規	情報産業部	2006年 3月30日
31	情報ネットワーク伝播権保護条例	行政法規	国務院	2006年 5月18日

感な"政治問題に関連する政治的安定ならびに政治性を帯びたインターネット情報内容の安全，第二類は，迷惑メール，猥褻，暴力，詐欺など「健全な先進的文化の伝播を妨げる」健全性に関わるインターネット情報内容の安全，第三類は，個人の名誉を毀損し，個人の権利に及ぶプライバシーに関わるインターネット情報内容の安全，第四類は，国家機密，商業的秘密などを無意識に漏洩，拡散ないし意図的に窃取するなど，秘密性に関連するインターネット情報内容の安全，第五類として，版権を侵害するインターネット情報内容の安全，の 5 分類である[4]．

中国で 2006 年に発行された『2006–2020 年国家情報化発展戦略』は，現在地球的規模で比較的突出した情報安全問題として，コンピューターウィルス，サイバーアタック，迷惑メール，システムブレークダウン，インターネット秘密情報窃取，虚偽有害情報，インターネット違法犯罪などを列記している．中国の認識する"情報安全"問題とは，インターネット情報内容の安全の大部分の内容をカバーしているところから，情報内容の安全と"情報安全"などが一体化しており，中国における国家情報化の発展とインターネット・ガバナンスにおいてインターネット情報内容の安全管理が占める割合は非常に大きな比重となっているものといえる．

中国が直面するインターネット情報内容の安全問題は，その他国家も同様に遭遇するものであり，実際のところ，経済社会の健全な発展と国家の安全保障への攪乱要因として，各国政府の管理・規制対象となっている．しかし，いくつかの国家と根本的に異なるのは，中国は，イデオロギーと"政治安定"に関係する"敏感"で政治性を帯びたインターネット情報内容の安全問題に注目するところにあり[5]，また，上述の国家安全に関連した第四類の秘密性情報からこれを分離し，確保すべき情報安全の第一位に位置づけていることである．

これに限らず，実際のインターネット情報内容の安全の具体的管理の過程では，政府は第一類の"政治性"情報安全の管理に向けた力の入れ具合と情熱およびこれに投入するエネルギーは，その他類別のインターネット情報安全よりもはるかに高くなっている[6]．ただし，一般的にいって，イデオロギー，"政治安定"に関連する政治的インターネット情報内容の安全の概念は曖昧であり中国においては，一般的に"敏感"の一語を多用して表現している．同時に，この種の曖昧性，広範性は，実際のインターネット情報内容の安全管理において，かなり明確に現われることとなり，監視・管理の客体としての関連企業は，

最終的には長期的な政府との間の「慣らし運転」を通じてのみ推量するにすぎない[7].

　なぜ，こうした問題が出現したのか．われわれは調査のなかから，適切に依拠し，これを解き明かす根本因を見いだすことはできなかったが，ここでは，可能性のある要因について，推測を加えてみよう．

　第一に，消極的な解釈としては，この種の管理モデルが，監視・管理部門の意思決定と裁量空間を拡張し，同時に，それぞれの時期の社会状態，政治課題の変化に従って，監視・監督の対象，範囲および監視・監督基準などが調整されてきたものの，そのなかで大きな随意性を帯びていた，という点がある．その直接的な原因は，前述の中国政治の構造的特徴と関係している．すなわち，政治管理を国家管理における最優先の政策選択とするため，"絶対性"と"超然性"の特徴を帯びることなり，いかなるインターネット情報もすべて情報安全管理の対象となる可能性を持つからである．今日の中国は依然として"汎政治化"の特徴を持っており，いかなる社会経済環境要素の変動であっても，中国の"政治システム"はすべてこれらを"敏感"な"政治的"課題として感知し，ここから"広範"・"曖昧"な政府監視・管理が永久に生存し，延伸する空間が与えられることとなった．

　第二に，積極的な解釈としては，中国の監視・管理部門が，ひとびとが過度にこの類の情報内容の安全の具体的対象，内容，標準，範囲などを理解することを希望していないという点が挙げられる．なぜならば，この種の管理を行なう際には，現代国家の基本理念，すなわち"言論の自由"，"通信の自由"，"民主政治"，"政治参加"，"利益表現"，"民主監督"と中国の現政権が提唱する"民主"の気風とは常に抵触するからである[8].

　しかし，いずれであろうとも，"政治性"を帯びたインターネット情報内容の安全管理・規制基準は"広範性"，"曖昧性"の特徴を有しており，おそらく第一種の成因と第二種の成因が共同で作用した一種の"ねじれ"の結果であろうと思われる．

2 "政治性"を帯びたインターネット情報内容の安全

　前節では，中国の"政治性"を帯びたインターネット情報内容の不確定性という特徴を指摘したが，次いで，本節では，中国の情報安全の関連規定の分析

を通じて，さらに中国の"政治性"を帯びた具体的な実質を内包したインターネット情報内容の安全に接近し，これによって中国のこれに関する現実的な理解と認識を示すこととする．

表1に掲げたとおり，北京大学公共政策研究所課題チームのサーベイによれば，1994年から2006年5月まで，中国のインターネット監視・管理部門などは31のインターネット情報内容の安全に関する規定を制定した[9]．これらの法律，法規など政策的文書は多くの部門，機構によって発せられており，具体的には，全国人民代表大会常務委員会，国務院，国務院情報化工作弁公室，国務院新聞弁公室，公安部，情報産業部，国家新聞出版総署，国家保密局，国家版権局，最高人民法院，最高人民検察院，中国インターネット協会および衛生部，国家工商行政管理局，国家薬品管理局，中国人民銀行などが含まれている．

こうした規定は，国家情報安全および前述した四類のインターネット情報内容の安全問題を管掌している．また，"政治性"を帯びたインターネット情報内容の安全は，主として全国人民代表大会常務委員会，国務院，国務院新聞弁公室，公安部，情報産業部，文化部，国家新聞出版総署などの関連規定によって規定されている[10]．とりわけ，インターネット情報安全問題に関連して，最も権威があり，かつ全面的，具体的な規定は，2000年12月の第9期全国人民代表大会常務委員会で通過した「インターネットの安全に関する全国人民代表大会常務委員会の決定」である．この決定は，インターネット安全を以下の四類型に分類している[11]．

第1類型――"インターネット運行"に関連するインターネット安全問題
　①国家事務，国防，先端科学技術領域のコンピューター情報システムへの侵入
　②コンピューターウィルスなど破壊性のあるプログラムを故意に製造，伝播し，コンピューターシステムおよび通信ネットワークを攻撃して，コンピューターシステムおよび通信ネットワークに損害を与えること
　③国家規定に違反し，みだりにコンピューターネットワークまたは通信サービスを中断し，コンピューターネットワークの正常運行ができないようにすること
第2類型――"国家安全と社会の安定"に関連するインターネット安全問題
　①インターネットを利用して，風説を流布，誹謗し，その他の有害な情報を伝播し，国家政権の転覆を煽動し，社会主義制度を転覆し，または国

家の分裂を煽動し，国家統一を破壊しようとすること
②インターネットを通じて，国家機密情報あるいは軍事秘密を窃取，漏洩すること
③インターネットを利用して，民族の恨みを煽動し，民族を蔑視し，民族の団結を破壊すること
④インターネットを利用して，邪教組織を組織し，邪教組織の成員と連絡し，国家の法律，行政法規の実施を破壊すること．

第3類型——"市場経済秩序と社会管理秩序"に関連するインターネット安全問題
①インターネットを利用して，偽物・劣悪製品を販売し，あるいは商品，サービスに関する虚偽の宣伝を行なうこと
②インターネットを利用して，他人の商業上の信用と商業上の名誉を毀損すること
③インターネットを利用して，他人の知的財産権を侵害すること
④インターネットを利用して，証券，先物取引あるいはその他の金融秩序の混乱に影響を与える偽の情報を作り，伝播すること
⑤インターネット上で，猥褻なウェブサイト，ホームページを立ち上げ，猥褻なサイトとのリンクサービスを提供し，あるいは猥褻な図画，映画，ビデオテープ，写真を広めること．

第4類型——"個人，法人，その他組織の人的，財産など合法的権利"に関連するインターネット安全問題
①インターネットを利用して，他人を侮辱し，あるいは事実を捏造して他人を誹謗すること
②不法に他人のメールやデータ資料を取得，改竄，削除し，公民の通信の自由と通信の秘密を侵すこと
③インターネットを利用して，窃盗，詐欺，脅迫などを行なうこと．

この全国人民代表大会常務委員会の決定は，インターネットの安全を確保するために的確なものであるが，インターネットシステム運行の安全を除外すれば，すべてインターネット情報あるいは情報の内容の安全管理と関連するものである．分類法と具体的な用語はやや異なるものの，前述したインターネット情報内容の安全の5類型をほとんどカバーしており，これをさらに具体化し，全面的なものにしたものといえる．"政治性"を帯びたインターネット情報内

容の安全問題は，ここでは，具体的には第2類型，主として中国の政治体制，国家統一，国家安全，民族問題，宗教問題関連の安全問題であり，かなり厳格に限定されている．これらの安全問題のガバナンスは，中国が現在認識している"政治性"を帯びたインターネット情報内容の安全が最も基本的に対応すべき問題となっている．また，ここにおいても，国家政権，社会主義制度，国家統一に関連するインターネット情報内容の安全が，トップ項目として位置づけられている．

これに先立ち，2000年9月に国務院が公布・施行した「インターネット情報サービス管理弁法」（中華人民共和国国務院令第292号）は，中国が比較的早期に"政治性"を帯びたインターネット情報内容の安全に関して管理を行なった行政法規といえる．また，全国人民代表大会の決定は，この基礎の上に制定されたもので，それ以降の"政治性"を帯びたインターネット情報内容の安全管理に関する規定はすべてこれと密接な連続性を有している．

同弁法中，インターネット情報とは，「インターネットを通じてネット利用者に提供される」，「経営性と非経営性」（＝有償と無償）情報を指している．経営性インターネット情報サービスに対し，国家は許認可制を実行し，また，無償で提供される公開性および共享性（＝共に享受されるべき性格）の非経営性インターネット情報サービスに対しては，国家は登録制度を実行するとしている（同弁法第2, 3, 4条）．さらに，インターネット情報サービスおよびインターネット情報内容に関し，これの監視・管理を実施する主体は異なる．前者は，「国務院情報産業主管部門と省，自治区，直轄市の電信管理機構」であり，後者は「新聞，出版，教育，衛生，薬品監督管理，工商行政管理と公安，国家安全など関連主管部門」とされている（同弁法18条）．同弁法第15条では，さらにインターネット情報サービスの提供者は，以下の情報内容の制作，複製，発信，伝播ができない旨規定している．

　①憲法が確定している基本原則に反対するもの
　②国家安全に危害を加え，国家機密を漏洩し，国家政権を転覆し，国家統一を破壊するもの
　③国家の栄誉と利益に損害を加えるもの
　④民族の恨みを煽動し，民族を蔑視し，民族の団結を破壊するもの
　⑤国家の宗教政策を破壊し，邪教と封建的迷信を宣揚するもの
　⑥風説を流布し，社会秩序を紊乱し，社会の安定を破壊するもの

⑦猥褻，色情，賭博，暴力，凶悪な殺人，恐怖を広め，あるいは犯罪を教唆するもの
　⑧他人を侮辱あるいは誹謗し，他人の合法的権益を侵害するもの
　⑨法律，行政法規が禁止するその他の内容を含むもの
　これを，前述した全国人民代表大会常務委員会決定と比較してみると，同弁法はインターネットが発信する情報内容にあてはまるとともに，併せて"国家の栄誉と利益"に関する情報の安全問題が加わっており，また"社会秩序の安定"に関する情報安全の問題も強調されている．その結果，管理・規制の範囲と監視・管理部門の自由裁量の空間が拡がっており，"広範"かつ"曖昧な"概括性という特徴を帯びている．この9項目のインターネット情報サービスの禁止規定とは，現在の中国の"政治性"を帯びたインターネット情報内容の安全を実質的に内包するものである．

　この後，中国のインターネット情報内容の安全管理に関して，継続的に発布された若干の政策法規の大部分は，前述の国務院弁法の規定とかなりの程度重複している．例えば，「中華人民共和国電信条例」（中華人民共和国国務院第291号令，2000年9月25日施行）[12]，「インターネット電子公告サービス管理規定」（中華人民共和国情報産業部第3号令，2000年10月8日第4次部務会議通過）[13]，「ウェブサイトニュース掲載業務従事者管理暫定規定」（国務院新聞弁公室，情報産業部，2000年11月8日），「インターネット接続サービス営業場所管理弁法」（情報産業部，公安部，文化部，国家工商行政管理局，2001年4月3日）などである．

　しかし，いくつかの規定には若干の異同も存在する．例えば，新聞出版総署と情報産業部が合同で制定した「インターネット出版管理暫定規定」（2002年6月27日中国出版総署，中国情報産業部第17号令）は，インターネット出版が掲載できない内容として「国家統一に危害を加えること」をさらに細分化し，「国家統一，主権および領土保全に危害を加えること」と規定し，「民族の団結に危害を加えること」には，「あるいは民族風俗，習慣を侵害する」が付加され，その他新たに「社会公衆あるいは民族の優秀な文化と伝統に危害を加えること」が加えられた（第17条第2, 4, 9項）．新設された項目は，中国の世論・宣伝および新聞出版部門が，その管理対象を設定するための厳格な管理・統制基準であろう[14]．

　2005年9月25日，国務院新聞弁公室と情報産業部は合同で「インターネットニュース情報サービス管理規定」を公布した．同規定の第19条は，インタ

ーネットが発信したニュース情報，すなわち「政治，経済，軍事，外交など社会公共事務に関連する報道，評論および社会突発性事件に関連する報道，評論」などの「時事的政治状況のニュース情報」あるいは「時事的政治状況の電子公告サービス」の内容に関し，さらに具体的な管理・統制の標準を制定している．このような管理・統制の基準は，基本的には前述した国務院公布・施行の「インターネット情報サービス管理弁法」中の9項目の禁止事項の延長線上にあるが，掲載・発信できないインターネット情報内容として2項目を加え，従来の9項目から11項目へと増加している．すなわち，「非合法の集会，結社，デモ，示威，大勢の人を集めて社会秩序を乱すこと」および「非合法の民間組織の名義による活動」に関する情報内容である（第19条第9, 10項）．

「インターネットニュース情報サービス管理規定」中に規定されている11項目の禁止事項とは，現在の中国の"政治性"を帯びたインターネット情報内容の安全に対する最も具体的かつ現実的な認識というべきものであり，このような安全問題の監視・管理を通じて，有効な政治ガバナンスを実現し，これによって中国政治の構造的特徴を保持しようとしているものと思われる．2000年9月の国務院「インターネット情報サービス管理弁法」は，"政治性"を帯びたインターネット情報内容の安全の基本内容を内包しており，同弁法公布後大きな変化はなく，比較的高い安定性を有している．また，2005年「インターネットニュース情報サービス管理規定」で，新たに付け加えられた2項目の禁止事項は，おそらく当時の日本に関連するデモ行進など突発性公共事件を含め，群集性事件の増加とも関係しているであろう．今後，類似の変化が出現する可能性もあるが，"政治性"を帯びたインターネット情報内容の安全は，その"終極"目標がすでに設定されたことにより，安全に関連する実質的内容は，かなり高度の安定性を保つことになろう[15]．それ以外にも，中国は"政治性"を帯びたインターネット情報内容の安全な実施と有効な管理を実現するため，管理・統制対象は，インターネットニュースの掲載，インターネット電子公告，ウェブサイト，インターネット接続サービス営業場所，インターネット出版などにまで及んでいる．さらに制度設計面から見ると，中国のインターネット関連企業およびインターネット利用者に対する管理は，比較的厳格であり全面的に実施されている．

3 インターネット利用者のインターネット情報の安全に対する認識

　中国インターネット情報センターの 2006 年 6 月 30 日段階の統計によれば，中国のインターネット利用者の総人数は 1 億 2300 万人であるが，2009 年 6 月 30 日段階の最新統計では 3 億 3800 万人とされ，普及率は 25.5％に達している．将来の発展空間は比較的大きく，今後この数字はさらに絶え間なく更新され，増加していくであろう[16]．したがって，政府レベルがインターネット情報内容の安全の認識問題に直面していることに注視する必要があり，おそらくさらに一般大衆のインターネット利用者のインターネット情報内容の安全の認識およびこうした利用者たちのインターネット情報内容の安全管理に対するニーズを理解する必要がある．

　実際，中国において，インターネット情報安全およびその監視・管理モデルは，きわめて重要な公共政策のテーマとして突出し，政府，社会，学術界と多くのインターネット利用者の広範な注目を呼んだ．中国の学者は，わずか 2006 年 1 年の間に，インターネット情報安全およびその監視・管理問題をめぐり，広範な議論を展開したが，論争のテーマとしては，「インターネット上の猥褻物に関する監視・管理方式問題，ホットで敏感な情報を討論することを特徴とするウェブサイトあるいはコミュニティーの生存権問題，インターネット実名制問題，闇ソフト問題」などがあった[17]．

　本節では，まず北京大学公共政策研究所の『報告』により，インターネット利用者[18]のインターネット情報内容の安全に関する認識状況を概観しよう．同『報告』は，主として，インターネット利用者のウィルス，迷惑メール，インターネット取引，猥褻情報，ホットで敏感な問題などの安全意識に関するアンケート調査の結果から，一般のインターネット利用者がどのようにインターネット情報内容の安全について認識しているかを見ている．ウィルスおよび迷惑メールに関し，『報告』は，おおむね 80％のインターネット利用者が「しばしば」あるいは「たまに」ワクチンソフトを更新しているが，半数以上のインターネット利用者が，ウィルスによって OS を再インストールさせられたとしている．1 カ月に 5 通以上の迷惑メールを受け取るインターネット利用者は 60％以上に達している[19]．ウィルス，迷惑メールの安全性に関しては，大部分のインターネット利用者は実際の接続過程で，すでにその必要性を確実に感じて

おり，またなんらかの安全対策を実施している．

『報告』によれば，インターネット取引に関し，インターネット取引に参加したことのない利用者は比較的多く，71.1％を占めているが，インターネット取引に参加した利用者のうちでは，4人に1人が，利益を損ねた経験がある．調査対象者のうち，51.1％の取引参加者が，経済的安全性を心配しており，インターネット広告情報を信じないものの比率は59.9％に達している．また，23.2％の被調査者は，「時々」あるいは「しばしば」インターネットの虚偽情報による損害を受けていると回答している[20]．インターネット利用者のなかで，インターネット取引に参加している人数がまだ多くないことは，取引の安全性とインターネット情報の真実性の程度が高くないことに関連していよう．

一方，性に関連する情報，猥褻情報に関しては，『報告』は，40.4％のインターネット利用者が「しばしば」あるいは「時々」インターネット上で性に関する情報を獲得しているとしている．性情報の獲得が「少ない」あるいは「まったくない」との回答は，それぞれ32.8％，26.8％であり，かつ41.6％のインターネット利用者は「容易に猥褻なサイトに接触できている」と回答している．しかし，今回のアンケート調査の被調査者である18歳以上のインターネット利用者は，これに対し「心配している」のは2割にも達せず (18.3％)，「あまり心配していない」と「心配していない」はそれぞれ28.9％と27.4％であった．ただし，77.1％の被調査者が，猥褻情報は未成年者に対して有害であると認識している（『報告』40-43頁）．インターネット利用者の成人グループがしばしば性関連情報に接触するにせよ，また，成人に対してはインターネット上の猥褻情報が必ずしも有害であるとは感じられていないとしても，未成年に対する有害性およびその不安全性は深く認識されているものといえるであろう．

"ホットで敏感な情報"に関しては，『報告』によれば，半数の被調査者が，「インターネットは民意を示す重要な手段である」と回答し，ネット上で「しばしば」ないし「時々」ホットで敏感な話題の討論に参加すると回答した被調査者は，それぞれ4.3％，26.6％であり，一方，「少ない」，「まったくない」と回答したのは，それぞれ44.4％，24.7％であった．また，ホットで敏感な話題に参加することに関して，「心配である」と回答した被調査者はわずかに14.8％で，「心配しない」と回答したのが55.5％であった（『報告』43-45頁）[21]．インターネット利用者のうち，"ホットで敏感な話題"の討論に参加している実人数こそ少ないが，大多数の人は，インターネットが民意を示す機能を有して

いることを認め，またこれに関心を有しており，こうしたタイプの討論を気にかけている．これは，参加程度が比較的低いことから，インターネットが民意を示す機能を有するとの認識度が比較的高いこととも関連し，厳格に監視・管理を行なうことが難しく，現在の中国に存在する一定の寛容度とも関連しているといえよう．

　次に，再び北京大学公共政策研究所の『報告』に拠って，インターネット利用者のインターネット情報内容の安全に対する監視・管理の認識，ニーズの状況について少し見てみよう．同『報告』は，主にインターネット利用者を対象としたインターネット情報内容の監視・管理の状況，主体，対象，方法など安全ニーズに関するアンケート調査の結果から，一般のインターネット利用者のインターネット情報内容の安全に関する意識と要望を見ている．『報告』に拠れば，政府のインターネット情報内容の安全と監視・管理状況に関し，多数の被調査者が政府のネットでの著作権侵害に対する取り締まり (44.9%)，ネット広告 (56.6%) およびネット情報内容 (34.9%) の安全監視・管理方面が厳格でないと認識している．政府のインターネット情報内容の監視・管理の満足度という点では，「不満」(30.3%) は「満足」(16.7%) よりも多く，「どちらともいえない」との回答が53%にも達した（『報告』48-49頁参照）．この回答結果は，既述したインターネット利用者のインターネットの安全性に対する認識程度の低さとも関連しており，同時にまた，インターネット情報内容の安全に関する政府の監視・管理部門の重点の置き方が不均等とのインターネット企業関係者へのインタビュー結果を実証するものである．

　インターネット情報内容の監視・管理は誰が行なうべきか，その主体に関し，最も多くの被調査者が「インターネット企業自身の自律」を採用すべきと認識している (27.2%)．「政府の監視・管理」がこれに続き，「内容によって異なる」(22.1%)，最後は，「利用者個人の自己規制」(20.1%) と回答した．比率は比較的接近しており，「管理の必要性はない」との認識は，わずか4%であった（『報告』49頁）．絶対多数のインターネット利用者は，ネット情報内容は監視・管理が必要と認識し，政府による監視・管理の必要性を高く認識している．同時に業界の自律，インターネット利用者の自己規制など管理主体は多元化されるべきで，インターネット情報内容の安全が同じでないことから，その主体選定も異なるべきと認識しているものとみられる．

　政府によるインターネット情報内容の監視・管理の具体的対象に関しては，

インターネット利用者は政府の監視・管理が最も必要な内容として，上から順に，虚偽情報（79.8％），取引情報（78.9％），国家安全情報（73.9％），猥褻物（67.8％），著作権侵害（64.5％），言論（25％）を挙げ，逆に，「政府が管理・規制する必要のない情報内容」としては，「インターネット言論」の比率が最も高く，49.4％であった．「あなたが，わが国政府が最も管理を強化すべきインターネット情報は以下のどれですか」との設問に対する回答では，安全監視・管理のニーズが強い順に，猥褻情報（70.7％），虚偽情報（68.9％），ウィルスに感染している情報（67.8％），国家安全に及ぶ情報（64.5％），迷惑情報（44.2％），プライベート情報（39.6％），ホットで敏感な情報（12.8％）と続いている（『報告』49-51頁）．インターネット情報に存在する取引の安全性，広告の真実性，猥褻情報の未成年に対する危害性などの安全問題によって，インターネット利用者がこうした種類の情報に対し，監視・管理の強い要求を抱いていることが看取される．その他，インターネット利用者は，国家安全関連の情報に対する管理強化も強く認識しているものの，同時にホットで敏感な情報の監視・管理に対する要求は非常に低く，半数近い被調査者が，ネット上の言論を管理・規制する必要はないと回答している．

　最後に，インターネット情報内容の監視・管理の方法に関しては，インターネット利用者は，政府がインターネット情報内容を監視・管理する際に最も必要な方法は，上から順に，「内容によって異なる」（48.4％），「パスワードを加える」（27.8％），「実名制」（18.9％），「料金徴収」（9.8％），「削除」（6％），「その他」（1.2％）と答えている（『報告』51頁）．半数近くの被調査者が，有効なインターネット情報内容の安全管理方法として，情報内容の違いによって異なる方法を採用すべきだと認識しており，さらに，パスワード付加および実名制に対する支持が，情報内容の削除の方法よりも高くなっていることが特徴的である．

おわりに──インターネット情報の安全と政府の監視・管理

　本稿で検討してきた問題は，中国の"政治性"を帯びたインターネット情報内容の安全の実質的内包および政府と一般のインターネット利用者の情報安全に対する一般的認識であったが，結びとして，現代中国における情報安全と政府の監視・管理の問題を総括することとしたい．

まず，インターネット情報の安全は，グローバルなインターネット・ガバナンスの主要な課題であり，国家安全，商業の安全，社会の発展，個人の権利および電子政府の構築など重層的な側面を有している．これと同時に，インターネット情報の安全のガバナンスは，"政府が提供する最重要の公共サービス"として，政府の公共サービス・システムに組み入れられるなかで，有効な管理が実行される必要がある[22]．これはすでに政府と社会で形成された広範な共通認識であり，疑いもなく，インターネット情報の安全問題は現実に存在しており，そのガバナンス強化が早急に求められている．

　第二に，その一方で，北京大学公共政策研究所課題チームの『報告』が指摘するように，政府とインターネット利用者の間に，インターネット情報内容の安全に関する認識あるいは安全管理ニーズにおいて，相当程度大きな"非対称性"が存在している（『報告』51頁）．すなわち，政府にあっては，いわゆる"ホットで敏感な""政治性"を帯びたインターネット情報内容に対する安全認識程度および管理ニーズが比較的高いのに対し，一般のインターネット利用者においては，個人生活に関係するネット上の取引の安全，ネット広告の真実性など情報安全に対する認識程度および管理ニーズが比較的高くなっている．利用者側は，ネット言論を管理・規制する必要性には賛成せず，インターネット民意の表現表出に対し，比較的高い賛同を示している．

　第三に，国家安全関連の情報は，政府のインターネット情報内容の監視・管理部門および一般のインターネット利用者双方において，その安全に対する認識と監視・管理ニーズへの認識が比較的高く，インターネット時代の国家安全問題は世界のその他の国家と共通の課題に直面している．この"政治性"を帯びたインターネット情報内容の安全の設定は，一定の合理性を有しており，広範に受け入れられているものと解される．ただし，その他すでに設定された制度的な管理・規制のニーズがあるとされた"政治性"を帯びた情報の内容と同様に，依然として「原則があるのみで，各種情報の認定基準を欠いている」（『報告』27頁）．その結果，おそらく，すでに"政治性"を帯びたインターネット情報の内容の安全は，"絶対性"，"超然性"という中国政治の構造的特徴が依然として延長継続するところから，さらに"汎政治化"し，最終的には中国社会の有効管理に対しては無益であろう．

　総じて言えば，中国の基層社会におけるインターネット利用者の情報安全意

識の変化およびその政府との間の安全ニーズの"非対称性"が明らかである．ここから，将来，おそらく，インターネット情報内容の安全基準の設定および監視・管理に関連して，政府は，情報安全本来の"安全性"に向けた純化および回帰が必要となろう．ここから，中国の世論に対する監視・管理と，情報安全の認識における伝統的な"政治性"という特徴もまた弱まるであろう．

【注】
1) 課題チームの構成員：寧騒（北京大学公共政策研究所所長，課題チームリーダー），白智立（北京大学政府管理学院副教授），任丙強（北京航天航空大学公共管理学院副教授），孫龍（中国人民大学国際関係学院講師），李国武（中央財経大学政府管理学院副教授）および関係部門の専門家・大学院生．報告は，以下の5部分から構成——主題報告：わが国インターネット情報内容の安全とガバナンスモデル研究，専題報告1：わが国インターネット内容の管理・規制の現状と存在する問題（執筆者：任丙強，孫龍），専題報告2：社会公衆のインターネット情報安全意識と監視・管理ニーズ（執筆者：任丙強），専題報告3：ICPの視角から見たわが国インターネット情報内容の安全とガバナンス（執筆者：李国武），専題報告4：米国，EUおよび韓国のインターネット内容の安全建設方面の経験と啓示．報告書の全文は，北京大学公共政策研究所のウェブサイト上で公開されている（http://www.pkuppi.com/Upfiles/20074468287.doc）．
2) アンケート調査の設計は，本章「付属資料1：わが国インターネット利用者アンケート調査」，訪問インタビュー調査の設計は，「付属資料2：わが国インターネット企業訪問インタビュー提要」（『報告』120–24頁）参照のこと．
3) 2006年5月31日の，課題チームと専門家の懇談に基づく．
4) 2006年5月31日の課題チームと関係専門家との懇談会に基づく．これをもとに，北京大学公共政策研究所の『報告』は，中国が監視・管理を必要とするインターネット情報の内容を，改めて以下の四つに整理した．①政治と意識形態方面の情報，②個人のプライバシー，名誉権を侵害するなど個人と法人の権利に関連する情報，③迷惑メールおよび不健全な情報，④国家と企業などの利益と安全を侵害する情報（『報告』21頁を参照）．
5) 例えば，日本では，個人の中傷，名誉毀損，児童ポルノなどで処罰されるべきものを除き，"言論の自由"，"通信の自由"の基本原則に基づき，政治的インターネット情報内容の安全問題は基本的に存在せず，政府は一般に特別の規制を加えるべきでないとされている（筆者による日本の監視・管理部門の関係者への訪問インタビュー，2006年11月）．
6) 例えば，複数のインターネット企業関係者は，「いくつかの敏感なニュースの情報は，政府は管理を最も厳しくしているが，敏感ではない娯楽・体育のような情報に対しては，権利侵害などの問題がない限り，けっして過度の管理を行な

うことはない」と述べている（課題チームと関係専門家とのヒアリング，2006年10月27日）．

7) 例えば，複数のインターネット企業関係者は，この類に関係する安全問題に関し，「国家は政策方面で具体的な文書をあまり多く出さず，現在の要求は比較的おおざっぱであり，おそらく業界の企業に対し一定の圧力となっている」，「規定が全体として表面的なもので，具体性に欠けるものであっても，何年もの間，管理を経ると，一定の基準と感じられる」と述べている（課題チームと関係専門家とのヒアリング，2006年10月27日）．

8) われわれの訪問調査で明らかになったのは，中国のハイレベルの指導部門の指導者は，影響力のあるインターネット論壇を中国政治の"晴雨計"と捉え，それを社会事情，民意，"世情"の窓口と理解しており，みずからインターネットに接続して，これを比較的高く評価している指導者もいるということであった（課題チームと関連専門家との訪問インタビュー，2006年7月）．

9) 中国のインターネット管理関連の法律法規などはすでに60本を超えているが，これは地方政府による関連規定を含んでいない．『報告』（26頁）参照．

10) 『報告』は「現在，わが国政府のインターネット内容の管理・規制に対する主要な範囲は，インターネットニュース情報提供（例えばICP，電子広告（BBS），インターネット出版など三つの重点領域に表われている．また，主管部門は，国務院新聞弁公室，情報産業部，新聞出版総署および文化部などである」と指摘している（26–27頁参照）．

11) 「インターネット安全に関する全国人民代表大会常務委員会の決定」（2000年12月28日第9期全国人民代表大会常務委員会第19回会議通過）．

12) この条例と「インターネット情報サービス弁法」は同時に採択，公布，施行されている．

13) 同規定は，主として中国国内で展開される電子公告サービスと電子公告の情報発信行為に対応したものである．同規定にいう電子公告サービスとは，「インターネット上，電子掲示板，電子ホワイトボード，電子論壇，チャットルーム，伝言板など相互形式でネット利用者に情報発信の条件を提供する行為」を指す（第2条）．

14) 2002年11月15日施行の「インターネット接続サービス営業場所管理条例」第14条は，「インターネット接続サービス営業場所の経営機関と接続消費者は，その場所で情報内容の製作，ダウンロード，複製，検閲，発信，伝播を行なうことはできない」とされ，「インターネット出版管理暫定規定」とは管理・統制の基準が異なっている．文化部が制定した「インターネット文化管理暫定規定」（2003年7月1日施行）は，インターネット文化機関は，同様の内容の文化製品を提供することができないとも規定している．

15) しかし，具体的な監視・管理の過程で，"政治性"を帯びたインターネット情報内容のさらに具体的，詳細な安全管理基準は，随時変化する可能性はある．ウェブサイトなどの政府の監視・管理部門の会議への定期的な参加あるいは公式

・非公式の"行政指導"により，いかなる項目についても監視・管理部門は具体的なインターネット情報内容に対して，管理を強化することができる．例えば，論壇，伝言板の監視・管理において，政府管理部門は，指導者の官職，氏名その他"政治性"を帯びたキーワードを明示することで，その削除あるいは同頁のブロックを要求できる（10月に課題チームが関係専門家と行なったインタビューおよび座談会，2006年4月，7月）．

16) 1997年の第一次調査時の人数は62万人であり，2009年現在のインターネット利用者は当初の198.4倍である（中国互聯網絡信息中心2009）．同センター報告の統計と発表時期は，われわれの課題調査の時期と基本的に一致しているところから，本文では主に同センターの2006年の統計を使用した．

17) しかし，『報告』は同時に次のようにも指摘している．「こうした話題は短期の一年のなかで数度，公共の議論空間の焦点となった」とはいえ，「一般のインターネット利用者の参与するルートと参与の範囲はまだ限定的であり，彼らの意見を発表するルートはまだ不足している」，同時に学術界など「インターネット情報内容の安全の研究に関して，地道な調査データに基づき，インターネット利用者の角度から，現行の監視・管理モデルに対する評価を行なうことは相対的に少なく，インターネット利用者の監視・管理に対する意識と要望に関する研究はさらに相当欠乏している」（『報告』35-36頁）．

18) 同課題アンケート調査の対象は，インターネットを毎週少なくとも1時間使用している18歳以上の中国公民とした．課題チームは，北京，鄭州，武漢，西安の四つの都市の住民，高校生，インターネットカフェ利用者に4000部のアンケートを配付し，実際に3774部の有効な回答を得た．調査方法の詳細は，『報告』36-37頁参照．

19) 『報告』37-38頁を参照されたい．同時に，中国インターネット情報センターの統計報告（中国互聯網絡信息中心2006: 17-18）も，インターネット利用者がインターネットに対して最も不満足を覚えるのは，「料金」であり，34.9％を占め，次に「安全性」が33.2％と続く．70.1％のインターネット利用者が，この半年内にウィルスあるいはハッカーの攻撃を受けており，ウィルスソフト，ファイアーウォールを使用するインターネット利用者は7割以上となっている．

20) 『報告』38-40頁を参照．同時に，中国インターネット情報センターの統計報告（中国互聯網絡信息中心2006: 21）も，インターネット利用者がインターネットによる取引を行なわない原因のなかで，最も主要なものは，「取引の安全性が保障されないこと」としている．

21) 同時に，中国インターネット情報センターの統計報告（中国互聯網絡信息中心2006: 16-17）も，以下のことを示している．インターネット利用者がしばしば利用するインターネットサービス／機能を上位から五つを挙げると，①ニュース閲覧，②検索，③メールの受発信，④論壇／BBS／討論グループなど，⑤即時通信となっている．中国におけるインターネットは，ひとびとが時事の理解，情報コミュニケーションおよび大衆参加の重要な手段となっているものと言え

る.
22) 2006年5月31日の課題チームと専門家の座談会による.

【参考文献】
毛桂栄（2004）「インターネットと中国政治」,明治学院大学『法学研究』77.

白智立・杨沛龙（2006）「在中国政治变动的条件以及公共行政变革」,谢庆奎・佟福玲（编）『服务型政府和和谐社会』北京大学出版社.
北京大学公共政策研究所（2007）『我国互联网信息内容安全及治理模式研究报告』1月（http://www.pkuppi.com/Upfiles/20074468287.doc）.
国务院办公厅・党中央办公厅（2006）『2006-2020年国家信息化发展战略』中国法制出版社.
刘文富（2002）『网络政治——网络社会与国家统治』商务印书馆.
中国互联网络信息中心（CNNIC）（2006）『第20次中国互联网络发展状况统计报告』7月.
中国互联网络信息中心（CNNIC）（2009）『第24次中国互联网络发展状况统计报告』7月.

付属資料1：中国インターネット利用者調査アンケート

住民インターネット接続状況調査アンケート

市：　　　アンケート番号：　　　訪問者名：

　こんにちは！　われわれは，北京大学公共政策研究所の調査員です．住民のインターネット使用状況を理解するために，今回本アンケート調査を行ないます．科学的な抽出方法に基づき，あなたをわれわれの調査対象に選びました．本調査は，おおむね10分程度，貴重な時間をいただきますが，ご協力に心より感謝いたします！

　本調査はすべて匿名で処理され，個人のプライバシーにおよびません．調査データは学術研究目的のみに使用し，《統計法》等関連法規に従い，回答の秘密を守りますので，どうぞ安心してご回答ください．

北京大学公共政策研究所

回答に際しての説明を先にお読みください：別に説明がある場合を除き，アンケート中の設問については，すべて最も適当と考える選択肢一つを選んでください．

A01　性別：
　　　①男　　②女
A02　年齢：
　　　＿＿＿＿歳（記入してください）
A03　学歴：
　　　①小学校およびそれ以下　　③高校，中等専門学校　　③高等専門学校
　　　④大学学部　　⑤修士およびそれ以上
A04　職業：
　　　①国家機関，党大衆組織勤務人員　　②企業勤務人員　　③学校教師あるいは学校管理人員　　④農民　　⑤事業単位勤務人員　　⑥個人営業者／自由業者　　⑦無職　　⑧退職人員　　⑨在校学生　　⑩非営利組織／非政府組織勤務人員　　⑪その他（記入してください）＿＿＿＿＿＿＿

B01　あなたは何年からインターネットの使用を開始しましたか？
　　　＿＿＿＿年（記入してください）
B02　あなたがいつもインターネットに接続している場所はどこですか？

①自宅　②職場　③インターネットカフェ　④学校　⑤その他（記入してください）_____

B03　あなたがいつも使用しているインターネットサービス／機能は何ですか？
　　　第一_____　第二_____　第三_____
　　　（3項目を選び，併せてあなたの使用頻度の順に並べ，上欄に記入してください）
　　　①ニュース閲覧　　②ネットショッピング　　③メール受発信　　④リアルタイム通信　　⑤論壇／BBS／討論グループなど　　⑥ネット取引　　⑦個人サイト　　⑧ネットゲーム　　⑨ネットチャット　　⑩音楽・映像のダウンロード　　⑪情報収集（例えば，製品サービス，ビジネス情報，医療健康，政府などの情報検索）　　⑫ブログ（ネット日誌）　　⑬ネット金融（銀行，ネット株取引を含む）　　⑭その他（注記してください）_____

B04　最近 2 カ月間，日平均でインターネットに接続した時間は？
　　　_____時間（記入してください）

B05　あなたが使用するコンピューターは，ウィルスソフトを装備していますか？
　　　①装備しており，しばしば更新している　　②装備しており，たまに更新する　　③装備しているが更新したことがない　　④装備したことがない　　⑤装備する必要があることを知らない　　⑥よくわからない

C01　電子メールボックスを使用していますか？
　　　①使用　　②不使用
　　　（②を選択した場合，C02 の質問をスキップして，回答を続けてください）

C02　前月，迷惑メールを何通ほど受信しましたか？
　　　① 5 通以下　　② 5–10 通　　③ 11–20 通　　④ 20 通以上

C03　過去 1 年間，使用しているコンピューターがウィルスに感染したため，OS を再インストールしたことはありますか？
　　　①ある　　②ない　　③はっきりしない

C04　ネット取引を行なっていますか？
　　　①やったことがある　　②やったことがない
　　　（②を選択の場合は，C05 と C06 の質問をスキップして，回答を続けてください）

C05　ネット取引をして，利益を失った経験はありますか？
　　　①ある　　②ない

C06　ネット取引では経済的な安全性が心配ですか？
　　　①非常に心配　　②比較的心配　　③普通　　④あまり心配しない　　⑤心配しない

C07，ネットで，性関係の情報資料（写真，文字，画像，音声など）に触れることはありますか？
　　　①しばしば　　②たまに　　③少ない　　④まったくない

C08　ネット上のホットで敏感な話題の討論に参加していますか？
　　　①しばしば　　②たまに　　③少ない　　④まったくない

第 2 章　インターネット情報と政府の監視・管理

C09　ネット上の猥褻な内容が，自分の心身に傷害を与えていると心配していますか？
　　　①非常に心配　　②比較的心配　　③普通　　④あまり心配しない　　⑤心配しない

C10　ネット上の広告情報を信用していますか？
　　　①非常に信用している　　②比較的信用している　　③普通　　④あまり信用していない　　⑤信用したことがない

C11　ネット上の虚偽情報によって損害を受けたことがありますか？
　　　①しばしば　　②たまに　　③少ない　　④まったくない

C12　以下の情報をネット上の面識のない人に提供したことがありますか？
　　　①住所　　②氏名　　③電子メール　　④家の電話　　⑤QQ番号　　⑥年齢
　　　⑦銀行カードの暗証番号　　⑧性別　　⑨携帯電話番号　　⑩職場

C13　BTを使って，映画や音楽をダウンロードしたことがありますか？
　　　①ある　　②ない

D01　政府のインターネット管理が，あなたのプライバシーを侵害していると思いますか？
　　　①はい　　②いいえ　　③何とも言えない

D02　ネット上に発信した記事を発表できなかったり，すぐに削除されたりした経験がありますか？
　　　①しばしばある　　②たまにある　　③少ない　　④まったくない

D03　猥褻サイトに容易に接触することができますか？
　　　①はい　　②いいえ

D04　ネット上のホットで敏感な話題の討論に参加するとき，心配ではありませんか？
　　　①心配である　　②心配でない　　③何とも言えない

D05　現在，政府部門が行なっているネット上の著作権侵害に関する取り締まりをどのように思いますか？
　　　①非常に厳格　　②比較的厳格　　③普通　　④厳格でない　　⑤まったく厳格でない

D06　現在，政府部門が行なっているネット上の広告の管理は厳格だと思いますか？
　　　①非常に厳格　　②比較的厳格　　③普通　　④厳格でない　　⑤まったく厳格でない

D07　ネットカフェでは実名制を実行する必要があると思いますか？
　　　①非常に必要　　②比較的必要　　③普通　　④あまり必要でない　　⑤まったく必要でない

D08　ネットカフェでは，従業員から身分証の提出を要求されますか？
　　　①非常に厳格　　②比較的厳格　　③あまり厳格でない　　④まったく厳格でない　　⑤わからない

D09　ウェブ上の論壇あるいはBBSでは，実名制を実行する必要があると思いますか？
　　　①非常に必要　　②比較的必要　　③普通　　④あまり必要でない　　⑤まったく必要でない

D10 論壇あるいは BBS が利用者に対して，個人情報を記入し，登録することを求めたとき，あなたは厳格に実行しますか？
①厳格に記入する　②一部記入する　③いかなる情報も記入しない

E01 政府関係部門がネット上の猥褻情報を監視・管理する必要があると思いますか？
①非常に必要　②比較的必要　③普通　④あまり必要でない　⑤まったく必要でない

E02 政府関係部門がネット上の言論に対し，制限を加えることは必要と思いますか？
①非常に必要　②比較的必要　③普通　④あまり必要でない　⑤まったく必要でない

E03 政府関係部門がネット上の取引の安全性を管理する必要があると思いますか？
①非常に必要　②比較的必要　③普通　④あまり必要でない　⑤まったく必要でない

E04 ネット上で，国家安全問題の情報へのアクセスを制限する必要があると思いますか？
①非常に必要　②比較的必要　③普通　④あまり必要でない　⑤まったく必要でない

E05 政府関連部門がネット上の偽情報に対し，監視・管理を行なう必要があると思いますか？
①非常に必要　②比較的必要　③普通　④あまり必要でない　⑤まったく必要でない

E06 政府関連部門がネット上の著作権侵害に対し，監視・管理を行なう必要があると思いますか？
①非常に必要　②比較的必要　③普通　④あまり必要でない　⑤まったく必要でない

E07 国家のネット情報内容の安全管理に関する法律および管理政策について理解していますか？
①よく理解している　②比較的理解している　③普通　④あまり理解していない　⑤まったく理解していない

E08 政府のネット情報内容の安全に関する監視・管理の状況に対して，満足していますか？
①非常に満足　②比較的満足　③普通　④満足していない　⑤とても満足していない

E09 現在，政府によるネット情報内容の安全管理は厳格ですか？
①非常に厳格　②比較的厳格　③普通　④厳格でない　⑤まったく厳格でない

E10 ネットは民意を表現する重要ルートと思いますか？
①はい　②いいえ　③何とも言えない

E11 ネット上の猥褻情報は，未成年者に対して傷害を与えると思いますか？
①はい　②いいえ　③どちらとも言えない

F01 ネット上の情報内容の安全は，主として誰によって管理されるべきものと思いますか？
①政府　②インターネット企業の自律　③利用者個人の自己管理　④管理は不要　⑤内容によって異なる

F02 政府は，どの分野のネット情報管理を強化すべきでしょうか？（複数回答可）
①偽情報　②猥褻情報　③国家安全に及ぶ情報　④個人のプライバシー情報　⑤ホットで敏感な情報　⑥ウィルスを帯びた情報　⑦迷惑メール　⑧その他（説明してください）

F03 ネット情報内容の管理方法がどれが良いと思いますか？
①削除　②暗証番号の追加　③料金徴収　④実名制　⑤内容によって異なる　⑥その他（説明してください）

調査は以上です．改めてご協力に感謝します！

付属資料2：中国インターネット企業訪問インタビュー提要

- 現在，政府のネットに対する監視・管理は，主としてどのような方面に現われているか？
- 政府のウェブサイトのニュースに対する管理は，どのように行なわれているか？ ウェブサイトの猥褻性を帯びた情報，イデオロギー内容，ホットで敏感な内容，国家安全情報などの内容は，どのように監視・管理されているか？ これらの面で，ウェブサイト毎に違った政府対応が存在するか？
- 政府は，ウェブサイトのコントロールに対し，正式な立法による管理・規制の他，どのような管理形態があるのか？ それらはどのように行なわれるのか？ その有効性は？
- 政府のインターネット企業に対する情報安全監視・管理政策をどのように評価するか？ 政府の政策の合理性，有効性を含め，ネット運営企業に対する政策は，どのような影響を与えているか？ 政府による情報内容の監視・管理方面には，どのような問題が存在するか？
- 現在，政府のネット情報に対する監視・管理は，どのような課題に直面しているか？
- 政府のネット情報内容に対する監視・管理は，どのような措置を採用すべきか？
- 企業は，インターネット内容の管理方面において，どのような役割を果たすべきか？
- 政府，企業および利用者は，ネット内容の管理方面で，どのように相互協力すべきか？

第 3 章

都市部基層政府と NGO の連携
「社区」における出稼ぎ労働者 NGO 活動調査から

趙　秀梅

はじめに──研究の背景

　改革開放が中国の国家 - 社会関係にもたらした重大な構造的な変化は自律性，半自律性の社会組織の出現と急速な発展，およびそれに伴う社会部門の変化である．改革開放以前の中国には，八つの人民団体[1]を含む全国的な社会団体（以下「社団」と記述）が約 100 しかなかった．地方の社団は基本的に全国的な社団の分枝機構（branch）であり，その数は 6000 社あまりであった（呉忠澤 1999）．これらの団体の組織構造，運営は国家機関と同じく，職員も国家幹部の扱いをされていたため，「官弁社団」と呼ばれる．

　改革開放後の 80 年代，中国は社団発展の黄金時代を迎えた．呉忠澤（呉忠澤 1999）によると，1998 年の末まで，民政部門に正式に登録した社会団体のうち，全国的な社団が 1800 社，地方の社団は 16 万 5600 社に達したという．これらの正式に登録した社団の多くは改革の需要を満たすため，国家が直接にまたは間接的に推進して発展させた組織であり，資金，人事，業務などの面で政府とのかかわりが多い．これらの組織は典型的な半官半民の特徴が強く（孫炳耀 1994），「第二の行政システム」（王穎ほか 1993），「国家行政システムの延長」（康暁光 1999），または「国家行政の一部分」（Foster 2002）と考えられ，よく「半官弁社団」と呼ばれる．

　1990 年代，とりわけ 1995 年の北京世界婦女大会の開催以後，新しいタイプの民間組織が中国で現われ，発展してきた．それらの組織は市民がみずから発足し，主に社会の力によって運営されているものである．半官弁社団と異なって，人事，資金，組織の策略策定（decision-making）と運営などの面で国家となんの関わりも持っていない．同時に，現代市民意識および公益性への重視などの面でも伝統的な中国の民間組織と異なるものである．これらは中国に存在

するさまざまな社会組織のうち，もっとも欧米のNGO組織に近いものである（Zhao 2001）．本論でいうNGOとはこれらの組織を指す．

　中国NGOの一つの明確な特徴は，それらの多くは社団法人の法人格を取得していないことである．実質上，中国政府が民間組織に対する管理は「同意制（approval system）」であり，「認証制（authenticate system）」ではない．NGOが民政部門に登録するには業務主管部門の審査と許可を必要としている[2]．しかし，NGO自身の政治的な"敏感性"により，みずから業務主管単位になってくれる政府部門はほとんどない．そのため，民政部門に正式に登録し，社団法人格があるNGOはわずかである．ほとんどのNGOが民政部門に登録できず，他の登録形式で存在している．例えば，企業団体，政府機関と事業単位の内部団体，半官弁社団の分枝機構，または非公式なボランティア団体などのような形で存在している（Zhao 2001）．

　近年，中国NGOは急速な発展を見せている．それらは私的な領域において各種サービスを提供しているだけではなく，自主的に社会を代表して国家と取引，ひいては国家の公共政策を批判している．例えば，2003年から北京の環境NGOをはじめとする全国の環境NGOが連合し，南西地区にある怒江（サルワイン川）での政府の大型水力発電ダムの建設計画に反対する運動が全国さらに世界に注目された．そのほか，各地方では農民の権利を擁護する自発的な社会組織が現われ，農民の権利を擁護する過程でこれらの組織は地方の国家機関と衝突し，対抗にまで至った（于建嶸 2003, 2004, 2005）．

　NGOが市民社会の特徴を作り出していることは一つの独立した社会領域が徐々に形成され，その機能を果たしていることを意味すると同時に，NGOが「国家権威」との結合を求め，努力していることもめだっている．よく見られる事例としては，ある程度の正当性を獲得するために，NGOがみずからの組織内部に「国家のシンボル（symbols of the state）」を引き込むことである（高丙中 2000; Zhao 2005）[3]．

　近年，NGOが基層国家部門と連携し，当地の公共サービスを提供する事例も現われた．例えば，北京の多くの出稼ぎ労働者が集中して住んでいる都市と農村が接する社区では新しい制度的取り決め（institutional arrangement）が現われた[4]．それらの組織は，NGOと基層政府が連携し共同で作られ，政府と伝統的な地縁や血縁などのネットワークが出稼ぎ労働者の需要を満たせないため，出稼ぎ労働者にサービスを提供することを目的として発足したものである．

以上のように，NGO の活動には国家と社会の相互作用における二つの異なるロジックと方向が反映されている．一方では，NGO は国家から分離してきた社会の産物であり，独立自主的な社会領域の構成要素でもある．NGO の市民社会的な性格は NGO に社会を代表させ，国家との相互作用過程において，国家と社会の分離を加速化させている．同時に，中国 NGO の生存と発展の制度的な環境がそれらの組織を積極的に国家の権威と結合するように決定づけたのである．ある意味で，中国の NGO は国家と社会の境界を明確に分離させると同時に，国家の権威との結合によりその境界を曖昧にしているとも言える．

1　問題提起

　改革開放以後の中国の国家‐社会関係の変化の著しい特徴の一つは，国家と社会が分離してきていると同時に，国家と社会の間に新しい結合が現われることである（孫立平 2005; 郁建興・呉宇 2003）．このような相反する変化は，経済領域における「官」と「商」の結合および地方政府の当地経済に対する庇護に典型的に見られる．経済領域における国家と社会の間の相互浸透，相互絡み合いに関してはいくつかの研究がある．例えば，ソリンジャー（Solinger 1992）は武漢市の私営企業に対して研究し，私営企業は国家から独立した体制外の力として現われたものの，都市部においては体制外の力にまでは形成できなかったと指摘した．中国において地方の役人と商人は多面的に接着，融合して，その存在は国家の権威を崩壊させるどころか，国家権威の維持を支えていると述べた．ワンクの厦門に関する研究によれば，国家幹部と企業家の関係は既存の「依頼型の庇護主義」から「共生型の庇護主義」に変わったという（Wank 1995）．オイは地方行政と地方経済の関係において地方政府の経済的な役割が非常に明確であることを指摘した（Oi 1992）．地方政府は地方経済に行政的なサービスを提供し，投資の策定に参加するだけではなく，改革以後の地方政府は企業と共にコストと収益を分担したとして，オイは地方コーポラティズム（local corporatism）を用いてこの現象を解釈した．

　社会領域においては，いくつかの研究は半官弁組織を研究対象とし，国家と社会の相互浸透を研究した（Foster 2001）．しかし，半官弁組織が国により作られたという点からすれば，国家と社会との結合を観察するに半官弁組織は不十分である．国家と社会の関係は多角的に考察される必要があり，その関係を捉

える切り口として社会団体を位置づけるのであれば，半官弁組織よりも，新しい社会構造の要素となる NGO がより重要な視点を提供してくれるものと考えられる．なぜなら，NGO そのものはまさに国家から分離してきた社会の産物にほかならないからである．

　しかし，中国の NGO に関する研究のうち，主に注目されているのは NGO と国家との分離および形成されつつある独立かつ自主的な社会空間または市民社会の意義などである（Saich 2000; Zhao 2002）[5]．また異なる理論的文脈，視点からの NGO 自体に対する研究もある．例えば，陸建華（陆建华 2000）は組織学的な文脈で NGO の組織構造と特徴について研究した．ヤンは NGO が置かれている制度的な環境から NGO の誕生と発展の原因を究明した（Yang 2005）．これ以外に，分野別の NGO，特に環境 NGO に関する研究が多い（例えば，Knup 1997; Brettell 2000; 陆建华 2000; 肖广岭・赵秀梅 2002）が，これらの研究も国家と社会の分離に焦点を当てた．

　本論の目的は NGO と基層国家が連携して都市部の社区の公共事業に参加することを考察することによって，社会領域における基層国家（政府）と社会の関係と二者の結合過程およびその特徴を明らかにすることにある．具体的に言えば，NGO が自主的にサービスを提供できるにもかかわらず，なぜわざわざ基層政府と連携し第三組織を作るのか，基層政府と NGO がどの程度まで結合しているのか，はたして両者の権力構造は変化したのか，そのうち，どの要素が機能したのか，NGO と基層国家のこのような相互作用は地方の政治過程に変化をもたらしたのかなどの問いに答えることである．

　ここで，本論文の国家についての理解を説明する必要がある．現代中国の国家－社会関係を考察する際に，単一の国家モデルでは国家の行為をうまく説明できなくなっている．約 30 年間の改革により，中国の全能主義の国家（Totalism State）が激しく変わってきた．リウはマイケル・マンの散発的全能主義国家（*Sporadic Totalism State*）のモデルを用いて，転換期の中国の国家が強い統治能力（despotic power）を持つ一方，基層管理能力（infrastructural power）が弱いと分析した（Liu 1992）．リーバーサルとオクセンバーグは，中国の異なるレベルと異なる部門の政府間に，不均衡な権力と利益による対立が生じていると指摘した（Lieberthal and Oksenberg 1988）．シューは，中国の国家をハチの巣のようにたくさん穴のある巣の構造（honeycomb-structure）の専制国家と描いた（Shue 1988）．同様に，鄧正来は"隙間のある国家"という概念を用いて，なぜ中央政府の政策が

地方政府と政府部門において有効に実施されないのかを分析した（邓正来 2000）．以上の先行研究から，単一の国家モデルは現代中国の実際状況を分析するに不十分であるとわかる．

　本論では二つの国家モデルに依拠して国家を考察する．国家は理論的には単一体（single entity）ではあるが，実践上では異なる国家機構と官員によって構成された集合体（collection of state agencies and officials）でもある（Migdal *et al.* 1994; Foster 2001）．したがって，われわれがNGOと国家の相互作用を考察する際に二つの焦点がある．一つは国家の政策策定能力および国家の主導的な役割を強調するもの，もう一つは，異なる領域，行政レベルにおける国家の運営を強調するものである．二つの国家のそれぞれNGOに対する定義も同じものではない．しかし，NGOに対する最低限の要求は同じである．それは，NGOの言動が政治的に正しくなければならないということである．換言すれば，党－国家体制に反対しないことである．国家とNGOとの関係はまさにNGOと異なる国家機構，官僚との相互作用の過程で形成される．

　本論での国家の概念は相対的に広い意味を含む．法律によれば，社区の管理組織である居民委員会は大衆的な基層自治組織である[6]．しかし，政府の都市基層管理システムのなかでは居民委員会（以下「居委会」と記述）は，区政府の直接派出機構である街道弁事処の管轄下にある下部機構であり，居委会の組織構造，管理方式は国家行政機構と同じになっている．居委会幹部の給料，活動資金を含む経費資金も上級政府から支給されるものである．現在，一部の社区で選挙活動を展開しているといっても，居委会の幹部，とりわけ重要なポストは政府からの任命がなければならない．街道弁事処と居委会は明らかに従属関係である．基層政府（区政府の部門や街道弁事処）は自分が所有している政治，経済的資源を利用し，居委会の人事の任免，資金の配分，仕事の内容を決め，居委会を自分の「派出機構」として「改造」し，多くの煩雑な行政事務を居委会に任せ，執行させる．居委会は明らかに行政化された（李友梅 2004）．居委会の社区住民にサービスを提供する機能より，上級政府からの行政任務を行なう機能がより強い．それゆえ，本論文は，居委会を社区内の自治組織とせず，代わりに国家の社区での代理機関とする．つまり，居委会は集合体の国家の一部分とされる．

2 研究事例

本論は，筆者らが 2005 年 3 月，8 月，2006 年 3 月の現地調査と 2006 年 10 月，11 月に行なった NGO のスタッフ，社区居委会の職員と他の政府部門の幹部への集中インタビューに基づく実証的な研究である．

本論で事例として取り上げた社区 DH は，北京市の北西部の，都市部と農村部が接する社区である．2006 年には常住人口（都市の戸籍を持つ人）が 4400 人である一方，流動人口（主に出稼ぎ労働者）が常住人口の約 3 倍の 1 万 2300 人とされる．流動人口のなかに，数少ない子供連れの家族型の出稼ぎ労働者以外，ほとんど 20 代と 30 代前半の独身出稼ぎ労働者と若夫婦の出稼ぎ労働者である．彼らの住む場所はさまざまである．例えば，数少ない野菜つくりの労働者（主に家族型）は田畑に自分で作った小屋に住んでいる．ある料理店に働く労働者は料理店から提供された寮に住んでいる．しかし，ほとんどの出稼ぎ労働者は，常住住民から借りた貸家に住む（貸家が常住住民の重要な収入である）．出稼ぎ労働者の職業も電子部品の販売，警備員，清掃業，建築従業者などさまざまである．

社区 DH で活動している NGO 団体 CY は，出稼ぎ労働者が自主的に発足し，出稼ぎ労働者にサービスを提供するために，2002 年に成立した組織である．CY は北京のある区の工商管理局に企業団体として登録している．2004 年 2 月，街道弁事処の支持の下で，CY は DH の居委会と連携し，「DH 社区出稼ぎ労働者文化教育協会」（以下「出稼ぎ労働者協会」と記述）という組織を作った．出稼ぎ労働者協会は社団の法人地位を持っていないが，居委会を通じて区民政局に正式に登録している．協会は DH 社区に生活している出稼ぎ労働者に文化教育，娯楽，法律援助などのサービスを提供することを目的とする．協会の会長は居委会の共産党支部書記が兼任し，副会長が居委会の主任が兼任している．言い換えれば，居委会が協会の名義上の主管部門である．実際に，協会は CY の専従職員により運営されており，活動の資金も Oxfam 香港が CY に提供したプロジェクト助成金である．

3 国家による都市基層社会の管理

中華人民共和国の建国後，政府は街道弁事処と居委会を基本組織モデルとす

図1　出稼ぎ労働者協会をめぐる管理ネットワーク

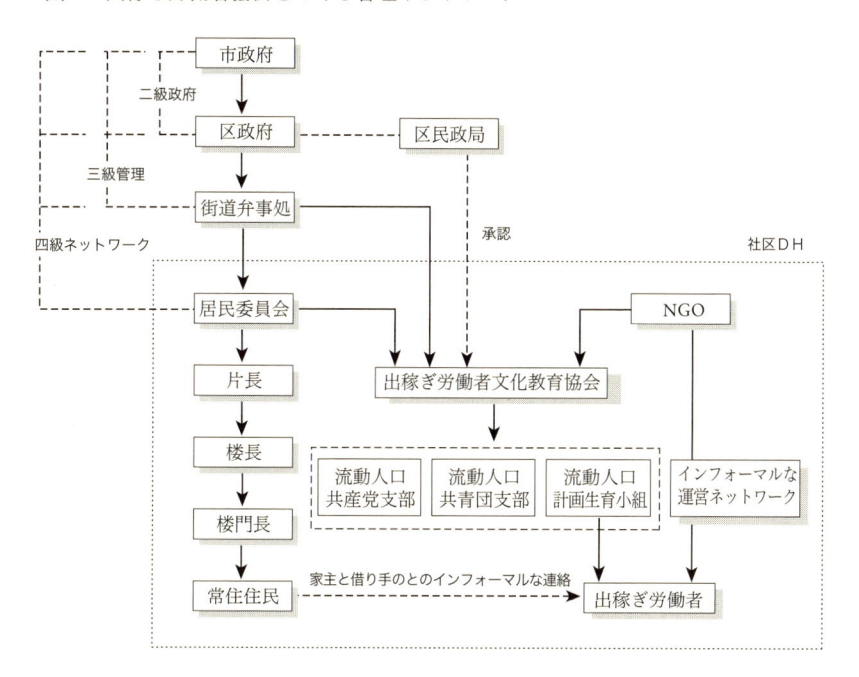

（二級政府、三級管理、四級ネットワーク）

市政府 → 区政府 → 街道弁事処 → 居民委員会 → 片長 → 楼長 → 楼門長 → 常住住民

区民政局 → 街道弁事処（承認）

居民委員会 → 出稼ぎ労働者文化教育協会
　　　　　　├ 流動人口共産党支部
　　　　　　├ 流動人口共青団支部
　　　　　　└ 流動人口計画生育小組
　　　　　　　　→ 出稼ぎ労働者

NGO → 出稼ぎ労働者文化教育協会
NGO → インフォーマルな運営ネットワーク → 出稼ぎ労働者

常住住民 — 家主と借り手とのインフォーマルな連絡 → 出稼ぎ労働者

社区DH

る都市部における社区の管理モデルを構築した．ところが，計画経済時代に都市部の基層管理上，実際の役割を果たしたのは「単位制」であった[7]．「単位」を媒介にして，国家は都市住民生活の隅々まで浸透し，コントロールすることができ，都市社会の管理における街道弁事処と居委会の役割は小さかった．当時，街道弁事処と居委会の管理とサービスを受けた対象は失業青年や身体障害者や老人などのような数少ない住民である．街道弁事処と居委会の管理能力も弱かった．改革以前の都市部の管理モデルが「単位」を主とし街道弁事処と居委会を補足的なものとしたモデルだとも言える．

改革開放以降，「単位」の社会的および政治的な機能は弱ってくる一方である．「単位」機能の弱体化，ひいては無力化につれ，多くの「単位」が引き受けていた社会機能が社区に移されてきている．同時に，大量の非国営経済組織が現われ，出稼ぎ労働者による都市部の流動人口が増加してきた．これらによって都市部の社会構造が変わり，国家の社区における管理とサービスの提供への要求が高まってきた．そこで，1991年，中央政府が「社区建設」という政

策を打ち出した．具体的には，居委会の職員の人数を増やすことや居委会に共産党支部を設けることや居委会の職員の給料を増やすことなどの対策を行なった．国家は「社区建設」を通じて，街道弁事処と居委会の権力と管理機能を強化し，これによって，「単位」の弱体化に伴って生じた都市基層社会に対する国家管理の空白を埋めようとした．

現在の中国都市部における基層社会管理は，図1に示されるような「二級政府（市・区），三級管理（市・区・街道），四級ネットワーク（市・区・街道・居委会）」のモデルに発展した．国家は「市政府－区政府－街道弁事処－居委会」という上から下への行政体制により，都市部の社区に対する管理を強化した．これは，国家が行政的な垂直ネットワークとコントロールする資源を利用し，上から下への社会統合である．しかし，いくつかの問題が起こっているものと思われる．

第一に，社区居委会の業務と住民の実際の需要とのギャップ．法律によって，居委会が6方面の仕事を引き受けることになっている[8]．しかし，限られた人力と財力のため，居委会が住民に公共サービスを提供することはほとんどなく，仕事は上級の政府機関に課せられた仕事ばかりである．筆者らは，最も切実な需要についてDH社区の出稼ぎ労働者にインタビューを行なった．その答えによれば，需要は次の四つの方面に集中している．①文化娯楽，②法律援助，例えば，賃金未払いの法律援助，③就職支援，④子供の教育．これらの需要は伝統的な血縁と地縁ネットワークでは解決できない．しかし，これらの需要は常住住民の需要と異なり，街道弁事処と居委会の仕事の重点でもなく，さらに街道弁事処と居委会の仕事にも含まれていないことが多い[9]．

第二に，国家の都市基層社会の管理目標と実際の効果のギャップ．出稼ぎ労働者にたいして，政府は有効な管理ができない．まず，政府は出稼ぎ労働者にアクセスできない．出稼ぎ労働者が都市の居委会と農村の村民委員会の管理から離れており，流動性と居住分散性のため，多くの居委会が出稼ぎ労働者の正確な人数すら把握できない．社区DHに住んでいる出稼ぎ労働者の約1万2300という数字は社区居委会が推定したものであり，正確な統計数字ではない．しかし，その数字は何年間も使われており，正式的な統計数字として上級政府にも報告された．

同時に，出稼ぎ労働者の都市と社区への帰属感は薄く，社区の公共活動に参加する意欲も低い．ある出稼ぎ労働者のアイデンティティに関する調査によれ

ば，約60％の回答者は自分が"農村人"と答え，13％の回答者は「わからない」と答え，19％の回答者は自分が"半都市人"と答え，8％の回答者は自分が"都市人"と答えている．調査したDH社区に，いくつかのトレーニング・ジムや運動場などの公共施設があるが，出稼ぎ労働者がそれらの施設を利用することはほとんどない．出稼ぎ労働者に理由を尋ねると，"施設は常住民しか利用できない"とか"利用できる施設は常住民がいつも使っているので，行きたくない"などの理由が挙げられた．実際に，戸籍の制限により，出稼ぎ労働者は"都市に生活する農民"であり，都市の医療，教育などの諸制度の対象とはなっていない．

したがって，政府の出稼ぎ労働者に対する管理は，現在の都市管理ネットワークを通して有効に実施できていない．例えば，居委会は，常住民と同じように出稼ぎ労働者を動員し，社区の公共活動に参加させることはできない．居委会が出稼ぎ労働者の家庭の基本情報を把握できないため，計画生育のような管理を有効に行なうこともできない．

第三に，公共サービスを提供するには，基層政府は人力と財力があまりに不十分である．居委会の職員の人数と活動資金は，社区の常住民の人数により決められ，近年社区の流動人口が急増しても，職員の人数と活動資金は変わっていない．限られた人力と財力で，急増した流動人口の需要を満たすどころか，日常的な管理さえも対応できない．このように国家の公共サービスの提供能力とそれに対する社会の需要の間には空白が生じた．"小さい政府"という政府の改革が進むうちに，いかにこの空白を埋めるか，この問題の解決は基層政府にとって最も大きな現実的なチャレンジである．

したがって，国家自身の資源と能力では，都市基層社会管理の需要と住民の公共サービスの需要を満たすことができないところから，体制外部の資源を求めることが不可避的な選択になる．

4 資源交換に基づく基層政府とNGOの連携

資源依存理論によると，組織間の関係は各自が保有している資源の優勢あるいは劣勢に基づいて，さまざまな資源のダイナミックな取引が行なわれるという (Rhodes 1997)．NGOと地方国家機関との関係はまさにこのような資源の相互依存に基づく互恵関係である．

上記に述べたように，基層政府は公共サービスの提供能力を上げるのに体制外部の資源が必要となった．特定の公共サービスを提供するNGOがまさにこのような体制外部の資源である．NGOの専門的な能力と経験は特に政府にとって望ましいものである．例えば，本論で調査したNGO組織CYは，出稼ぎ労働者により組織され，長年にわたって出稼ぎ労働者に後述のような無料公演を行なうと同時に，出稼ぎ労働者に法律援助や就職情報の提供などのサービスも行なっている．CYはDH社区とその付近の出稼ぎ労働者のなかに相当な影響力をもっている．すべてのCYのスタッフが出稼ぎ労働者であり，数多くの出稼ぎ労働者がボランティアとしてCYの活動に参加している．CYがどのように出稼ぎ労働者と接するか，どうやって出稼ぎ労働者を動員するか，および，どうすれば出稼ぎ労働者に有効なサービスを提供できるかにかけては豊富な経験を積んでいる．

　さらに，NGOが持っているボランティアと資金なども政府が期待している資源である．またCYの例を挙げてみよう．CYは自前のボランティア・ネットワークを作ってきた．そのなかには，出稼ぎ労働者のボランティア以外に，多くの北京農業大学や北京師範大学などの大学生ボランティアと市民ボランティアである．現在，DH社区で活動しているボランティアのほとんどはCYのボランティア・ネットワークに関わる人である．出稼ぎ労働者協会の日常運営を維持する必要な資金や活動の資金はすべてCYがOxfam香港から得た助成金である．

　NGOにとって国家の権威は，国家にコントロールされている社区に進出するのに必要不可欠な資源だといえる．空間的にいえば，社区は一般的に大門を境にして内外を区分している．実際の運営では，居委会は社区を全面管理する，社区の"門番"に似ている．社区に入るためにはこの"門番"または上級政府の許可と授権が必要である．筆者らが過去に行なった北京にある五つの社区の居委会の主任と書記に対するインタビューによれば，居委会がその他の組織を社区に入れるかどうかの判断基準に関して，彼らは次のようなほぼ同じ認識を持っていることがわかる．

　彼らはむやみに民間組織と協力するわけではなく，社会組織が社区内部に入って活動を展開することを簡単にはさせないという．居委会はまずこの組織に政治的な危険性があるか否かを判断する．次に自分たちの仕事に役に立つかどうかを判断する．政治的な危険性があるかどうかの判断は主に上級部門の許可

に依拠している．上級の政府の許可があれば，安心して社区に入って活動させる．なぜなら，これらの組織は上級部門の審査を経たからであるという[10]．NGOのような政府と何の依頼関係も持っていない組織にとって，政府の行政的な授権はもっとも重要なことである．政府の行政的な授権により，NGOが国家から行政的な権威を付与されることになり，これは，NGOが社区に進出し活動する正当性の基礎になる．国家の権威とNGOの正当性の関係について，以下の第7節において詳しく議論する．

　基層行政ネットワークの動員能力もNGOにとって望ましい資源である．上で述べたように，国家は都市基層社会の管理を強化するため，行政的な垂直ネットワークを構築した．これは重要な資源をコントロールし，大きな動員能力を持っている．そのうえ，居委会は行政管理方式に類似するネットワークを社区のなかに構築した．社区がいくつかの"片"と呼ばれるブロックに分けられ，一つの"片"にはいくつかのビルが含まれる．"片長"を"片"の担当者とし，"片長"は一般的に居委会の職員がなる．また各ビルに"楼長"と呼ばれる責任者を設ける．場合によってはあるビルがまたいくつかの管理区域に分かれ，各区域に"楼門長"と呼ばれる責任者がいる．"楼長"と"楼門長"は居委会の職員が兼任するかまたは社区の"積極分子"が兼任する．積極分子には共産党党員，入党希望者，退職した居委会の幹部などがいる．このようなネットワークには完全な上下関係は存在しないが，その間に権威関係があることは明確である．例えば，居委会の党支部が党員に対する管理や評価などを行なう．居委会に評価される入党希望者は早く入党できる．評価された積極分子は居委会あるいは上級政府に名誉的な奨励や金銭的な奨励をもらえる．これらにより，居委会は一定の権威を維持できる．このようなネットワークを通じて，居委会は居民を最大限に動員することが可能になる．

　次の例を見てみよう．2005年の冬，出稼ぎ労働者協会がある募金活動を行なった．社区に居住していた出稼ぎ労働者夫婦の3歳の娘が広範囲にお湯でやけどしたため，治療手術を必要とした．しかし，月収が3000元に満たない彼らにとって，4～5万元となる高い手術費は支払い能力をはるかに上回るものであった．このような状況で出稼ぎ労働者協会は募金公演を準備する一方で，居委会の管理ネットワークを利用し，社区の一戸一戸を動員し，募金公演に参加し寄付するよう呼びかけた．さらに居委会の幹部はある"片長"を通じて，この一家が住んでいる家主を説得し，3カ月の家賃を免除させた[11]．

5 互恵的な関係と不対等な関係

　NGO との連携により，政府の公共サービスの提供能力が向上することは，まず政治的な業績を意味する．なぜならば，公共サービスを提供するプロジェクトは政府の名義で運営され，プロジェクトの名義上の責任者は政府官員である．したがって，プロジェクトの成果はおのずと政府部門に利用され，政治的業績として上級部門に報告される．それによって政府部門が政府行政体制内の奨励を獲得することは当然である．例えば，CY が政府と連携し DH 社区に活動して以来，社区の治安，衛生などの状況が改善され，上級政府に割り当てられた任務もよくこなすようになった．そのため，居委会が3年間連続，区の"先進居委会"と表彰され，街道弁事処も"先進街道弁事処"と表彰された．2006年，DH 区は"全国流動人口計画生育先進社区居委会"と表彰された．街道弁事処と居委会の幹部が多くの他の区政府に要請され，流動人口に対する管理の経験や方法などを紹介した[12]．

　同時に，より良い公共サービスを提供できることは政府の基層管理における正当性を強化することにもつながる．出稼ぎ労働者協会は DH 社区に主として下記のサービスを提供している．①夜間学校：主に出稼ぎ労働者にパソコンや英語などのトレーニングを提供する．②出稼ぎ労働者のための図書館．③芸能団体：歌やダンスなどが得意な出稼ぎ労働者の団体が無料公演を行なう．④出稼ぎ労働者のための中古店．⑤法律援助：CY 自身が専門的な法律援助チームを作った．このチームは DH 社区内に出稼ぎ労働者協会の名義で出稼ぎ労働者にさまざまな法律援助を行なったり，無料の法律講座を開いたりしている．⑥就職の情報：協会が労働者の募集情報を集めたり，募集企業と長期的な関係を作っている．

　これらのサービスは，基層政府がその限られた資源では提供しようにも提供できないものである．しかし，NGO と連携することによって，これらのサービスを提供することができ，居委会と街道弁事処のイメージが大きく改善された．出稼ぎ労働者へのインタビューで，多くの出稼ぎ労働者が「治安部門」や「城市管理」部門（公共場所の衛生，治安などの管理の担当部門）などの政府機関への不満を漏らす一方，居委会と街道弁事処にたいして"出稼ぎ労働者に対してよくやってくれた"と好感を示した[13]．要するに，NGO との連携によって，

基層政府は非常に少ないコストで大きな収益を得ることができたと言える．

その一方，NGOは政府と連携することによって，政府から権限を授けられ，社区で活動することができ，今までアクセスできなかった政府機関により容易にアクセスできるようになった．例えば，CYが出稼ぎ労働者協会の名義で区政府の就労部門と民政部門と接触し，出稼ぎ労働者の賃金未払いや労働災害などの問題の解決への協力を要請することができた．多くの場合，政府部門の「協力」とは相手の企業に何本かの電話をすることにすぎないが，「政府部門が直接に取り組むので，相手の企業の態度は政府が関わらない場合とは全然違う．政府が私たちを支持していると思われるからだ」と，NGOの関係者が語っている[14]．

場合によっては，NGOの活動が行政的なルートで推し進められたこともある．CYのある活動がDH以外の社区にも関わった際，CYが協会の名義で街道弁事処に申し出て，街道弁事処は管轄する社区の居委会に対し活動に参加するようにとの通知をだした[15]．政府は通知や情報の公示のため，社区のなかに数多くの掲示板を設置した．協会が成立された後，CYの活動を協会の名義で政府の掲示板に公表できるようになった．これにより，CYの活動がより多くの人に知らせることができるし，活動の正当性も強められることとなった．

CYが政府との協力関係を持っているため，政府がある意味でCYの「保護傘」となっている．CYのスタッフへのインタビューによれば，DH区の居委会と街道弁事処と協力した後，今までなかなかできなかった活動も行なえるようになったという．例えば，政府は数多くの出稼ぎ労働者が集まり行事を行なうことに"敏感"である．以前，CYが出稼ぎ労働者のための無料公演を行なった際，公演がしばしば"大勢の人が集まって騒動を起こす"という口実で城市管理部門に干渉された．今や，公演は出稼ぎ労働者協会の名義で行なわれ，居委会や街道弁事処も城市管理部門に知らせるので，城市管理部門が公演を干渉することは一度もない[16]．

NGOが政府と連携することによって，活動の効果が向上し，活動の幅も広くなった．CYが次第に注目され，多くの新聞やテレビに報道され，一定の社会的影響力を持つようになった．2005年の1年間，CYが8本のテレビ番組に報道され，31新聞に報道された．2005年，CYのリーダーが全国の「10人の優秀な出稼ぎ労働青年」に選ばれ，中央政府の指導者と接見した．

総じて言えば，NGOと政府の間で，資源交換に基づく互恵な関係が形成さ

れた．しかしながら，両者が掌握している資源は相手にとって重要度が異なるため，資源依存という基盤に立てられた両者の関係は権力上の不対等関係となっている．上記で分析したように，NGO が社区に入り，公共事業に参加する上で，政府の権威は必要不可欠な資源であり，しかも政府はこの重要な資源の唯一の提供者である．政府にとってみれば，確かに NGO は持っている専門的な能力と経験，ボランティア，資金などの資源は魅力的ではあるが，NGO がこれらの資源の唯一の提供者ということではない．また，基層政府は住民や出稼ぎ労働者のニーズより，上級政府から与えられた任務を優先するため，NGO が政府の資源を需要する程度に比べて，政府が NGO の資源を需要する程度は低いと考えられる．このような状況，とりわけ協力を模索する過程において NGO のイニシアティブと積極性はより多く現われる．したがって，持っている資源の重要度からしても，資源の需要の程度からにしても政府側は優位に立つ．これが両者の関係における地位の不対等，権力の不均等の主な原因である．

　このような不均等な関係はさまざまな面で表われる．例えば，協力関係において NGO 側がより多い資源と労働を支払うことがその一つである．CY が提供している資源には資金，ボランティア，専従職員などが含まれる．他方で，政府側が提供しているものは名義的なものにとどまる．実際の運営では，政府が出稼ぎ労働者協会を自分の下部機関とし，上級政府から割り当てられた仕事を優先し，協会に多くの仕事をさせた．とはいえ，権力上の不均等が，NGO を完全に独立性がなく，政府側に吸収され，政府の一部分となることをもたらすものではない．一つの独立かつ自治的な組織として，NGO は終始一貫して意図的にみずからの独立性と自治性を維持しようとしている．しかしながら，その一方，NGO は，政府の NGO に対する定義に順応しなければならない．とりわけ，正しい政治的な立場を示さなければならない．そのため，NGO が自発的にみずからの行動を制限することにしている．例えば，CY のスタッフたちは，個人的には政府の出稼ぎ労働者の政策に異論を持っているが，公的な場で異論を唱えることなく，政策を賛成し支持すると言うのである．実際の運営で，CY はできるだけ政治的に微妙な問題を避け，活動を政治制限の範囲のなかに自主的に制限している[17]．

6 協会の運営

　出稼ぎ労働者協会をめぐって二つの異なる運営構造が構築された．一つは，居委会と街道弁事処が出稼ぎ労働者協会を利用し出稼ぎ労働者への管理を有効的に行なうために，協会のなかに三つのワーキング・グループを作った（図1）．この組織構造が正式のものである．これらのグループとはそれぞれ"流動人口共産党支部"，"流動人口共青団支部"，"流動人口計画生育小組（グループ）"であり，グループの組長はそれぞれ居委会の党支部書記，共青団書記，計画生育業務の担当幹部が兼任している．この管理構造は政府の行政的な垂直管理構造の延長であり，国家の伝統的な統治方式の複製でもあると考えられる．政府がこうした管理組織を利用し，みずからの仕事を効率的にこなすことを企てた．

　別の運営構造の一つは，出稼ぎ労働者協会が成立される前に，すでにCYを中心として形成されてきた非正式（＝インフォーマル）な運営構造である．この構造は図2に示されている同心円のような構造で表わすことができる．この構造がCYのメンバーやボランティアにより構築され，主に知人や家族や同僚などのような非正式な関係で動いている．CYの活動などの情報が中心部のCYのリーダーと主要メンバーからレギュラー・ボランティアを経て，周辺のボラ

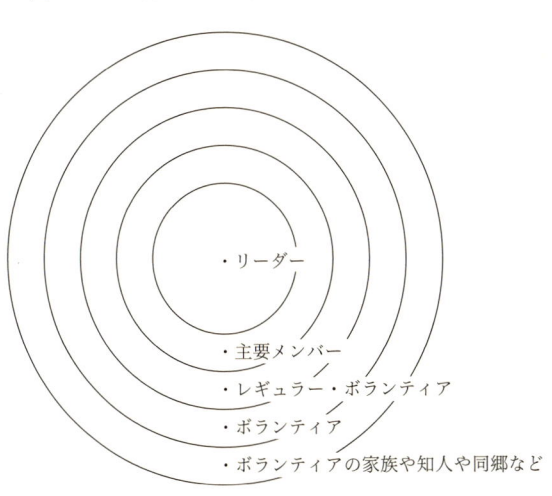

図2　CYの非正式な運営構造

・リーダー
・主要メンバー
・レギュラー・ボランティア
・ボランティア
・ボランティアの家族や知人や同郷など

ンティアやボランティアの知人や家族などへ次々と伝達される．情報はさらに非正式な関係でもっと広い範囲まで伝達される．CY の動員も中心部から周辺へ放射状に行なう．調査によれば，CY の主要メンバーとレギュラー・ボランティアを合わせて約 40～50 人がいるという[18]．出稼ぎ労働者たちは常に非正式な関係を利用し日常生活の問題を解決することを考えれば，CY の非正式な運営ネットワークが DH 社区において一定的な動員力を持つことがわかる．CY の活動は主にこの非正式な運営ネットワークを通じて行なわれている．

　区政府の各部門や街道弁事処や居委会などのような政府機関のみならず CY もまた出稼ぎ労働者協会をそれぞれの管理目標と組織目標を実現するためのツールとして利用している．政府の管理目標と NGO の組織目標が一致あるいは近い場合は，双方が協会において効果的な協力を行なうことができる．例えば，上記の出稼ぎ労働者ための中古店の事例では，区政府の部門や街道弁事処や居委会が中古の電気製品や現金などを寄付した．街道弁事処はいくつかの企業にも寄付するよう働きかけた．DH 居委会が定期的に協会を通じて社区を美化する清掃活動などを行なう．その際，CY がみずからのネットワークを利用し多くの出稼ぎ労働者を動員し参加させた．

　しかし，双方の目標が違う場合，協力は必ずしも有効ではない．例えば，流動人口の計画生育管理は，基層政府のしなければならない政府の任務だが，出稼ぎ労働者にはあまり歓迎されていないし，もちろん CY の組織目標の中に含まれていない．CY が計画生育管理に関する活動に消極的であり，スタッフたちはできるだけこれらの仕事を避けようとしている[19]．

　調査により，政府が管理システムを作った三つのワーキング・グループには形式的な構造があるものの，実質的に機能していないとわかった．原因の一つは，協会が成立される前に，CY がすでに自分の運営ネットワークを構築したので，新しい運営構造を作るのに熱心ではないことがある．もう一つの原因は常に協会の活動に参加する出稼ぎ労働者がほとんど共産党員あるいは共青団員ではないといった理由で，協会の正式な運営構造は出稼ぎ労働者に浸透できず，形式化されてしまったことである．実際，街道弁事処と居委会は自分が作ったワーキング・グループを利用したことがほとんどなく，その代わりに，協会を通じて CY のネットワークを利用し仕事を行なうことになった．一方，CY は"街道弁事処と居委会との協力が長期的で，私たち（CY）に非常に役立つため，政府のほとんどの仕事に協力することにした"[20]．そこで，政府の出稼ぎ労働

者に関わる仕事が大体遂行されたという[21]．

7 国家権威とNGOの正当性

　本論で言うNGOの正当性とは，NGOが一つの組織として，その行動が法律に準じ，道義，権威または制度の作り手が定めた基準に合い，人々または組織あるいは政府部門に受け入れられ，運営可能だと認められた状態を指す（Slim 2002）．NGOの正当性の基盤は多様である．NGOとしては良好かつ効率的な仕事ぶり，リーダーの個人的な魅力，活動の正当性，自身の非営利性と公益性などで，社会に承認され認められることも可能である．例えば，CYが出稼ぎ労働者にさまざまなサービスを提供し，出稼ぎ労働者から支持を受け，一定の正当性を得ることができる．このように社会の規範，価値，信仰に基づいた承認と承諾はウェバーが指摘している実質正当性（Substantive Legitimacy）である．

　しかし，ポスト全体主義（Post-totalism）国家の中国において，実質正当性は副次的である．実質正当性のみではNGOが公的な場において公共サービスに参加するには不十分である．中国はいまだに強い国家，弱い社会という構造であり，国家の権威が社会生活の隅々にいたるまで巨大な影響力を発揮している．一つの組織にとってみれば，国家権威からの承認と許可に比べ，社会からの承認と許可はワンランク下がった基準からの評価になる（高丙中 2000）．したがって，中国のNGOにとって，正当性を授与する主体にはたんなる社会の道義だけではなく，国家という重要な存在がある．とりわけ，NGOが政府の勢力範囲内で活動を展開する場合はより明確である．しかも，上記において議論したように，中国のNGOのほとんどは関連条例の規定どおりに民政部門に登記しておらず，NGOとしての法律的な基盤は欠如している．

　したがって，NGOが社区で活動するためには，政府と連携しなければならないのである．政府の権威がNGOにとって最も重要な正当性の要因だからである．政府の行政的な権威と一つの紐で結ばれ，政府からその政府の所轄行政領域で活動する権利を授与されることは，まさに国家の行政権威がNGOの正当性の基盤になるのである．行政条文という形で政府との協力が認められ，政府のプロジェクトに参加すれば，あるいは政府が作った組織に参加すれば，NGOが社区で活動を展開する際に，その他の組織（政府機関や企業など）からの承認と支持の獲得がより容易になる．こういった場合，政府機関と連携する

NGOが政府機関から譲り渡された権威を得ることができ，さらに他の組織にも認められたものと言える．ここで，政府の権威による正当性が形式的正当性 (Formal Legitimacy) と呼ばれる．形式的な正当性を得ることは，NGOが組織として国により認可されたことを意味し，NGO法人資格を持たないNGOにとって非常に重要である．

しかし，形式的な正当性には一定の行政領域内に限られるという制限がある．なぜなら，この正当性はNGOと連携する特定の政府機関から授権されたものであるからである．ある政府の所轄行政領域では正当であるが，いったんこの領域を出るとその政府からの授権は失効し，したがって形式的な正当性は消失してしまう可能性がある．

上記の政府のプロジェクトに参加するなどの"正式な"国家権威に結びつく策略以外，国家権威のシンボルを組織に引き込むこともNGOがよく用いる一つの策略である．例えば，CYが行なった行事の後援者に，実際には政府機関の協力がないにもかかわらず，必ず区政府の部門や街道弁事処や居委会の名前が書かれる．NGOはよく自分の行事に政府官僚の出席を招いたり政府官僚を組織の顧問として招いたりする．これらのことにより，政府が自分の組織を認め，支持していると見せることができる．この策略が取られる原因の一つは中国の国家権威の"個人化"である．基層政府の政策は権力のある官僚により決められ，官僚の言動が国の政策や態度を表わすと考えられるからである．

おわりに

本論で取り上げた事例から見れば，国家の政策に対して異なるレベルの政府，異なる政府機構によりその理解と行為も異なる．したがって，NGOとの異なる関係も形成されることとなる．国家が許可する範囲内あるいは政治的なリスクがないことが確認された場合は，基層政府または政府部門は自分の収益を最大化するため，非国家部門と協力を図ることもある．換言すれば，地方政府の需要が，NGOと協力することにより，引き起こされる政治的なリスクに比べ大きい時，両者が協力する可能性は高いと考えられる．これは中国の基層政府がNGOと連携するにいたった一つの背景でもある．

NGOと連携して活動することによって，国家の基層社会の管理能力，基層における正当性，とりわけ国家の基層社会に対する浸透能力と統治能力は強

化される．というのも国家の基層組織能力（Infrastructural Power）は強くなったが，専制的な独裁能力（Despotic Power）は弱まっていない．このような状況において，NGO が演じているのは政府が希望している役柄である．つまり，望む形で政府が提供する必要があるものの，政府が提供不可能な公共サービスを NGO が提供し，政府が解決不可能な社会問題を解決することである．例えば，DH 社区の事例では，CY が出稼ぎ労働者たちの政府機関や企業への不満を誘導し，過激な行動をとらず法律に従って交渉するよう働きかけている．CY は，計画生育面では必ずしも積極的ではないが，みずからのネットワークを通じて常に政府機関の仕事に協力している．

NGO は政府に反対できないし，ましてや利益団体を形成し，政府と抗争することも不可能である．NGO と政府との連携活動において，権力のシフトは起きてはいない．シフトしたのはたんなる政府の行政機能である．当地社区の自治能力は改善してないし，都市部における基層公共領域（Public Sphere）が形成するまでは遥かに遠い．しかしながら，NGO が基層政府と連携することは多元的な社会の力が公共活動（Public Affair）に参加しはじめたものともいえる．

NGO と基層国家の関係は国家と社会の間の結合ではあるが，これらの結合は経済領域における結合とは異なる．それの一つの側面は，国家が力を入れて経済領域を解放すると同時に，社会領域，とりわけ公共領域に対しては厳格にコントロールしているからである．政府はあらゆる組織的な行動に対しては敏感に反応し，警戒している．康暁光（康暁光 1999）が指摘しているように，経済領域においては市場化を推進すると同時に，社会領域においては計画体制を維持している．もう一つの側面は，地方政府の経済の力に対する依存度は社会の力に対する依存度より大きい．換言すれば地方行政と経済結合の原動力は社会の力との結合の原動力より遥かに大きい．このような状況において，NGO と地方政府の協力関係においてワンクが語るような「制度的な共生」関係はなかなか見当たらないし，オイが描く地方政府の地方経済に対する「関心と配慮」も発見しがたい．

しかしながら，その例外もある．2003 年から，中国の環境 NGO は一連のダム建設反対運動を成功裡に展開した．そのうち，もっとも有名だったのは怒江事件であった．この運動で，NGO の呼びかけ活動が成功した重要な要素の一つは国家環境保護総局との連合であった．政府組織内において，部門利益を勝ち取るため，ダム建設に反対している国家環境保護総局は NGO 活動を支持

し，多くの力を貸す形で，ダム建設支持の国家開発委員会，水利部，電力部などの強勢部門に対抗した．環境保護総局は環境保護 NGO の意見を国家指導者に上達したり，ダム建設に関する最新の情報を NGO に提供したりするなどの手段を取っていた．オイが描いている「地方コーポラティズム」のように，両者の関係を「部門コーポラティズム」と比喩することも可能である．したがって，国家の需要が一定の程度に達する時，「部門／地方のコーポラティズム」も不可能ではない．しかも，部分的な現象に見られるように，中国政府もこのようなコーポラティズム構造の建設に向け，努力しているようにも見受けられる．その表われとしては，都市部の社区において自治組織の育成と発展への呼びかけに大きく力を入れている．農村においては農村合作経済組織の建設の呼びかけに力を入れ，地方の矛盾を削減し，地方における国家の正当性と管理能力の強化を図っている[22]．

本論の事例での協会の活動から見れば，出稼ぎ労働者協会が基層政府と出稼ぎ労働者との間の架け橋となっている．協会を通じて，NGO が国家の許可を得て社区の公共サービスに参加する一方，基層政府のコントロールが出稼ぎ労働者までに浸透した．結果としては，国家と社会が共に参加する「第三域 (Third Realm)」(Huang 1993) が形成された．これは国家と社会の間に存在し，両者が共同で役割を果たす領域である．この領域において，国家と社会は連携して公共サービスを提供する．第三領域の活動は国家と社会との分離を促進することでなく，逆に国家と社会の境界 (Boundary) を曖昧にさせた．社会自治勢力が活動空間を拡大すると同時に，政府の触角は従来には入りえなかった空間と領域にまで延び，政府の活動空間と範囲も拡大した．菱田 (2000) は「共生／共棲」関係という表現で，改革開放以後の中国の国家と社会の間に存在するこのような「曖昧」な関係を結論づけた．菱田によれば，改革開放以後，改革に伴う市場メカニズムの拡張と国家の主導的な権利の譲渡は社会に非国家領域（経済／社会領域）の出現と拡張をもたらしたという．他方では党－国家体制は依然として交替できない主導的な役割を果たしている．その結果，社会の力（経済組織，社会組織）は国家の行政的な権威に頼って目的を達成する．したがって，国家行政権威と社会の力の結合が形成したという．

現在の中国 NGO の発展レベル（例えば，NGO の不成熟），国家の基層社会への管理の需要（例えば，国家の管理能力の不足），および政治改革の発展（例えば，地方分権化）から見ると，今後，社区に活動する NGO が基層政府と連携し，

公共の事項に参加する方式を取る傾向が強まるだろう．一方で，国家は基層社会へのコントロールと浸透を維持しようとしているが，自分自身の能力が不足である．その一方，NGO は公共活動を展開するリーダーシップに欠けているため，国家権威を借りざるをえない．したがって，中国の政治体制改革に根本的な変革が起こる前に，政治的に"敏感"ではない公共サービスを提供する「第三域」は，中国の NGO が公共的な機能を発揮するもっとも可能な空間であろう．この領域における NGO の活動はますます多くなり，結果的に国家と社会が共同で参加する「第三域」もますます拡大するであろう．

【注】
1) これらの団体は憲法に基づいて「中国政治協商会議」に参加する八つの人民団体，すなわち，工会（労働組合），工商聯（商工会議所），華僑聯合会，台湾団結聯盟，婦女聯合会，中国共産主義青年団，科学技術協会，文学芸術界聯合会である．
2) 中国には民間組織に関する専門的な法律はまだ存在していない．その代わりに，「社会団体登記管理条例」，「民弁非企業単位登記管理暫定条例」，および「基金会登記管理条例」という三つの条例がある．これらの条例の中核は「二重管理体制」である．すなわち，一つの民間組織は「登記管理機関」と「業務主管単位」という二つの政府部門の管理を受けなければならない．国家民政部および地方各レベルの民政部門は「登記管理機関」である．国務院の業務関連部門と県レベル以上の地方各レベル政府の関連部門，国務院あるいは県レベル以上の地方各レベル政府が授権した組織は業界，学科あるいは業務範囲内における社会団体の業務主管単位である．業務主管単位の審査と許可がなければ，組織は民政部に登録を申請する資格がない．
3) 例えば，官僚を要請して NGO の名誉職務を任せること，官僚を NGO の行事に招待すること，みずからを行政的な権威を持つ国家機構の内部組織とすることなどのような手段がよく見られる．
4) 「社区」とはコミュニティーの中国語訳であるが，中国語の「社区」と社会学理論の文脈においてのコミュニティーは大いに異なる．中国語での「社区」とは，準政府機関である居委会の管轄区域をさしている（『民政部関於在全国推進城市社区建設的意見』，2003 年 11 月 3 日）．1990 年代の都市部の基層社会管理の改革以後，よく使われるようになった．
5) 説明を要するのは，中国の民間組織を研究対象とした文献中，NGO と冠した研究は少なくはないが，実際に研究対象とされるのは社会団体または全体的な民間組織であり，それらは，本文が指す NGO ではない．
6) 1982 年の「中華人民共和国憲法」と「中華人民共和国城市居委会組織法」によれば，居委会とは「住民が自我管理，自我教育，自我サービスする一般大衆の

基層自治組織である」と規定されている．

7) 「単位制」とは特に中国計画経済時代の都市部における国有部門の組織形態である．「単位制」の下で，国家機関，国有企業と国有事業部門は職業あるいは経営の部門であるのみならず，社会生活と政治の管理部門でもあった．所属メンバーは身分，就職，養老，医療，福祉を含む諸領域において所属している単位組織と強い依存関係を持っていた．

8) 「中華人民共和国居民委員会組織法」（1989年）による，居委会が次の仕事を行なうことになっている．①国家の憲法，法律，法規，政府の政策の宣伝，住民の権利を守ること，社会主義精神文明建設の活動を行なうこと，②社区住民の公共事業と公益事業を行なうこと，③住民のもめごとの仲裁，④社区治安の維持への協力，⑤公共衛生，計画生育，青少年の教育などの活動で政府と政府の出先機関を協力すること，⑥政府と政府の出先機関に住民の意見と要求を報告すること．

9) 街道弁事処と居民委員会の幹部へのインタビュー，2005年8月，2006年3月．
10) 居委会幹部へのインタビュー，2005年3月，8月，2006年3月．
11) CYのスタッフへのインタビュー，2006年3月．
12) 居委会職員へのインタビュー，2005年8月，2006年3月．
13) 出稼ぎ労働者へのインタビュー，2005年8月，2006年3月．
14) NGOリーダーとスタッフへのインタビュー，2006年3月，10月，11月．
15) NGOリーダーとスタッフへのインタビュー，2006年3月，10月，11月．
16) NGOスタッフへのインタビュー，2006年11月．
17) NGOスタッフへのインタビュー，2006年3月．
18) NGOスタッフへのインタビュー，2006年11月．
19) 居委会の職員とNGOスタッフへのインタビュー，2005年3月，8月，2006年3月．
20) NGOの職員へのインタビュー，2006年10月，11月．
21) NGOのリーダーへのインタビュー，2006年3月．
22) 現在改訂中の「社会団体登録管理条例」の一つの重要な内容は社区内に活動する「社区自治組織」に関する「規制緩和」である．それらの組織は民政部門での登録が必ず要求されるのではなく，区の民政局に記録を残せばよい．これらの組織への審査も緩和されるという．しかし，社区外に活動する社会団体には依然として民政部門に登録しなければならない（民政部民間組織管理局の役員へのインタビュー，2005年3月）．

現在中央政府が提唱している新郷村建設キャンペーン中，農民合作社を推進し，農民の組織化がその核心の内容になる．2003年10月，民政部は「関於印発『関於加強農村専業経済協会培育発展和登記管理工作的指導意見』的通知」を公布し，農村専業経済協会登記の条件と手続きが簡略化された．

【参考文献】
菱田雅晴（2000）『現代中国の構造変動〈5〉社会‐国家との共棲関係』東京大学出版会．

高丙中（2000）「社会団体的合法性問題」,『中国社会科学』2: 100–109.
康暁光（1999）「転型期的中国社団」,『中国社会科学季刊』（香港）28: 1–14.
李友梅（2004）「基層社区組織的実際生活方式」,周暁虹（編）『中国社会与中国研究』434–450頁, 社会科学文献出版社.
陸建華（2000）「大陸民間組織的興起——対北京三個緑色民間組織的個案分析」,『中国社会科学季刊』（香港）32: 117–31.
孫炳耀（1994）「中国社会団体的官民二重性問題」,『中国社会科学季刊』（香港）2: 17–23.
孫立平（2005）『転型与断裂——改革以来中国社会結構的変遷』清華大学出版社.
王穎・折暁葉・孫炳耀（1993）『社会中間層——改革与中国的社団組織』中国発展出版社.
呉忠沢（1999）「民間組織管理」,『清華大学発展研究通訊』13（総第71期）: 1-10.
肖広嶺・趙秀梅（2002）『北京環境非政府組織研究』北京出版社.
郁建興・呉宇（2003）「中国民間組織的興起与国家——社会関系理論的転型」,『人文雑志』4:142-148.
于建嶸（2003）「農民有組織抗争及其政治風険」,『戦略与管理』3（http://china-week.com/html/01786.htm, 2006-6-18）.
于建嶸（2004）「当代中国農民維権組織的発育与成長」, "中国農民組織建設国際研討会"上的発言, 12月4日, 海南（http://www.chinareform.org.cn/ad/2004-zgnm/index.htm 2006-6-18）.
于建嶸（2005）「当代中国農民維権組織的発育与成長——基于衡陽農民協会的実証研究」,『中国農村観察』2（http://www.usc.cuhk.edu.hk/wk_wzdetails.asp?id=4713, 2006-6-18）.
鄧正来（2000）「市民社会与過知識治理制度的重構——民間伝播機制的生長及其作用」,『開放時代』3: 1-6.

Brettell, Anna (2000) 'Environmental Non-Governmental Organizations in the People's Republic of China: Innocents in a Co-opted Environmental Movement?', *The Journal of Pacific Asia* 6: 27-56.
Foster, Kenneth W. (2001) 'Associations in the Embrace of an Authoritarian State: State Domination of Society?', *Studies in Comparative International Development*, Winter 4(35): 84-109.
Foster, Kenneth W. (2002) 'Embedded within State Agencies: Business Associations in Yantai', *The China Journal* 47: 41-65.
Huang, Philip C. (1993) '"Public Sphere"/"Civil Society" in China?', *Modern China* 2(19): 216-240.
Knup, Elizabeth (1997) 'Enviornmental NGOs in China: An Overview', *China Enviornmental Series 1*. (http://www.ecsp.si.edu/ecsplib.nsf/5b60., 2000-12-20).
Lieberthal, Kenneth and Michel Oksenberg (1988) *Policy Making in China: Leaders, Structures,*

and Processes. Princeton: Princeton University Press.

Liu, Yia-Ling (1992) 'Reform From Below: The Private Economy and Local Politics in the Rural Industrialization of Wenzhou' , *The China Quarterly* 130: 293-316.

Migdal, Joel S., Atul Kohli and Vivienne Shue (eds.) (1994) *State Power and Social Force, Domination and Transformation in the Third World*. Cambridge University Press.

Oi, Jean (1992) Local Coporatism in China, *World Politics* 45: 99-126.

Rhodes, R.A.W. (1997) *Understanding Governance: Policy Networks, Governance, Reflexivity and Accountability*. Buckingham: Open University Press.

Saich, Tony (2000) 'Negotiating the State: The Development of Social Organizations in China', *The China Quarterly* 1: 124-141.

Slim, Hugo (2002) 'By What Authority? The Legitimacy and Accountability of Non-governmental Organizations', *The Journal of Humanitarian Assistance*. (http://www.jha.ac/articles/a082.htm 2002-12-25.)

Shue, V. (1988) *The Reach of the State*. Stanford University Press.

Solinger, Dorothy J. (1992) 'Urban Entrepreneurs and the State: The Merger of State and Society', in Rosenbaum (ed.) *State and Society in China: the Consequences of Reform*. Westview Press. 121-42.

Wank, David L. (1995) 'Private Business, Bureaucracy, and Political Alliance in a Chinese City', *The Australian Journal of Chinese Affairs* 33: 55-71.

Yang, Guobin (2005) 'Enviornmental NGOs and Institutional Dynamics in China', *The China Quarterly* 181: 47-66.

Zhao, Xiumei (2001) 'An Analysis of Unofficial Social Organizations in China: Their Emergence and Growth' , *The Nonprofit Review* 2(1): 133-142.

Zhao, Xiumei (2002) 'From Indifference to Cooperation: A Study of the Relationship between the Government and NGOs in China's Green Olympic Bid Campaign', *The Nonprofit Review* 2: 73-82.

Zhao, Xiumei (2005) 'From Adapting to Political Constraints to Influencing Government Policy: a Study of the Strategies of Chinese NGOs in NGO-State Interaction', *The Nonprofit Review* 1(5): 57-66.

第IV部
党・国家・社会関係の拮抗

第 1 章

社会的「泄憤」事件とガバナンスの苦境

于　建嶸

1　社会群集性事件の基本類型

　中国社会における群集性（＝集団争議）事件を類別することは非常に重要かつ複雑である．その重要性とは，もしこうした事件の性質や特徴に対して科学的定義を行なうことができなければ，正しい処理も困難となるからである．しかしながら，これを行なうことは以下の点で非常に複雑である．すなわち，複雑性としては，現在中国で発生している群集性事件は発生件数が急速に増加しており，参加者規模も明らかに増加し，もたらされる影響は深刻さを増し，さらに研究者の間で用いられる基準が異なるため導かれる結論も異なる，といった点が挙げられる．まさにこのような理由のため，政策研究領域では多くの努力がなされる一方で，学術界においては科学的な功績は少ない[1]．本章では，参加者の身分上の特性およびその目的，事件発生メカニズム，発展ロジック，社会的影響などに基づいて，現在中国で発生している群集性事件を，「権利維持抗争」，「社会的紛糾」，「組織犯罪」および「社会的泄憤事件（"泄憤"とは，情動発散，怒りをぶちまけるの意）」の四者に分類しようと試みた．

　「権利維持抗争」事件は現状の中国社会の群集性事件の主要なタイプである．確認できる資料によれば，この種の事件は全国の群集性突発事件の 80％以上を占めている．具体的には，農民の権利維持と労働者の権利維持および市民の権利維持とに分類することができる．農民の権利維持に関して，筆者は以前「法による抗争（以法抗争）」を用いて解釈をしたことがある（于建嶸 2004a, 2004b, 2005a, 2007a）．「以法抗争」とは，明確な政治信奉をもった農民利益の代言者を核心とし，さまざまな方法で比較的安定した社会動員ネットワークを築き上げ，抗争者はその他の農民を訴求対象とし，彼らが認める問題解決の主体は自己を含む彼らを中心とする農民自身で，抗争者は彼らの対立対象，すなわち県や郷

政府と直接対立し，農民という社会集団の抽象的「合法的権利」または「公民権利」の確立をうたう政治的な抗争である．いわゆる「法による抗争」の直接の出所は，オブライエン（Kevin O'brien）と李連江が提唱した「法に依拠した抗争（依法抗争，rightful resistance）」（欧博文・李連江 1997）にあるが，この両者には違いがある．主な相違点は，「以法抗争」は直接的な意味合いで法律を抗争の武器としているのに対し，「依法抗争」は間接的な意味合いで法律を抗争の依拠としている．「以法抗争」は，抗争を起こす者は直接抗争対象者と対立することを主にしており，「立法者」への訴えかけは補完的な位置づけにとどまるのに対し，「依法抗争」では「立法者」への訴えかけを中心にしており，抗争の直接の対象者に対する対立は補完的であり，こうした直接対立を避けることさえある．「以法抗争」では，抗争を起こす者はみずからを抗争目的を実現する主体とするのに対し，「依法抗争」では立法者を抗争目的を実現する主体と位置づけている．

一方，工場労働者の権利維持に関しては，「理による権利維持（以理維権）」（于建嶸 2006b, 2005b）と呼ぼう．この「理」とは，経済学における「生存倫理」（斯科特（スコット）2001）を意味するのではなく，主として一種の「政治倫理」を意味している．この種の「政治倫理」のもっとも直接的な精神的なルーツは執政者が長期的に宣揚してきたイデオロギーに由来する．このイデオロギー言語にあっては，労働者階級は革命の指導階級にして，執政者の共産党は労働者階級の前衛隊であり，労働者こそ国家の主人であり，また社会の真の統治者である．このように政治化された言語は，一方で工場労働者の独立した思考や階級意識の発育を制限しつつも，その一方で労働者の権利維持抗争における武器となったのである．

権利維持抗争では，この他，非常に大きな部分を占めるものとして市民の権利維持があり，既存の研究成果と著者自身の観察から「理性による権利維持（理性維権）」と呼ぶことができる[2]．市民の権利維持は，社会階層が複雑となり，権利維持の主要なイッシューが物権，環境および消費権などに及ぶため，多くは個人によるもので，集団の連携には限りがあり，法律やコネのネットワークを利用した解決が多く，相対的に言えば，理性的に映るところから，集団事件に発展する事例は比較的少ない[3]．現在市民の権利維持が，群集事件に至るのは，主として社区の不動産管理と家屋取り壊し移転などである．総じて，農民の「法による抗争」にせよ，工場労働者の「理による権利維持」にせよ，ある

いは市民の「理性的権利維持」にせよ，その性質は以下の四つの特徴に現われている．第一に，いずれも利益に関する争いであり，権力争いではない．経済性が政治性よりも大きい．第二に，ルール意識は権利意識よりも強いが，個別の権利維持の案件が次第に共同の議題へと変質するにしたがって，権利意識も強化される．第三に，能動性よりも受動性が強く，基本的にいずれもみずからの権利が侵害されたことに対する一種の反応としての行為である．第四に，目的の合法性と行為の非合法性が共存している．すなわち，権利維持の目標自体は合法的だが，具体的な行為においては非合法な現象も含まれる．

いわゆる社会的紛糾とは，社会学では「各派間の直接，公開の目的を互いに抑制しつつ自己目標を実現しようとする相互作用」（特納（ターナー）1988）と解釈されるが，現在学界の研究は，農村社会の紛争（土地，家屋資産紛争など）および医療紛糾などの問題に集中しており，紛争の形成プロセス，司法救済および非訴訟的解決などが含まれる．これらの紛糾研究は，多くが個人間もしくは個人と組織間（患者と病院）の対立を扱っている．権利維持抗争と比較すると，相対立する双方の地位や能力は比較均衡しており，しかも抵抗の組織化の程度は低く，どちらかといえば分散している．また，組織犯罪活動の概念をめぐって，目下学界内部には大きな相違がみられる．今日学者は組織犯罪の基本概念，組織犯罪現象の科学的な解釈，ガバナンス対策などの問題に関して徹底的な検討を行なっている（谢勇・王燕飞 2005）．組織犯罪が引き起こした群集性事件との識別は比較的容易ではあるが，その対処は困難である．

2 社会「泄憤」事件の基本特性

一部の研究者，特に欧米系の学者は中国で発生している群集性事件をすべて「社会騒乱」と呼んでいるが，このような呼称はあまりに単純すぎて，事件の背後にある真相を見落としやすい．前述のとおり，多くの相違があり，深く入り込んで研究して初めてそれらの間の相違点が明らかになる．上述した権利維持事件，社会紛糾，組織犯罪とは別種の群集性事件として，すなわち「泄憤」事件[4)]がある．その特徴は，以下のとおりである．

第一に，これらの事件は主に偶発事件をきっかけとして起きており，突発性がきわめて高い．権利維持事件とは異なり，異議申し立て（「上訪」）や行政訴訟などの経路を経ることはない．例えば，2004 年の重慶万州事件はこの一例

である（范伟国 2004）．

　2004 年 10 月 18 日午後，重慶市万州区の運搬工余某が太白路を通りかかった際，彼の肩にかけていた担ぎ棒が後ろを歩いていた婦人曾某にぶつかった．その後二人の間で言い争い，口喧嘩が生じ，曾某は余某の耳をたたき，その後，曾某の夫胡某も駆けつけ，余を殴打した．さらに，胡某は自分は公務員なので，何が起きようと金で解決できるとも言った（実際には，胡某は昊盛不動産果物卸売市場の臨時工にすぎなかった）．この事件は，周辺の観衆の公憤を引き起こし，数百人の観衆が現場をとり囲み，交通渋滞が起きた．そして引き続き，パトカーが放火され，数千人規模の群集がとり囲んだ．その後，1 万人近くの民衆が高笋塘広場の区政府ビル前に集結し，政府による民工負傷事件の処理解決を要求する．この間，民衆は相前後して 5 台の警察車両と消防車を転倒させ，放火した．万州区政府のガラスの正門ドアも群集の投石により割られた．群集は区政府ビルに押し入り，コンピューターを略奪し，また器物を破損させた．下述の 2005 年の安徽省池州事件もある交通事故によって誘発されたものである．

　これらは，当事者の不満から，関係部門に届け出たものの，充分な解決が得られぬところから，発生した事件ではあるが，騒乱事件発生の瞬間そのものはきわめて突発性が強い．

　第二の特徴は，これらには，明確な組織主体がなく，協議すべき対象も確定できず，また大多数の参加者ときっかけとなった最初の事件とは直接の利害関係はない点である．道端でたまたま不公平なことに出くわした，またはたんにこの機会に乗じて，社会的不合理に対する不満をぶちまけるという鬱憤晴らしが主である．この種のいわゆる「直接の利害関係不在の衝突」，すなわち「泄憤」衝突こそ，社会「泄憤」事件が権利維持事件やその他の群集性事件と最も異なる特徴である．前述の万州事件は典型的な事案であるが，以下の安徽池州事件もまた同様である（王吉陸 2005）．

　2005 年 6 月 26 日 14 時 30 分頃，安徽省池州市翠柏路の生鮮市場の入口で，一台の蘇 A ナンバーのトヨタ車が通行人の劉某を負傷させそうになり，双方が言い争いを始める．ドライバーが劉某を殴打し負傷させようとしたところ，一部の市民の不満をかい，池州警察に通報する．通報を受け，九華路派出所は直ちに現場に係官を急派，劉某を池州市の第一人民病院救急へ搬送，受診させ，事故を起こした当事者を当該車両とともに派出所に連行し，調査を行なうこととなった．これに対し，周囲で見守っていた民衆は，警察が暴力を振るった者

の肩を持っている，商人をかばっていると考え，警察に彼らの引き渡しを求める．同日18時頃には，群集は1万人近くに膨れ上がり，事件の車を叩き始め，ボコボコにして横転させる．さらには車に火を放ち，そこに爆竹を投げ込み，騒乱状態を引き起こす．その後，周囲の民衆は派出所前にとめてあった一台の警察車両を押して派出所の出口を塞ぎ，同車両を燃やしながら，爆竹を投げ込む．周囲はにわかに煙に包まれ，現場の騒乱はエスカレートし始める．続いて，民衆はその場にいた武装警察を襲撃し始め，6名の警察官が投石で負傷する．消火にかけつけた消防車はホースを奪われた上，車両も現場から10数メートル離れたところへ押しやられてしまう．19時40分，翠柏路にとめていた一台の宣伝車と一台の警察車両が同時に放火される．その後，周囲の者は付近の東華東スーパーに押し入り，入口を破壊して略奪を行ない，3時間後には，スーパーはすべて空となってしまった．その後の調査で，この事件に参加したものと交通事故の当事者とは直接の関係はまったくなく，多くがその場で事件に参入してきた者であることが明らかとなった．

　第三に，事件発生の過程において，情報伝達面で新たな特徴がみられる．特に，携帯電話のショート・メッセージやインターネットの各種情報が事件発生とその後の展開にともに重要な役割を果たしている．こうした情報伝達に関しては，浙江省瑞安事件がその典型例といえる（潘盛凡・陈海峰2006）．

　2006年8月18日未明，浙江省瑞安市三中勤務の29歳の女性教師戴某が飛び降り自殺した．戴の夫と家族は，学校での教学責任に耐え切れずに自殺したと通報し，公安関係者の調査でも自殺と認定されたが，学校の教師と生徒はこの見方に同意しなかった．インターネット上で，実は戴某は夫側の家族に謀殺され，現地の億万長者である夫の一族が，警察側を黙らせているとの噂が流れ始める．8月20日，瑞安市三中の数百名の学生が自発的に行進し，調査による真相解明を呼びかけ，公開メッセージを発表する．9月5日，温州市公安局刑事科学研究所が死体解剖の結果を報告し，戴某は精神的うつ病から発作をおこし，夜間の飛び降り自殺を引き起こしたと認定した．9月6日，民衆の懐疑の念があった塘下韓田生鮮市場のある者が賄賂によって自殺認定したとの署名入り証言書が民衆の怒りを買い，民衆に取り囲まれる．午後2時ごろ警察は20数台の車で駆けつけ，特殊警察隊は全員感電棍棒，防御盾などの準武装で，民衆に催涙弾を投下し，彼らを追い散らした．9月7日午前，市民数千人は，何組かに分かれて，塘下鎮政府と塘下派出所に行進するが，これは「抗議せよ」との

携帯電話のショート・メッセージに従って集まったものであった．さらには，戴某の夫の工場へ押し入り，5台の車を破壊し，工場の電器設備をほぼ損壊させた．

　第四の特徴は，殴る・叩く・略奪する・燃やすなどの違法行為から，国家，集団，個人の財産などの損失のみならず，大きな社会的影響を生んでいる点である．一般に，民衆が権利維持活動を行なう場合は抑制が効いているが，社会「泄憤」事件では，殴る・叩く・略奪する・燃やすなどの違法犯罪行為が数多く発生している．この点は非常に重要であろう．ある事件はその目的に関しては権利維持の性質を持っていたにせよ，事件の発展とともに，その背後で殴る・叩く・略奪する・燃やすなどの違法犯罪行為が生じ，維持権利から，「泄憤」的な騒乱へと変質するからである．例えば，2007年におきた四川省大竹事件はこの二つの段階に分けることができる（任硌・陈凯2007）．2006年12月30日早朝4時，当県竹陽鎮萊仕徳酒店（ホテル）勤務の女性が原因不明で死亡した．公安機関の調査期間中，死者の家族とホテル側との間に対立が生じ，それが激化する．2007年1月15日午後，死者の親族と数百名の民衆は萊仕徳ホテルの前に集まり，死因の迅速な解明を要求する．この段階では権利維持が基本であった．しかし，2007年1月17日午後4時前後には，1万人近い民衆の中からホテルに押し入るものが現われ，この時点で事件の性質は権利維持から「泄憤」へと変化したのであった．

　これらは社会「泄憤」事件の特徴の分析であるが，この種の事件を判断する際の基本基準でもある．そのうち最も注目すべきは，事件の参与者，彼らと誘発事件は「直接の利益関係になく」，主に一種の「泄憤」的な衝突となっていることである．

3　社会「泄憤」事件の主な原因

　権利維持事件が体現しているのは社会集団間の利益衝突であるが，「泄憤」事件が示しているのは国家のガバナンスの困境である．いわゆる「ガバナンスの困境」とは，国家の社会秩序管理の有効性に問題があり，危機であることを表わすものであるが，これと政治危機，経済危機とは異なる．政治危機とは，政治構造に関する点に問題があることであり，経済危機とは主に経済体制とその実施関連に問題があることである．この三種の危機は相互に関連しあい，互

いに影響しあう．一般に，ガバナンスの困境には主に二つの直接の要因がある．一つは社会不満集団の存在，もう一つが政府の管理能力の低下である[5]．

現代中国の社会不満集団は，主として社会の底辺層の集団で，失業労働者，失地農民，農民出稼ぎ労働者，社会復帰した退役軍人，下層知識人，取り壊しによる立退き住民，退職幹部らがいる．中国メディアはこれらの人々を「弱者集団（弱勢群体）」と呼んでいる．これらの人々の基本状況は学界でも多くの研究がある[6]．民衆の社会不満は，官吏の腐敗，貧富の格差，司法の不公平さ，治安の悪化，信仰の自由の欠如，社会的誠意，とりわけ政府と官吏の誠意の欠如などに対するものであるが，これらの不満のうち，司法腐敗と司法の不公正が民衆の最大の不満である．ある意味で，社会不満は一種の社会心理であり，この種の社会心理は一定の感染力を持つ．これは似通った境遇にあるものの間に共感をよぶ．現在では社会不満を表現する方法は多い．例えば，民間の歌謡，順口溜（語呂合わせ），政治ジョーク，小道消息（口コミ）等々である．なかでも，携帯電話のメール，インターネットなどの新たなメディアの出現はこれらの伝達をより容易にし，影響力を拡大させた．これらは，民衆がある社会現象に対する不満，怨恨や憤慨をぶちまけることを可能とするが，これらの理性を欠いた不平の伝達は広範囲であるため，容易に社会集団の怒りまたは恐怖を引き起こし，群集行為へと作用するところから，最終的には社会行動能力を持つ心理集団を形成しやすい環境を作り出している．この点に対し，ギュスターヴ・ルボン（古斯塔夫・勒庞）はこのように分析している．「一つの心理集団の表われとして最も驚くべき特徴は以下の点である．この集団を構成する個人は誰であろうとも，また，彼らの生活スタイル，職業，性格，知力が同じであるか否かに関わりなく，彼らは一つの集団に成り変わったという事実が彼らに一種の集団心理をもたらし，彼らの感情，思想，行為を単独の個人である時とまったく異なったものとする」(勒庞 2007: 48)．「孤立した彼は教養を持った個人かもしれないが，集団内の彼は野蛮人――すなわち本能の支配を受ける動物へと変化する．彼の表現している体は己のものではなく，残酷で暴力的，熱狂的なものであり，原始人の情熱と英雄主義を表現している」(勒庞 2007: 49)．

理論的には，民衆の社会不満が長期にわたって解消されない場合には，国家政治の合法性の危機という非常に深刻な結果を生む．確かに，この10年来，中国民衆の国家政治権力への信任危機が急速に加速しつつあり，このため多くの新たな状況が生じている．

その一つに，具体的な担当者に対する疑義から，政治権力体制全体に対する不満への発展がある．非常に長い一時期，伝統的教育などの原因により，中国民衆の社会不満は，具体的な政府の担当者に対するものに限られており，彼らは社会の多くの問題を基層における党政治の担当者の腐敗と無能さに帰結させてきた．しかし，基層の政治権力の機能が変質していくに従い，それは，民衆に必要とされる公共事業やサービスを提供できないのみならず，かえって民衆から税金や費用を徴収し，またむやみやたらと徴収費用を割り当て，取り立てる暴力装置へと変じた．このようにして，民衆は基層政権と個別の担当者を区別することなく，基層政権全体を「敵」とみなすようになる．

　二つめに，法律の正義性と公正性に対する疑いがある．「合法性は統治権力に対する承認」であることは法律制度が保証しており，司法の公正さは合法性の重要な表われである．しかし，各種利益集団，なかでも黒社会勢力による国家政治権力の直接的な侵害は，司法の公正性の否定となる．あるいは，各種利益集団中でも黒社会勢力は国家法制部門のある者の庇護下で悪事を働き，もしくは，国家法制部門のある者は黒社会勢力を利用して利益を得る．これらは客観的に存在しており，民衆の法律観念に多大な影響を与えている．民衆のなかには，「官僚・黒社会グループ」，「警匪一家」という言葉を用いて国家法律制度に対する絶望を表現するものもある．

　三つめに，合法性危機の対象が急速に上位へと移っている点がある．これは農村が最も典型的である．10年前，一般に農民は村レベル組織や村幹部の非合法的行為に対して疑いを持っていたにすぎなかったが，現在は多くの農民が県，郷政府はすでに「真っ暗闇」であるとし，また，省政府を農民の災難の根源であるとみなす農民すらいる．現時点において，まだ多くの農民は中央政府に対して希望を寄せているが，中央政府がこうした状況に対する適切な処理能力をすでに喪失しているとの懐疑的な分析もある（于建嶸 2003a を参照）．

　もちろん，いかなる社会不満もすべてが「泄憤」事件を生むというわけではない．「泄憤」事件は誘因があるばかりでなく，国家の管理能力とも相関しているからである．一般に，管理能力とは，予期警告メカニズム，処理技術，責任追及制度の三者から構成される．いわゆる「社会予期警告システムとは，社会運動の進行状況の信号を送り，社会がすでに（もしくはまもなく）無秩序現象を生ずる臨界状況にあることを示し，社会管理者と社会公衆に注意を喚起し，即座に対策を講ずることにより，社会運動状況を継続的に悪化させないための制

度と方法である」(丁水木ほか1997: 282-83)．その最も重要な意義は，社会状況と民意の迅速な反応メカニズムを打ち建てることであり，政策決定者が迅速に情報を得て，適切に政策を決定し，実行に移すための前提にしてその基礎である．

現在の状況では，まさに各級政府とその官員が，みずからの政治利益のために，あらゆる方法を用いて上級政府，特に中央政府に目前で起きている真実の状況を知らせないように，情報を隠蔽している．「信訪（陳情，異議申し立て）」をめぐる事情から，この点をはっきりと読み取ることができる．例えば，河南省のある県の党政府機関は，公開の行政命令で，当県から北京への上訪者の情報をもみ消し，中央に上訪者数を知られないよう，部下を北京へ赴かせ，国家信訪部門で贈賄を行なうよう要求している．さらには，彼らのこのようなやり方が非常に効力があるという点こそ恐るべきことである．同文書では，2007年1～3月，同県では実際に北京への上訪は65人，25件あったものの，実際に登記されたものは1件のみ，また，省政府への上訪は41件55人だったが，登記されたのは7件にすぎない（于建嶸2007b）．これは，中央および河南省の信訪部門ですでに深刻な腐敗が起きていることのみならず，中央政府の政策決定者の手許に最後に届く情報が必ずしも真実ではないということを意味している．すなわち，これらの真実でない情報に基づいて構築された予期警報メカニズムはたんなる形式主義にすぎない．

次に処理技術に関しては，全般的に言って現段階の中国の地方政府の社会紛糾の処理能力には限界があり，完全に緩和可能な事情でさえも処理の不手際によりかえって深刻な結果を生んでいる．この不手際とは，主に事件が発生した初動段階でこれを重視せず，処理に適したタイミングを逸してしまうことである．この「体制性ラグ」とは，すなわち「非常に小さい起因－基層の鈍い反応－事態のエスカレートと爆発－基層での制御不可能－ハイレベルでの驚愕－迅速な処理－事態収拾」の悪循環としてたち現われている．それゆえに「小事が大事を牽引し，大事が爆発を引き起こす」ことから，緊急事態への対応力の希薄さが露呈されている（黄豁ほか2007）．例えば，重慶万州事件では，双方でいざこざが生じ民衆の怒りを買い，現地の白岩路派出所の警官が現場に赴き，当事者を警察車両で連行しようとした際，これに不満を抱いた周囲の民衆は警察の車両を取り囲んで通行させなかった．3時間半の硬直した局面の後，3人の当事者は公安機関によってその現場を離れたが，その後多大な被害を生じた騒乱事件が発生した．もしも，この3時間半の間に，現地政府が有効な処置を

とっていたなら，事件はもしかすると発生していなかったかもしれない．また，事件が生じると，往々にして暴力に訴えての解決を望む．長期にわたって政治動員は中国共産党による基層社会のガバナンスの重要な手段であった．しかし，市場経済の浸透とともに社会利益の分化と社会不満の増大が進み，このような動員はまさに次第に効力を失いつつある．しかし，目下中国のこのようなトップダウンの抑圧的体制において，基層政府は官僚ヒエラルヒーの上位から課された各種任務目標や多くの一票否決指標を達成するために仕方なく，政治権力の強大化装置などの手段を用いて社会動員資源の欠落を補おうとし，基層政府とその幹部の行為は強制的な暴力傾向となって現われる．事件発生後，地方政府は真っ先に行なうべきことは情報封鎖と考える．なぜなら，彼らからみると情報封鎖をして初めていわゆる政治と社会への影響を抑えることができるからである．しかし，現実には情報を封鎖する方法はない．民衆は携帯メールや電子メールで全世界に発信するからだ．それゆえ，全世界がすでに知っていながら，中国政府だけがいまだ知らないという状況がしばしば発生する．

　最後は責任問題である．社会管理に関しては，目下中国には比較的厳しい問責制度（アカウンタビリティ）が存在している．しかし，この種の責任制度は政治的で，多くの一票否決も実際には一種の政治追及にすぎない．その上，いわゆる「責任倒査」制度を規定している．問題は中国の各級政府と官吏には非常に強い政務成績追求共同体が存在している点である．このことにより，多くの事件も最後にはうやむやにされてしまう．

　まさに上述した三つの状況によって，中国社会の管理統治能力は相対的に低いといわざるをえない．これこそが中国でこのように多くの社会治安問題が起きている重要な原因である．

4　ガバナンス困況の脱却対策

　一般に，現段階中国で発生している「泄憤」事件は人民内部の衝突に属するものと考えられている．もし，適切に処理すれば，社会に危害を与えることはない．さらに，社会矛盾の発散方法として，一定程度のプラスの機能も有している．その機能とは「ある場所，部門が管理と政策決定において多大な不足と欠陥があるという点を暴露することから，問題の早期解決に利する．または，それは一部の幹部の風紀の乱れと腐敗に対し，余すところなく暴露し，規律の

向上と法務執行部門が速やかに状況を把握し，問題処理を行なうのに利する．さらに，わが国の法律教育と文化普及教育の深刻な遅れを露呈しており，法律の抑止力は軟弱であてにならないことを浮き彫りにしている．みずからの合法的権利擁護を掲げた公民個人意識の甦生と強化の表現である」(周忠伟 2001).しかし，さらに深いレベルからみてみると，これらの事件は管理統治が困難に陥っていることのサインであり，社会の安定への影響は絶大で，真剣に対処し解決する必要がある．社会「泄憤」事件に至る原因は複雑で，社会「泄憤」事件の適切な処理のためには，国家管理統治能力の向上を，以下のとおり，多方面から行なう必要がある．

　第一に，民衆の政治への信認を強化することである．これは最も基礎的な仕事であり，すなわち，真の公平公正な体制を確立し，社会の各層が真の意味で経済発展の成果を共有できるようにすることである．第17回党大会では「科学的発展観」を中国共産党の党規約に加えたが，「公平公正」を基礎とする「調和社会」こそ，「科学的発展観」の主な内容である．発展を持続させ，社会が調和を保つためには，公平公正でなくてはならず，民衆の社会不満を少なくしなければならない．問題は，どのように中国社会を公平，正義なものとするかである．このなかでも，いかに民意を表現するメカニズムを構築するか，すなわち，いかにして中国民衆に自己の公平正義に対する理解と期待を表現させ，法律の枠組みの中で各種の利益の主張を行なうかがきわめて枢要となる．このためには，労働者と農民の利益表出を組織化しなければならず，すなわち，農民は農民協会を設立し，労働組合は真の意味で労働者の権利を守る組織となるべきである[7]．

　次に，科学的な司法制度を確立し，立法制度の権威をうちたて，真の意味で法治国家とならねばならない．これは中国政府の管理統治困難を解決するための要諦である．目下中国では，伝統的な国家管理統治を基礎としたイデオロギーはもはや修復不可能なまでの打撃を受けており，また，国家の管理統治に最重要の手段たるべき法律体制にはあまりに多くの問題がある．この問題は，国家司法権力が体制的原因により，地方政府が政治利益と化している点に最もよく表現されている．司法は当然のことながら，政治と相関するもので，これは基本的な常識といってよい．しかし，国家の管理統治の技術面から見ると，司法が，もし政治，なかでも政治権力者と一定の距離を保てない場合には，それはたとえ法律が制定されても，最終的には人による統治であり，法治にはなら

ない.中国では,現在社会管理統治分野で多くの問題が存在しており,それらはどれも民衆の司法に対する信頼の欠如と関連している.司法に対する不信の一般的な理由は,司法が腐敗しており,民衆のために公平公正な保護を提供できないというものである.確かに,中国の司法界には,まさに各種さまざまな腐敗が存在しており,中国司法界最大の腐敗は地方が「合法」の名の下,民衆の合法的権利を侵害し,国家の審判権を掌握し,それに影響を与えたりすることである.のみならず,最も致命的なのはこれらの腐敗が制度的な点であり,この制度的根源は,まさに,現代中国では政治分権の問題が適切に処理されていない点にある.現在の中国の司法に存在する問題を解決するためには,必ずや政治分権から開始しなくてはならない[8].

分権の原則は,周知のように,広い意味での政治権力を立法,行政,司法の三つの権力として分け,それぞれが異なる組織と人員により掌握され,ひとびとの経済,社会,政治生活に影響を与える政治権力が一つの機関,一つの組織,一つの党,さらには一人に集中して乱用されないようにすることを指すが,本論は,分権原則による新たな政治体制の構築についてではなく,いかにして中央と地方の関係を再定義し,司法の地方化問題を改革するかについて議論するものである.地方の司法権力は,制度設計や現実運用において,いずれも地方政府に属している.制度設計において,地方の人民代表大会は地方の国家権力機関であり,地方の人民法院と人民検察院はいずれも人民代表大会に対して責任を負っている.人事制度面では,各級地方人民法院院長,人民検察院検察長は地方各級人民代表大会で選出・罷免され,副院長,副検察長,審判員,検察員,審判委員会委員,検察委員会委員は地方各級人民代表常務委員会で任命・罷免される.地方各級人民法院と人民検察員はそのレベルの人民代表大会およびその常務委員会に対し,責任を負い,執行内容を報告し,地方の各級人民代表大会常務委員会はそのレベルの人民法院と検察院の工作内容を監督する.これが制度設計面における司法の地方化である.

現実には,司法権の地方化は各級地方行政機関による司法権力への掣肘と影響という形で現われている.司法機関が地方国家権力機関ではなく,地方行政当局に隷属している制度的な背景には,法院と検察院の主要な経費が同級政府の財政によっていること,その他の物的資源も地方行政部門の制限を受けていることがある.また,司法裁判権力の地方化は,国家の法律施行の統一性や司法の権威に影響を与え,裁判官の公平と公正な法の執行に対する十分な法律に

よる保障を不可能としている．同時に，それは裁判と執行における地方保護主義を誘発・助長し，容易に各種の司法腐敗を生んでいる．このため，系統だった司法チェック・バランスをうち立て，中央政治の統一性と地方政治の特殊性の関係を適切に処理すべきである．ここでの司法チェック・バランス制度の核心は，司法裁判権を地方政府から中央政府に引き戻し，中央が垂直管理を実施することである．例えば，県域法制チェック・バランスの原則は，一つの県域内での司法部門と県政権を分離することである．すなわち，県級法院と県級検察院の人，物，任務を県政権のコントロールから外し，人事，財政，業務の三方面で県政府の指導者にではなく，直接中央政府に対して責任を負うようにすることがカギである．県級法院，検察院と県級政権が非合法的な関係となるのを防止するために，中央政府は司法人員の「流動回避制」の実施を検討してもよい．

さらに，管理統治技術の改善と管理統治レベルの向上，国家管理統治能力の強化がある．上述した2点は基礎的であるが，この点は技術的なものである．いくつかの側面での制度創設が必要であるが，留意すべき点が三つある．第一に，社区（コミュニティー）警察の問題がある．例えば，フランスの社会騒乱の大きな原因の一つに，フランスのコミュニティー警察がたんなる巡警へと変質し，地元コミュニティー集団から乖離してしまった点がある．彼らは状況を把握していなかったのみならず，コミュニティー住民との感情交流に欠けるため，しばしば敵対してしまったのである．中国はすでにこの問題について認識しており，ここ数年，都市と農村に多くの警務室を設立した．公安部発表によれば，2007年6月末までに全国の公安機関は（都市部の）社区警務室を5万6253室，社区民警9万9953名を，また，農村には駐村警務室8万8151室と駐村民警8万8261名をそれぞれ設立・配置した．第二に，科学技術の新たな発展にいかに対応するかという点がある．科学技術の発展がもたらした携帯ショートメール，ネットワークなどの新たな情報伝達手段のため，かつてのような人為的情報封鎖を行なうことはもはや不可能である．多くの事例が，新たな情報伝達手段とその効果に注意すべきことを物語っている．第三に，各種の群体性事件は法に依拠して処理すべきである．「中華人民共和国突発事件応対法」の施行は，社会「泄憤」事件に類する社会突発事件の法的処理に非常に重要な意義を持っている．

おわりに

現代中国が直面している困難とは，西欧諸国が過去 200 年に遭遇した諸問題の累計である．われわれは中国を認識し理解するために，一方でその急速な経済発展に注目する．この発展は工業化，都市化，経済体制の計画経済から市場経済への移行という基礎の上に成り立っている．また，その一方で，われわれは同時に中国経済の急激な変化の過程でさまざまな問題も存在している点を見いだす．市場経済は相異なる社会集団の利益を生んだが，権力政治はこれらの利益をうまく調整することに成功していない．この点こそが，まさに現代中国における利益衝突と社会危機の最も深層の制度的原因と言えるかもしれない．したがって，いかに積極的かつ確実に政治改革を進めるかという点が，非常に重要と思われる．

【注】
1) 現時点における中国国内の本問題に関する研究は，いずれも群集性事件の類別，発生原因，メカニズム，表われ方，影響および対策の視点からの研究である．目下学界における群集性事件の分類研究は大学，農村，ダム移民，工場労働者，大型競技場，民族宗教などに関する群集性事件に集中している．しかし，群集性事件のみを取り上げ，その分類を試みた研究は非常に少ない．すでにある少数の研究も，分類基準は「人民内部の対立」と「違法犯罪」といった単一的な従来の尺度によるものである．総合的な分類を行なった代表的な研究は山西警察高等専科学校の王戦軍（王战军 2006）による「対立の属性」，「発生の根本原因」，「参加主体」，「表現形式」，「対処方策」など五つの尺度による群集性事件の分類のみである．また，王来華・陳月生（王来华・陈月生 2006）は「参与主体」，「事件自身の政治性の有無」，「事件規模の大小」の三つの尺度を提起しつつ群集性事件の分類を行なっている．しかし，いずれもこれらの基準を網羅的に当てはめた総合研究ではない．

海外での集団行為と社会運動研究はおよそ 2 段階の過程を経ている．第 2 次世界大戦前の社会心理学的視点による集団行為への研究と第 2 次世界大戦後，西欧での社会運動の勃興に伴い急速に発展した社会運動理論である．そして，後者は欧州の「新社会運動理論」とアメリカの「政治過程理論」，「資源動員理論」，「枠組構成理論」などを形成した．これらの研究成果は社会運動研究を促進し，さらに一学問分野を形成するのに貢献した．これらはわれわれの今日の中国群集性事件の研究にも参考となる理論的資源を提供している．

しかし，これらは当地の集団行動と社会運動の事実の解釈にすぎず，理論的

には不足があり，中国の経験に当てはめるにはかなりの慎重さが必要と思われる．国外の理論，方法の重点は「個人の行為はいかにして集団行為に変化するか」などの問題への解答にある．このため，本稿は西欧の既存のフレームワークや方式から着手するのではなく，社会コントロールと国家管理の視点から中国の群集性事件を分類し，中国の泄憤事件と政府のガバナンスの困況を重点的に検討する．
2) 現在公民の"理性の権利保護"に対する研究はまだ"理性の権利保護"の呼びかけにとどまっている．人々がより多く提案しているのは当面の"効果的で迅速な公共の権利保護の構造"であって，現状の批判的再考と再構築に関する研究は欠落している．この方面の代表的研究には蔡方華（蔡方华 2005），劉武俊（刘武俊 2005），張磊（张磊 2005）などがある．
3) たとえば，深圳の景洲ビルの所有者の鄒家健は 2001 年に景洲ビルのその他の所有者たちと運動を起こし一挙に元の不動産管理会社を撤退させた．これは全国で初めて"開発したものがその不動産管理を行なう"という不動の管理パターンを打ち破ったものである．2003 年，「不動産管理条例」を確実に実行するため，彼が全国で最初に罷免後の民間選業で委員の主任となった．2004 年，彼は中国消費者協会，中央テレビ局などに共同でノミネートされ，この年の 3 月 15 日の消費者デーの貢献賞の 5 名の候補者の一人に選ばれた．彼と彼の住む景洲ビルは中国のコミュニティー（社区）の権利保護の象徴となった（曽显雄・赵灵敏 2005）．
4) 厳格には，"泄憤事件"も社会騒乱に属する．本稿では，特にその背後の深層心理の特徴と社会構造の原因に特化して検討する．
5) 泄憤事件と政府のガバナンスの困況の原因には，利益構造の調整，配分のアンバランス，社会不公平，腐敗，政府のイデオロギー機能の希薄化などが含まれる．
6) 代表的研究としては陸学芸，李培林，李強，孫立平らの研究成果を参照．
7) ここ数年来，一貫してこの点を主張してきた，以下を参照のこと．于建嶸（于建嵘）2003b，2003c，2004a，2005b，2005c，2006a，2007d，2007c．
8) これは香港中文大学の李連江教授と共同で完成させた研究である．于建嶸・李連江（于建嵘・李连江 2007）を参照．

【参考文献】
蔡方华（2005）「民间维权的软肋」,『社区』第 4 期．
丁水木 *et al*.（1997）『社会稳定的理论与实践』浙江人民出版社．
范伟国（2004）「重庆万州临时工冒充公务员打人引发群体事件」,『北京青年报』10 月 20 日．
古斯塔夫・勒庞（ルボン，ギュスターヴ）（2007）『乌合之众民——大众心理研究』広西師範大学出版社．（原著：Gustave Le Bon, *The Crowd: A study of the Popular Mind*. The Macmillan Co. 1896）
黄豁 *et al*.（2007）「"体制性迟钝"的风险」,『瞭望』第 4 期．

詹姆斯・C・斯科特（ジェイムズ・C・スコット）(2001)『农民的道义经济学：东南亚的反叛与生存』译林出版社.（原著：James C. Scott, *The Moral Economy 8 the Peasant: Rebellion and Subsistance in Southeast Asia.* Yele University Press, 1979）

刘武俊（2005）「人们急需有效及时的公共维权机制」,『北京观察』第 1 期.

潘盛凡・陈海峰（2006）「瑞安女教师坠楼后续：抑郁症引自杀」,『温州都市报』9 月 10 日.

任硌 ・陈凯（2007）「四川大竹事件反思：地方忙于换届错过处置良机」,『瞭望新闻周刊』3 月 1 日.

欧博文・李连江（1997）「当代中国农民的依法抗争」, 吴国光（主编）『九七效应』太平洋世纪研究所.

乔纳・H・特纳（ジョナサン・H・ターナー）(1988)『现代西方社会理论』范伟达译, 天津人民出版社, 第 244 页.（原著：Jonathan H. Turner, *A Theory of Social Interaction.* Stanford University Press, 1988）

王战军（2006）「群体性事件的界定及其多维分析」,『政法学刊』第 5 期.

王来华・陈月生（2006）「论群体性突发事件的基本含义、特征和类型」,『理论与现代化』第 5 期.

王吉陆(2005)「安徽池州群体性事件调查：普通车祸变打砸抢烧」,『南方都市报』7 月 1 日.

谢勇・王燕飞（2005）「论有组织犯罪：十年回顾、评价与前瞻」,『犯罪研究』第 3 期.

于建嵘（2003a）「农民有组织抗争及政治风险——湖南衡阳考察」,『战略与管理』第 3 期.

于建嵘（2003b）「我国农村群体性突发事件对策研究」,『福建省委党校学校』第 4 期.

于建嵘（2003c）「20 世纪中国农会制度的变迁及启迪」,『福建师范大学学报』第 5 期.

于建嵘（2004a）「当代农民维权抗争活动的一个解释框架」,『社会学研究』第 2 期.

于建嵘（2004b）「九十年代以来中国农民的维权抗争活动」,『二十一世纪』(香港中文大学) 第 12 期.

于建嵘（2005a）「社会冲突中的维权行动解析」,『中国社会导刊』第 9 期.

于建嵘（2005b）「当代中国工人的"以理维权"」,『中国与世界观察』第 1 期, 商务印书馆.

于建嵘（2005c）「政治认同是社会稳定与发展的基础」,『经济要情参阅』3 月 25 日.

于建嵘（2006a）「农会组织与建设新农村——基于台湾经验的政策建议」,『中国农村观察』第 2 期.

于建嵘（2006b）「中国工人阶级状况：安源实录」明镜出版社.

于建嵘（2007a）『当代中国农民的维权抗争——湖南衡阳考察』中国文化出版社.

于建嵘（2007b）「从信访"销帐"看县级党政官员政治责任的缺失」,『凤凰周刊』第 24 期.

于建嵘（2007c）「让农民组织起来」,『东南学术』年第 1 期.

于建嵘（2007d）「新农民建设需要新的农民组织」,『华中师范大学学报』第 1 期.

于建嵘・李连江（2007）「政治发展下一步：县政改革」,『领导者』10 月号.

曽显雄・赵灵敏（2005）「一个公民的理性维权之路」,『南风窗』第 12 期.
张磊（2005）「业主维权运动：产生因及动员机制」,『社会学研究』第 6 期.
周忠伟（2001）「群体性事件及其评判」,『江西社会科学』3.

第 2 章

SARS 危機と国家・社会関係の政治力学

呉　茂松

はじめに

　SARS（Severe Acute Respiratory Syndrome：重症急性呼吸症候群．中国語では「非典型肺炎」，通常「非典」と略す）とは，新種のコロナウィルスを病原体とする伝染病である．これは 2002 年 11 月 16 日に中国・広東省で最初の患者が発見され，翌年 4 月 16 日に病原が解明され，同年 7 月 5 日，WHO（世界保健機関）による終息宣言により集団感染の幕を閉じた．その被害は全世界で感染者 8422 人，死者 916 人が出たのみならず，地域社会の経済，政治，外交領域にまで及んだ．そのため，SARS 問題は 9.11 同時多発テロ事件に次ぐ世界的な問題となり，医学界をはじめ，経済，政治，法律，外交などの多分野にわたり，重要な研究課題として論じられてきた．

　政治学の領域から論点を整理すれば，国際政治の文脈では，人間の安全保障にかかわる人権問題，グローバリゼーションとグローバルガバナンスの問題，WHO など国際機関との関係などがある．中国政治に特定して言えば，中央政治局内部の権力闘争の問題，政府の統治能力と政治体制の問題，情報公開と知る権利の問題，危機管理体制の問題，公共衛生体制の問題，社会保障制度の不備の問題，医療制度改革の問題，公共領域における市場の不在問題および国家の機能の問題などがある．他方，社会学の領域に入る問題には SARS 期における社会心理と公民意識，メディア報道，社会組織の役割などがある．ところが，国家と社会の両面を視野に入れながら，両者の相関関係の文脈で論じた研究はあまり見られず，検討の余地を残している．

　SARS 問題は人間の生命を脅かす突発的公共衛生事件，公共政策に関連する問題，そして非政治的な危機という性質に鑑みれば，問われるべきは SARS に対する国家（＝政府）の機能であり，国家の責任である．しかし，SARS の地域

社会への蔓延に伴う感染者・死亡者の発生，発生初期の情報の未公開のゆえに起こった人々の生活秩序の乱れ，破壊など，この問題において危機に瀕したのはむしろ社会の側であった．

　本稿は SARS 期における国家と社会の動態および両者の相互関係に注目する．ここで検討する問題は，① SARS 危機に対して国家がとった対策とその問題点，② SARS 危機に直面した社会の反応・対応，③国家の政策と社会的需要の間の乖離，④国家と社会の行動およびその乖離が生じる背景，⑤ SARS 危機の国家－社会関係における意味などである．

　上記の問題を検討するため，一次資料の収集と事実の把握を目的として 2006 年 9 月に北京において調査を行なった．本稿で取り上げる事例はこの現地調査に基づくものである．調査では主に一般市民，感染者，社区（コミュニティー），社会組織に代表される社会側，病院関係者，都市管理大隊などの SARS 現場そして研究機関の三つのファクターを対象にして，それらの関係者に対して集中的に聞き取り調査を行なった．国家側の動きは主に公式資料に基づいて検討する．

　ここでは，SARS の突発的な発生により，国家と社会の従来の秩序が破壊され，危険が逼迫し，そうした状況の下で，不確定性が非常に高い状態を「SARS 危機」と定義する．このような非常時における国家と社会の「無条件反応」，「条件反応」を観察することは，21 世紀初頭における中国政府のガバナンス能力を検証し，社会の成熟度を判断するのに有意義であり，今後の国家－社会関係の行方を考える際の一つの指標となる．なお，本論で扱う時期は，SARS の発生から終息が宣言されるまでの 2002 年 11 月～03 年 7 月 5 日とし，それを「SARS 期」と呼ぶ．そして，ある刺激を受けてから起こる生理的な現象，行動を「反応」と表現し，刺激原因やその状況などに意図的な行動をとることを「対応」と表現する．

1　SARS の経緯と国家の対応

　まずは，中国国内での SARS 危機の発生，蔓延，終息の経緯とそれに対する政府の対応を概説し，いくつかの時期に区分し，それぞれの問題点を指摘してみたい．

(1) SARS危機の発生から終息まで[1]

　最初のSARS感染者は2002年11月16日広東省の佛山市に現われた．1カ月後，同省北部にある河源市のメディアでは別の感染例が報道され，当地では医療品の買い占めが発生した．地元の疾病控制予防中心（以下「CDC」と略する）は『河源報』を通じて，伝染病の発生を否認した．翌年の初頭，中山市でも感染者が現われ，間もなく薬品の買い占めブームが起きた．1月21日と22日，省衛生庁は専門家グループを派遣し，同23日，省衛生庁は県市級以上の衛生局に『調査報告』を通達した．

　2月，ウィルスは広州市全域に蔓延し，薬品，酢，米，塩などの購入騒動が起きた．2月2日，省衛生庁は専門家を招集して緊急会議を開き，「原因不明の肺炎の防止と治療工作を首尾よく行なうことに関する通達」を出し，分野別にいくつかの対策グループを発足させた．2月11日，広州市政府も記者会見を開き，SARS感染状況を公表し，WHOに報告した．

　2月12〜25日，広東の地方メディアはSARSを大きく取り上げ，病気に対する疑問と対策を訴えた．だが，2月25日から3月21日まで第10期全国人民代表大会第1回会議および第10期全国政治協商会議第1回会議（以下「両会」と略す）が開催され，またイラク戦争も始まったこともあり，各メディアは両会とイラク戦争の報道を優先し，SARS報道は避けていた．その間，SARS患者は香港，北京地区でも現われた．

　4月2日，張文康衛生部長がCCTVのインタビューを受け，初めて全中国の感染状況について発表した．一方，WHOの視察団は北京CDCを視察し，香港，広州の両地に対する旅行警告を発した．4月3日，国務院新聞弁公室は初の記者会見を開き，張文康は「大陸でSARSは効果的に抑制されているし，中国での仕事，生活，観光は安全だ」と明言し，衛生部はSARS防治工作指導小組を設立した．4月7日には，呉儀副首相がSARS疫情コントロール小組のリーダーに就任し，衛生部は「伝染病のSARSに関する臨床診断標準（試行案）」を採択し，公布した．

　4月8日，北京の人民解放軍301病院の蔣彦永医師が米誌『タイム』の取材を受け，国務院が公表している感染者数と実際の発病率が異なると証言し，これがインターネットに流れ，中国全土および世界に広がった．この日，衛生部によりSARSは，「中華人民共和国伝染病防治法」の法定伝染病であると指定された．国際世論の中国に対する批判的な論調が高まるなか，4月10日，国

務院は2回目の記者会見を開き，衛生部の馬暁偉副部長が「中国が通報したSARSの疫情報告は信頼可能である」と明言した．4月13日，国務院は「全国SARS防治工作会議」を開き，この席上，温家宝首相は「定期的に疫情を公表し，事実に基づいて話すべきである」と指摘した．

そして，4月20日国務院は第3回の記者会見を開き，高強衛生副部長が北京市の最新の感染状況を明らかにすると同時に，5日毎に報告していた感染状況を毎日公表するとした．一方，SARS情報の隠蔽や防治対策不備を理由に，張文康衛生部長と北京市の孟学農副市長が更迭された．

4月23日，WHOは天津に対しても旅行警告を発した．同日，温家宝は国務院常務会議を開き，国務院に緊急対策本部＝SARS予防指揮部を設立し，呉儀副首相が全体指揮を取ることを決定した．同会議では，中央財政総予算から20億元を出してSARS防治基金を設立し，中部と西部地区の疾病コントロール機構の建設にも力を入れ，手配していた20億元の国債資金に9億元を追加すると決定した．さらに，CDC建設のために6億元の専用資金を設置すると発表した．一方，北京市ではSARS感染の重点地域に対して隔離治療体制を徹底した．4月26日からは呉儀が衛生部部長を兼任することとなった．

5月1日，緊急建設した小湯山SARS専門病院が初のSARS患者を引き受けた．5月6日に「工傷保健条例」が公布され，SARS感染は労働災害として扱われることになった．5月8日，WHOは山西省と内モンゴルに対して旅行警告を出した．5月9日，温家宝は国務院第376号令「突発公共衛生事件応急条例」に署名，12日から公布し，実施した．5月13日には，衛生部が伝染性非典型肺炎防治管理弁法を発表した．5月16日，交通部は「健康申請カードに記入しない旅客にはチケットを販売しないし，船などの交通手段の利用を禁ずる」と通知した．5月17日，WHOは河北省に対して旅行警告を発した．

5月29日，北京市で初めて新たな感染者がゼロになり，6月2日には感染者，感染の疑いのある患者，死亡者の三つの数字がゼロとなった．そして6月13日，WHOは河北省，内モンゴル，山西省，天津の旅行警告を解除し，6月24日には北京を含むすべての感染地域に対する旅行警告が解除された．こうして7月5日，WHOはSARSの終息を宣言した．

(2) SARS危機の時系列分類と国家対応の問題点

「危機」とは，ある社会システムにとって基盤となる価値，行動基準に厳重

表 1　SARS 期の対応・反応

時期設定	メディアの情報，国家の対応，社会の反応など	危機の段階
02/11/16～02/12/15 メディアに取り上げるまで	広東省の一部の地域で発病したが，メディア，国家は情報欠如	危機の前兆期
02/12/16～03/02/10 地方政府の記者会見まで	広東省内の一部の地域で感染が発見され，地元のメディアが報道する．地方の関連部門が調査，視察に動き出す．しかし，報道の量が少なく，権威ある報道が不在，政府の対策も医療機関内部に限定され，専門的な対策も効果的ではない．反面，社会では口コミ，携帯電話，インターネットによる原因不明の病気に対する噂がながれ，広東の各地域で薬品，食料，生活用品に対する買占めが顕著に現われ，物価も高騰する．	危機の潜伏期あるいは蔓延期，権威情報の不在，全面的な対策の不在
02/11～02/25 両会開催中	地方政府が正式に SARS の感染状況を社会に公開し，WHO にも報告する．しかし，主流メディアは SARS が効果的に抑制されつつあると報道．国務院でも部分的な対応に終始．流言蜚語が流れ，薬品，日常用品不足に対する恐怖心理が広がる．	危機の蔓延・爆発期，SARS 情報の錯綜．
02/25～04/02 国務院の記者会見まで	両会期間中であるため，SARS 関連の報道はない，SARS に関する政府の対応も見当たらない．両会の閉会後も SARS 報道は少ない．一方，SARS 感染は広東省から全国に広がる．	危機の蔓延・爆発期，情報の欠如，国家機能の不在
04/03～04/20 国務院の第3回目の記者会見まで	SARS が全国範囲で広がり，特に北京等の感染状況は深刻化．中央レベルが事態を重視し，法律，行政の措置をとる．全国的な SARS 情報報告・管理システム構築．主流メディアが SARS 報道に取り組み，報道量が急増．ただし「SARS は効果的に抑制されている」と現実とは異なる内容．政府への信頼度が低下する．	危機の爆発・高潮期，客観的な報道の欠如
04/21～05/28 全面的な取り組みの時期	SARS 感染の感染がもっとも深刻な時期．SARS に対して法律，財政，人事，軍部など全面動員．メディアが主題として取り上げ，内容も比較的客観報道．社会も動員．政府と社会のある種の協力関係が現われる．	危機の高潮期，国家の全面対応
05/29～07/05 危機の衰退から終息まで	SARS の感染が次第に収まり，社会も再び安定に戻る．政府の信頼度が回復する．	危機の衰退期・有効統制期

胡鞍鋼 2003: 23–26, 55; 白鋼・史卫民 2004: 203–8 より作成．

な脅威を与え，時間的な逼迫と状況の不確定性がきわめて高いなかで，なんらかの決定的な措置を取らざるをえない状況である（薛瀾・張強2006）．一般に，危機の周期には，潜在的な危機の発生を意味する前兆期（prodromal），殺傷力のある事件の発生・拡大の勃発期（breakout or acute），危機の影響が持続的に蔓延する持続期（chronic），危機が完全に解決する段階の回復期（resolution）がある（薛瀾ほか2003: 46）．政府は，公共サービスの提供者，公共政策の制定者，公共的事務の管理者および公的権力の執行者である．そのため，危機の発生に対して決定的な措置を取る主体は政府でなければならない．危機の発生は予測不可能であるが，危機の被害を最小限にするためには，情報の公開などを含む国家の対応が重要となる．

　SARS問題の経緯をこの危機の周期に照らして，政府の措置と情報の変化およびSARSの感染状況を考え合わせると次のような時間的分類が可能である．①発生から最初にメディアが取り上げるまで，②広東省の政府が正式に記者会見を開くまで，③第10期全国人民代表大会第1回会議および第10期全国政治協商会議第1回会議の開催まで，④会議期間中および国務院の記者会見まで，⑤第3回目の記者会見まで，⑥SARSに全面的に取り組む時期，⑦SARS危機の衰退から終息まで，である（表1参照）．

　このような時期区分に基づき観察すると，国家のSARS対策における問題点が明らかとなる．既存の研究でも指摘されたのは，国家の対応の遅れと，情報の未公開・隠蔽であるが，それらは政府側の問題発見，その性質と被害の深刻さに対する認識と判断が遅れたことに起因する．すなわち，SARSを発生段階で抑止できず，全土への蔓延を見逃した背景には，新しい危機に対する政府の認識の不足と危機に備える制度と対策の欠如があったと指摘されている．

　詳細は避けるが，地方のCDCが初めてSARS調査に専門家を派遣したのは1月21日であり，感染者第1号が現われてから2カ月後のことであった．また，CDCが直ちにとるべき措置――診察・治療・予防のマニュアル「SARS防治技術法案」を全国の医療機関に送付したのは3月31日であり，問題の発生から4カ月半がすぎていた．さらに，4月8日になり，政府行動の法的な根拠・基準となる伝染病防治法にSARSが登録され，4月20日になってから，この法律に基づいた緊急措置が開始され，衛生・医療部門に限らず全国範囲でのSARS対策に乗り出した．そして，4月23日に国家の財政支援によりSARS基金が設立され，5月1日になって無料治療の範囲をすべての人に拡大することを決定

したが，この時期はすでにSARS危機の爆発，蔓延，高潮の時期に入っていた．

次に，SARS関連の報道について概観すれば，病気の感染を最初に報じたのは12月15日の地元紙であり，省政府が正式に記者会見を行なったのは2月11日であった．この間，病原不明，解決策不明な病疫として地方新聞によりわずかに報道されていた．また，国務院レベルで最初に記者会見を行なったのは4月3日であり，しかも，第3回の4月20日の記者会見までは，「SARSが効果的に抑制されている」という事実とはかけ離れた情報を流していた．さらに注目に値することに，2月25日から3月21日までの両会の開催中には，SARSに関する公式な報道はほとんどなく，その対策も重要な課題として扱われていなかった．

当時の報道を見ても，最初は病気について「どのようなもので，どのような予防対策が必要なのか」などの疑問を訴えながら，社会の反応を紹介するなどの内容が多く，それは地方，あるいは周辺的なメディアに多く見られた．中国共産党機関紙などの主流メディアはこのSARS問題の議論に踏み込むことを控えていたし，関連情報の提供もしなかったが，それらが蔓延を深刻化させた重要な原因の一つであったと言えよう．

このように，国家の対応の遅れとメディアの未報道に伴う情報の真空，報道内容の客観性の欠如などは，中国の政治体制と政府の発展理念の問題と直接に関わりがあると言わざるをえない．これについての詳細な分析は第4節に譲りたい．

2 社会問題としてのSARSと政府の役割

(1) SARSが引き起こした社会現象とその原因

多くの報道や学者が指摘しているように，SARS事件期に見られた社会現象は次のように分けることができる．すなわち，①SARS関連の流言蜚語，②医薬品・生活用品に対する買い占めとそれに伴う価格の高騰，③北京離れ・帰郷などによる人の流動化，④違法営利活動と社会秩序の攪乱，⑤道路の破壊と遮断などの犯罪，⑥不登校または出社拒否など他人との交流拒否ないし自己隔離，⑦北京人に対する蔑視，隣村・社区，地域に対する接触拒否などに見られる相互信頼の低下，⑧迷信の流行，などである．

これらの現象が起こった背景は，噂，デマなどに見られる流言蜚語，つまり

公共空間における根拠のないSARS関連話題の錯綜である．噂の発生は，ある出来事を発端としているが，その事件への無知，疑問，懐疑などの要素が混ざり合い，流布する過程で事実が歪められ，捏造され，事態がより深刻になっていった．特に流言蜚語の類は非権威的ソースから発するものであり，伝達プロセスで発生し，次第に「信憑性」を増していくという特徴を持つ．ある調査によると政府が公式に認める前の2月8日から10日の間，SARSに関する携帯電話ショートメッセージは4000～4500万通と膨れ上がり，インターネットでもSARS関連の内容が多く流れたという（白钢・史卫民 2004: 204）．そのほかに，正しい情報を流さない権威的メディアに対する不信感からくる反抗心理も働いた（上海大学『SARS 与中国社会』课题组 2003: 249）という．

このような流言蜚語が生じた要因として，主観的要因，外部的要因を指摘しうる．主観的要因としては，主体意識の欠如が指摘できる．SARSの発生当時，多くの市民は真相を問わずに「皆が信じているから，皆がするから」といった感覚的理由で，盲目的に周囲に追随する現象が顕著であった．例えば，ある市において多くの人が薬局の前に列をなしたが，具体的にどの薬を買えばよいのか誰も知らなかったということがあった（『南方都市报』2003年2月12日）．また，板欄根[2]や酢が効果を持つと信じての盲目的な購入，迷信の盲目信仰などは，まさに科学知識の欠如からくる無知であった．このような主観的環境が，流言蜚語を生む温床となった．

他方，外部的・客観的要因としては，SARS関連情報が途絶えた時期における国家機関による的確な情報の欠如または情報の信頼性の低下，さらにSARS対策に乗り出す政府機関の動きが市民に伝わってこなかったことが指摘される．このように国家の対策の遅れの結果として，危機にふさわしい対応策を提示できなかったことが流言蜚語を阻止できなかった重大な原因であった．同様の文脈から，情報の空白期と国家政策の空白期は，恐怖心理の発生，蔓延へと繋がったのであった．

いずれにせよ，流言蜚語の結果として社会の底辺に広がったのはSARSに対する恐怖心理であった．この集団心理は新種コロナウィルスの感染力より強く，その被害も深刻なものであった．一連の社会現象は恐怖心理とそれゆえの暗中模索であり，結果として社会秩序と市場秩序の破壊につながったと理解することができる．北京などでは都市機能が麻痺する状態にまで至った．

中国において党・政府からの意思を市民に伝達するシステムは具備している

ものの，市民から政府に，または政府と市民が意思疎通をはかるシステムはいまだに構築されていない．とりわけ，市民の「知る権利」を含む基本的諸権利は，まだ法的に保障されておらず，そのメカニズムも形成されていない．つまり，前述した諸現象，被害の根幹は市民の「知る権利」の欠如に起因しており，最終的に社会の政府に対する信頼を低下させたのもこの制度的な欠陥がもたらした結果でもあった．

(2) SARS 感染者の反応

本項では，SARS 感染に遭った個別のケースを検討する．分析の焦点になるのは，本格的に SARS に取り組み始めた 4 月 20 日以降の政府の対策と，感染者の需要との間にはどのような乖離があったかを究明することである．

SARS の感染経路は体液の飛沫や患者との濃密な接触で，感染後の潜伏期間は一般的に 2 日から 10 日とされている．潜伏期間中に症状は現われないが，他者への二次感染の可能性は否定できない．発症後の SARS の主な病状は 38 度以上の高熱，痰を伴わない乾いた咳，息切れや呼吸困難などである．発症初期の段階では，SARS 感染の診断が難しいため，「疑い症例（Suspected）」，「可能性症例（Probable Case）」と段階的に判断する[3]．

〈北京の感染者 C さんの例〉[4]

社会調査のため，北京に短期滞在していた C さんは借家のオーナーから感染した．その経路は，オーナーが病院で感染し，さらに同居している C さんに感染したものと思われる．C さんは 4 月 21 日に発熱，さらに病院に出かけたオーナーが帰宅しなかったことから不安をおぼえ，中日友好病院で診断を受ける．当初は SARS の病状はないと診断され，家で 3 日間の隔離観察を指示された．C さんは研修先（自閉症の子供の教育を研究している）の教育機関の責任者に事情を告げ，自己隔離を開始する．翌日，C さんは熱が下がらず咳も激しくなったため，SARS に感染したと認識する．

本来ならばこの段階で，20 日までに C さんと密接に接触していた百数人は SARS の感染疑い者にあたり，隔離措置がとられなければならない．だが，この時はちょうど学期末にあたり，全国 40 の都市から来た人々は帰郷準備をしていた．その後，出血を伴う咳が出，23 日，C さんは協和病院で再び診察を受けたが，ここでも SARS ではない肺炎だと診断され，地方の衛生院で隔離検査の措置をとった．しかし，この時すでに，オーナー一家のうち 1 人は死亡，

残る家族2人は「疑い症例」として隔離措置がとられていた．Cさんはみずから救急車を呼び，入院可能な病院を探したが，診断書がなく，治療設備・病床がない，病床があっても台湾，香港人，重要幹部，外国人のために用意したなどの理由でいくつかの病院から入院を拒まれた．

Cさんの受入先の研究所T所長は，Cさんが入院可能で治療設備・病床がある病院を探し，さらに所内・関連百数人の感染疑い者の隔離方法を尋ねるため，23日の早朝から政府のSARS公開電話，衛生部，北京市，地方のCDCなど，考えられる限りの主管部門および各部門に設置されている「SARS指揮センター」に電話をかけた．だが，電話はつながらず，つながっても主管部門にたらい回しにされ，責任を他部門に転嫁するなど，対応する部門が2日間，見つからなかった．個人的コネを含むあらゆる方策をとった結果，最終的にイギリス人の友人の助けを受け，Cさんを佑安病院に入院させることができたのは24日夜中の0時50分であった．研究所が政府部門からの対策を受けたのは25日だが，このとき，すでに疑い症例者とされた百数人は住所と交通手段の記録だけ残し，北京を離れた後であった[5]．

こうした一連の出来事から，いくつかの問題点が明らかとなる．まず，医療現場の問題点として，多くの病院はSARS治療に対する設備・人員が不足しており，医療機関間の情報も断絶していた．さらに，政府の公開電話は容量不足のため社会のコールに応じえず，各部門においてはSARS指揮センターが設置されても，部門毎に独自に対応しており，部門を跨いだ協力はなかった．病院，CDC，政府部門を統括したSARS主管部門・指揮部門が存在しなかったため，部門間，地方間の情報交換，対応がうまく調整できなかった．このように，SARSへの行政的な指示は，的確に実行されていなかったとも言える．

その他，SARSの初期段階において，感染の診断を受けても莫大な治療費に困り，病院を逃げ出す患者もいた[6]．職業や経済力を問わずにSARS患者の治療費用を政府が負担することを決めたのは，5月1日のことであった．

このように，SARSの発生期における社会の需要に対して，政府の対応には時期的な遅れだけではなく，財力・設備不足そして政府機能の不在または不全があったことが明らかである．

3 SARSに対する社会の対応と政府との関係

 上述した感染者のCさんが，救急車を呼んで病院に行くこと，Tさんが入院可能な病院を探し，疑い症例の患者たちの措置をめぐって政府からの救助を得るため，関係部門と海外に助けを求めたことはすべて個人の自発的な行動である．

(1) 社会組織の動き
 では，その他のさまざまな社会的アクターはどのように対応したのか．中国の社会組織は一般的に三つの種類がある．中国には民間組織に関する専門的な法律はまだ存在しないが，関連条例として「社会団体登記管理条例」，「民弁非企業単位登記管理暫定条例」，「基金会登記管理条例」が存在し，そこから社会団体[7]，民弁非企業単位[8]，基金会[9]という三つの類型に分類できる．
 ここでは，社会団体である中華慈善総会と民弁非企業単位である北京市協作者文化伝播センターの活動を紹介した上で，比較検討を加えてみたい．
 中華慈善総会（以下「慈善総会」と略す）は慈善事業に関心のある市民，法人，その他の組織からなり，1994年に設立された全国的な非営利の社会団体であり，民政部に登録され，初代の会長から民政部副部長が兼任した[10]．
 SARS期において慈善総会は主に宣伝，救援物資の調達・配布，募金活動を展開した．民政部常設の社会の寄付物資を受け取る窓口以外に，慈善総会は独自に受け入れ窓口を設置し，社会からの救援物資を受け入れた（高翔 2003: 303）．慈善総会は民政部の許可を得たうえで，中国社会工作協会など12の全国的な慈善公益組織と連携し，4月28日に提案書を作成し，各地の慈善公益機構に，各地方の党委員会と政府の統一指導の下でSARS対策に協力するように呼びかけた．その具体的な協力方法としては募金，宣伝，救援物配分などがあった．宣伝部の同意を経て5月5日に，SARSを一掃する意思を表明する内容の葉書などを作成し，配布し，医療現場の人と，市民に自信を与えたとも報じられた[11]．
 慈善総会の主管部門は民政部であり，人事構成などの原因で半官半民的な性格が強い．そのため，活動方針も政府の許可を前提に行動する．彼らは全国的なネットワークを有しており，98年の洪水の時も，積極的にボランティア活

動を展開していた．それに，民政部を背後にもっているため，相対的に有利な立場で，SARSの救援活動に取り組むことができた[12]．募金，支援物資は企業の寄付が多く，これらの調達された支援物資を慈善総会の名義で，SARS関係部門，医療現場に寄贈された．2003年7月8日，民政部により中華慈善総会など48の全国的な社会団体に「撲滅SARS先進全国的社会団体」の称号を授与され，新探健康発展研究センターなどの二つの民営非企業単位も「SARS一掃先進民弁非企業単位」称号を授与された[13]．

一方，北京市協作者文化伝播センター（以下「協作者」と略す）は2003年3月31日に設立され，民弁非企業単位として工商局に登録している草の根NGOの一つである．「団結協助，助人自助（団結しながら助け合い，他人を助ければ自分も助かる）」を趣旨とし，都市部における農民工（出稼ぎ労働者）に対する教育，権利の保護などの活動を展開している．民政部の傘下にある社会工作弁公室にも登録している[14]．

協作者が主に対象としたのは，農民工，社区，出稼ぎ労働者の子弟学校，流動人口などの低所得者層であった．これらの出稼ぎ労働者ないしその他の流動人口は戸籍上，社会保障制度に保護されない集団であり，貧困などの原因で政府の宣伝または政策が届かない空間に存在する集団であった．一般に集団的に生活し，流動性があるため，SARS期においては，感染を蔓延する温床ないし媒介者になりかねない．

4月26日，協作者はアメリカのフォード財団，Oxfam香港などと共同で，「出稼ぎ労働者への注目を喚起しよう」の提案書を作成し，河北省の張北県，尚儀県（北京で働いている農民工には，この両県の出身者が多い）政府と連携をとり，独自のSARSのホットラインを設置した．4月30日「北京に来ている出稼ぎ労働者のSARS予防および災害による被害削減の能力建設」計画を立ち上げ，物資小組，ホットライン小組などを発足させた．

さらに，各地域のボランティアを動員し，SARS予防に必要な救援物資を購入する一方で，みずから作成した宣伝ポスターと「出稼ぎ労働者SARS予防の健康しおり」を配布した．これらは内モンゴル大学の協力で，モンゴル語に訳され，少数民族地域にも配布された．そして，陝西省，四川省，雲南省など八つの省の地方組織と連携し，「SARS予防のしおり」などを農民工に配送した．その他，農民工に対して，労働安全に関する教育，労働権利に関する教育も行なった．協作者の資金はみずからの募金と海外の援助からなるものであった[15]．

慈善総会と協作者の組織性質，政府との関係，資源利用の方法などを比較してみよう．まず，組織の性質に関して，前者は人事，活動の運営方式から見ても半官半民組織であり，後者は完全に政府的色彩のない，草の根民間組織である．そのため，政府との関係においても前者は従属的であり，後者は相対的に独立的であった．また，慈善総会は国家の組織資源を利用する一方，市場からの資源も多く利用したゆえに，企業，国家，社会の懸橋の役割を果たしていた．他方，協作者の場合は，発足して間もないという事情もあるが，企業からの資源はほとんど得られず，自己募金か，海外の資金に依拠して活動を展開したのである．

その他の社会組織の活動も宣伝，救済物資の寄付，SARSの予防・治療に関する教育，恐怖心理に対するカウンセリングなどがあった（高翔 2003: 287-308; 候小伏 2006）．

(2) 研究機関・学者の動き

中国全体が危機に晒されるなかで，多くの研究機関・学者たちは積極的に政策提言と社会への発言を行なった．例えば，北京大学医学部を中心とした専門家による「SARSの治療においては隔離・集中治療をすべき」だとの提言は北京市政府に採用された[16]．また，危機管理，公共衛生政策に関する清華大学公共管理学院危機管理課題組の政策提言（胡鞍鋼 2003: 1, 28, 33-37），民政部以外に社会からの寄付の受付窓口を設置すべきだとの中国社会科学院の提案[17]などは，ほぼ実際の政策として採用されたという．一方，危機の最中にもかかわらず，NGOの活動が十分に見えない現実を直視した清華大学公共管理学院NGO研究所の鄧国勝所長は，中国NGOの社会的な責任意識の向上を訴える論文（邓国胜 2003）を発表するなど，社会に対する発信も行なわれた．その後，北京紅楓婦女熱線（ホットライン），陝西省婦女理論婚姻家庭研究会などが積極的に取り組み始めたと言われている[18]．

いずれにせよ，国家との関係が従属的であれ，独立的であれ，社会の需要に応じて，こうした社会アクターによるそれぞれの分野で支援，宣伝などの活動が展開されていたことは事実である．特に，協作者は農民工という社会保険制度，公共サービスなどの制度を受けられない，または政府の政策が届きにくい存在に目を向け，独自の方法により救済活動を行なっていた．つまりこれらは，社会の需要と国家の政策の空白を埋めるのにより重要な役割を果たしたものと

思われるのである．

4 考　察

　以上，SARS危機の経緯，それに対する国家と社会の動態およびその関係について述べてきた．まずマクロ的視座に立ち，国家の危機に対する認識，判断の遅れとそれゆえの対策の遅れを指摘した．さらに，SARSの初期段階における政府の情報隠蔽，非客観的な報道がSARS感染の拡大を阻止できなかった原因の一つであったことに言及した．そして，4月20日以後，SARSへの政策的対応が開始されたが，社会からの需要に対し，多くの医療現場で設備，人力，財力が不足したことを明らかにした．他方，行政指示があっても実行できず，臨時のSARS対策センターがうまく機能しなかったことについても明らかにした．これにより，中央と地方，部門と部門の間の相互通達，協力体制ができ上がらず，各機関がほぼ自律的に行動するといった政府の危機管理体制の現実が浮かび上がった．
　では，国家政策の問題点，SARSがもたらした社会現象，需要と対策の乖離はなぜ起こったのか．以下においては，その原因に迫ってみたい．

(1) 国家の問題点
① 政治体制の「落とし穴」
　SARS危機が露呈したのは危機管理体制の欠如であったと指摘できる．すなわち，危機意識，危機管理制度の不在こそがSARS被害を抑止できなかった主な原因である．従来の中国の国家機構において全国人民代表大会および常務委員会は危機管理に関する専門機構を設立してこなかった．また，国務院にも統一的な危機情報を管理し，危機管理の対策，指揮，調整を行なう常設機構がない．各種の危機管理機能は常に個別の部門が担当し，各部門間には相互の情報交換，意思通達，協力のメカニズムが形成されていなかったため，ほとんどが臨時対応的な機構であったと言える．これは従来の政治体制の大きな落とし穴であった．
　第二に，突発的な危機管理に対する法整備の問題がある．これまで政府は主権，領土の安全，台湾問題，社会秩序の破壊などの政治体制に脅威となりうる課題，または伝統的な安全保障問題に対しては一貫して警戒していた．しかし

ながら，SARSのような非政治的・非伝統的な危機に対する警戒感は薄れていた．予防と警告に関する法律には，社会の動乱に対応する中華人民共和国戒厳法，重大な自然災害に適応する防震減災法，防洪法と消防法があり，安全・事故に関連しては安全生産法がある．公共衛生に対応するのは中華人民共和国伝染病防治法である．しかし，これらは部門別の条例という性質が強く，国家のレベルで緊急事態に対応する統一的な管理については明記してない．つまり，非政治的な危機に対する予防，早期発見，警告の根拠となる法的基盤がなかったといえる（薛瀾・張強 2006）．

SARS危機に最も関連した法律は，1989年に制定した中華人民共和国伝染病防治法であった．ところが，実際にSARS対策のマニュアルとされたのは政府がSARSを伝染病防治法の法定伝染病と規定した4月8日以降であり，発生から5カ月近く法律の空白期があった．その後，5月中旬に，国務院の突発公共衛生事件応急条例，衛生部の伝染性SARS防治管理弁法が公布，実施されてからようやく関連の法律問題が解決された．

法律の実施に関する中央と地方の権限にも問題があった．中華人民共和国伝染病防治法の権利は中央に集中しており，A級伝染病を認定する権利は国務院にしかなく，衛生部はB級とC級しか認定できない．また省政府は新しい病種を認知する権限は有していない．そのため，新種であるSARSは伝染病法が規定する伝染病ではなかったため，地方政府の危機に対する判断が遅れる結果となった．

第三の体制問題はメディアに対する規制である．SARSについての情報の不在，メディアの「失語」[19]現象はSARSの蔓延だけではなく，恐怖心理を広めた外的要因である．メディアが「失語」した背景にはメディアを宣伝道具と位置づける旧体制の延長からなる政府の統制とプロパガンダが存在したためである．2月上旬と中旬にSARSを報道したことにより，『南方都市報』は広東省宣伝部門から内部批判を受けたという（張暁群 2003: 118）．ここに，主流メディアが報道を控えた理由の一つが窺える．また，2月11日，SARSに関する初の記者会見から国務院の第3回目の記者会見まで，『人民日報』などの主流メディアは「伝染病が効果的に抑制されている」との事実と離れた論調を行なっており，メディアが大きくSARS問題を取り上げて客観的な報道を開始したのは，政府がSARSを公式に認め，全面的に対策に乗り出した4月20日からであった．両会期間中にSARSに関する報道がほとんどなかったことは，中国メディアを

取り巻く制度的欠陥を示す典型的な出来事であろう．換言すれば，国民の「知る権利」を保護する法整備，ないし制度の欠如がもたらした結果でもあった．

　第四の体制問題は，官僚機関とこれに対する監視機構の不在である．地方政府のレベルで SARS の情報が隠蔽され，国務院の認識が遅れたのは，まさに，政治的な業績報告を優先し，みずからの既得権益を確保するという地方の責任者の官僚体質からなる弊害である．後の衛生部長の更迭もこの要因による．SARS 期間中の情報隠蔽，対応の不十分といった責任問題で，「問責制度」（幹部の責任を問う制度）による更迭または賞罰を受けた幹部は 1000 人に上るという（上海社会科学院当代中国政治研究中心 2006: 135）．これらの監視機構の不在は SARS の被害を深刻化させた政治体質の宿命でもあった．

② 政府の政策理念とその影

　次に，政府の政策理念について考察してみたい．

　第一に考えられる問題は，「経済発展至上主義」の発展観のアンバランスである．政府は GDP の成長率という単純な基準に国家の発展を照らしがちであり，社会の発展に比較的に無関心であった．メディアが「失語」したのは，まさに国家が SARS による経済発展の停滞またはダメージを恐れた上での出来事であったとも指摘しうる．張文康部長が記者会見で「中国での生活，仕事，観光は安全だ」と明言した背景には，社会秩序の乱れを恐れると同時に，中国に対する国際的イメージが悪化するなかでの，外国の投資家たちに向けたメッセージであり，観光産業のダメージを防ぐための「安心剤」でもあった．

　また，公共衛生事業に対する軽視も政策のアンバランスを物語っている．公共衛生は政府機能の重要な一部分であり，人々を病気から守る関所の一つである．衛生費用は GDP 比で，1991 年の 4.11％ から 2001 年の 5.37％ に上がったものの，衛生事業における政府支出額シェアは 1990 年の 25％ から 1995 年は 17％，2000 年には 14.9％ で，毎年 1％ の割合で下がっていった（胡鞍鋼 2003: 109）．公共衛生は「公共財」であるため，経済的な利益を生み出す部門ではない．このように公共衛生領域における政府の無視，市場の不在は政府の発展理念の大きな落とし穴であり，経済発展至上主義の陰の部分でもあった．

　第二に指摘しうるのは，「安定第一」の最高原則である．前述したメディアに対する統制などのさまざまな問題は社会秩序の乱れに対する政府の恐れの現われであるし，偽った報道を行なったのもまさに民心を落ち着かせるための政策であった．

第三は「政治報道優先主義」である．第2節で述べたように「危機の高潮期」と「情報の空白期」がちょうど重なったのは両会期間中である．この間，各メディアの重要な部分を占めていたのは両会の動きとその精神の伝達であり，同時にイラク戦争の報道であった．それはいうまでもなくプロパガンダを主な任務としている旧体制のなせる業でもあった．このような体制要因，従来政策の理念上の要因は相互に作用しながらSARS危機を深刻化させたのであった．

⑵ 社会側の問題

　SARS危機は社会に存在するさまざまな問題点も露呈させた．第3節で言及したように，SARS危機に際して見られたさまざまな社会現象，民間療法，迷信に対する盲目的な信仰の裏には，主体性の欠如と科学的知識に対する無知が存在した．加えて法律に保障されてない「知る権利」の不足は恐怖心理を生む温床でもあり，さまざまな犯罪が現われた原因の一つでもあった．

　また，市民の公共意識の欠如も指摘されよう．もちろん，相互慰問，助け合いなどもあったものの，SARS感染者に対する周囲からの蔑視，差別，回避は顕著に見られた．一部の人が自分にSARSの疑いがあると意識しても，救急車を呼ぼうとしなかった．救急車が有料であることはもちろん，それが来ることにより，周りから差別または蔑視を受け，ひいては叱られることを恐れ，一部の人たちはバスに乗って病院に行った[20]．これは新たな感染を引き起こす危険性を増長させた．民間組織が宣伝活動をする際に，主な内容の一つが「公共意識，公共道徳」に対する訴えでもあったことからも[21]，公共意識の乏しさも窺える．

　さらに，民間組織の問題を見ると，SARS危機において社会の需要と国家の対策の間には意識・政策・制度的な空白が明確に現われていたことがわかる．多くのNGOもその空白を認識し，各自の領域において活動を展開した．しかし，これらの活動は少なく，現われたのも4月下旬からのことであった．つまり，2002年11月から2003年の4月まで，NGOが活動した事実はほとんどなかった[22]．これは，民間組織の社会責任に対する自己認識の不十分さが原因であるが，他方でNGOを取り巻く環境にも問題がある．まず，前節などで指摘したように，SARSに関する情報が不足していたことである．また，組織的な活動の展開にはさまざまな資源を必要とするが，中国の場合には国家が資源を独占しており，国家の活動許可と資源提供が民間組織の能動性を発揮する必

要条件となっている．今回の場合も，政府が全国を挙げて SARS に取り組もうと，社会組織の動員を許可してから，はじめて社会が動くという現象が見られた．SARS のような非政治的な危機の発生は，国家に社会動員の必要性と，社会に活動可能な空間を提供する機会の必要性を痛感させたといえる．

　民間組織に対する社会からの認知と支持は NGO 活動が生まれるために必要な条件である．協作者が当時，救援物資を調達しようとしても，企業からの支援が得られず「体温計一つも買えなかった．しかもわれわれを商業目的では，と懐疑的に見られた時もあった」という（高翔 2003: 296）．協作者はこのような状況下で，みずから資金提供するか，海外の資源に依存するしかなかった．それに比べ，慈善総会の活動は協作者より有利であった．政府部門の組織資源はもちろん，企業に代表される市場からの支持も得られていた．彼らが行なった主な活動の一つは市場の資源と政府部門を繋ぐことであった．

　以上のような点に鑑みれば，中国社会における自律性の欠如という側面を見逃すわけにはいかない．しかし，それは他面では，国家と政治体制の制約によるものでもあった．

(3) 社会と国家の関係

　だが，SARS 危機のなかで，国家と社会の関係に新たな動きが現われた．SARS 事件後，国家側の公共政策に対する重視が明らかとなった．ここから，SARS 事件が露呈した体制問題，政策理念の問題について国家が充分理解し，政策・法律の修正に全力を挙げようとする傾向が読み取れる．しかし，そのほとんどが国家主導の形で行なわれている．国家の主導というのは，国家が問題を認識した上で，その解決に向けて，経済，行政または社会の資源を利用し，リードしていることを意味する．管見の限り，政府の危機管理に対する重視とその制度作り，公共衛生管理政策の改善にあたって，SARS が中国政府にもたらした大きな効果が見られる．紙幅の関係から，これらについての詳細な紹介と検討は別稿に譲りたい．

　SARS のような予測不可能な危機が発生し，その被害は深刻で，その程度も国家の予測および体制の許容範囲を超えていた．そこで，社会の需要と危機への対応の間に空白が生まれ，そこに民間組織を先頭に社会の自主性が生まれてきた．これらの社会的能動性は，国家の認識の変化，資源の開放を前提にして実現したという限界はある．だが，その結果，国家と社会が連動可能な空間が

現われたことは否めない．協作者と地方政府の連携がこの事実を語っている．

SARS 危機を契機に，2004 年には「政府部門と NGO の貧困支援協作座談会」ができ，国家安全生産監督管理局と協作者の連携により「全国農民工職業安全と健康権益保障に関するシンポジウム」が開催されるなど（北京市協作者文化転播中心 2005: 116），政府と民間組織にはある特定領域における補完関係が現われている．特に，SARS のような感染症の問題に限って言えば，国家が社会の資源を吸収する動きはすでに法律にも現われている．例えば，1989 年制定の中華人民共和国伝染病防治法を 2004 年 8 月に改訂するにあたり，第 9 条に「国家は単位と個人が伝染病の予防事業に参加することを支持する．各級の人民政府は関連制度を改善し，事業部門と個人が伝染病の宣伝，ボランティア活動，疫病の報告，寄付活動への参加の便宜供与を図るべきである」との項目が加えられた．

上記のような社会の動向および国家との関係は，中国における国家-社会関係の現在的位相を説明しうる普遍性を有しているとは言い難い．しかしながら，危機後の国家の変容，すなわち「万能政府」から「有限政府」へ，「公共サービス型政府」への政府機構改革など，国家側の権利の譲渡，資源の開放と，公共管理領域における民間組織を先頭とする社会の自主性の出現は，中国社会が従来の完全なる国家独占型統治社会から，国家・社会連携型管理社会へと移行する兆しであるともいえる．その後，学界を筆頭に「公共サービス型政府」の建設の文脈で社会組織，社会資源動員，社会との連携関係など，社会を重視する研究が前例のない規模で盛んになりつつある．そうした研究の傾向，現実の動きなどについては今後の課題にしたいと考えるが，SARS 危機という非常事態期における国家の動きと社会の反応・対応がわれわれに再確認させたものとは，中国ではいまだに国家権力が強く，社会の自律性が欠如している現実である．国家と社会関係の行方について，「小政府・大社会」が実現されるよう期待するならば，まず社会の側が成熟していかねばならないのではなかろうか．

【注】
1) SARS に関しては多く研究されているが，事実関係に関する整理はそれぞれの研究機関，研究者が用いる資料によって錯綜している．著者が参考とした資料は，胡鞍鋼 2003; 白鋼・史衛民 2004; 上海大学『SARS 与中国社会』課題組 2003; 鄭力 2003; 宋立新・張田勘 2004; 清華大学公共管理学院危機管理研究中心 2003; Kleinman & Watson 2006; 日暮 2003; 服部 2003; 唐 2003b のほか，『中華人民共和国

年鑑 2004 年』;『明報』;『北京日報』;『人民日報』などや世界保健機関（WHO の公式サイト：http://www.who.int/en）とその他 SARS 関連の公式サイトなどである．

2) 漢方薬．ボソバタイセイ，タイセイまたはリュウキュウアイの根，解熱・解毒などに用いる．
3) SARS の感染経路，症状などに関しては広瀬 2004: 26 を参照．
4) 北京市星星雨教育研究所田恵平所長に対する聞き取り調査，2006 年 9 月 25 日；http://news.boxun.com/cgi-bin/news/gb_display/print_version.cgi?art=/gb/pubvp/2003/05&link=200305192306.shtml（2006 年 9 月 28 日）．
5) 前掲田恵平所長への聞き取り調査，2006 年 9 月 26 日；中国社科院社会政策研究センター楊団副主任に対する聞き取り調査，2006 年 9 月 25 日．
6) http://www.cnwnc.com/20030515/ca325095.htm（2003 年 5 月 15 日）．
7) 社会団体とは市民が自発的に組織し，社会全員の共同の願望を実現するために組織の規約（会則）に基づいて活動を展開する非営利的な社会組織を指す．
8) 民弁非企業単位とは企業・事業部門，社会団体とその他の社会の力および市民個人が非国有資産を利用して設立し，非営利的な社会サービス活動に従事する社会組織を指す．
9) 基金会とは公益事業への従事を目的に，自然人，法人あるいはその他の組織が寄付した財産を利用して活動する「基金会登記管理条例」に基づいて設立した非営利的法人を指す．
10) 中華慈善総会のホームページ　http://www.ccgc.org.cn/2007/chinese/index.htm（2006 年 12 月 22 日）．
11) 中華慈善網　http://www.chinacharity.cn/wzdefaultservlet（2006 年 12 月 22 日）．
12) SARS 危機の最中，社会団体の果すべき役割を訴え，活動の企画，実行までの過程においては楊団常務理事の役割が大きかった．楊団は 1998 年まで慈善総会の事務局長を務め，1998 年の洪水災害の時，支援活動を企画，実行した責任者である．楊団（前中華慈善総会の事務局長・現常務理事）に対する聞き取り調査，2006 年 9 月 25 日．
13) 中華慈善網　http://www.chinacharity.cn/wzdefaultservlet（2006 年 11 月 7 日）．
14) 協作者の発足者・主席代表李濤に対する聞き取り調査，2006 年 9 月 22 日．
15) 李濤代表に対する聞き取り調査；http://www.facilitator.ngo.cn/cn/zaihaiguanli_feidiandashiji.htm（2006 年 10 月 2 日）．
16) 前掲楊団への聞き取り調査（2006 年 9 月 25 日）．
17) 同前聞き取り調査（2006 年 9 月 25 日）．
18) 鄧国勝に対する前掲聞き取り調査（2007 年 9 月 27 日）．
19) 言葉を失うことと内容にミスがあることの両方の意味がある．
20) 田恵平に対する聞き取り調査（2006 年 9 月 26 日）；http://www.peacehall.com/news/gb/pubvp/2003/05/200305192306.shtml（2003 年 5 月 19 日）
21) 前掲楊団への聞き取り調査．

22）前掲鄧国勝への聞き取り調査.

【参考文献】
唐亮（2003a）「SARS 拡大で問われた中国の危機管理体制」,『世界』9 月.
唐亮 (2003b)「SARS をめぐる中国の政治と情報」,『国際問題』12 月.
服部健司（2003）「『知る権利』へ報道変革の流れ」,『東亜』8 月.
日暮高則（2003）「『SARS』をめぐる中国と台湾の報道」,『問題と研究』9 月号.
広瀬茂（2004）『SARS その時』八月書館.
柳宇・池田耕一・吉澤晋「中国における SARS 対策」『空気調和・衛生工学』5(78),
  2004 年

白鋼・史卫民（编）（2004）『中国公共政策分析 2004 年卷』中国社会科学出版社.
北京市协作者文化转播中心（编）（2005）『行走在民间—— 2004 年』北京市协作者文
  化转播中心印刷.
邓国胜（2003）「非典危机和民间组织动员」,『中国减灾』2 月号.
高翔（2003）「从 SARS 危机看中国民间社会的发展」, 胡鞍钢（主编）『透视 SARS：
  健康与发展』清华大学出版社.
候小伏（2006）「從 SARS 灾难看中国民间公益组织的发展」http://www.chinareform.org.
  cn/ad/Feidian/4_17.htm（2006 年 10 月 11 日）.
胡鞍钢（主编）（2003）『透视 SARS：健康与発展』清华大学出版社.
清华大学公共管理学院危机管理研究中心（2003）『SARS 特刊 1‐22 期』.
上海大学『SARS 与中国社会』课题组（2003）『SARS 与中国社会』上海大学出版社.
上海社会科学院当代中国政治研究中心（2006）『中国政治发展进程 2006 年』时事出
  版社.
宋立新・张田勘（2004）『突破 SARS 重围——危机的应对与处理』科学技术文献出版社.
舒天丹（主编）（2003）『紧急防治非典型肺炎』, 中国商业出版社.
薛澜 *et al.*（2003）『危机管理——转型期中国面临的挑战』清华大学出版社.
薛澜・张强（2006）「直面危机：SARS 险局与中国治理转型」http://www.66wen.com/
  09glx/gonggongguanli/xingzheng/20060920/39988.html.（2006 年 9 月 20 日）
张晓群（2003）「SARS 危机中的中国媒体作用及其变革趋向」, 胡鞍钢（主编）『透视
  SARS：健康与发展』清华大学出版社.
郑力（主编）（2003）『SARS 与突发公共卫生事件应对策略』科学出版社.

Kleinman, Arthur and James L. Watson (2006) *SARS in China : prelude to pandemic?* Stanford
  University Press.

第 3 章

執政能力の強化と党内民主

王　長江

　中国共産党が提起した「党の執政能力」とは，けっして執政者個人の能力と単純に理解すべきではなく，執政個体をも裡に含む組織全体の執政能力である．党全体の活力を増強させることが，執政能力建設を提起した最重要の出発点であった．また，これは，近年来，中国共産党において党の執政能力建設を強調するのと同時に，党内民主の問題が強調されている主要な原因でもあり，この意味で「党内民主は党の生命である」と言われるゆえんでもある．しかし，党内民主と社会民主の発展に関し，基本的な方向性こそ確定したものの，実践においていかに民主過程を推進するのかという点では，依然として多くの問題が存在しており，思考と探求をさらに深く進める必要がある．本章では，民主についての認識をめぐり，実践の過程で，いかに党内民主を推進すべきかについて考察することとしたい．

1　民主認識上の若干の誤区

　党内民主政治の実践のなかに存在する問題としては，まず，民主について少なからざる誤解が依然として存在している．民主と公民の文化的素質の関係，民主と政策決定の関係，民主と多党制の関係，民主と西側の民主の関係などすべての面でこうした状況がある．これらの「誤区」を脱することなしには，民主発展の推進に二の足を踏みがちであり，あるいはしばしば間違った方向にも進みかねない．したがって，これらの問題に対しては，詳細に分析する必要がある．

(1) 民主と公民の文化素質の関係
　中国政治の研究者のなかには，中国においては民主を「過度に強調」すべき

ではないとの立場を掲げるものがいる．しばしば語られる理由の一つとして，中国公民の文化素質は低く，中国は元来，資本主義段階の経験がないので，中国公民は民主政治の薫陶に欠け，かつ13億人の人口には9億の農民がいることを挙げ，民主を行なうには適していないという．さらには，中国が今推進している民主の道の提起に対してすら疑問を呈し，村民自治の推進とは，文化素質の最も低い農村から民主を始めており，文化素質の高いグループからのスタートではないため，これは科学的ではなく，規律にも背いていると指摘するものさえいる．農村にあって，家族勢力，宗族勢力が選挙を支配し，選挙での買収行為などの不健全な現象が現われていることは，すべて規律に違反したことからもたらされた結果だとされる．

　民主と公民の文化素質は，どのような関係なのか．人類の発展史の角度から見ると，民主と公民の文化素質は一種の正の相関関係をなしていることは間違いない．つまり，ひとびとの文化水準が高ければ，ひとびとは民主についての理解もまた深くなり，理性的に民主に対応することができ，民主の運行ルールも容易に順守されるようになる．逆に，ひとびとの文化素質が低ければ，民主の実行は困難となり，実行過程でも簡単に歪曲が生まれる．しかしながら，この道理は，マクロ的，哲学的なレベル上では至当ではあるものの，中範囲ないしミクロレベルで見れば，少なからざる事実が完全にこれに相反する状況を示している．

　中国における民主の発展過程でもこうした状況に遭遇した．1940年代，中国共産党がわずかの地域の政権を掌握しただけの段階，農民の文化素質はどのようなものであったのか．農民のほとんどは非識字者だった．疑いもなく，当時の農民の文化素質と義務教育が普及した現在の条件下の農民のそれとを同列に論じることはできない．しかしながら，今日「最低資質」層とされるグループにおいて，中国共産党は民主選挙を開始したのであった．1937年5月，中共陝甘寧辺区選挙条例を制定し，大多数の選挙民の文化程度が低い状況を十分に考慮し，字が多く読める選挙民には投票用紙を用いる選挙方法を，少ししか読めない選挙民には丸をつける，線を引くなどの選挙方法を，また，まったく字が読めない選挙民には，豆を投げ入れる選挙方法などの多数の投票方法を採ることができるように規定した．線香で穴を開けるなどの選挙方法を用いた地方もあった．米国人記者アグネス・スメドレーは，湖北・河南地域を訪問した際，ひとびとが欣喜雀躍して選挙に参加し，大豆，空豆あるいは緑豆を用いて，

意中の候補を選出する選挙の盛況ぶりを目の当たりにし，彼女は「これは近代の英米と比べてもなお進歩的な普通選挙だ」と感嘆した．

　文化素質が低いことをもって，民主を行なわない，あるいは少ししか民主を行なわない理由とすることは根拠に欠ける．文化素質とは，民主を行ないうるか否かを決定するものではけっしてない．文化がなくても，公民が自分の権利を行使することは妨げられないし，逆に文化的なグループの間にあっても，みずからの民主的権利を行使できないことは多々ある．

　当然，われわれとて民主と公民の文化資質はまったく関係なしという結論を導出することはできない．文化素質が民主の有無を決定するものではないにせよ，両者の関係が依然として密接であることは認めなければならない．例えば，現代民主制度は，大衆の参加を必要とするが，大衆の文化素質が高くなければ，真の参加は実現しがたい．例えば，民主が従うべき基本原則を知らないとすれば，民主は簡単に乱用され，混乱をもたらし，国家ガバナンスの危機を作り出す．もしも，大衆がみずからの利益維持のみに汲々とし，他者の利益については否定的態度を持つならば，民主は社会的な衝突へと変じ，このため民主が葬り去られるという事態も起きかねない．これらの状況は，多くの国家が民主政治を推進する過程のなかで出現している．この点からすれば，中国に家族統治，選挙買収などの不健全な現象が現われたのも，けっして驚くには値しない．明確にすべきなのは，文化資質は民主をすべきか否かを決定するものではなく，民主のレベルに影響を与えるものだという点である．良質の民主とは，必ず高い素質の公民を土台としている．

　民主を推進することができるか否かを決定する根本的な要因は，ほかでもなく，利益である．極言すれば，民主とは，純粋な意識の産物ではなく，ひとびとがみずからの利益を維持しようとするところから，発生した政治的な要求である．国家が，ひとびとには正当な利益を追求する権利があることを承認したところから，ひとびとの権利意識と民主意識が生み出されたのである．利益を基礎とするという点を抜きにした民主なぞ，いかなる意義もないばかりでなく，ねじれと変形を発生させる．その典型例が「プロレタリアート文化大革命」である．毛沢東は，民主を用いて，日増しに強まる官僚化の考え方を誤りとして抑制しようとしたとは言えない．しかし，改革開放前のほとんどの間，「左」のイデオロギーの影響を受けて，ひとびとは個人利益の正当な追求を搾取階級思想と同等視し，これが必然的に「党を修正主義化し，国家を変色させる」こ

とに繋がるとして，みずからの利益を発展させる空間は与えられることはなかった．それゆえ，厳密に言えば，全体利益と共同利益を除けば，民衆の個人利益は事実上体現されることはなかった．たとえ個人の利益が許されたとしても，厳しく制限され，公然と追求することはできず，これを発展させるなどは望むべくもなかった．こうした状況下では，「民主」は無政府状態の「大民主」へと変質し，「大動乱」へと化したが，おそらくここには必然性があるものとも思われる．

今日，社会主義民主政治の建設を重要な目標とするのは，結局のところ，社会主義市場経済が発展したがゆえである．ひとびとの利益追求を承認し，自己の正当な利益を維持する権利を承認したことが，市場経済発展の根本的な前提だからである．したがって，市場経済を行なうためには，民主を必ず発展させねばならず，社会主義市場経済を行なうためには，社会主義民主政治を建設する必要があると言うことができる．これは，民主政治の基本常識である．

(2) 民主は政策決定の科学化を保障するのか

中国の民主政治の推進を主張する人は，民主実行のいくつかの長所を挙げる．このなかでも，政策決定における科学性の向上は，説得力ある論拠の一つとみなされている．ひとびとは，民主とは多くの人が政策決定に参加することを意味するものと当然のように思っている．「三人寄れば文殊の知恵」であり，多くの人が政策決定過程に参加することで，政策決定はさらに正確になってゆく．一般的な意義からすれば，これには道理があろう．しかし，これを，民主を必ずや発展させなければならない論拠とすることは，実際のところきわめて薄弱である．民主の発展を留保する意見の持ち主も，完全に同じロジックを使うことができるからであり，大多数が政策決定に参加したなかで誤りを犯した事例を羅列することで，民主を推進しない理由とできるからである．

多くの状況下にあって，政策決定の正確性と政策決定に参加する人数の多寡は関係がない．人数は時として落とし穴となる．例えば，洪水対策の検討を行なうこととしよう．水利を理解できない人が100人いて，その一方で水利の専門家が1名いたとして，双方が同時に二種の相反した対策案を出した場合，一体どちらの提案が科学的だと言えるのであろうか．歴史上多くの例が示すように，真理は少数者の手中にある時がある．確かに，民主を実行すれば，政策決定は正確性，科学的な確率を上げるにせよ，いかんせん，民主はこの保障を提

供するものではない．

　あるいは，民主が政策決定の科学化を保障できないのであれば，民主は無用の長物ではないかと主張する人もいるかも知れない．われわれの答えは，ノーである．民主は大変有用である．しかし，この用途は，政策決定の科学性，正確性を保障するところにではなく，政策決定の失敗に伴うリスクを軽減ないし溶解させるところにある．一面では，多数の人が参与するならば，極端な政策決定の発生を有効に防止できる．例えば，スターリンのような社会主義法制の破壊は，西側資本主義国家では発生しえなかったと毛沢東は語っているが，これには見識がある．別の見方をすれば，政策決定とは権力を運用する行為である．大きな権力があれば，大きな責任を負わなければならない．もしも権力が一人によって行使されるならば，責任はその個人が負わなければならない．もし権力行使過程に多くのひとびとが参与する場合には，相応して，大多数が権力行使に付随するすべての結果を引き受けなければならない．これは常識の範囲内に属するものではあるが，庶民は，これらの道理を語ることそないものの，容易にこれらの道理を受け入れている．例を挙げてみよう．ある貧しい村で，財力が限られているところから，村の党支部書記が道路の修繕にすべての資金を費やす決定を行なったとしよう．こうした状況のなか，もし道路修繕に顕著な効果があればまったく問題ないが，効果が必ずしも明らかでない場合には，村人は満足せず，告訴状，上訪（＝陳情）が現われるだろう．しかし，逆に，全村の大多数が共同で道路修繕を決定した場合には，たとえ何の役に立たない道路であっても，あるいは道路営繕が半ばで頓挫してしまったとしても，おそらく上訪に行く人はいないであろう．道理はとても簡単である．彼ら自身，この決定にみずから参与したからである．

　科学的な政策決定とは，効率があり，効果と利益のある有効な政策決定を意味する．民主は科学的な政策決定を必ずしも保障するものではないが，同様に民主と効率が連関していると単純に断ずることもできず，せいぜいのところ民主制度はその他制度と比べて効率がいいというにすぎない．民主は政策決定の過誤のリスクを低減するという角度からすれば，これは一定の道理がある．発展の歴史の大きな流れからすれば，たとえ発展がやや遅くとも，その過程のなかで出現する曲折と失敗はより少なくなり，全体的には，比較的高い効率と効益を保持することができる．とはいえ，民主と効率とを同列に論じること，さらには一歩進めて，民主が効率を保障しなければならないと見ることは，一面

的である．まさしく逆であり，民主と効率の間には矛盾が存在し，効率に影響することもあり，効率を犠牲にした代価となる場合すらある．すなわち，民主は，ひとびとの間の意見交流が必要であるため，常に多くの時間を費やさねばならず，民主はそれぞれの立場を妥協させる必要があるため，協議を繰り返さねばならない．また，民主は公衆の最大限の信認を追求するところから，信認度の高低は政策執行の強弱に影響してしまう，等々．したがって，民主とは万能ではありえず，とりわけ効率問題を解決するのには用いられない．われわれはこうした概念を確立しなければならない．民主が解決するのは，執政の合法性であり，執政の効率であって，執政の科学性は，市場メカニズムの運用と政治体制の解決に拠らねばならない．

　民主が政策決定の科学性，正確性を保障するものではないところから，政策決定が科学的であるのか，正確であるのか否かをもって，民主の標準，特に民主を発展させるべきか否かの論拠とすることはできないのは明らかである．さもなくば，政策決定が正確な際には民主を語り，政策決定が間違った際には，民主を否定するというアポリアに陥ることとなろう．

(3) 多党制は民主が発展した必然的な結果なのか

　民主に関する別の意見として，民主は利益の基礎の上に構築されるため，社会は必然的に相異なる利益集団に分化することとなり，民主を発展させることは，これらの集団がみずからの利益表出の機会を得ることを意味するため，その結果として，これら集団は続々とみずからの政党を創設し，民主は必ずや政党競争へと進展するというものがある．したがって，多党制は民主の発展の当然の帰結だとされる．論理的にこの主張が行き着く結論は，中国は民主を行なうことはできず，民主が可能となるのは共産党が指導的地位と執政党の地位を失った時のみであるとなる．このような観点からすれば，さまざまな民主の発展の実験には戦々兢々とならざるをえないだろう．

　民主と多党制は結局どのような関係なのか．これははっきりとさせねばならない問題である．西洋モデルにあっては，民主が多党制と連係していることは疑いを容れない．各政党が選挙で競い，票の争奪を通して，執政権を獲得するというのが，西側民主のパノラマ像である．しかし，ここから民主は必然的に多党制へと導くものとして，判断中止とすることはできない．なぜなら，この論理を支えるのは，政党は特定の社会階級（あるいは階層，集団，グループ）を

代表し，各社会階級の利益が相異なるため，相異なる政党が代表せざるをえず，社会階層が多元化すればするほど，政治体制も必ず多元化するというものである．しかしながら，こうした政党と社会階級とを単純に対応させた思惟は，必ずしも現実とは符合しない．

実践のなかで，政党と階級（階層，集団，グループ）の間に現われているのは，その多様な組み合わせである．一つの政党が一つの階級のみを代表しているわけでなく，一つの階級が一つの政党のみによって代表されるということでもない．ある政党がいくつもの階級を代表することもあり，社会の主要な階級，階層，集団をすべて包括することさえある．例えば，70年以上も与党の座にいたメキシコのPRI（制度的革命党）は，労働者，農民，のみならず資産家，軍人をもみずからの隊列に加えていた．また，別の状況では，いくつかの政党がある一つの階級を代表することもある．例えば，労働者階級，資産階級の内部に二つ，あるいは二つ以上の政党が同時にそれぞれ存在するという状況が出現したこともあった．逆に，政党政治史を顧みるならば，一政党が一階級を代表するという情況こそ稀少である．

こうした状況が現われた原因は複雑であるが，政党が政権獲得を目的としており，その政権獲得の前提条件がより多くの社会的支持を得ることであるのは間違いない．このため，政党は最大限みずからの社会的基盤を拡大しようと努めるところから，「純潔性」維持のためにみずから権力中心から遠ざかることはできない．現代の未曾有の社会階層分化という背景下では，より多くの社会階層の利益を反映しうるか否かが，すでに政党の盛衰興亡を決する大問題となっている．ある政党が表出しうる利害が大きければ大きいほど，その基盤は強固となり，逆に，表出利害が小さければ小さいほど，その影響力がますます小さくなることは反論しがたい事実となっている．政党は自己の代表性を拡大しようとする傾向があり，ここから，西側のいわゆる「包括政党」（「全方位政党」ともあてられる）が生まれる．「全民党」の視点は批判しなければならないが，社会的な階層分化，多元化が必然的に多党制を生むという結論を導き出すことはできない．多元化された社会階層は，以前に比べてより広範な，よりスムーズな表出チャンネルを求める．ある政党体制が確固として構築されるか否かは，こうした要求への対応のいかんで決まる．たとえ多党制であったとしても，民衆に充分なチャンネルを提供できなければ，同様に危機に直面することとなり，逆に，このような要求を満足させうるならば，一党制に何の非があるというの

だろうか．

　したがって，民主の発展とは必然的に多党制を導くものではない．一党制という条件下でも，同様に民主を発展させることができる．

　これに関連して，一党制の条件下で，執政党に派閥化の趨勢が出現するのではないかというもう一つの問題がある．民主とは，異なる視点と異なる視点の代表者が存在することを意味する．こうした状況下，民主の重要な内容とは，それぞれ相異なる人間と主張の間で民衆に選択を行なわせしめることである．ここから，異なる主張と人物の間の競争が形成され，派閥が生み出されることとなる．こうした視点には，当然道理がある．これまで社会階級の緊張対立の条件下で，各視点，各主張の間の争いは，実際上階級闘争と表現されてきた．このため，各種の視点，主張およびこの基礎の上に形成された綱領はきわめて濃厚な階級的色彩を帯びていた．問題は，時代の変化にある．今日の世界では，社会階級は高度に多元化し，同時に相互間の境界線はますます不明瞭になってきた．まさにこうした状況の出現から，大きな影響力をもつあらゆる政党は，あれかこれかといった鮮明なイデオロギー対立の構図ではなく，より実際的な発展という問題に関心を払うようになっている．例えば，かつて左派が計画経済を支持するのに対し，右派は市場経済を主張する立場に立ち，左派が公平を強調するのに対し，右派は個人の積極性を強調するなど，両者の相違は明快であった．現在の状況は，ほとんどあらゆる政党がいかに計画と市場の結合を図るか，公平と効率をいかに両立させるかに意を注いでいる．対立を前面に押し出した政治綱領は大衆の反感を招き，支持を失うのみである．実際のところ，ある一つの政党のみに適合し，別の政党には適合しないなどといった終始一貫した主張と綱領はもはや存在していない．政党間でこうならば，ましてや一つの政党内部の各個人の間の競争には，対立の必然性はない（人為的要素は除外しよう）．共産党というこの厳密な組織政党にあっては，制度建設の進展により，派閥化現象は完全に防止することができる．

⑷　民主の発展は西側民主と同じなのか

　理論上，民主は人類の政治文明の結晶であり，どの階級にも属さない．鄧小平風に言えば，「資本主義が用いることができるものは，社会主義もまた用いることができる」．しかしながら，民主を推進する実践のなかにあっては，行なうべきことの多くがすでに西側で行なったものであり，また，中国独自の特

色あるものとして模索することを主張し，模索に模索を重ねたものの多くが，西側がすでに提出済の結論から抜け出すものではないことに気づかされる．このため，実践のなかでは，「民主」と「西側民主」は容易に混淆されてしまう．事実，村民自治，直接選挙などすべてを「西側民主を行なうもの」と総括するものもいる．これが，基層民主を推進する過程で，多くの地方が周章狼狽し，一進一退，躊躇，徘徊する重要な認識上の原因となっていることは疑いを容れない．

民主がしばしば「西側民主」と混同されてきたゆえんは，「人類文明」の特性から相当程度決定されるものである．人類文明は全人類に属し，そのなかで反映される規律は，ある民族と国家のみに適用されるものではなく，普遍的な適用性を有している．

しかし，人類文明が全人類の創造であったとしても，この人類文明に対して，それぞれの民族と国家が，同一時期，同一段階，同一地域で，同等の貢献を行なったということではない．まったく逆に，全体としてはそれぞれ貢献があったにせよ，それぞれの時期，地域において，貢献の差異が存在しており，「貢献率」が異なると言ってもよい．一時期ある民族と国家が大きな貢献をなし，別の一時期では貢献が減り，また，ある一時期は少なかったものの，別の一時期では増える．このため，ある特定の文明中では，ある民族ないし国家の色彩を濃厚に帯びることとなる．例えば，古代文明といえば，ひとびとは，古代ローマ，ギリシア，中国，バビロンを思い浮かべ，米国を語ることはないし，仏教といえば，ひとびとが頭に描くのはインドであって，アフリカではない．しかし，もしもこのような「カラー」をもってその性質，定性とするならば，それは大変な間違いである．われわれは古代文明をただ四大文明として語ることはできなし，また仏教学の研究はただのインド研究として語ることはできない．これは非常に一面的である．

民主の問題もまた同様である．民主は政治文明の重要な成果として，全人類が所有するものである．しかし，客観的には，西側資本主義国家がこの文明についてより多くの貢献をなしたものと言わざるをえない．その原因はけっして複雑ではない．西側国家は真っ先に封建的束縛を打破し，ヒューマニティを広め，ひとびとに自由を与えて，人の主体的な意識を確立した．こうした主体的な意識があって初めて，「主人公になる」ことが必然的な要求となり，民主制度がこの基礎の上に打ち立てられる．これと，その他の国家，特に長期にわた

り，鎖国状態の封建統治から国家と世の中が隔絶され，古いしきたりを固持して新しいものを受け入れることのなかった中国と比べてみると，中国には民主の発展のための土壌が提供されることはなかった．こうした状況下では，「民主」とこの「人類の政治文明の共同成果」という面で，西側の色彩が多くなることは，十分理解できる．重要なのは，こうした「カラー」ゆえに民主に関するすべてのものを「西側的」だとして，これを一切拒否することはできないという点である．あらゆる長所を広く取り入れ，発展をめざす民族からすれば，小さな障害のために肝心なことまでやめるのは，けっして聡明ではなく，非理性的なやり方である．

　ここから結論を得ることはできないが，民主と「西側民主」を区分する必要はない．両者の境界を明確にし，西側の政治モデルをそのまま引き写しにしないというのが，わが国民主発展の基本原則である．問題の根幹は，いかに区分するかにあるであろう．西側民主の発展史の角度から見れば，二つの要素が現代の西側民主制度のために，最も基本的な支えを提供したものと思われる．その一つは，市場経済である．市場経済は，ひとびとの主体的な地位の基礎の上に立ち，利益追求を出発点として，経済体制を発展させ，この基礎の上にこれに適応した民主体制を形成した．もう一つの要因は西側文化である．根源的には，文化もまた経済から決定されるものではあるが，文化生成の影響は経済のみならず，伝統，習俗，生活方式等々，より多くのより複雑な原因がある．いったん文化が形成されるならば，相対的な独立性を獲得し，民族と国家の発展方向とその道筋に影響した．この意義からすれば，文化の相違が各民族と国家間の差異を導いたということもできる．

　これら二つの要素は，一般民主と「西側民主」を区分する際の基本的な尺度を提供している．市場経済の要求から生まれた民主の形式と内容が民主の普遍的な部分である．市場経済が発展すれば，この部分は不可避的に受け入れざるをえず，これらの西側的「色彩」は顕著とならざるをえないであろう．西側の文化から生み出された民主の形式と内容は，「西側の特色」に属するもので，われわれは，西側各国が民主の基本的な要求と各国の歴史，伝統などと結合させた経験を研究し，そのなかから規律性を見いだすべきであり，単純にこれらを模倣し，これらにうち従う必要はない．

2 地方・基層の民主の刷新

　中国共産党からすれば，民主を発展させることは必要であるばかりか，差し迫った問題でもある．この切迫性は，多くの地方・基層党組織に民主政治の探求，刷新で，高い情熱と積極性があることに示されている．この現象をどのように見るべきか，積極的に支持すべきなのか，それともやはり制限すべきか．この問題は，わが国の政治体制改革および党自身の改革の一連の問題に密接に関係しており，慎重に対処する必要がある．

(1) 執政リスク回避が地方民主刷新の基本的な動因である

　地方・基層党組織は何のために普遍的な民主の刷新を試みているのか．地方の指導幹部個人は政治に対する責任，使命感があるからだ，あるいは，地方指導幹部は，「行政上の成績」を挙げるため「政治的に秀でる」ことを求めているという正反二種の見解がしばしば語られる．だが，こうした二種類の見方は，単純にすぎるであろう．実は，執政者が執政リスクを回避しようとする本能が最も基本的な原因である．

　周知のとおり，社会市場経済の発展により，社会利益の分化が進行しており，この基礎の上に，民衆の強い民主の要求が生まれてきている．こうした状況下，まさに革命と計画経済の指導から社会主義建設と市場経済の指導へと変化した中国共産党は，多くの新しい状況と新たな問題に直面しており，これらの新たな問題を解決するまで，党と政府と民衆の間の矛盾は不可避的である．「党群矛盾」，すなわち，党と大衆の矛盾は，現下最大の矛盾である．党が直面している数多くの矛盾と問題も，かなりのものがこれに淵源を発するもので，この矛盾解決こそ，全党の急務である．党内情況からすれば，この問題については，コンセンサスがある．

　しかしながら，「党」は一つの抽象的な概念ではない．一つの組織として，党は党員，幹部，組織などの要素から構成され，また，組織はまた中央組織，地方組織および基層組織の相異なる層から構成されている．政党と民衆の矛盾は党に巨大な圧力を与えるが，政党の各構成部分が受けるこの圧力の程度と内容は一様ではない．党の中央部分が引き受けるべきものがより多くなるのは責任が圧力を伴うがゆえであり，その多くが党の未来に関することである．これ

に対し，地方，特に基層が引き受けることとなる圧力はより具体的，直接的，現実的で，彼らの生存環境に影響する．例えば，党内の腐敗現象についての不満から，民衆は大多数の幹部を腐敗分子とみなし，官職の売買などの現象が現われれば，民衆は幹部が職位をカネで買ったとして，一切の権力を否定する潜在的な傾向を持つことになり，機会あれば，服従を拒絶することにもなる．これは，一部の地域で，民衆と幹部の間に矛盾，衝突が発生した場合，ことの正否を問わず，しばしば民衆が幹部と対立する側に立つことにも現われている．また，権力の行使を例に見よう．建設推進を背景にした政府の政策決定は，しばしば，あれかこれか，正否を争うものではなく，消極的な結果を伴うところから，結果として，最低レベルに陥ってしまう．言い換えれば，政策決定が，社会全体のひとびとの満足を得ることは不可能であり，ここから発生する矛盾は，しばしば地方・基層の執政者の身上に転化されることになる．これらすべてから，地方・基層幹部は早急に矛盾緩和の術を見いだすことを迫られている．

　数多くの地方・基層レベルの刷新が体現しているものは，この方面からの探求模索である．例えば，党委員会・政府の政策決定が必ずしも全員の満足が得られない状況に対しては，多くの地方が大衆参加の拡大という方法を採用し，政策決定の合法性を高めている．「民主懇談会」，村務「民決」などの方式は，こうした模索の成果とみなすことができる．また「少数者が選ぶ」という伝統的な幹部任用方式も，幹部指名制度の改革が進められており，四川省平昌などの多くの地方で，郷鎮党委員会指導グループの公開推薦，直接選挙の実験が行なわれている．さらに，党内民主の不足，すなわち，党代表の代表性欠如から，有名無実化している状況に対しては，党代表大会常任制の実行のみならず，一歩進んで党代表の直接選挙をも進め，党代表大会を核心とし，党の組織機構との相互関係を再建しようとする地域もある．総じて，これらの試みは，民衆と政府の対立感情の緩和に有効に作用しており，党員と幹部の生存環境の拡大に有益であり，かなりの程度，地方・基層が進める政治改革と刷新努力の推進力となっている．

　当然ながら，執政リスク回避が地方民主刷新の最も基本的な動因であるとすることは，これを最も基本的な出発点とみなすことであるが，その他の動因の存在を排除するものではない．その他要因も，時として決定的な作用をなす．例えば，責任感が強く，開明的で民主意識と開拓精神が豊富な指導グループ，特にそうしたトップリーダーの存在である．彼らの能力の強弱が改革の成否を

決定している．

(2) 地方・基層の民主刷新は軽々に否定されるべきではない

　地方・基層の執政リスク回避のために進めている刷新の試みをどのように評価すべきか．この問題には慎重な態度で臨むべきであり，彼らの探求模索を軽々に否定してはならない．

　まず，地方・基層のリスク回避と彼らの置かれた具体的な状況とは関連はあるものの，これらリスクは個別的で特殊な現象であり，単純には彼らがみずから作り出したものとは言えない．彼らが遭遇した問題とは，まさに執政党が遭遇した問題の体現であることは言を俟たない．執政が執政党に与える影響には，本来両面ある．一つは，権力を手中にすることで，民衆のために政治サービスを提供するよりよい条件が得られること，そして，もう一つが，執政にはリスクが伴うという点である．執政，すなわち，政治をとり行なうこととは，同時に権力に相応する責任を担わなければならないことを意味している．各種の民主政治体制の動きを見ると，権力を摑み取るのみで，なんら責任を負わない執政党が長期間政権を維持しえたことはない．権力がそれを握る者を腐食させるため，同時に執政党には民衆から遊離してしまう危機が存在している．したがって，執政能力を建設する上での非常に重要な内容とは，執政の危機を回避する能力である．ただ，危機を避けることと責任を逃れることを同列に論じることはできず，企業にとってリスク回避と経営放棄が同じではないのと同様である．いかに危機を避けるかは，科学的な執政の重要な課題であり，深く研究する必要がある．この点からすれば，地方・基層が，こうした危機を感じ取り，これへの対応策を模索することは，正常な反応である．したがって，こうした地方・基層の探求模索は執政党建設推進の重要な構成部分とみなすことができ，尊重，支持しなければならない．彼らの試みに欠点と不足があり，未成熟だからといって，また，彼らのやり方が伝統的な組織管理に面倒を引き起こすからといって，これを譴責したり，軽々にこれを禁止するにはあたらない．党員，幹部の積極性を傷つけかねず，これは厳に慎まねばならない．

　次に，刷新とは，従来の不合理な規定と方法を突破するもので，このため，必然的に今までの規則との間には矛盾が生じることとなる．主として，法律および党内法規との間に発生する矛盾から意見の分岐が生まれる．その際，2種類の異なる刷新を区分すべきであり，区別して対処すべきである．一つは，明

らかに法律，党内法規に違反し，広大な大衆と党員の疑問を呼び起こすもの，もう一つは，現行の法，党内法規と一定の矛盾があるものの，かえって広大な大衆と党員の支持を得ているものの2種である．例えば，選挙民による郷鎮長の直接選挙を模索している地域があるが，この方式と，選挙民が代表を選出し，選ばれた代表が郷鎮長を選出するという憲法の規定とは符合しない．また，党員が郷鎮の党委員会書記と委員を直接選出することを試みている地域もあるが，これと党員が党代表を選び，党代表大会選挙委員会を開催して，党委員会内部で党委書記，委員を選ぶという党規定とは矛盾する．しかし，この2種類の「直接選挙」を実行している地方では，大衆の評判は良好で，高い積極性が得られている．これら2種類の刷新をどのように見るべきか．前者の刷新は，比較的簡単で，禁止を命じることができる．これに対して，後者の刷新は，簡単には処理できない．広大な大衆，党員が支持，擁護しており，この種の刷新が党内民主と民主政治の発展方向に符合しており，ひとびとがこれを認めているからである．この情況を停止すれば，消極的な効果が出てくる．現実には，このような例が存在している．以前このような刷新を試みた地方で，元の方法に戻したところ，多くの党員，大衆，幹部は納得せず，党は民主を本気で行なおうとしているのかとの疑念も示された．これは明らかに大衆の執政党への信任に直接損害を与えた．これまでの改革の実践は，現有規範を突破しつつも，大衆，党員の支持を受けた刷新は，執政党の権威を傷つけるどころか，逆に権威が強化されていることを物語っている．民衆は執政党が時代の変化に臨機応変に対応することを希望しており，時代が要求する規範に明らかに遅れているものについては直ちに調整することを望んでいる．執政党は，党規党法の護持に名を借りて，旧套墨守により，改革を遅らせてはならない．

(3) 中央は民主刷新行為の規範化の責任を担うべきである

改革の推進過程において，刷新を強調すべきことと，現有規範を遵守すべきことの両者は終始矛盾する．一般的に，刷新とは突破を意味し，突破がなければ刷新はない．しかし，規範の意味するところは権威であり，権威を体現する重要な手段である．もし，規範が遵守されなければ，権威が低下することは不可避的である．これは，実践のなかでわれわれが陥るジレンマである．もし，地方・基層のそれぞれの考えによって刷新を行なうならば，中央の権威，党規党法の権威は傷つき，改革は無秩序へと進み，失敗の危険性にも直面する．し

かし，現有ルールを墨守するあまり，半歩たりとも境界を踏み出すことがないとすれば，改革者のリスクは高まり，刷新を進める環境も得難く，改革の積極性を刺激する面でも不利である．この矛盾を解決せずに，改革を円滑に進めることはできない．

この矛盾を突破する活路は，秩序をもって改革を推進する原則に従うことにあり，執政党の中央が政治体制改革と党自身の改革を企画する責任を担うことである．これは，二つの面から着手することができる．

第一に，すべてに超越した部門を建設することは，党内各部門の角度からではなく，全党の立場から，次段階の政治体制改革と党自身の機構改革を考慮したものである．この機構の職責は，全国各地の党組織に適用しうる詳細な改革プランを設計することではなく，改革の基本哲学を明らかにし，改革のための基本的な枠組を提起し，各種の刷新試行のために明確な境界を設け，各種の改革の試みに対する評価に責任を負うことにある．中央がマクロ改革を統一的に準備することで，改革の無秩序化を有効に防止することができ，各地の刷新の試みに明確な方向性を付与することができる．行政管理体制改革の中で，各部門が独自に立法したことから消極的な結果が生じた教訓を汲み取り，党内に類似の状況が発生することを防止しなければならない．こうした部門は，自身の部門利害ではなく，全党大局こそを出発点として，各部門利益の超越を設計する機関でなければならず，各部門の利害ゲームの場であってはならない．

村民自治の過程で現われた問題は，中央指導の必要性を十二分に物語っている．近年，ひとびとは，村民委員会の直接選挙を肯定すると同時に，投票買収，法律違反の約束，宗族勢力による選挙支配などの消極的な現象についてますます憂慮しており，なかには，これらの点から村民委員会の直接選挙を行なうべきか否かにつき，疑念を提起するものすらいる．ただ，実際のところ，ここには誤解がある．選挙，競争とは，ひとびとの利益のバランスを前提とするものであり，村民自治のなかで上述の現象が出現するのもきわめて正常である．これらの現象の出現は，なお村民素質の向上が求められていることを示してはいるが，主要な責任は執政党と政府にある．権力を民衆に手渡しさえすれば，彼らが相応の責任を自然に引き受け，完全無欠な村民自治が実現できるとは言えない．逆に，ひとびとは，利益およびその他の要因から，権利の最大限の行使を希望し，可能な限り小さな責任を担うにすぎない．明確な規範を制定し，上述の消極的現象の発生を最大限防止することが，まさしく執政党，政府の重要

な職責である．他人に責任を押しつけ，ひいては大衆に責任を押しつけて逃れることなぞには，何の道理もない．

　第二に，それぞれの地域で，条件に適合した地方を選んで，試点を進めることである．中国の民主政治が絶えず探求を進め，明らかな成果を得ていることは否定できないが，広大な大衆，党員が日増しに強めつつある民主への要求，腐敗抑制への切迫した需要と比較して見ると，まだまだ不十分であることは認めなければならない．第17回党大会を前にした各級党・政府の改選期には，猟官運動，売位売官の現象が数多く出現し，以前の腐敗行為も露見するなど，大衆に悪い影響を与えた．中共中央組織部の通達によれば，2007年1月末段階，改選期における規則違反，規律違反の発生件数は121件，処理された責任者は192名，規則違反の任用は613名であったという．これは，改革が現段階で停止してはならず，今ある進展に満足することなく，引き続き推進しなければならないことを物語っている．

　その推進の方法とは，全党，全国で順序よく進めると同時に，計画的にいくつかの実験を行なうことである．試点，すなわち，モデル地区はみずから申請し，中央が計画を統一する．モデル地区内では，改革の必要性に基づき，現有の規定，党規約の各規定を突破することも許されるが，その他地域では，暫時その模倣は許さないものとする．近年来すでにこの種の試みを進めている地域では，評価を行ない，試点のなかに組み入れる．上述した専門機関が試点モデル地区の工作を指導し，その後試点地区で累積した経験を基礎として，現有の党規党法の修正のための根拠として，新たな制度，規範として総括し，全党，全国範囲でこれを実施する．

3　民主方式による権力配置

　民主とは目的でもあり，手段でもある．民主への認識が不完全で，民主的な手段の使用も往々にして多くの問題があるため，具体的には二つの側面が突出している．一つは，民主の概念の濫用で，本来民主の範囲に属さない問題に関しても，頑としていわゆる「民主」方式を通じて解決しようとし，「民主発展」の冠を被せようとするものである．わかりやすく言えば，「民主をすべきときに民主はなく，集中すべきときに集中せず」，民主も不十分にして，集中も不十分である．二つめは，伝統的な問題解決の考え方に慣れ親しむあまり，民主

発展の新たな状況の新たな問題にうまく対応することがむずかしいという点である．この点は，権力配置のなかで最も明らかな形で浮き彫りとなっている．

(1) 民主の手段と方法

民主とは，いつでもどんなことでも大衆による決断を求めるものでもなく，また，ことの大小にかかわらず，あらゆる公共事務に民衆が参加しなければならないということではない．民主を実現するには，対応した複雑な専門制度と秩序と規則が必要である．制度，秩序，規則のコントロールを通じて，実質的な民主を実現できる．これが民主制度である．しかし，強調すべきは，手段としての民主は，必ずしもこの制度のあらゆるポイント上ですべて体現されるべきものではないという点である．

民主授権を例にとれば，人民が国家の主人公であることは民主の常識であるが，人民は通常官員に権力の行使を委託し，直接権力を用いることなく，主人公としての地位を体現している．これは民衆と官員の間に授受関係があるからである．官員の権力は民衆から来ていることは間違いないが，人民が官員に与える権力の委託というこの枠組全体のなかで，具体的な委託方法は権力の性質によりそれぞれ異なっている．

人民（あるいは人民代表）は彼らの一部の人間に権力を委託することで，人民（あるいは人民代表）が直接授権されており，この授権過程のなかで，多数の大衆の権利が多数の手から少数の手に移行し，公共権力へと変化する．こうした状況下で，どのような人が権力を掌握するかを選択し，どのようにこれらの人が権力を濫用することなく，約束どおりに権力使用を行なうことを保証するのか，民衆はこれらを問わざるをえない．まさしくこれゆえに，正常な民主政治の条件下で，最も普遍的で有効な方法は，民衆が選挙を通じて権力を掌握する者を選出し，この権力の授受と移行過程を完成させることである．これを「第一種授権」と呼ぼう．

授権後，掌権者は権力の行使を開始するが，あらゆることをひとりで行なうことはできない．機構，部門を設立し，権力の一部をこれら部門，人員に委託して，各授権部門はそれぞれの職責を司り，職能・機能作用を発揮することで，掌権者が民衆に約束した目標を実現させる．ここにも授権のプロセスがあるが，権力掌握者が権力を引き渡したら手許に権利がなくなるのではなく，これは分権である．多数の人間から少数の人間への授権ではなく，少数の人間から相対

的に多数の人間への分権である．この目標は明確で，権力を最大に発揮させることを保証するためである．これを「第二種授権」と呼ぶ．こうした状況下で，掌権者は，執行者に対して選択権，決定権，認可権を持つこととなり，掌権者の意図が実現される．行政学における任命制は，ここから発生する．

　手段と方法から，この二種の授権は区別される．第一種授権とは，民衆が決める「民を主とする」ものであり，「民主」の方法を採用する．第二種授権は，指導者が決めるもので，俗言に言う「集中」の方法である．

　だが，わが国の実践のなかで，この2種類の授権は混同されてきた．計画経済体制下では，どちらの授権にせよ，任命制あるいは疑似任命方式を採用した結果として鄧小平言うところの「権力の過度の集中」現象が発生した．改革開放以後，このような弊害の克服をめぐって多くの探求が行なわれてきたが，遺憾なことに，依然としてこの2種の授権の性質が明らかになっていない．のみならず，民主の手段を発展させて解決すべき第一種の授権を放置したまま，集中の手段を用いて解決すべき第二種の授権の面で「民主」を追い求めている．

　この面の例は数多い．例えば，正職ポストが依然として任命制であるのに対し，副職ポストは逆に「民主推薦」を実行している．部門責任者は，任命方式を採用せず，民主推薦方式で決定される．大量の人力，物資を消費して専門家集団を組織し，民衆評価も含めて選抜されたのが，他ならぬ同部門の副職ポストの人間であった等々，結果は授権関係の混乱を招き，「民主も不足，集中も不足」という現象が作り出されている．この現象は，民主手段を採用するべきか否かを考慮する際に，民主政治の基本原則と要求に基づくことなく，改革リスクの大小によって決しているからである．問題は，元来民主を遂行すべきではない段階で「民主」を遂行することにあり，いたずらにひとびとの民主に対する不信任を増加させるのみで，なんらの効果も得ることはできない．

(2) 民主は権力の濫用を防止する最も根本的な方式である

　民主に関する認識が不明確で，実践において「民主」と「集中」が混同されてしまうのも，畢竟するに，方法の問題である．おそらく，さらに重要なのは，「民主」も「集中」も採用できる際に，いつも民主の方法を捨てて，習慣的に集中の手段によって問題を解決しようとすることにある．これは思考の慣性であり，上級と下級の権力配置に最も突出している．

　権力への認識については，長い過程を辿った．権力掌握の当初，階級分析の

方法であらゆる問題を解読しようと偏向し，世界には抽象的な権力は存在せず，いかなる権力も階級性があると認識していた．権力が安定した後も，思考は制限を受け，共産党執政の状況下，無産階級の前衛隊が権力を手中に掌握しさえすれば，いかなる問題も存在しないと認識していた．この思想には欠点があり，公共権力が個人権力より大きいことから，人の能力が拡大するため，強大な吸引力が生まれることが目に入らなかった．いかなる階級，政党が権力を手中に収めたとしても，例外なく強い腐食性が存在する．したがって，権力は制約されなければならない．まさに西側の学者の言うように，制約を受けない権力は必然的に腐敗を導き，それはたとえマルクス主義政党であっても例外ではない．改革開放以後，反腐敗闘争の進展に伴い，中国共産党はこの問題に対する認識を深めており，現在すでに権力を制約することで腐敗を抑制するという根本の道を進んでいる．これは非常に大きな思想上と実践上の飛躍である．

　しかし，結局のところ，権力をどのように制限するのか．これは，さらに探究すべき問題である．理論的には，権力の抑制と授権問題は密接な繋がりがある．誰が授権者で，執行者は誰に責任を負うのか．授権者は権力をどのように使用すべきか，さらには，どのように権力を撤回するかを決定することができる．上述のとおり，授権は2種類に分けられるが，同様に，権力の制約も，2種類の方向がなければならない．多数者から少数者へと授権される状況下で，権力は多数者の制約を受けるべきであり，民主方式で権力を制約する．少数者から比較的多数者への授権では，権力は直接指導者より制限され，集中方式で権力を制約する．

　遺憾なのは，集中方式による権力の制約，管理には慣れているものの，逆に民主方式に慣れていない点である．例えば，計画経済から市場経済に移行した後，客観的には，各地は実際の状況に基づき，発展の大局を考慮することとなり，地方の権力は相応に拡大した．権力の拡大に伴い，腐敗現象，地方保護主義，「上に政策あれば，下に対策あり」などの新たな問題が発生し，中央部署の声を聞かず，別に行動するといった現象が生まれた．この状況下で，地方権力を制約することは，明らかに必要であった．しかし，どのように制約すべきか，用いられたのは権力の回収という方式であった．元来，地方党委員会と政府に属していた権力の多くが，現在上から下への一系列となった．のみならず，地方および基層党委員会，政府が資金を浪費，濫用することを防止するために，各種財政支出も「専項資金」へと細分化された．資金の条条管理，垂直管理あ

るいは「専項資金」管理を否定するものではないが，広範に採用された下部の権力を制約するこの方式は，さらに大きな問題をもたらすかもしれない．

　第一に，権力への制約が不十分である．下の権力を回収することで，上部の権力はより膨張してきている．下部の権力濫用を上部が権力の回収で解決するならば，上部の権力は一体誰が制約し，管理するのか．このように考えると，最後には人の品性に希望を寄せることに帰着せざるをえない．人の品性とは，官職と連動し，等級が高ければ，正確さは向上し，級別が高くなればなるほど，ますます正確になる．だが，明らかに，これは根本的な問題解決ではありえない．事実，多くの地方，基層の党委員会・政府では回収された過大な自由裁量権から，部門利害の追求傾向がますます深刻になっている．第二に，地方，基層党委会・政府の全体企画能力が大きく低下している．各分野，産業，部門への協調，統制を進め，調和的かつ持続的に発展させることが，科学的発展観において求められており，こうした統制・協調においては地方，基層党委・政府がその鍵である．しかし，「条条化」された垂直型の権力運用方式では，地方施政への過度な介入があり，本来あるべき有機的な連携関係も分断され，調和，均衡，統合から大きく隔たっており，地方，基層党委・政府はなす術がない．

　こうした「一放就乱，一統就死（下部に権限委譲すれば混乱が起こり，上部に権限を回収すると積極性が喪失されてしまう）」という悪循環から脱しなければならず，民主方式をより多く用いて権力制約の問題を解決するよう探求すべきである．民主の拡大を通して，より多くの人を権力機関の形成と権力の運用，監督へと参与させなければならない．たんに権力を上部に回収し，垂直化させる方法を採用せず，権力濫用現象を防止，抑制する．

　この角度から地方の民主刷新を見れば，その意義は深遠である．四川省儀隴県「四権」モデルを例に挙げよう．村民委員会主任が直接選ばれるにせよ，いったん権力を掌握すれば，しばしば権力の濫用が生まれ，汚職腐敗現象すら発生する農村もある．儀隴県の「四権」モデルは，このような現象を防止，克服するために発明されたもので，郷村を統治する中での権力を党支部の指導権，村民会議の議決権，村民委員会の執行権，農民大衆の監督権の「四権」に明確に区分する．民衆に権利を返し，村の重要事項は農民が決定するというもので，村民委員会はいったん当選したらすべての権力を手中にするのではなく，党支部指導下で全体村民会議が制定した計画と政策決定を執行する．この方法は，広大な村民の積極性を広く結集するのみならず，村民委員会の権力が無限に膨

張するという従来の現象をも克服することができる．「四権」モデルは郷村統治を指してはいるが，実際上は，上下の権力配置を執政党がいかに行なうべきかについても，強い啓発作用を備えている．

　民主の発展こそが，権力の濫用を根本的に解決する途である．思いどおりに民主の手段により，社会を統治することができるようになって初めてわが国の民主政治が成熟した段階に発展したものと言える．この方向に向けてのあらゆる努力を積極的に支持しなければならない．この一点をめぐるあらゆる刷新は，満腔の熱意で支持されなければならない．

終　章

忍び寄る危機
党の組織的課題

菱田雅晴

はじめに

　政治はもとより，経済，社会などを対象領域とする地域研究としての中国研究にあって，中国共産党こそその核となっている．何となれば，研究作業の一定の進展の後にあっても，党の存在が未解明の最終項として残されること常であり，あらゆる領域において，憲法にも明記された党の"領導核心作用"が依然として厳然と屹立しているからといってよい．

　というのも，さらには，この組織がきわめて特異な性格を有しているからでもある．中国共産党とは，中国国内にあって合法裡に成立している唯一の中国政党にして，半世紀以上の長きにわたり執政党の座にあるという世界レベルでも希有な事例に属する．構成員数，世界最大規模を誇る政党組織である．のみならず，この社会集団は，最大規模の全国ピラミッド組織構造とベスト＆ブライテストの人材プールを擁している．それにもかかわらず，この組織に関して知られるところはきわめて少ない．一つには，プレ革命期における地下組織，非合法組織として宿命づけられたこの組織の閉鎖性，秘密性には，1949年の政権獲得後も大きな変更がないからである．むしろ，冷戦構造の中にあって，政権維持を目途として伝統的な秘密性をさらに高めた密教性こそが，この組織集団の特性ともいえる．

　本章は，こうした観点から，中国共産党を政治社会集団として把握し，その組織特性を組織理論，とりわけ，組織進化論，自己組織論などに依拠して，中国共産党の"モルフォジェネシス（*morphogenesis*）"（＝攪乱／混沌から新秩序への移項）情況を描き出すことを目的とする．もちろん，"組織"とは，「脅迫・強制」の行使を各主体間の相互制御行為の主なパターンとする社会システムであり，「説得・誘導」の行使という側面をも考慮するならば，この点からは，ま

299

ず，中国共産党組織は，ネットワーク組織型の社会システムとして把捉される．古典的官僚制論にいう「集権化」（＝重要な意思決定は組織の上位階層に集中）傾向こそ僅かに看取されるものの，「公式化」（＝明確な規則，手続きに基づく職務遂行）および「没人格性」（＝希薄化された人間関係）という性格は否定され，逆に，この組織の伝統にあっては，人格化された非公式性，私人性こそが最大の特性といえる．

　党をめぐる外部環境の変化（イデオロギーの失効，党細胞機能の弛緩，正統性疑義）により，従来この党が保持してきた磁力，磁場が減衰している（詳細は菱田・園田 2005 を参照）．これを受けて，本稿は，この組織の内部条件の変化を組織論の分析項目たる共有目的，貢献意欲，コミュニケーションからメンバーシップ構造の変化として検討する．外部環境の不確実性と内部構造の弛緩から，今なお"領導核心作用"を保持しつつも，この組織は混沌／攪乱相をも裡に胚胎していることを示したい．

　そもそも，何ゆえにこの組織に参加しようとするのか，はたして，入党動機にはいかなる要素があるのか，党員メンバー層（および潜在的予備メンバー）と非党員層（"群衆"）にあっては，この組織の意義，イメージ像に差異があるのだろうか．さらには，こうした入党動機は，現実世界にあってどこまで機能しているのか，はたして，党員たることにいかなる現実的メリットが存在するのか．

　78 年末以来の改革が"私利"を核とした社会システム全体の転型であることに呼応して，党自身も"私化"傾向が著しく，上述の組織としての私人性に加えての"私利性"は畢竟"領導核心作用"なるレトリックの正統性に深刻な影を落とさざるをえない．

　こうした内在危機に対して，党が最終的に採用した"三つの代表"論は，この組織を攪乱から救うのであろうか，はたまた新たな混沌をもたらすことになるのか．はたして，私営企業家，すなわち"老板党員"は，ネオ・コンティンジェンシー理論の"突然変異"として，この組織の"進化"をもたらすことになるのだろうか．かつてのイデオロギー集団としての「規範組織」から「功利組織」（エツィオーニ＝ Etzioni 1961）へと変貌しようとしている，この組織のモルフォジェネシスの可能性を展望することしたい．

1 組織弛緩──活動の停滞

　組織としての中国共産党を見るならば，まさに"危機"に直面しているとの印象が濃い．
　というのも，党をめぐる外部環境が大きな変化を遂げているからである．この組織の吸引力の源泉としての社会主義イデオロギーは，建国後のジグザグコースの政治変動を経て，次第に失効の一途を辿り，改革開放時代を迎え，その失効は極に達している．このもう一つの反映として，従来この組織を支えてきた党細胞組織も弛緩の一途を辿っている．かつての毛沢東期，工場，企業などあらゆる中国の組織内に存在していた党支部は今や，"真空"部分が急速に増加している．改革開放後の"新生事物"としての私営企業，外資系企業セクターでは，党組織の設置が求められてはいるものの，党組織建設は当初目標に比して進んでいるとはいえない．国営セクターこそはかろうじて依然党細胞組織を維持しているにせよ，企業経営の実権は経営者サイドに移行しており，かつて党組織が誇った全面的指導／監督機能はすでに昔日のものとなっている．かつて党がその吸引力を発揮するためのいわば"磁場"として機能してきた「場」自体が失われていることを意味する．こうした党をめぐる外部環境の弛緩，イデオロギー的側面からの正統性疑義により，従来この党が保持してきた磁力，磁場が減衰しているといえる（詳細は菱田・園田 2005 を参照）．
　したがって，この意味では，この組織は，組織としての「強制性」，「規範性」(Etzioni 1961) を急速に低下させていることになるのではあるまいか．
　具体的に検証して見よう．全国ピラミッド型組織構造の最末端としての村級党組織では，いわゆる"空巣化"が進行し，農村党員の"辺縁化"が進んでいる．慈渓ケース，上海ケースなどの事例を取り上げてみると，凝集力の低下から"党員找不到組織，組織找不到党員"（＝党員が党組織を捜してもみつからない，党組織が党員を捜しても党員はいない）といった情況が浮かんでくる．

(1) 党組織力
　図 1a に示すとおり，「困難に直面した時，助けてもらおうと思うのは誰か」との問いに対して，浙江省寧波市の慈渓村では，友人（28％），親戚（28％）を上回り，現地の党組織（37％）が挙げられている．だが，党組織の党員に対す

図1a 困難に直面した際，真っ先に相談するのは？

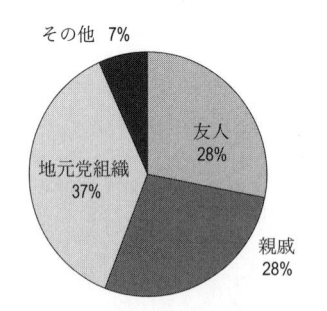

- その他 7%
- 地元党組織 37%
- 友人 28%
- 親戚 28%

図1b 現在の村党組織の党員へのグリップは？

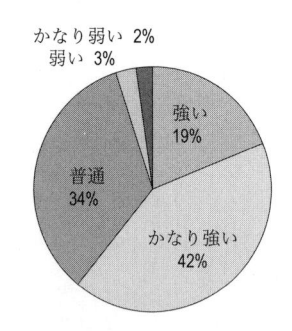

- かなり弱い 2%
- 弱い 3%
- 強い 19%
- 普通 34%
- かなり強い 42%

る凝集力いかんを訊ねてみると（図1b），「強い＋かなり強い」が合計61％と過半に達している一方で，「一般（yiban）」（＝まあまあ）という回答保留層も34％存在する．現代中国におけるアンケート調査実施の現実からすれば，この「一般」という回答こそ注目すべきであって，ここに消極的否定を見いだすことも許されよう．

「党員相互間の吸引力は？」との問いに対して，「強い＋かなり強い」が計54％であるのに対し，「一般」という回答保留層は37％と高い（図2a）．

この消極的不満がより鮮明となるのが，党組織活動への参加意欲である．図2bに掲げるとおり，「積極的に参加する」との70％の高率の肯定的意識の背後に，実は「興味があれば参加するし，面白くなれば参加しない」という是々非々主義（17％）および「党組織への"尊重"ゆえに参加する」（13％）といったい

図2a 党員相互間の吸引力は？

- かなり弱い 2%
- 弱い 3%
- 強い 12%
- 普通 37%
- かなり強い 42%

図2b 党組織の活動に積極的に参加するか？

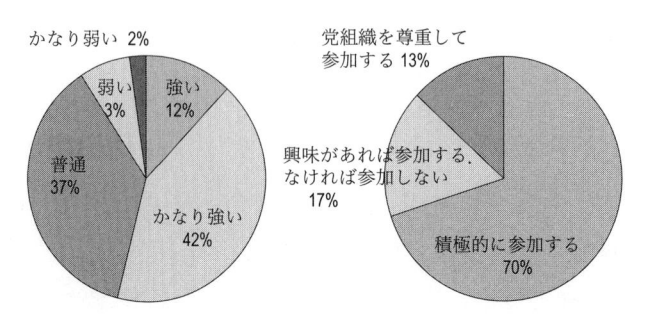

- 党組織を尊重して参加する 13%
- 興味があれば参加する．なければ参加しない 17%
- 積極的に参加する 70%

わば党の体面を考えての消極的参加動機が存在している．かつて，例えば，建国直後から 1960 年代，文革期に至る段階で，農村党員を対象にしたこの種のアンケート調査が実施された場合には，党活動に対し，いわば一定の心理的距離を措くこうした是々非々的態度の表明は明らかに不可能事に属していたものと容易に推測される．

(2) 党　費

さらに，これら参加意欲を現実に体現するものとして，党員義務の第一要件たる党費の納付情況を見てみよう．

中国共産党に正式に加入が認められたメンバーは，表 1 に掲げるとおり，無

表 1　党費の納付義務

	規準額；月間給与額	納付率
定率納付	400 元以下	0.5%
	400 元～600 元	1.0%
	600 元～800 元	1.5%
	800 元（税后）～1500 元	2.0%
	1500 元（税后）以上	3.0%
定額納付	その他農民	2 角
	下崗待業，最低生活保障者等	2 角
納付免除	無収入者，経済困難者	申請を経て減免

出所：党中央組織部『中国共産党費の総収，使用，管理に関する規定』（2008 年 4 月 6 日新華社電）より作成

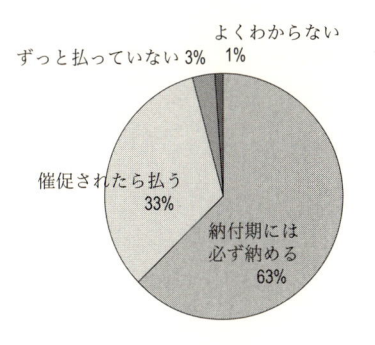

図 3a　党費納付の状況
- ずっと払っていない 3%
- よくわからない 1%
- 催促されたら払う 33%
- 納付期には必ず納める 63%

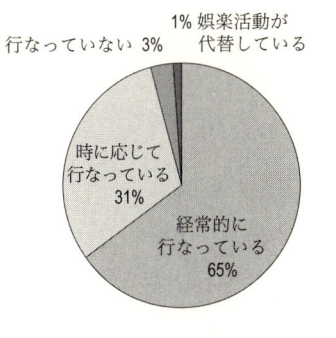

図 3b　"組織生活"の展開状況
- 行なっていない 3%
- 娯楽活動が代替している 1%
- 時に応じて行なっている 31%
- 経常的に行なっている 65%

終章　忍び寄る危機　303

所得者，経済困窮者が申請により減免されるほか，党費の納付が義務づけられている．月額 2 角（= 0.2 元）の定額納付および月間給与標準額に応じた定率（0.5% ～ 3.0%）納入であるが，超 1500 元／月の最高所得者層にとってすら，党費支払いは月額 45 元から始まる小額でしかない[1]．

　図 3a は，慈渓地区における党費支払い情況を示したものであるが，「納付時期が来れば，自ら納付している」との模範的な党員が 63% も存在している．だが，「納付期を過ぎ，催促されたところで納める」という回答が 33% あり，すなわち，積極的な納付と消極的な納付が 2 対 1 の比率となっている．ましてや，「長期にわたって滞納している」という回答が 3%，党費支払いという根本的な義務履行に関し，「わからない」という回答が 1% 存在するというのはやや驚きではある．

(3)「党員組織生活制度」

　党費納入のほか，党員たるもの，党組織が行なう各種活動への参加が義務づけられている．これは「党員組織生活制度」と称され，表 2 のとおりの支部党員大会から党課教育などに至るまでの諸活動への参加が求められている．

　これらの党組織生活の具体的情況からは，組織するサイドの苦悩と参加者側の意欲の低さが浮かんでくる．

　まず，"党組織生活"開催情況としては，図 3b に見るとおり，ほとんどの基層党組織が「定常的に開催している」（65%）のに対して，「時に応じて開催する」という回答が 31% あり，「開催せず」も 3% あるほか，「娯楽活動を党の組織生活に代替している」という極端なケースすら存在している．

(4) 党課教育

　この"党組織生活"の中でもコアとなるのが「党課教育」であり，通常われわれ外部観察者が「政治学習」と呼ぶ党の組織活動である．党中央組織部によれば，「党課教育」とは，「中心任務および党員関心事項に関し，工作の実際と結びつけ，計画的に党課教育を展開する」ものと規定され，「党員に対し，党性，党の基本知識および党の路線，方針，政策その他経常性教育を行ない，吸引力を高める」ことが目的とされている．党支部の主要責任者は自ら党課を講義すべきものとも提起されているが，浙江省寧波の実際事例では，図 4 に掲げるとおり，必ずしも規定どおりに実施されているものとは思えない．

表2　党員組織生活制度

名　称	開催頻度	主要任務
支部党員大会	毎四半期	党中央，国務院および上級党組織の精神の伝達，学習，貫徹，重要理論学習活動の組織，支部工作中の重大問題の討論，支部工作配置，支部工作総括の展開等．
党支部委員会議	毎月	上級党組織工作部署の具体措置の制定，貫徹，党支部建設，活動配置／工作計画，総括，報告等の研究，党員隊伍思想状況の分析および先鋒模範作用発揮状況，党員教育，管理および監督工作，党支部日常事務の処理等．
党小組会議	毎月	党内文献の学習，党支部決定事項の具体措置の研究，貫徹，批判および自己批判の展開等．
民課教育	毎年1回	中心任務および党員関心事項に関し，実際と結びつけ，計画的に党課教育を展開する．党員に対し，党性，党の基本知識および党の路線，方針，政策その他経常性教育を行ない，吸引力を高める．党支部主要責任者は自ら党課を講義．
民主評議党員制度	毎年末（公務員党員の場合には毎年1回）	"厳"，"実"の要求を突出させ，党員自身に存在する問題の認識，解決を助け，共産党員としての先進性への自覚性，主動性を保持，増強し，党員を激励し，組織の純潔性，隊伍の整頓を行なうことを目的とする．評議に際しては，各党員は，党章が規定する党員条件および国弁機関秘書二局の「共産党員先進性具体要求」に拠り，自己評価を行なった後，民主評議を行なう．成果を肯定，欠点を指摘し，今後の努力の方向を明確化する．支部党員会議で評議の情況を報告し，先進を賞揚し，不足を改め，党紀違反党員に関する処理意見を提案すると共に上級党組織に報告する．
民主生活会制度	毎年1回（局処級党員領導幹部民主生活会）	組織学習を通じ，意見を求め，"談心"活動を展開し，批判／自己批判を行なう．指導幹部個人に存在する問題および指導グループの党性／党風／党紀面の突出した問題を解決し…党支部の戦闘力，凝集力を高める．

　すなわち，最低限年1回の開催が義務づけられているのに対し，毎月開催しているケースがほぼ1/3と積極的様相もうかがわれるが，その一方で，開催実態は，毎回せいぜい1～2時間にすぎず，"領導"，すなわち党支部責任者らが年1～2回参加するだけのケースが大半を占めている．

　浙江省寧波の党組織部は，こうした「党課教育」実施の現状の問題点として，第一に思想認識面では，思想性の欠如から，曖昧模糊，錯誤観念が進行してお

り，党課教育不要論，党課教育への懐疑すら囁かれていると嘆き，一部では，党課教育を「工作報告」，「業務学習」と混同し，保健講座，歌舞音曲をもって「党課教育」とするケースすらも存在していることを挙げている．

　第二に，「党課教育」の実践面では，開催そのものが「無計画，不正確，場当たり的にして創造性に欠ける」として，党課教育の質，効果に問題あることを認め，一部の支部書記は，党課教育を「軟指標」視，党課教育の内容と党員思想の現実ニーズには大きな径庭があることを指摘している．とりわけ，昨今の改革開放の進展の中にあって，「熱点，難点，疑問点に触れるのは僅少」であるとして，その実際効果を疑問視している．その上で，「党課教育」実施の現実情況には大きな弱点があり，一部農村，企業の党課教育は楽観を許さずと警鐘を鳴らしている[2]．具体的には，非公有制企業党員，流動党員への教育管理が重要課題として認識されているものと思われる．

　実は，こうした「党課教育」の形骸化の背景には，教育対象としての党員サイドにおける意識変化が大きく作用しているものと推測される．図5に見るとおり，いわゆる「政治理論学習」形態として望ましいものとして挙げられるのは，"参観考察"である．"参観考察"，すなわち，居所を離れ，旅行形式により視察を行なうことであり，この「政治理論学習」形態を，党組織が経費その他一切を負担する「物見遊山の観光旅行」とあえて換言することは皮肉にすぎるだろうか．図5に見る第一選択がいわば"建て前"部分の回答，第二選択をも併せた合計にこそ"本音"の回答を見いだすことが赦されるならば，第一選択トップ項目の「自学」はあくまで建て前としての「政治理論学習」であり，物見遊山および映画鑑賞，観劇こそが，党員が「政治理論学習」に期待する実

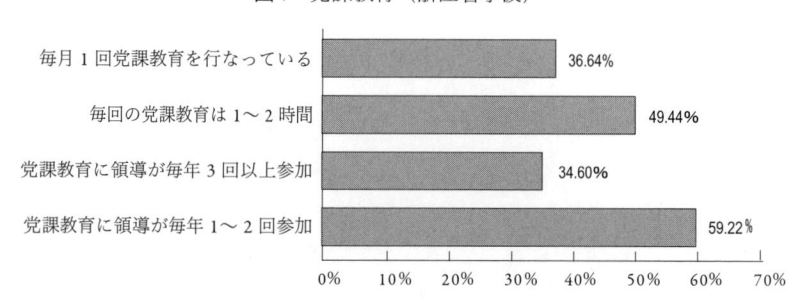

図4　党課教育（浙江省寧波）

項目	割合
毎月1回党課教育を行なっている	36.64%
毎回の党課教育は1～2時間	49.44%
党課教育に領導が毎年3回以上参加	34.60%
党課教育に領導が毎年1～2回参加	59.22%

図5　望ましい「政治理論学習」とは？

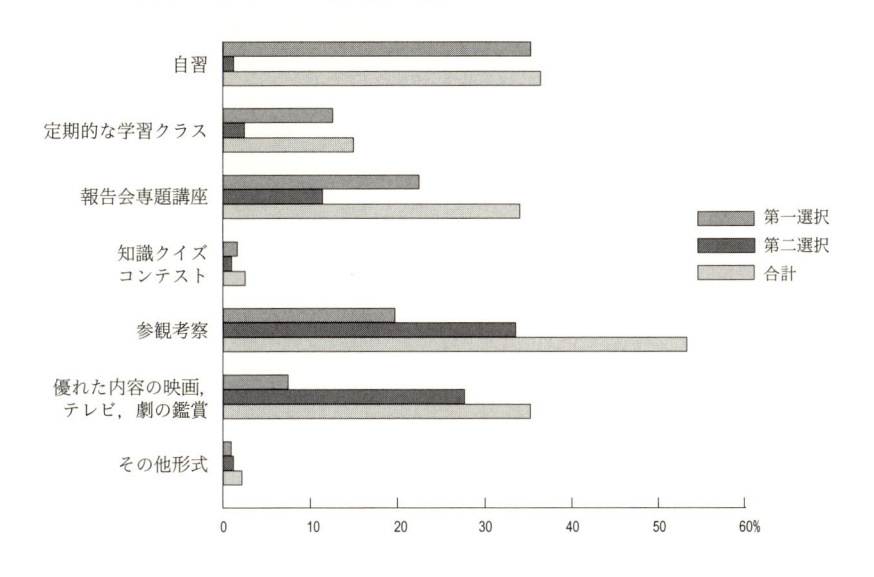

　自習
　定期的な学習クラス
　報告会専題講座
　知識クイズコンテスト
　参観考察
　優れた内容の映画，テレビ，劇の鑑賞
　その他形式

第一選択
第二選択
合計

態となっている．

　したがって，党組織の現場にあっては，"微型党課"，すなわち，身近な人が身近な話題を語ること，しかも，時間は参加者の集中力への考慮ゆえか「10～20分程度」の講演形態が，「党課教育」への現実的な形式として提案されている．また，"請進来"と称して著名な専門家，教授あるいは先進模範を外部講師として招聘するほか，逆に，"走出去"，すなわち，党員を組織し，革命老区，先進地区を訪問，革命伝統教育，先進経験を学ばせることが提案されており，まさに上述した参加者側の現実的意向に沿った「党課教育」形態が取り上げられている．「知識競賽」（＝クイズ）などの形式を採用することとも提案されており，趣味性，娯楽性が強調されているのは，文字どおり，組織者側のまことに懸命な対応といえよう．

　ここに至っては，かつて非合法組織として地下性を余儀なくされた時期にあって，鉄の規律を誇ったこの組織が，すでに末端メンバーに対して強制性を失っており，あえてメンバー側の意向に即した組織活動に内容修正を迫られるなど，組織規範性を失っていることが看取される．エツィオーニ（Etzioni）の説くような組織としての強制性，規範性を喪失しつつあるところから，では，この組織が「功利的組織」へと変化しつつあるのか否か，これが次に検証される

べき問いとなる．

2 入党動機の変化

はたして，中国共産党の党員メンバーの実態から「功利的組織」への進展はどこまで見いだせるのであろうか．ここでは，さまざまな領域における入党動機を検討することでその検証を行なうことにしよう．

(1) 党員たることの意味

まずは，党員たることにどのような意味が見いだされるのであろうか．党員たることのメリットとしては，贅言を要するまでもなく，社会主義，共産主義への思想的な組織帰属感としてのイデオロギー価値が挙げられるであろうが，これに党員たることに伴う社会的名誉あるいは「自己実現」感もあろう．中国の現実態からすれば，党員ラベルには大きな政治的資産が見いだされるであろうし，それによる政治的保護も大きなメリットたりえよう．さらには，各種情報の一元的管理を行なう党の現状に鑑みるならば，その情報集中システムの内部に参入することで得られるであろうインサイダー情報も相当の実利をもたらすに違いない．

他方，党員たることに伴うデメリットも予測される．常に「人民模範」として，一挙手一投足が注目される衆人環視の情況裡に置かれることは大きな精神的緊張をもたらすであろうし，前項で触れた政治学習，「組織生活」もそれなりの時間的負担となろう．低所得者層を除けば，党費納付義務はさして大きな負担とは思えないにしても，逆に，党費支払いという直接的な経済的コストに加えて，「党組織生活」その他に費やされる機会コストをも含めたコスト支払いに対する上記メリットとの比較において，コスト・パフォーマンスが不均衡ではとの疑念も存在するかも知れない．

(2) 党員への社会的評価

では，これらの予想される党員メリット／デメリットに関連して，そもそも党員は社会的にはどのような評価を受けているのか，党員イメージを見よう．

図6に掲げるとおり，中国共産党員へのイメージは，その他政治組織メンバーとしての共青団員，民主党派に較べても高い威信が付与されている（「高い」

図6　社会的威信

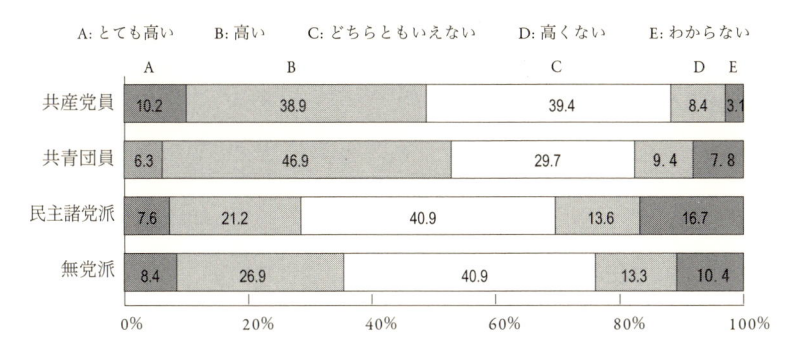

	A: とても高い	B: 高い	C: どちらともいえない	D: 高くない	E: わからない
共産党員	10.2	38.9	39.4	8.4	3.1
共青団員	6.3	46.9	29.7	9.4	7.8
民主諸党派	7.6	21.2	40.9	13.6	16.7
無党派	8.4	26.9	40.9	13.3	10.4

および「とても高い」の両者計49.1％）．だが，共青団員イメージは「高い」および「とても高い」の両者計53.2％と党員イメージを凌駕しており，党員イメージが抜きん出てとりわけ高いというわけでもない．むしろ，「すべてを領導する」中国共産党の絶対的な領導核心作用という政治的レトリックからすれば，より高い威信が共産党員イメージにあっても決して不可思議ではない．

党員たることの具体的な評価として，やはり党員たるもの，はたして一般市民に比して優れた人間として存在しているのであろうか．上海市委組織部の調査結果は，さらに，党員と非党員との比較の上での党員像を訊ねている．その結果を図7に掲げる．

そこでは，党員が中国社会の現状にあってはもはや決して"特殊公民"視されていないことが雄弁に示されている．すなわち，「学習，工作，生活すべての面において共産党員は先鋒模範作用を担っている」とみなすものが23.4％，

図7　党員は傑出した存在か

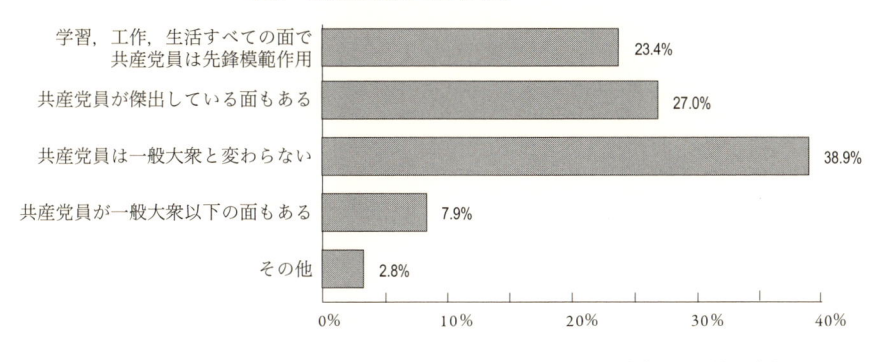

学習，工作，生活すべての面で共産党員は先鋒模範作用	23.4%
共産党員が傑出している面もある	27.0%
共産党員は一般大衆と変わらない	38.9%
共産党員が一般大衆以下の面もある	7.9%
その他	2.8%

およそ 1/4 おり，「共産党員が傑出している面もある」と一定の評価を下す回答も 27.0％と合計すれば回答者のおよそ半分が党員への肯定的評価を行なってはいるものの，「一般大衆と変わるところはない」との認識が 38.9％に達し，最も浸透した党員像を構成している．「一般大衆以下」との否定的回答（7.9％）をも考慮するならば，党員とはいえども，もはや決して特殊な存在ではないとの認識が現代中国社会に拡がっているものと思われる．

(3) 入党動機――上海

では，その上海にあっては，共産党に参加するに際しての当の動機はいったい奈辺に存在するのか．共産主義の信念という個人的イデオロギー動機が主因なのか，共産党という「先進的組織」に参加するという組織的動機なのか，それとも党員たることに付随する"特権"に焦点を合わせた個人的レベルの上昇志向ゆえなのか．

調査結果は図8に掲げるとおり，自己認識を示す党員層自体の回答中でも，イデオロギー的ないし組織的動機はおよそ 2/3 にとどまっている．無党派層，いわゆる大衆層にあっても，党員の入党動機がこれらイデオロギー，組織動機にあるとみなす回答がおよそ 4 割と，共青団員層の 57.9％に続いているのは興味深いが，最も注目されるべきなのは，「個人的なプロモーション動機」の分布である．党員層の自己認識でも 22.2％，共青団グループで 37.5％，無党派大衆層では 46.1％に上り，民主諸党派グループの 56.1％という過半数が，共産党員の入党動機は個人的な上昇願望ゆえとみなしていることになる．とりわけ，

図8　入党動機（上海）

A: 共産主義の信念　　B: 共産党が先進的な組織だから
C: 個人的なプロモーション動機　　D: その他

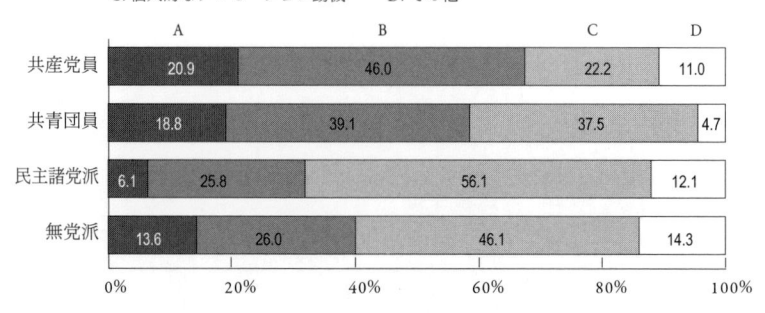

	A	B	C	D
共産党員	20.9	46.0	22.2	11.0
共青団員	18.8	39.1	37.5	4.7
民主諸党派	6.1	25.8	56.1	12.1
無党派	13.6	26.0	46.1	14.3

民主諸党派層にあっては，共産党組織とは，イデオロギー的存在というよりむしろ「個人的なプロモーション動機」に駆動された功利的集団としてみなされている．

(4) 入党動機——学生

この組織の功利的側面は，大学生の入党動機においてより鮮明な形で窺うことができる．図9は，中国の大学生3000名に入党動機を訊ねた調査結果の一部で，有効回答者2724名のうち，政治的信条ゆえと答えたのは1割にすぎず，圧倒的な44％が「就職に有利」との眼前の実利に集中しており，「政治的資本の獲得のため」(20.1％)という長期的実利観点をも含めるとおよそ6割が功利的動機ということを示している (Guo 2003: pp.15-17)．「一般的風潮，他人の動向に従う」という同図に見るおよそ1割の風見鶏派もこの裡に含めると7割方の学生党員は実利動機によって導かれてこの組織に参加していることになる．

さらに，図10は，大連科学技術大学におけるサンプル調査結果を掲げたものであるが，ここにおいても，ほぼ同様の傾向が看取される．すなわち，「共産主義信条 (Belief in Communism)」を入党動機に挙げる学生は全体の10％にも満たず，3/4が「自己の上昇志向」と答えている．

とりわけ，女子学生の場合は，なお鮮明である (図11)．「共産主義信条」を入党動機に挙げる回答が10％弱という点は上述の学生アンケート全体とほぼ同様であるが，「より良い就職のため」と直截的な回答にイエスと答える女子学生が3/4と圧倒的マジョリティを占めている．

はたして，中国共産党組織の伝統としての"為人民服務"，滅私奉公の精神，

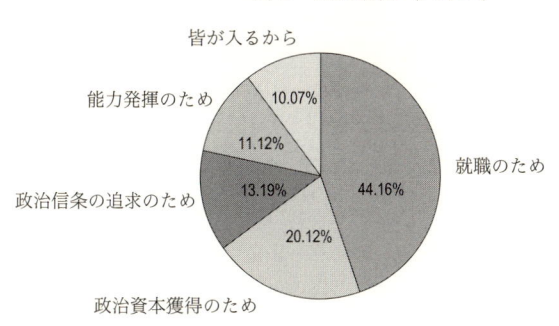

図9　入党動機（大学生）

- 皆が入るから　10.07％
- 能力発揮のため　11.12％
- 政治信条の追求のため　13.19％
- 政治資本獲得のため　20.12％
- 就職のため　44.16％

終章　忍び寄る危機　311

図10 入党動機（大連科技大）

- 共産主義信念 4%
- 領導作用発揮のため，党の現状を変える 9%
- 社会貢献 15%
- 自らの上昇のため 72%

図11 入党動機（女子学生）

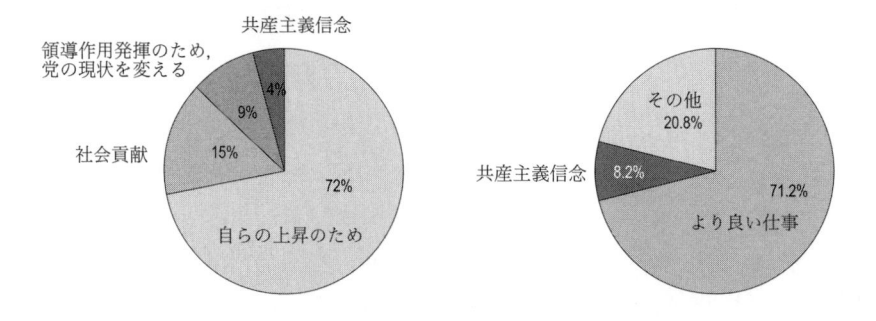

- その他 20.8%
- 共産主義信念 8.2%
- より良い仕事 71.2%

あるいはそもそもの階級闘争への邁進，共産主義実現への努力……といった，かつてこの組織に輝きを与えていた要素は，入党を検討する学生ら若年層にはもはや見られないのであろうか．

どうやらその解は，肯定的とならざるをえない．図12は，自らの入党動機と他者の入党動機を同項目として訊ねた結果をクロスさせたものである．自己認識レベルの入党動機としては，「社会主義現代国家の建設に貢献する」ことが7割を占めるトップ回答であり，これに「自己実現のため」，「共産主義への奮闘，人民への服務」が続く．その一方で，「では，あなた以外のほかの人間の入党動機とは？」との設問に対する回答では，「"政治資本"を獲得し，将来の就職に有利だから」が全体の1/4を占め，主観認識としての「社会主義現代国家の建設への貢献」は僅か1割の回答しかない．すなわち，そこから浮上す

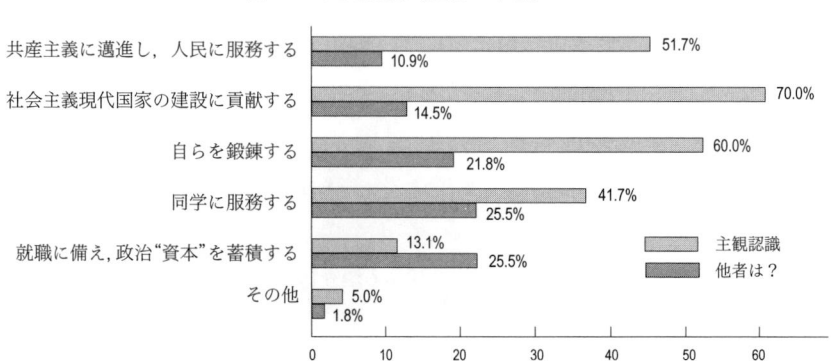

図12 入党動機（建前と本音）

項目	主観認識	他者は？
共産主義に邁進し，人民に服務する	51.7%	10.9%
社会主義現代国家の建設に貢献する	70.0%	14.5%
自らを鍛錬する	60.0%	21.8%
同学に服務する	41.7%	25.5%
就職に備え，政治"資本"を蓄積する	13.1%	25.5%
その他	5.0%	1.8%

図13　入党動機（私営企業家）

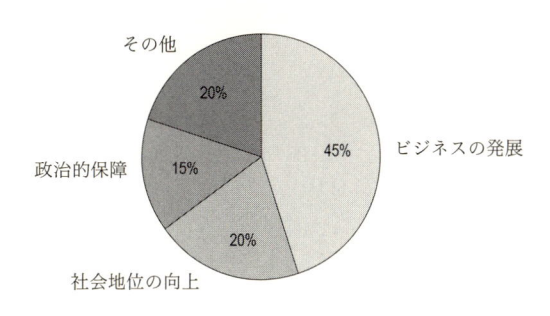

- ビジネスの発展　45%
- 社会地位の向上　20%
- 政治的保障　15%
- その他　20%

るものとは，自分が入党するのは「社会主義現代国家の建設への貢献」，「共産主義への奮闘，人民への服務」という崇高な目標意識であるが，他者は実利要因によって入党しているというまさしくダブル・スタンダード認識であり，そこにこそ実は回答者自身の建前と本音回答の便宜的な乖離を見いだすことも赦されよう．

ちなみに，これら調査結果は学生層における入党動機であったが，より明確な功利的存在としての私営企業家グループにおいては，図13のとおり，その入党動機における功利性，実利性があらわとなっている．これは広東省における私営企業100社の私営企業トップへの調査結果であるが，「ビジネス面での発展に有利」との回答が45％とおよそ半分近くを占めている．これに「社会的地位の向上」（20%），「政治的保障」（15%）と続く．

かつて「資本主義のシッポ」視されてきた私営企業というリスキー・ビジネスへの挑戦に成功し，いわばすでに功なり名遂げた私営企業家層がビジネス成功の次に希求するのは，社会的地位の向上であり，政治的安定とも推測される．

図14　入党しない理由は？

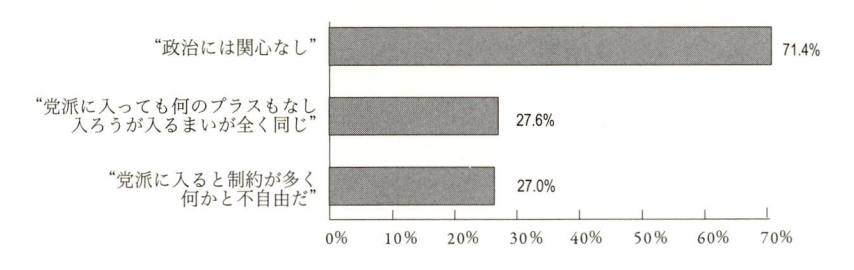

- "政治には関心なし"　71.4%
- "党派に入っても何のプラスもなし 入ろうが入るまいが全く同じ"　27.6%
- "党派に入ると制約が多く 何かと不自由だ"　27.0%

終章　忍び寄る危機　313

この予測どおり，本調査結果からは，私営企業家の入党動機としては，私営企業家グループがセイフティーネットの一環として中国共産党への参加を求めていることが浮かんでくる．

(5) 入党回避

冒頭見たとおり，党員メンバーたることには，メリットとデメリットの双方が併存している．この点を勘案すると，なにゆえにこの組織に加入しないのか，すなわち，入党回避の背景を探ることによりこれまで検討してきたことが傍証されよう．

王佩媛（2006）は，いわゆる「高知識青年」層の非政治化現象を分析するなかで，彼らの入党忌避理由を訊ねているが，図14に掲げるとおり，「入党しない理由」の最大の要因は，大衆層に蔓延する政治的アパシー現象といってよいであろう．「政治には関心がない」という回答が71.4％を占め，トップ項目となっている．入党なるアクションにより，政治的な立場を旗幟鮮明にしたところで，なんらプラスもないとの判断がここには存在しており，「入ろうが入るまいが結果はまったく同じである」（27.6％）との現実感覚も高学歴青年層には強いこともうかがわれる．さらには，冒頭，党員デメリットとして指摘した入党に伴うさまざまなコスト支払いへの忌避もほぼ同率（27.0％）で存在している．

こうした高学歴青年層の入党関連の意識の後景にあるものこそ，現代中国社会に通底するある種の人生観といってもよい．例えば，「個人の発展に影響するさまざまな要因の中で，最大のものとは何か？」との問いに対して，彼らの回答は，"学術水平"なる項目に集中（41.5％）しており，「学歴が人生を決める」との認識がうかがわれる．これに，"工作環境"（25.2％），"人間関係"（10.1％）と続き，党員，共青団あるいは民主諸党派などのいわゆる"政治面貌"は23.2％と全体のおよそ1/4以下の認識でしかない．すなわち，ここでは「政治的立場が人生を決める」との人生観は少数でしかないことを物語っている．冒頭見た党員たることのメリットとしての党員＝政治的アセット観が機能していない

図15　個人の発展に影響する最大の要因とは？

41.5%	25.2%	10.1%	23.2%
"学術水平"	"工作環境"	"人間関係"	"政治面貌"

ことが如実に示されている．

3　党のモルフォジェネシス——ホメオスタシスを超えて

では，その党組織はいかなる困難に逢着しているものとみなされているのか．これを問うた結果が，図16である．

建国以来最大の政治危機の温床として党内外に蔓延する現況から，腐敗現象を「党内に存在する最大の問題」として挙げる回答が43％とトップ項目となっているのは比較的理解しやすい．国民党統治が崩壊したのも党内腐敗ゆえとの反省から，指導部内には，きわめて深刻な危機感こそあるものの，腐敗根絶が政治体制改革，とりわけ「領導核心作用」という党支配の根幹に渉及することから，実効性ある反腐敗政策の実施にはわが身にメスをあてる政治的決断が求められる．すなわち，党員たることのメリットのうち，功利的側面への自己否定に繋がるものである．

はたして，この組織は，自己否定の裡から，新たな党員メリットを獲得することができるのであろうか．あるいは，その"思想準備"は党内組織に浸透しているのであろうか．上記調査結果では，腐敗現象を問題視する回答に続くのが，「党が大衆から離反している」（21％），「党員メンバー間に理想の揺らぎがある」（27％），「党内民主が欠如」（6％）であり，党内組織の脆弱性が指摘されているところからすれば，オートポイエシスをこの組織に期待することはむずかしい．すなわち，オートポイエシス（autopoiesis）とは，組織内における自己が攪乱，ノイズなどを契機として，新たなものに生まれ変わるプロセスを検討

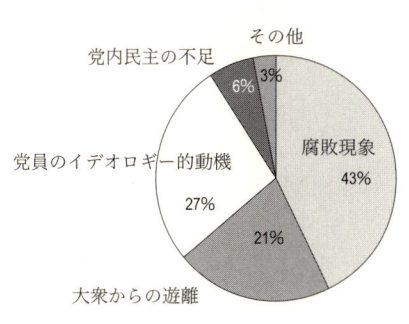

図16　党にとって最大の問題は何か？

- 腐敗現象　43％
- 大衆からの遊離　21％
- 党員のイデオロギー的動機　27％
- 党内民主の不足　6％
- その他　3％

するものであるが，この組織にあっては，同プロセス自体が上述した功利化契機により失効しているからである．むしろ，組織論の立場からすれば，攪乱をもとの秩序に変換するという意味での形態維持（ホメオスタシス）か，攪乱を新たな秩序に変換すべく自律的な秩序生成形態形成（モルフォジェネシス）プロセス（Maturana 2004）のいずれかの可能性しか残されてはいない．

モルフォジェネシス・シナリオとしては，①党外有党，②党内有党，そして③党自身のモルフォジェネシスの三つのケースが設定できる．「党外有党」シナリオは現体制裡に対抗性を包含するシナリオであり，実現可能性は反腐敗政策とまったく同様の根拠からきわめて低い．次のシナリオとしての「党内有党」ケースは，一党制下の擬似的多党制ないし旧自民党モデルともラベル貼付が可能ではある．本書で中央党校の王長江教授らが強調しつつある"党内民主"論にもこの関連を見いだすことが赦されよう．だが，当の党内派の形成に関しても，はたしてその形成契機とは何に求められるべきなのか．世代，地域，出自，セクター利益……いずれも「党内有党」形成のドライブ要因としては凝集力に欠けるのみならず，逆インパクトの大いさも指摘されよう．

したがって，残余項としての党自身のモルフォジェネシス＝自律的な秩序生成形態形成こそが，本稿で検討してきた党の直面する組織的危機への解となろう．そのモルフォジェネシスにあっても，新社会階層，とりわけ"両新組織"の果たすべき役割がキー的要素となろう．はたして，党内に存在することとなったブルジョア党員はモルフォジェネシス・プロセスを加速する"突然変異"因子たりうるのであろうか．同様に，万鋼・科学技術部長（中国致公党中央副主席），陳竺・衛生部長（中国科学院副院長，無党派）らの非党員閣僚は，はたして「トロイの木馬」因子となるのか，刮目すべきポイントはまずここにあるものと思われる．

さらには2点ほど注目すべきポイントがあろう．第一に，中国共産党自身がこの変容＝"組織危機"に関して，一貫して積極的なアクターであったという点は大いに強調されるべきものと思われる．党は，不知不識裡にこの"危機"情況に巻き込まれたわけでは決してなく，現時点，弥縫策を求めて右往左往しているわけでもない．むしろ，この変容過程を自ら慎重かつ積極果敢にリードし，コントロールしてきた．それは，政治変容を伴わない経済発展パターンとして中国自身が主張する《北京共識》論にも典型的に象徴されている（菱田2009）．また，予防的に，"異議申し立て者"＝反対勢力（opponent）の伸張を封

殺してきた経緯も重要であろう．積極的アクターなるがゆえに，潜在的な反対勢力をも内部へと取り込み（co-opt），抱き込み（embrace）をしようとする予防的サバイバル戦略（preventive survival strategy）はこれまでのところ，大きな成功を収めている．

第二に，潜在的な"異議申し立て者"＝反対勢力自身とて，明確に現体制の一部をなしており，決して外部から現体制に対抗する"チャレンジャー"ではない．政治変革は意識の多元化に伴う追求すべき政治価値の相違から発生するのが常ではあるが，少なくとも現段階政治的価値の大きな分岐は見られない．最大の潜在的脅威としての私営企業家層の価値意識は，所在地域の機関幹部層のそれとほぼ同位相にある（Dickson 2008）ことに窺われるからである．

最後に，あえてこの組織の将来像を素描してみよう．現状の党組織の存在態からなんらかの変容が招来されるであろうか．その問いを"いつ"ではなく，"いかに"へと移項するならば，その解は，畢竟するに，「党員証」の価値の存続次第となろう．すなわち，ひとびとの党への依存いかんである．「党員証」が無価値となるのは，①外圧シナリオ（国際協調目的から，従来の国内優先政策措置が抛擲され，結果的に党／党路線への不信が惹起），②外部供与シナリオ（党以外／以上に恩恵を供与しうる新たなアクター／情況の出現）などの事態が予想される．しかしながら，これらは先に触れた「予防的サバイバル戦略」が当然のごとく予想するところであり，いずれもその出現可能性は大きく限定される．したがって，党組織基盤の再鋳造プロセスが成功裡に行なわれ，本稿で見たモルフォジェネシスを経て，新たな存在となった党組織は固定化（perpetuation）傾向が持続されることにもなろう．

とはいえ，政治変動は，経験則に従い，なんらかの予兆を伴い，その累積の上に，予定調和的に発生するものではない．突然，何の予告もなく発生する．現代中国には不可知要素が溢れており，現存の均衡が破綻する可能性は排除できない．変容はいかなる経済発展段階でも発生していることは銘記しておかねばならないであろう．

【注】
1) この党費納付標準は，このほか，①年俸制などの場合は，月額換算で上記に拠る，②個体戸は前年度純所得月額を規準，③離退休幹部は離退休費，養老年金受給者は年金額を規準，④正当な理由なく連続 6 カ月党費未納入の場合，脱党

処理，⑤各省，自治区，直轄市党委などは，毎年の実納付総額の5％を中央に上納，⑥鉄路，民航，金融系統の地方党委は，毎年の実納付総額の10%を所在地党委に上納するなどと定められている．
2) 浙江省寧波市党委組織部へのインタビュー．

【参考文献】
菱田雅晴・園田茂人（2005）『経済発展と社会変動』名古屋大学出版会．
菱田雅晴（2009）「中国："全球化"の寵児？」，鈴木佑司・後藤一美（編）『グローバリゼーションとグローバル・ガバナンス』法政大学出版局．

王佩媛（2006）『高知识青年非政治化现象分析』江西人民出版社．
尹継佐（2003）『2002年上海社会报告书』上海社会科学院出版社．

Brodsgaard, Kjeld Erik and Zheng Yongnian (eds) (2003) *Chinese Communist Party in Reform*. Eastern Universities Press.
Brodsgaard, Kjeld Erik and Zheng Yongnian (eds) (2004) *Bringing the Party Back in. How China is Governed*. Eastern Universities Press.
Chan, Anita (1993) 'Revolution or Corporatism? Workers and Trade Unions in Post-Mao China', *The Australian Journal of Chinese Affairs*, vol. 29, January.
Dickson, Bruce J. (2008) *Wealth into Power: the Communist Party's Embrace of China's Private Sector*. Cambridg.
Etzioni, Amitai (1961) *A Comparative Analysis of Complex Organizations: On Power, Involvement, and their Correlates*. Free Press.
Etzioni, Amitai (1964) *Modern Organizations*. Prentice-Hall.
Laliberte, Andre and Marc Lanteigne (2007) *The Chinese Party-State in the 21st Century: Adaptation and the Reinvention of Legitimacy*. Routledge.
Liu, P. L. Alan (1966) *Mass Politics in the People's Republic: State and Society in Contemporary China*. Boulder, CO: Westview Press.
Maturana, Humberto (2004), (with Bernhard Poerksen). *From Being to Doing. The Origins of the Biology of Cognition*. Carl Auer International.
Schmitter, P. C. and G. Lehmbruch (1979) Trends towards Corporatist Intermediation, Sage Publication.
Shambaugh, David (2007) *China's Communist Party of China: Atrophy and Adaptation*. University of California Press.
Wu, X. and M. Guo (2007) 'Party Sponsorship and Political Incorporation under State Socialism: Communist Party Membership and Career Dynamics in Urban China', paper presented at the annual meeting of the American Sociological Association, TBA, New York, August ll, 2006.

索　引

【ABC】

CDC　257, 260
NGO　15
Oxfam 香港　216, 266
SARS（Severe Acute Respiratory Syndrome：重症急性呼吸症候群）　17, 255
　　──危機　256
　　──期　256
WTO（世界貿易機関）　32, 35, 67

【あ】

「家」　100
イェン・ユンシャン（雲翔＝ Yan, Yunxiang）　103, 105, 108, 118
石井知章　44
一票否決　246
以法抗争　→法を用いた抗争
依法抗争　→法に依拠した抗争
インターネット　14
ウォルダー（Walder, A.）　24, 43, 149
于建嶸　123, 141, 142, 147, 148, 150, 212
エツィオーニ（Etzioni, A.）　6
オイ（Oi, J.）　213
王習明　116
応星　123, 124, 142, 149
王佩媛　20
オクセンバーグ（Oksenberg, M.）　214
オートポイエシス（autopoiesis）　22
オブライエン（O'brien, K.）　148, 238

【か】

改革開放　4
改革の情熱（reform zeal）　4
階級　283
街道弁事処　215, 217
科学的発展観　247
価格法　159
何俊志　91

賀雪峰　108
ガバナンス　242
「関係」　105
官治　139
　　──化　138, 139, 141
官弁社団　211
基層　6, 287
基層工会主席　50
邱沢奇　149
姜凱文　43
喬健　66
協作者　→北京市協作者文化伝播中心
居民委員会（居委会）　215, 217
黒社会　244
群集性事件　237
群集性"突発"事件　16
形式的正当性　228
建国の情熱（foundation zeal）　4
権利維持抗争　237
権力‐利益構造網　12, 124, 125, 134, 141-143
工会　23, 43, 46, 50
　　──法　27, 29, 47-49
康暁光　229
公共生活　99, 105
公共政策　185
公共領域　229
光棍　107
江沢民　8
公聴会制度　158
郷鎮幹部　87
郷鎮企業　33
公徳心のない個人（uncivil individual）　104
「公」の概念　100, 118
合法性のジレンマ　123-125, 142-144
誤区　277
呉重慶　106
国家コーポラティズム　→コーポラティズム
国家‐社会関係　45, 144, 214, 256, 272, 273
　　──フレームワーク　5
コーポラティズム　43
コーポラティズム（corporatism）　7, 9, 23, 36, 49
　　国家──（state corporatism）　8, 24, 30, 37, 45, 49, 51, 59
　　社会──（societal corporatism）　7, 24, 26, 36, 44,

319

45
コミュニティ　→社区

【さ】

差序格局　102
刷新　289
三資企業　33
三者構成主義（tripartism）　24
三不幹部　108, 116
私営企業　19
資源依存理論　219
慈善総会　→中華慈善総会
実質正当性　227
執政党　184
執政能力　18, 277
自発性の動員　30
市民社会　43, 45
社会圏子　102, 119
社会コーポラティズム　→コーポラティズム
社会資本　105
社区（コミュニティ）　17, 215, 231, 249
　　──建設　217
社団　15, 93, 211
弱勢群体　92
シュー（Shue, V.）　214
宗族　114
蕭楼　150
熟人　86
シュミッター（??????, P.）　23
上訪　12, 239
信訪　66, 94, 133, 245
首藤明和　108
スミス（Smith, A.）　107
スメドレー（Smedley, A.）　278
政治参加　157
セイチ（Saich, T.）　43
制度的機能　117
制度的多元主義（institutional pluralism）　26
絶対的指導の性　183
泄憤　16, 237, 239, 246
泄憤事件　16
先富論　4
全民党　283
総要素生産性（TFP）　2
ソリンジャー（Solinger, D.）　213
孫立平　5
村民自治　26, 278

【た】

第一種授権　293
対応　256
対口部　25
第三域（Third Realm）　230
大衆路線　157
体制性ラグ　245
第二種授権　294
大躍進　4
多党制　282
単位　217
　　──制　217, 232
地下教会　115
中央党校（Central Party School）　8
中華慈善総会（慈善総会）　265, 267
中華全国総工会（All China Federation of Trade Unions : ACFTU）　9, 24, 27, 30, 37
中間人　107
中間的存在　81, 94
中国企業管理協会　29
中国共産党　18, 19, 183, 5
中国工運学院　8
中国のGDP　1
中国のラテンアメリカ化　34
中国労働関係学院　50
趙紫陽　26
治理（ガバナンス）　11, 109
陳弱水　100
出稼ぎ労働者協会　216, 226, 230
デュアラ（Duara, P.）　107
天安門事件　43
党員組織生活制度　10
党課教育　10
党校　79, 87
党−国家体制（Party-State system）　18, 215
党政エリート　10, 73, 74, 77, 87
党政幹部　73
党内民主　277
党の指導権　184
独占的代表権　30, 31, 36
怒江事件　229
鄧小平　3, 8, 25
鄧正来　214
突発性事件　194

【な】

南巡講話　4
西側民主　285
日常化の権威　144
入党動機　14

【は】

半官弁社団　211
半官弁組織　213
樊綱　2
"汎政治化"　189, 199
反応　256
費孝通　102, 107
菱田雅晴　230
非制度的機能　117
非典　→ SARS
"敏感"　188, 223
　　"――性"　212
貧困　1
腐敗　288
父母官　134, 139
北京コンセンサス　3
北京市協作者文化伝播中心（協作者）　266, 267, 273
包括政党　283
法に依拠した抗争（依法抗争）　123, 139, 147, 238
法を用いた抗争（以法抗争）　123, 139, 147, 148, 237
ホメオスタシス　22
ホワイティング（Whiting, S.）　149
ホワイト（White, G）　44

【ま】

末端民主　26
マン（Mann, M.）　151
"三つの代表"論　6, 25, 46
民工潮　34
民主化　18

メディアの「失語」　269
毛沢東　279
網民　14, 183
モルフォジェネシス　19, 5, 21, 22
問責制度　246, 270

【や】

ヤン（Yan, Guobin）　214
姚洋　2
世論形成　157
四つの基本原則　25, 29
「四権」モデル　296

【ら】

リウ（Liu, Yia-Ling）　214
利益の多元化　157
利益表現のジレンマ　12, 126
利害調整　157
陸建華　214
理性による権利維持（理性維権）　238
離土不離郷　33
理による権利維持（以理維権）　238
リーバーサル（Lieberthal, K.）　214
劉世定　149
劉林平　106
両会　257
領導核心作用　5
李連江　148, 238
レイオフ（下崗）　34
聯合制・代表制　48
老人協会　115
労働組合　→工会
六合彩　114

【わ】

和諧社会　6, 36, 124
ワシントン・コンセンサス　2
ワンク（Wank, D.）　213, 229

あとがき

　PC，すなわち，「政治的適切さ」に欠ける表現ではあるにせよ，「群盲象を撫でる」……いまや，これ以外に現代中国なる巨大な対象を精確に捉える術はないのではあるまいか．
　アラ還，還暦リーチ……と馬齢を重ねるにつれ，次第にこの思いを強くしている．
　というのも，一つには，中国関連情報量の増加がある．例えば，資料として，かつては《人民日報》，《紅旗》を丹念に読み込むことが往事のわれわれのなすべき作業リストのトップ項目であった．裏返せば，数種の情報ソースに目配りしてさえいれば充分であった"ハッピーデイズ"は過去のものとなった．改革開放期を迎えて，中国発行の定期刊行紙誌類は急増し，書籍類も通俗書はもとより，研究書，専門書のほか，大学，研究機関などのレポート類に至るまでまさに汗牛充棟を呈している．これとパラレルに，日本はもとより，各国の中国研究の進展から，各国語で発信される中国関係書籍もフォローしなければならない．加えて，特筆すべき存在はインターネットを通じたウェブ情報であろう．現代中国研究にあって，ネット情報は，その迅速性，至便性からかつての紙誌，書籍と同等ないしは時によっては，それら以上の重要性を持っている．かつての情報，データ不足下の"ハッピーデイズ"は，情報量の飛躍的増加という新たな"ハッピーデイズ"を迎えている．とはいえ，いまや現代中国研究者は，この"情報洪水"の中にあって，溺死寸前であるのかも知れない．というのも，贅言を要するまでもなく，その量たるや研究者ひとりが処理できるレベルを遥かに超えているからである．
　さらには，ほかならぬ当の研究対象たる中国自身の情況がかつてとは比較にならぬまでに複雑化の様相を強めていることが挙げられよう．政治，経済，社会，文化，民族，外交，安全保障……どの研究領域を取り上げても，アクターはかつてのような単一アクターではありえず，それら多元的アクター間の関係も錯雑を究める．また，検討すべきファクターも飛躍的に増大しており，どの要素に着目すべきか，その選択はもとより，各要因間の関係も複雑に絡みあっ

ている．その結果，中国は，もはやかつてのような単純な構造ではありえず，ヤヌス神のごとく，多面的な相貌を見せているところから，そこに斬り込もうとした場合，ひとつの分析研究ツールでは不充分とならざるをえない．とりわけ，対象テーマが大きければ大きいほど，政治学，経済学，社会学，社会人類学あるいは国際関係論等々，さまざまな分析ツールを取り揃えて，この巨大かつ錯雑な対象に挑むしか術はない．

　こうした現実を前にして，われわれはいわゆる集団研究作業を行なってきた．現代中国研究領域では，1996 年度から 99 年度にかけて，毛里和子教授を領域代表とする文部省科学研究費重点（特定）領域研究『現代中国の構造変動』を嚆矢として，さまざまなグループ研究が進行しているが，同領域研究におけるA03「現代中国の国家・社会関係」計画研究班を母体として，爾来，文部省科学研究費・国際学術研究『中国経済の市場化，国際化のインパクト』（課題番号 08041069, 1997 年～98 年），文部省科学研究費・国際学術研究『現代中国における"中間階級"の生成に関する共同研究』（1997 年～99 年），文部省科学研究費・基盤研究（A）『村長選挙に見る村民自治の進展と中国の政治発展に関する学術調査』（課題番号　国 11691094, 1999 年～2001 年）を継続的に実施した．2003 年度からは，文科省科学研究費・基盤研究（B）『現代中国における社会コーポラティズムの展開に関する学術調査』（課題番号 15402036, 2003～2007 年度）および外務省日中知的交流支援事業『「自律化」社会のガバナンス～「グラスルート中国の変容と政治的レスポンス」に関する日中共同研究』（2006 年度），外務省日中研究交流支援事業『多元化社会における政治参与チャンネルに関する日中共同研究～アパシー情況下のガバナンス～』（2007 年度）を行なったが，特に，これらは錯綜する中国像をコーポラティズム的視点から解析しようとしたもので，本書は，これら 3 研究プロジェクトで得られたそれぞれの知見に基づき，中国の基層＝グラスルーツで何が起きつつあるのか，はたして，その基層部分での変化はいかなるインパクトを中国というこの巨大システムに与えることになるのか……などの視点から，各プロジェクトメンバーが論文としてまとめ上げたものである．

　本書冒頭でも記したとおり，グラスルーツ中国で起きつつある変化とは何か，千差万別にして個別性に富む基層の実態にはいかなるものがあるのか，基層政治社会があらゆる中国の変革の"孵化器"であることから，はたしてその基層部分での変化が持つ中国ガバナンスへの全体インパクトとは？　逆に，これに

対して，党＝国家側がいかなる対応を図ろうとしているのか……が本書の最大の関心テーマである．政治学，社会学などをディシプリン背景とするさまざまな研究者が国家社会関係フレームワークに依拠しつつ，これに挑んだ成果が本書である．はたして，この集団的チャレンジが，上述のとおり，ヤヌス神のごとく，多面的な相貌を見せつつある現代中国という対象にどこまで迫りえたか，茲許読者諸賢に委ねるものである．メンバー間の内部討論などを通じて，それぞれの考察を本書全体の視座から一貫性あるものへと昇華させることに努めたが，各領域からのメッセージを際立たせることでこれに代替し，あえて統一的な展望を提示することは禁欲した．読者諸賢のご叱正を期待する所以である．

なお，われわれは，こうした集団的な知的格闘作業として，2007年度以来，文科省科学研究費・基盤研究（A）『中国共産党に関する政治社会学的実証研究』（課題番号19252003，略称『中南海研究会』）を3カ年研究プロジェクトとして進行させている．これは，本書のテーマの一つである基層政治社会の変化に対する党＝国家側の変化を，党自身の変革として，捉え返そうとするもので，中国ガバナンスの核としての中国共産党を社会集団，組織と把握し，新たな再検討を行なっている．この研究成果も2010年度には最終とりまとめを行なうこととしたい．

掉尾ながら，本書編輯に際して，プロフェショナリズムの立場から助言と指導をいただいた法政大学出版局の平川前編集長，秋田現編集長および上記科研費，外務省プロジェクトなど競争的外部資金管理の立場から本書発行に関し，最後までその進行を温かく見守っていただいた法政大学研究開発センターに深甚の感謝を捧げたい．

なお，本書発行に際しては，外務省平成18年度日中知的交流支援事業の支援を受けた。記して感謝の徴表としたい．

■ 執筆者（執筆順）

菱田　雅晴（ひしだ　まさはる）
　法政大学大学院政治学研究科・法学部教授，社会学
石井　知章（いしい　ともあき）
　明治大学商学部准教授，政治学
小嶋華津子（こじま　かずこ）
　筑波大学大学院人文社会科学研究科講師，政治学
南　　裕子（みなみ　ゆうこ）
　一橋大学大学院経済学研究科准教授，社会学
中岡　まり（なかおか　まり）
　常磐大学国際学部専任講師，政治学
阿古　智子（あこ　ともこ）
　早稲田大学国際教養学術院准教授，政治学
呉　　　毅（Wu Yi）
　華中科技大学中国郷村治理研究センター教授，政治学
唐　　　亮（Tang Liang）
　早稲田大学政治経済学術院教授，政治学
白　　智立（Bai Zhili）
　北京大学行政管理学院副院長・准教授，行政学
趙　　秀梅（Zhao Xiumei）
　河北経貿大学講師，社会学
于　　建嶸（Yu Jianrong）
　中国社会科学院農村発展研究所研究員・教授，社会学
呉　　茂松（Wu Maosong）
　慶応義塾大学大学院法学研究科助教，政治学
王　　長江（Wang Changjiang）
　中央党校政策研究室主任・教授，政治学

中国　基層からのガバナンス

2010年2月20日　　初版第1刷発行

編著者　　菱田雅晴
発行所　　財団法人　法政大学出版局
　　　　　〒102-0073 東京都千代田区九段北3-2-7
　　　　　電話 03 (5214) 5540　振替 00160-6-95814
整版：緑営舎　　印刷：平文社　　製本：誠製本
© 2010 Masaharu HISHIDA et al.
Printed in Japan

ISBN978-4-588-62521-3

王雪原・他編／中国人口学会著／法政大学大学院エイジング綜合研究所訳
中国の人的資源 豊かさと持続可能性への挑戦　　6000 円

趙全勝／真水康樹・黒田俊郎訳
中国外交政策の研究 毛沢東、鄧小平から胡錦濤へ　　6300 円

李暁東
近代中国の立憲構想 厳復・楊度・梁啓超と明治啓蒙思想　　4500 円

栃木利夫・坂野良吉
中国国民革命 戦間期東アジアの地殻変動　　4700 円

R. P. ホムメル／国分直一訳
中国手工業誌　　14500 円

法政大学比較経済研究所／田淵洋・松波淳也編
東南アジアの環境変化　　3000 円
[比較経済研究所研究シリーズ 17]

法政大学比較経済研究所／粕谷信次編
東アジア工業化ダイナミズム 21世紀への挑戦　　3800 円
[比較経済研究所研究シリーズ 12]

趙淳／深川博史監訳・藤川昇悟訳
韓国経済発展のダイナミズム　　4000 円
[韓国の学術と文化 19]

韓培浩／木宮正史・磯崎典世訳
韓国政治のダイナミズム　　5700 円
[韓国の学術と文化 17]

―――― 法政大学出版局　（表示価格は税別です）――――